经济战疫

新冠肺炎疫情对经济的影响与对策

陈诗一 主编
李志青 副主编

复旦大学出版社

本书受国家杰出青年科学基金（71525006）资助

编委会

主　任
张　军　复旦大学经济学院教授

委　员
(按音序排名)

陈诗一　复旦大学经济学院/泛海国际金融学院教授
陈　钊　复旦大学经济学院教授
丁　纯　复旦大学经济学院教授
樊海潮　复旦大学经济学院教授
方红生　浙江大学经济学院教授
封　进　复旦大学经济学院教授
黄　明　复旦大学经济学院副研究员
黄先海　浙江大学经济学院教授
敬乂嘉　复旦大学国际关系与公共事务学院教授
寇宗来　复旦大学经济学院教授
李清娟　复旦大学泛海国际金融学院研究员
李志青　复旦大学经济学院副教授
刘瀚斌　上海市发展和改革委员会
刘志彪　南京大学商学院教授
刘志迎　中国科学技术大学管理学院教授
罗长远　复旦大学经济学院教授
彭希哲　复旦大学社会发展与公共政策学院教授
钱　军　复旦大学泛海国际金融学院教授
芮明杰　复旦大学管理学院教授

宋　弘　复旦大学经济学院副教授
孙云龙　复旦大学旅游学系副教授
田素华　复旦大学经济学院教授
王永钦　复旦大学经济学院教授
吴建峰　复旦大学经济学院副教授
吴力波　复旦大学经济学院教授
许　闲　复旦大学经济学院教授
徐以汎　复旦大学管理学院教授
余　振　武汉大学经济与管理学院教授
张　军　复旦大学经济学院教授
章　奇　复旦大学经济学院副教授
章　元　复旦大学经济学院教授
张宗新　复旦大学经济学院教授
周光友　复旦大学经济学院教授

序　言

抗击突如其来的新冠疫情,是一场人民战争、总体战、阻击战,波澜壮阔、气壮山河、可歌可泣,影响国内外大局,甚至影响百年变局的进程。

在抗疫斗争中,复旦人闻令而动、挺身而出。上万师生党员勇当先锋、争作表率,让党旗高高飘扬在战"疫"一线。497名优秀的复旦上医儿女驰援武汉,数以千计的医护人员白衣执甲、守护人民健康和城市安全,几十个团队投入科研攻关、日夜奋战,一批专家咨政启民、深受信赖。数以万计的师生恪尽职守、握指成拳,数十万海内外复旦校友众志成城、共克时艰。

在抗疫斗争中,复旦哲学社会科学的专家学者主动赶考、应战尽责。学校智库平台发挥学科综合、协同攻关的优势,当好"参谋""助手",从疫情发展、防控举措、新闻舆论、危机处置、心理疏导、经济应对、应急体系、大数据和智能技术运用、国际合作等多领域全方位,及时分析研判、加强跟踪研究、积极建言献策。一大批师生积极发挥专业所长,在应急管理、公共卫生、心理援助、社会工作、宣传引导等方面直接投身一线,提供专业服务,展现了学以致用、知行合一的学风。两个多月来,复旦学者已向上级提交研究报告200多份,不少见解和建议已被决策部门采纳,充分体现了高校智库在服务治国理政、推进国家治理体系和治理能力现代化方面的责任担当。在为做好眼前抗疫工作快速精准提供对策的同时,不少专家学者着眼长远,及早谋划研究"后疫情时代"经济社会恢复发展之策,提供复工复产复市建议,为加强公共管理和应急体系制度建设、完善特大型城市治理主动建言。

《经济战"疫":新冠肺炎疫情对经济的影响与对策》这本书,就是以复旦学人为主的学者队伍在为国服务、为民尽责过程中涌现的阶段性集体成果之一。经济是国家运行的基础,全球疫情短期内对中国经济造成巨大下行压力。面对重大突发疫情,经济运行、社会治理、公共管理正在承受巨大考验。40多位复旦与国内知名高校经济学和公共管理领域的学者通力协作、各展所长,争分夺秒,不眠不休,为有效应对疫情、推动精准施策,为努力化危为机、乘势而上,在国民经济和公共治理方面把脉开方、建言献计。

究竟如何应对疫情对经济金融的冲击?如何稳妥开展复工复产?如何实现既定经济社会发展目标?如何在"后疫情时代"提高相关领域的公共治理能力?全书坚持问题导向,从这些重大现实议题入手,考察国家宏观经济运行、各类产业冲击、金融市场变化、地区经济秩序、公共治理挑战、世界经济变动的各个方面,综合经济、金融、产业、资源、环境各个领域，对战"疫"背景下经济发展和社会治理的重大问题作了较成体系的梳理和应答。全书坚持系统思维，既尊重客观经济规律、疫情发展规律，又重视科学分析和精准评估，在此基础上提出应对之策。在宏观层面强调逆周期应对，重视综合施策、精准发力；在中观层面强调产业的差异化发展战略，推进结构调整和供给侧改革；在微观层面强调企业的复工复产和供应链管理。全书坚持统筹理念，既强调中国经济有足够韧性，高度重视增强信心，又对症下药，补短板强弱项，直面经济发展和社会生活秩序恢复中的堵点难点问题。值得进一步肯定的是，所有问题研究没有局限于就事论事，而是着眼长远，着眼转型升级，着眼社会主义现代化经济体系和治理体系建设，始终贯彻新发展理念，强调通过解决问题实现突破、提升质量水平，满足人民群众对更美好生活的需要。

现阶段，疫情防控已取得阶段性成效，经济社会和生产生活秩序加快恢复。相信这本书将对各级各地的管理工作、企业经营有所启迪，对广大读者的工作生活也能提供不少启发。

从中国实际出发，为现实考验探索应对之策、创新之法，回应时代要求、坚持"四个服务"，是当代哲学社会科学工作者的使命和责任。通过这本书，以及字里行间的热情、思考和心血，我们看到这一代复旦学人把论文写在祖国大地上、把研究放在服务大局中的决心和行动。学者们的投入努力、全校上下的齐心奋斗，都是这个伟大时代的小小剪影，都是汇入时代洪流的涓涓溪流。

任何一次危机都不应被浪费。这场新中国成立以来传播速度最快、感染范围最广、防控难度最大的重大突发公共卫生事件，将成为我们这个国家和民族"殷忧启圣，多难兴邦"的最好注释。习近平总书记指出，中华民族历史上经历过很多磨难，但从来没有被压垮过，而是愈挫愈勇，不断在磨难中成长、从磨难中奋起。中华民族坚忍不拔的精神品格，中华文化自强不息的优秀传统，中国特色社会主义的道路、理论、制度、文化优势，是我们坚信能够同时打赢疫情防控和经济社会发展两场硬仗的力量来源。把社会责任扛在肩上，坚定自信，不辱使命，复旦学者和广大师生将以自己的智慧和努力，奋力书写抗疫考卷和时代答卷。

期待我们的师生继续弘扬复旦优良传统，在服务国家和社会中取得更大成绩，为彻底战胜疫情、全面建成小康社会作出更大贡献。

是为序。

复旦大学党委书记 焦扬

2020年3月30日

前　　言

新冠肺炎疫情发生以来，在党中央的强有力领导和指挥下，也在广大群众的理解和支持下，通过武汉封城、推迟开工、开市和开学以及社区严格管控等措施，终于取得阶段性抗疫成果。截至 2020 年 3 月 31 日 24 时，据 31 个省（自治区、直辖市）和新疆生产建设兵团报告，现有确诊病例 2 004 例（含重症病例 466 例），现有疑似病例 172 例。累计确诊病例 81 554 例，累计治愈出院病例 76 238 例，累计死亡病例 3 312 例，累计追踪到密切接触者 707 913 人，尚在医学观察的密切接触者 20 314 人。

但放眼海外，全球疫情依然不容乐观。美国约翰斯·霍普金斯大学 3 月 31 日发布的实时统计数据显示，全球新冠肺炎确诊病例累计超过 80 万例，死亡病例超过 4 万例。截至当地时间 3 月 31 日，美国是新冠肺炎确诊病例最多的国家，达 164 610 例，意大利目前是死亡病例最多的国家，达 11 591 例。受疫情影响，东京奥运会等重要国际赛事都将推迟举办。

新冠肺炎疫情的发展态势，已经不可避免会对经济社会造成较大冲击，主要体现在制造业生产、农业生产、服务业、就业、扶贫、进出口贸易以及物价等各个领域。为了及时加以应对，党中央、国务院高度重视，统筹推进新冠肺炎疫情防控和经济社会发展工作，在多个方面做了有力部署。我们认为，有必要进一步从全局出发，对新冠肺炎疫情的经济社会影响进行系统梳理，在产业、金融、财税、复工复产以及公共治理等方面制订强有力对策，实现抗疫与经济社会发展"两手都要硬"和"两手都要赢"。

本书除总论外共 28 章，分为宏观经济、产业经济、金融市场、世界经济、公共治理和地区经济 6 个部分。总论是由陈诗一教授撰写的"新冠肺炎疫情对经济中长期可持续发展带来什么样的启示？"；第 1 部分包括由张军教授撰写的"有关新冠肺炎疫情经济影响的 5 个常识"，由寇宗来教授撰写的"新冠肺炎疫情冲击下的产业动态和社会治理"，由方红生教授领衔撰写的"新冠肺炎疫情对微观企业的经济影响及财税应对政策"，由陈钊教授领衔撰写的"新冠肺炎疫情对于结构性失业和就业形态的影响与对策"，由章元教授领衔撰写的"新冠肺炎疫情对'三农'的冲击及应对策略"；第 2 部分包括由彭希哲教授领衔撰写的"新冠肺炎疫情下的养老服务业"，由芮明杰教授撰写的"新冠肺炎疫情对服务业的影响与对策"，由徐以汎教授领衔撰写的"新冠肺炎疫情对物流业的影响及应对"，由孙云龙副教授撰写的"新冠肺炎疫情对我国旅游业的全面冲击及应对策略"，由周光友教授撰写的"新冠肺炎疫情对数字经济的影响及对策";第3部分包括由钱军教授领衔撰写的"新冠肺炎疫情下的金融市场:影响与中国对策",由王永钦教授领衔撰写的"新冠肺炎疫情对中国金融和实体经济的影响与对策",由张宗新教授撰写的"'金融战疫'与逆周期货币金融政策应对",由许闲教授撰写的"新冠肺炎疫情对保险市场的影响及应对";第4部分包括由田素华教授领衔撰写的"新冠肺炎疫情对世界经济的影响和全球应对措施",由丁纯教授撰写的"新冠肺炎疫情对欧盟国家以及中欧经贸关系的影响和应对",由罗长远教授领衔撰写的"新冠肺炎疫情对供应链的冲击与应对";第5部分包括由封进教授撰写的"'后疫情时代'医疗卫生体系面临的挑战与应对措施",由李志青副教授撰写的"以'绿'战'疫':新冠肺炎疫情下绿色发展的挑战与对策",由吴建峰副教授领衔撰写的"'后疫情时代'的城市现代化治理",由李清娟教授领衔撰写的"新冠肺炎疫情对政府治理体系的反思与建议",由黄明副研究员撰写的"化危为机,行以致远:'后疫情时代'企业的战略发展之道",由刘瀚斌博士撰写的"新冠肺炎疫情对城市公共服务的影响与应对";第6部分包括由刘志彪教授领衔撰写的"新冠肺炎疫情对江苏经济影响的特点、风险及政策建议",由黄先海教授领衔撰写的"新冠肺炎疫情对浙江经济冲击的整体态势、影响及应对",由刘志迎教授领衔撰写的"新冠肺炎疫情对安徽经济的影响及对策",由余振教授领衔撰写的"新冠肺炎疫情对湖北经济的影响与应对",由章奇副教授撰写的"新冠肺炎疫情对上海经济的影响和对策"。

本书共有40多位专家学者参与写作,他们都是各个领域的佼佼者,在长期积累的基础上,短短几周内高质量完成写作任务,在此对他们表示衷心感谢。文中不免有疏漏和不足之处,文责由编者自负。本书得以顺利出版,离不开复旦大学出版社有限公司严峰董事长、徐惠平副总编辑的大力支持,以及岑品杰、戚雅斯等组成的编辑出版团队的不懈努力,在此衷心致谢。

编　者
2020年3月31日

目 录

总论　新冠肺炎疫情对经济中长期可持续发展带来什么样的启示？ ………… 1

第1部分　宏观经济 ……………………………………………………… 15

第1章　有关新冠肺炎疫情经济影响的5个常识 ……………………… 17
第2章　新冠肺炎疫情冲击下的产业动态 ……………………………… 25
第3章　新冠肺炎疫情对微观企业的经济影响及财税应对政策 ……… 40
第4章　新冠肺炎疫情对于结构性失业和就业形态的影响与对策 …… 52
第5章　新冠肺炎疫情对"三农"的冲击及应对策略 ………………… 63

第2部分　产业经济 ……………………………………………………… 73

第6章　新冠肺炎疫情下的养老服务业 ………………………………… 75
第7章　新冠肺炎疫情对服务业的影响与对策 ………………………… 83
第8章　新冠肺炎疫情对物流业的影响及应对 ………………………… 97
第9章　新冠肺炎疫情对我国旅游业的全面冲击及应对策略 ………… 108
第10章　新冠肺炎疫情对数字经济的影响及对策 …………………… 117

第3部分　金融市场 ……………………………………………………… 129

第11章　新冠肺炎疫情下的金融市场：影响与中国对策 …………… 131
第12章　新冠肺炎疫情对中国金融和实体经济的影响与对策 ……… 139
第13章　"金融战疫"与逆周期货币金融政策应对 ………………… 166
第14章　新冠肺炎疫情对保险市场的影响及应对 …………………… 177

第 4 部分　世界经济 ······ 187

第 15 章　新冠肺炎疫情对世界经济的影响和全球应对措施 ······ 189
第 16 章　新冠肺炎疫情对欧盟国家以及中欧经贸关系的影响和应对 ······ 198
第 17 章　新冠肺炎疫情对供应链的冲击与应对 ······ 210

第 5 部分　公共治理 ······ 219

第 18 章　"后疫情时代"医疗卫生体系面临的挑战与应对措施 ······ 221
第 19 章　以"绿"战"疫"：新冠肺炎疫情下绿色发展的挑战与对策 ······ 234
第 20 章　"后疫情时代"的城市现代化治理 ······ 246
第 21 章　新冠肺炎疫情对政府治理体系的反思与建议 ······ 256
第 22 章　化危为机，行以致远："后疫情时代"企业的战略发展之道 ······ 268
第 23 章　新冠肺炎疫情对城市公共服务的影响与应对 ······ 278

第 6 部分　地区经济 ······ 287

第 24 章　新冠肺炎疫情对江苏经济影响的特点、风险及政策建议 ······ 289
第 25 章　新冠肺炎疫情对浙江经济冲击的整体态势、影响及应对 ······ 297
第 26 章　新冠肺炎疫情对安徽经济的影响及对策 ······ 309
第 27 章　新冠肺炎疫情对湖北经济的影响与应对 ······ 318
第 28 章　新冠肺炎疫情对上海经济的影响和对策 ······ 332

总论　新冠肺炎疫情对经济中长期可持续发展带来什么样的启示？

经过全民防控和集中诊治，新型冠状病毒肺炎（简称"新冠肺炎"，英文名称为"COVID-19"）疫情目前已经在国内得到了有效遏止。2020年2月23日，习近平总书记在统筹推进新冠肺炎疫情防控和经济社会发展工作部署会议上发表重要讲话，要求在确保疫情防控到位的前提下，有序恢复生产生活秩序，加大政策调节力度，努力实现今年经济社会发展目标任务。客观上，新冠肺炎疫情对我国短期经济增长造成了极大冲击。春节期间服务型经济由于民众居家防疫而大幅缩水，节后复工复产由于分隔防控一延再延，波及制造业生产和供应链运转，今年第一季度经济增速大幅下降不可避免。当前，中国已经是世界第二大经济体，对世界经济增长贡献率超过30%，而且在全球供应链特别是亚洲供应链中处于枢纽地位，因此中国经济增长的减速也会极大影响全球经济。加之新冠肺炎目前已经成为全球性大流行病，波及200多个国家和地区，欧美股市遭遇重挫，石油价格暴跌，全球经济受到更大的负面冲击。即使中国的疫情防控取得了成效，国内经济在各种政策的支持下得到了尽快恢复，但是全球的疫情防控形势却不容乐观，全球经济隔离和停摆也会反过来阻碍中国经济的恢复进程以及全球产业链的打通和运行，因此，新冠肺炎疫情对中国经济的负面影响的作用时间将不得不延长。

我国已经从高速增长阶段迈向了高质量发展阶段，当年非典对我国经济的影响情景和今天完全不同，房地产、重化工、"入世"带来的进出口激增等刺激增长的手段已经不再适用。因此，此番恢复经济的措施当不同于以往的刺激政策，必须始终围绕我国经济转型升级的目标和高质量发展的定位，必须始终围绕完善治理体系和提升治理能力这个根本任务，把这次"疫情危机"转化成补短板的契机，精准施策。短期政策不忘长期目标，未雨绸缪，才能够校正短期政策使之不偏离正确的轨道。经济长期可持续发展的关键在于生产率的提高，在于资源要素的合理充分配置和市场经济体系的不断完善。市场经济体系由商品市场、要素市场以及市场参与主体构成，其中，要素市场是发挥市场在资源配置中的决定性作用的必要条件，是我国经济长期健康发展的重要基础。我国的商品市场机制已经比较完善，但是要素市场发展一直滞后，严重制约了我国市场配置资源的决定性作用的发挥，在疫情非常时期，如果施策不当，还有可能进一步加剧要素配置的扭曲。因此，此次疫情应成为突破我国要素市场发展长期滞后局面的契机，强化效率标准和生产率标准，加大供给侧结构性改革力度,为在恢复经济的同时升级经济打造新动能、推行新政策。

一、疫情影响对我国劳动力市场发展的启示:如何让人员流动起来? 怎么动?

此次新冠肺炎疫情的发生恰逢春节假期和春运期间,巨量的人员流动因疫情而一下子凝固,短期内对我国消费产生了巨大冲击,特别是客运、旅游、餐饮、电影和零售等行业的消费。以客运和电影行业为例。受此次疫情影响,2020年春运客运量与2019年相比下降了50.5%。其中,航空客运降低了47.3%,铁路客运降低了48.8%,公路客运降低了50.8%,水路客运降低了58.8%。这说明劳动力的流动性极大下降。电影方面,2019年春节档全国电影票房收入59.05亿元,而据国家电影事业发展专项资金管理委员会办公室发布的数据,2020年春节档全国电影票房总计报收2 357万元,跌幅达99.60%。

与非典疫情发生在5、6月份不同,此次疫情发生在春节期间,"封城"封村导致的人员断流又进一步阻碍了节后开工复产尤其是大量的农民工返城,对我国的制造业和产业链造成的负面影响更大,同时还会恶化我国的就业形势。这两年我国企业的就业情况本身就有很大的压力,失业率不断增加,城镇失业率从2018年初的4.9%逐渐上升到2019年12月的5.2%。此次疫情会进一步放大这种负面影响,部分盈利能力弱的企业特别是中小企业会通过裁员降薪以削减成本,如果复工进一步延迟甚至会直接倒闭。我国中小微企业数量众多,根据国家统计局最新发布的《第四次全国经济普查系列报告》统计,截至2018年末,全国共有中小微企业1 807万家,占全部规模企业法人单位的99.8%,吸纳就业人员23 300.4万人,占全部企业就业人员的79.4%。然而,中小微企业面临疫情也是最容易受到冲击的。因此,新冠肺炎疫情降低了劳动力市场的劳动需求,增加了员工失业。

人员流动起来是疫后经济尽快恢复以及避免失业的最关键因素。因此,在疫情初步得到控制以及人员流动限制逐步放松之后,尽快复工复产就成为当务之急,这是稳企业、稳就业的最重要步骤。习近平总书记在统筹推进新冠肺炎疫情防控和经济社会发展工作部署会议上对有序复工复产提出了八点要求。李克强总理在国务院常务会议上部署了"六稳"工作协调机制,其中稳就业为"六稳"之首。事实上,2月中旬,复工已经开始,尤其是沿海的江浙沪和广东、福建通过专车、专列、包机的形式从劳务输出大省(区)河南、四川、贵州、广西等地接员工返岗,一些大企业比如富士康、美的也都选择包车包机接工人返程。一些地方相继出台免费、补贴和奖励的"抢人"措施和稳岗返还政策。据人力资源和社会保障部网站信息,截至3月5日,全国已向47万户企业发放稳岗返还112亿元,惠及职工2 426万人。事实上,沿海地区如江浙沪、广东都是中国的经济繁荣地区和经济增长的火车头,这些地区能够尽快复产复工对我国疫后经济尽快恢复有着举足轻重的作用。根据上海市新冠肺炎疫情防控系列新闻发布会的信息,受疫情影响,上海要求本市区域内各类企业不早于2月9日24时前复工。在2月10日开始复工后,规模以上工业企业复工率达到40.2%。随着复工有序推进,在短短的9天时间里,规模以上工业企业复工率达到了72.6%。截至3月8日,上海规模以上工业企业复工率已达97%。此外,规模以上文化企业复工率也超过95%,而整个外资行业复工率达到99.9%。从各地官方公开数据来看,截至3月10日,有19个省区市规模以上工业企业复工率超过90%,山东、江苏、浙江、广西、贵州等地区复工率已超过99%,其中贵州以100%居于首位。

然而,复工复产中还存在着许多问题。很多地方在"严防死守"的隔离举措上往往层层加码,疫情较轻的地区也一刀切地采取偏严的防控措施,导致河南、四川等劳务输出大省人员无法顺利返程。据《南方周末》记者报道,截至2月24日,河南全省已有405.2万名农民工返回工作岗位,但这仅仅是春节前返乡农民工总数的一半。人员出不来,严重影响企业复工率,尤其是中小企业的复工率,这并没有统计在上述规模以上企业的复工率里。工业和信息化部副部长张克俭在国务院联防联控机制新闻发布会上表示,根据工信部对220万使用云平台的中小企业监测数据显示,中小企业复工率整体仍然不高,截至2月26日复工率只有32.8%。即使复工了,但由于受制于产业链上下游企业的复工情况,企业的产能也要大打折扣。根据国家统计局的数据,2月份中国综合采购经理指数(PMI)为28.9%,比去年同期下降23.5个百分点。随着疫情严重地区的务工人员后续逐步返工,还可能存在着用工过程中的地区歧视现象。比如,部分地区存在针对疫情严重地区务工人员的各种限制措施,包括隔离措施,甚至直接劝返,导致相应人员短期内难以复工或就业。企业在雇用这些地区人员时,需要额外支付部分疫情控制成本,包括相应的隔离和检测费用。这也使得疫情严重地区务工人员在劳动力市场中处于劣势地位,增加已就业人员的失业概率和新就业人员的就业难度。因此,疫情可能对劳动力的供需结构产生冲击,造成劳动力资源配置失衡和效率损失。

从短期来看,要针对上述复工复产中的简单粗暴和一刀切问题采取分类分级措施以尽快有序恢复经济活动。从地区层面来看,疫情严重地区仍然以严防死守为主,防止疫情扩散,疫情中度风险地区可以部分返岗复工,而疫情轻度地区则要鼓励外出务工,全面恢复生产。从行业层面来看,首先要确保疫情防控医疗物资、生活必需品、交通运输、快递等物流业的生产企业复工,其次要尽快恢复产业链上相关企业的生产,尽量减少供应链断裂以及外移的风险。国家还应该继续出台相关财政政策,减免疫情期间企业特别是中小企业人员的"五险一金",为复工人员减少或免除交通费用、健康检测费用,继续落实并发放稳岗返还资金,降低企业雇用疫情严重地区人员的额外经济成本,保基本民生、保工资、保运转,尽快修复劳动力资源配置失衡和劳动力市场供需结构扭曲现象。新冠肺炎疫情会增加受疫情影响企业的劳动纠纷,特别是此次疫情中的患者以及因政府实施隔离措施而不能提供正常劳动的企业职工,其劳动者权益容易受到侵害。因此,需要政府加强对企业的劳动用工指导和服务,并建立疫情特殊服务平台,为受疫情影响的劳动者提供法律保护"绿色通道",切实维护受疫情影响劳动者的合法权益。通过媒体宣传,消除人们对疫情严重地区务工人员的歧视心理也是必要的。

疫情之所以对劳动力市场产生如此大的即期影响,根本上还在于劳动力市场就业结构中很大的比例是劳动密集型行业的就业者,其中很多是农村劳动力。改革开放以来,大量的农村劳动力参与到中国的工业化、城镇化进程之中,对中国的经济增长起到了极大的推动作用。但是,我国长期存在的劳动力市场二元经济结构并没有得到根本的改变,农村劳动力受到户籍等一系列限制,无法与城镇劳动力平等竞争,也无法享受均等的公共服务。因此,他们实际上没有完全融入城市,他们的孩子还是留守儿童,他们的父母也没有条件和他们一起入城生活。虽然春节回乡是我们的文化传统,但是如果能够为农村劳动力提供均等化的公共服务,使得他们的孩子和父母能够与他们生活在一个城市,则可以大大降低春运返乡的人数,也不至于造成如此大的复工复产难度。虽然国家提出了"工业反哺农业、城市支持农村,实现工业与农业、城市与农村协调发展"的指导方针,但是城乡发展失衡的状态还没有得到根本改变,城乡收入还存在着显著差距,这也是农村劳动力尽管不能享受市民待遇却仍然要来到城市打工的主要原因。如果哪一天城乡能够得到均衡发展,城乡工作的报酬差不多,那么农村劳动力进城务工的人数将会极大降低。

让劳动力充分流动起来是市场经济发展的基本条件。从疫情对劳动力市场的影响也可以看出人员流动的重要性。接下来的问题就是:如何打破劳动力流动的障碍?劳动力怎么流动?劳动力都流向现在这样的城市也不行,现在的大城市人口密集、交通拥堵、公共服务设施不足、雾霾污染严重,也没有进一步吸纳更多外来劳动力的空间。中国与其他国家国情最大的不同就是人口众多。中国修了这么多高铁和高速公路,但是京沪线的"复兴号"很多时候还是一票难求,小长假的出行拥堵和景区爆挤经历让你再也没了小长假出去旅游的想法,包括每天上下班的拥挤,平时10分钟的行程也许1个小时也走不到。这样的情况恐怕以后在大城市只会越来越严重。这样的拥挤和集聚导致一旦流行病来临更容易大面积传染扩散,问题也会更为严重,人口稀少国家所采取的自我分散隔离措施在中国可能就行不通,甚至会无效。中国目前尽管已经有效控制住了新冠肺炎疫情,但是如果全球不能进行有效防控,一旦未来新冠肺炎境外输入病例大幅增加,甚至演变成每年冬春季的常态流行病,那么对我国人民健康的影响、对就业状况以及经济的震荡冲击都要比其他国家来得更大。因此,如何未雨绸缪,重新规划我国劳动力市场的发展布局,有效应对未来诸如新冠肺炎疫情这样的突发性公共事件是现在不得不考虑的问题。因此,除了目前抓紧分级分类有序复工尽快恢复经济生产之外,我认为新冠肺炎疫情对劳动力市场的影响将对未来劳动力市场中长期发展带来至少如下三条启示。

1. 为来城市务工人员提供市民待遇和均等化服务

继续改革户籍制度、土地制度,消除二元经济弊端,扩大大中城市就业吸纳能力和相关服务设施,为农村劳动力在城市就业提供均等化公共服务,使得农村劳动力能够在城市安心就业,为劳动密集型制造业和服务型产业提供稳定的劳动力资源。

2. 为去农村创业人员提供便利化条件

继续打破城乡藩篱,积极推进乡村振兴战略,不断完善道路、卫生和信息化等农村基础设施建设,发展乡村休闲旅游、餐饮娱乐、文化观光等农村特色经济,通过信息化推动农村三次产业融合发展,使得农村能够吸纳更多的回乡创业人员、城市到农村创业人员,使得更多的优秀人才能够更便利地到农村广阔的天地发挥创新创业才能。

3. 远程办公与带薪休假常态化

对于可以采取远程办公、线上服务的行业,鼓励员工居家办公、异地办公、定期述职与错时上班,并制定相应的业绩考核指标,看工作成绩而不是看考勤记录,只保留必要的必须到岗的岗位,并进一步打造远程办公的软硬件设施能力。同时,提倡带薪年假模式,错峰休假,避开小长假、春节的拥挤。

以上启示都是基于中国人口众多、城市拥挤的国情,因此必须制定中国特色的劳动力市场发展策略,关键词就是分散就业、多向就业、居家就业,而不是上班都涌向大城市、市中心,下班和放假都一窝蜂集中流动,这样才能极大促进劳动力的流动,增强人才的活力,各取所需,避免了拥挤,也自然避免了群聚性影响,这是我想象的未来比较理想的就业和工作模式。有了稳定的就业,且不因突发事件有较大的波动,这样居民才有稳定的收入,在我国已经成为世界第一大国内消费市场以及消费已经成为经济增长的第一驱动力的情况下,我国才有进一步扩大内需、促进经济持续健康增长的基本条件。

二、疫情影响对我国资本市场发展的启示:如何让货币资金流动起来?流向哪里?

新冠肺炎疫情的暴发和蔓延对全球和我国资本市场的影响是巨大的。截至目前,美国三大股指连续多次熔断(历史上此前才熔断一次),道指创下了30多年以来的最大单日跌幅,短短三周时间,美股市值蒸发近三成,总值超过10万亿美元。国际油价一度崩跌超30%,创下1991年海湾战争以来最大单日跌幅,美国WTI原油价格更是接近了20美元一桶的低点。美债、黄金、日元以及瑞郎等避险资产也一反常态出现暴跌和震荡,全球恐慌指数创2008年全球金融危机以来新高。中国股市春节后首个交易日A股全线重挫,沪、深股指分别大跌7.7%和8.4%,创2015年8月以来的单日最大跌幅,但很快回升,继而出现震荡和下跌,虽然幅度远没有美股剧烈,但是资金还是存在避险倾向,从股市转移到债市,导致中国十年期国债收益率下跌。尽管如此,中美利差还在扩大,中国资产对外资仍然存在着吸引力。但是,疫情影响导致企业融资意愿和融资能力受到抑制,很多企业选择暂停融资。信用债发行量和净融资量自2020年1月中旬达到峰值以来经历了急速下滑,目前均降至近三年来的历史低位,且近期一直在低位徘徊。近一个月以来推迟或取消发行的信用债的计划发行规模达到215.1亿元。暂停融资会导致企业财务状况紧张,很多企业疫情期间债券到期,面临偿付压力,容易引发信用风险,而价格波动又可能增加企业未来融资负担。可见,此次由新冠肺炎疫情引致的突发性公共卫生风险不可避免带来了金融风险和经济风险,资本市场的暴跌和震荡又加剧了人们对全球经济衰退的预期。据联合国国际贸易和商品司的最新报告,中国占全球中间产品贸易的比重已经从2002年的4%增加到目前的约20%,中国在全球产业链中已经占据重要位置。因此,新冠肺炎疫情带来的复工复产延缓以及全球防控不力都将不可避免影响到产业链的运转,下游企业复产,上游企业不开工不行,中国恢复产能,世界生产停摆也不行,产业链断裂,也必将对资金链构成压力。而供应链运作中存在"长鞭效应",需求信号在向供应链上游不断传递的过程中,其波动有被不断放大的倾向和趋势,因此,产业链断裂有可能重创中国经济基本面,这是本次疫情负面经济效应中最令人担忧的地方(刘志彪,2020)。

事实上,此次新冠肺炎疫情对我国资本市场中资金的需求产生了极大冲击。近三年来,我国工业企业的营业收入累计同比增长率不断下降,而利润总额累计同比增长率更是在2019年下降至负数,企业总体盈利水平本就不高。而疫情所导致的复工延迟,一方面使得在复工之前,企业无法正常运营以获得收入,另一方面,企业需要支付的租金、偿还贷款本息、员工工资和"五险一金"却是刚性的,商业银行出于自身风险管控的考虑还存在着抽贷、断贷的可能,这客观上加重了企业的资金压力和资金链断裂的风险,因而企业的短期资金需求必然相应增加,形成对资本市场中资金需求的冲击。而根据国家统计局提供的工业企业亏损情况,每年前三个月也是工业企业亏损高峰期,然后全年逐月递降,亏损企业占全部企业比重也呈现相同的特点。这意味着每年的第一季度是工业企业经营最为困难的一个季度。而此次疫情高峰发生在2020年1—2月份,这又会进一步加剧企业特别是中小微企业第一季度的经营困境,增加企业的营运资金需求。中小微企业在我国经济中发挥着十分重要的作用,不仅吸纳了近80%的就业,而且还贡献了50%以上的税收、60%以上的GDP。根据海关总署最新发布的数据,以中小企业为主的民营企业在我国出口贸易中的比重也超过了50%。然而在融资上,商业银行对小微企业贷款覆盖率不到10%,中小企业贷款金额仅占银行贷款总额的24.7%,超过40%的中小企业面临融资难的问题,融资成本是大型企业的1.5~2倍[①]。清华大学近期针对疫情期间的约700个中小企业进行了调查,发现一半以上的被调查企业营业收入下降了三分之一以上,更为严重的是,能够以自有资金维持经营三个月以上的中小企业只有10%多一点(陈海强等,2020)。由于中小企业具有最弱的抵御风险能力,此次疫情的出现,

---

① 数据来源于中国中小企业协会会长李子彬在"中国中小企业供应链金融高峰论坛"上的发言。

将进一步加剧中小企业的融资困难,情况严重的甚至会破产关闭。

早在2月1日,中国人民银行和财政部就牵头发布了短期内金融支持疫情防控的30条措施。3月3日,李克强总理主持召开国务院常务会议,强调统筹推进疫情防控和经济社会发展,部署稳就业、稳金融、稳外贸、稳外资、稳投资、稳预期工作机制。人民银行把支持实体经济恢复发展放到突出位置,实施稳健的货币政策,加强逆周期调节,保持货币信贷合理增长,推动信贷结构持续优化,以改革的办法疏通货币政策传导,千方百计降低企业融资成本。主要内容包括:加大公开市场逆回购操作力度,引导公开市场逆回购、中期借贷便利中标利率、贷款市场报价利率(LPR)先后各下降10个基点,带动市场整体利率下行;设立3 000亿元低成本专项再贷款,精准支持直接参与抗击疫情的企业,财政贴息后这些企业实际融资成本为1.30%,低于国务院不超过1.60%的要求;加大对中小微企业普惠性资金支持,增加5 000亿元支农、支小再贷款和再贴现专用额度与3 500亿元政策性银行专项信贷额度,同时下调支农、支小再贷款利率0.25个百分点,对现有贷款提供展期服务。3月13日,人民银行决定于2020年3月16日实施普惠金融定向降准,对达到考核标准的银行定向降准0.5～1个百分点,对符合条件的股份制商业银行再额外定向降准1个百分点,支持发放普惠金融领域贷款,共释放长期资金5 500亿元。此次定向降准释放长期资金,可有效增加银行支持实体经济的稳定资金来源,通过银行传导有利于促进降低小微、民营企业贷款实际利率。自疫情发生以来,各地也出台了一系列金融支持实体经济恢复的政策。比如,成都市充分利用直接融资政策红利,帮助全市相关企业积极运用银行间市场、沪深交易所开辟的"绿色通道",推进企业债券发行工作,筹集资金抗击疫情和复工复产。截至3月11日,成都市企业实现债券直接融资397.14亿元,其中,发行疫情防控债券13笔,共计融资113.1亿元,位居全国第四。当然,为应对疫情恢复经济,金融服务还有许多工作要做,除定向再贷款外,还可以通过适当降低不良资产监管容忍度、发力政策性金融、加强政策性担保等方式对受疫情影响行业、地区的贷款进行定向扶持,以保障信贷接续和新增投放,支持复产复工的顺利进行。特别地,建议地方政府牵头,加强银行、企业和地方性担保增信机构的通力协作,在审慎评估企业和个体经营者的流动性风险和经营基本面的基础之上,予以适当增信和信贷支持,帮助其恢复正常经营。

然而,要强调的是,在我们施行各种支持疫后经济恢复的金融政策时,不仅要考虑短期的效果,也要考虑其长期的目标。作为以间接融资为主的国家,中国的银行业一直在国家的经济发展中发挥着重要作用。中国的资本市场自20世纪90年代以来也快速发展,目前已经成为全球第二的资本市场。正是依赖着财政、银行、资本市场的多元化融资,才成就了中国投资驱动式的快速增长模式和中国经济奇迹。2003年非典疫情后,土地财政和房地产投资急速拉抬了经济的增长速度,2008年全球金融危机后,以基础设施投资为特征的4万亿刺激计划又让我们克服了经济衰退的风险。但是,这种粗放式投资的边际收益已经锐减,以要素数量扩张为特征的经济增长模式也难以为继,中国已经走上了以全要素生产率提升为特征的高质量发展阶段。党的十九届四中全会也要求,加强资本市场基础制度建设,健全具有高度适应性、竞争力、普惠性的现代金融体系,有效防范化解金融风险。近年来,中国已经有20多个省区市公布了总计30多万亿元的未来基建投资计划。经济需要信心,市场需要预期,"后疫情时代"自然也需要足够量的投资。同时,以往投资的弊端以及疫情期间凸显的种种短板可以为此次资金投放带来诸多启示。一个基本原则就是不能再搞"大水漫灌",不能再投向高污染、高能耗的重化工业行业以及大城市的房地产业,而是要长期定位、精准投资与定向支持。我认为,至少有以下四个重要的投资方向。

1. 借疫情之机从根本上解决中小企业融资难、融资贵的问题

中小企业融资难、融资贵是我国资本市场和信贷市场资源配置失衡的主要表现,长期没有得到有效解决。而在此次疫情中受影响最大的也是中小企业,特别是传统劳动密集型的服务业和制造业企业,因此,解决中小企业的融资问题不仅仅是短期应急,更是要立足于从根本上解决。一方面,银行要继续针对中小企业用好专项再贷款政策,发挥好结构性货币政策工具的支持作用,比如普惠性的支小再贷款和再贴现以及定向降准,发挥LPR改革引导贷款实际利率下降的作用。另一方面,加大推进资本市场改革措施的落实,为中小企业能够获得长期资金支持提供合理通道。最近资本市场一系列改革举措诸如修订证券法、全面推行注册制以及出台再融资、转板上市、创投减持等新规,都将使得企业特别是中小企业上市、退市、转板、融资变得更为便利,压缩了套利投机的空间,有利于资金投向实体经济特别是科创企业。

2. 继续加大网上支付、移动支付以及第三方支付建设,进一步提升线上支付、结算甚至融资的便利性

我想很多人都有在银行营业厅办理业务的糟糕体验,网上银行和移动支付的出现极大地改变了这种效率低下的状况,降低了业务成本,其线上支付的特点也为疫情防控提供了更多选择,既减少了集聚和外出,又减少了纸币、硬币的使用,从而也就减少了疫情传播途径,未来应尽最大可能减少柜台业务项目,实行营业厅效率革命。第三方支付也可以发挥这样的功效,同时还可以发挥网上结算、降低支付成本、促进消费冲动、提供消费信贷的功能来拉动消费,促进经济增长。可以说,第三方支付平台成就了我国电商的快速发展,也为这次新冠肺炎疫情防控做出了重要贡献。未来要继续发展第三方支付还有一个重要原因,那就是可以发挥其信息和技术优势为小微企业和个体商户提供融资服务。第三方支付企业同用户的距离更近,通过大数据能够更全面地获得小微企业的信息,从而对企业的信用做出更准确的评估,为小微企业提供形式更加灵活、门槛更低、成本更低的融资服务。未来,商业银行和外资银行也将进入第三方支付领域。无论哪一类第三方支付平台,将来发展的生命力都将取决于其线上支付、结算和融资的便利性。

3. 完善传统基础设施建设,加大新型智能绿色基础设施建设投资力度

早在 20 世纪 40 年代,发展经济学先驱人物之一保罗·罗森斯坦-罗丹(Paul Rosenstein-Rodan)就提出基础设施是社会发展的先行资本,应在经济发展中政策中占据优先地位,这一理论被称为"大推进理论"(The theory of the big-push)。在过去 10 年里,中国的高铁、高速公路、机场建设取得了跨越式发展,全国已经构建起四通八达的交通网络,为经济的持续发展打下了坚实的物质基础。目前的交通网络以主干道为主,未来基础设施建设应该向更多的城市、向西部地区和农村地区更广更深延伸,辅之以农村道路建设,形成全国现代交通"大动脉"和"毛细血管"全覆盖,为劳动力在城乡间的双向流动和城乡融合创造更好的硬件条件。同时,要加快基础设施投资向新型智能基础设施和绿色基础设施转型,比如无人驾驶、共享汽车等智慧低碳交通系统,智能储能、充电加氢、分布式能源等智能微网系统,配套新能源、新材料、节能减排的城市基础设施等,这些新型基础设施具有正外部性、技术先进、债务可持续等优点,兼具短期刺激和长期可持续投资的功能,应视为基础设施建设投资的新范畴和下一阶段的投资重点。

4. 按照能够应对重大突发性公共卫生事件的高标准,彻底补全医疗软硬件和公共卫生基础设施建设的短板

此次疫情表明我国目前医疗和公共卫生基础设施远远不能满足应对突发疫情之需。疫情过后,必须加大医疗和公共卫生基础设施投资力度,确保未来面对突发性公共卫生事件时能够从容应对。根据国际货币基金组织数据,2018 年中国医疗卫生支出占一般政府总支出的 7.07%,而美国、日本、新加坡的占比分别为 24.44%、19.80%、13.47%。医疗卫生资源不足、大中小城市和城乡资源配置失衡是目前亟须弥补的两大不足。因此,我国未来应该修建更多的医院,无论是大城市的三甲医院还是中小城市的各级医院和医疗机构,都亟须增加和补全软硬件短板,即使小医院也要配置和大医院一样的医疗设备。当然,这需要增加高素质的医师和医护人员。各个城市还需要完善常规医院和医疗机构之外的公共卫生预防体系和传染病防治应急系统,这是遭遇突发性公共卫生事件时的有力保障。这种投资不能完全交给市场,需要中央和地方政府投入,而这本身也能带来 GDP 的增长,可谓一举两得。

三、疫情影响对我国物流服务发展的启示:如何让物流通畅起来?怎么做?

物流业在此次应对新冠肺炎疫情中体现了杰出的行业担当,为抗击疫情做出了巨大贡献。2020 年 1 月,快递支撑网络零售额预计超 6 000 亿元。1 月 24 日—29 日,全国邮政业揽收包裹 8 125 万件,和上年春节(2 月 4 日—9 日)同期相比增长 76.6%,为保证疫情期间人民物质生活不受影响,共投递包裹 7 817 万件,同比增长 110.34%。但是,我们也应该看到,受封村封路、居家隔离等疫情防控措施影响,物流业也面临着巨大压力。根据河南省物流业复工指数报告,河南省 2020 年春节后在物流车辆运行时长、行程与 2019 年春节基本相似的情况下,物流车辆复工指数却不到去年同期水平的三成,使得已复工车辆高负荷运行。根据 G7 物流监测数据,在 2 月 10 日物流业全面复工前,全国整车物流量只恢复到平时的 10% 多一点,而零担货运基本处于停滞状态,2 月 10 日开始复工后,全国整车物流流量持续攀升,但到 3 月初也仅恢复到 60% 多一些,而全国零担货运物流量还不足一半。

此次疫情中,物流业受到的最直接影响还是因为许多物流从业人员返乡过春节,导致在岗人员严重不足,节后无法按时、按要求复工。这也是由物流业现阶段的性质决定的。物流业现在仍然属于劳动密集型行业,从业人员大多来自农村。国家邮政局 2019 年发布的《快递员生存现状调查报告》显示,76.31% 的快递员来自农村,15.89% 的快递员来自县城,而来自城市的仅有 7.8%。农村许多地方整个村的劳动力都从事该行业,封村封路后就造成从业人员无法正常返回工作地。和其他很多企业一样,2019 年物流业整体基本面下滑,90% 以上企业遇到了一定的经营困难。此次受新冠肺炎疫情影响,不但物流业本身复工艰难,而且由于制造业、其他服务业同样存在复工延迟问题,导致商务快件量下降,进一步造成中小物流企业的账款周期被拉长,经营困难加剧,中小物流企业和大型物流公司的经营网点都面临不小的生存压力。

李克强总理 3 月 3 日主持召开国务院常务会议,进一步明确支持交通运输、快递等物流业纾解困难加快恢复发展的措施,加快物流业复工复产既能为疫情防控提供有力支撑,又能畅通经济循环,满足民生需要。具体要求包括:分区分级精准有序引导物流企业复工,取消不合理复工审批,各地要对邮政和各种所有制快递企业给予一视同仁的通行便利,推动打破乡村、社区"最后一公里"通行和投递障碍;加大减税降费力度,在一定期限内继续实施去年底到期的大宗商品仓储用地城镇土地使用税减半征收政策,免收进出口货物港口建设费,将货物港务费等政府定价收费标准降低 20%,取消非油轮货船强制应急响应服务及收费,减半收取铁路保价、集装箱延期使用、货车滞留等费用,降低部分政府管理的机场服务保障环节收费等;鼓励保险公司通过延长保险期限、续保费用抵扣等方式,适当减免疫情期间停运的营运车辆、船舶、飞机保险费用,鼓励各地采取阶段性减免"份子钱"等措施,帮助出租汽车司机渡过难关。物流业在经济发展中所起的资源流通功能以及在疫情防控中所起到的应急物资保障作用,带给我们两点启示。

1. 继续大力发展现代物流业

首先要提高物流从业人员工资、福利、休假等待遇,定期进行业务技能和素质培训、交通安全培训。继续加大铁路与水路运输能力建设,充分发挥其更适合承担干线运输的优势,降低我国公路运输占比,同时发挥公路运输灵活与区域性优势,解决物流运输"最后一公里"问题(田歆等,2020)。疫情期间,由于缺乏统一调配与有效沟通,跨区配送受到很大限制,很多小区防控规定不许快递人员进入,快递员需要电话通知每位居民来取货,并持续在小区外等待,造成配送效率低下。对此,未来要加大智能投递基础设施建设,提高末端配送能力,实现整个物流网络全链路的数字化,数字化网络的建设不仅有利于改进物流业商业模式,提高行业运营效率,也有利于加强行业监管。中国疫情期间,全球物资驰援武汉;全球疫情蔓延,中国应急物资和医疗人员参与国际援助,这些也要求物流业未来要不断提升国际化程度,继续加强中国的全球配送网络建设,深入推进通关一体化、便利化改革。同时,物流公司不只是运输货物,还需要再向前、向后延伸,深入融合供应链上下游企业,加强与国外大型生产制造企业的对接,为上下游企业提供寻求合作的平台。现代物流业不仅是经济运行的动脉,也是应对突发性公共事件时的生命救助通道,未来需要大力发展。

2. 促进绿色物流业发展

物流服务全过程存在着人—环境—物质间的相互制约关系。本次疫情的发生,也可以说是人类与自然生态环境制约关系失衡的后果。我国物流业目前的经营方式还比较粗放,物流业全环节都造成严重污染,比如运输卡车是交通碳排放的主要来源,仓储、运输使用了大量化石能源,包装造成了森林砍伐与垃圾污染,而森林砍伐使野生动物失去了栖息之所,接近了人类世界,增加了病毒感染的可能性。因此,物流企业未来需要改善工作卫生环境,可以像配备消防器材一样配备手套、口罩等防护用品,将其作为企业生产流通的必备品,并加强应对突发性公共事件的应急培训。提升铁路和水路运输能力也可以发挥其低能耗、低排放优势,减少物流业的污染排放。物流业的未来发展方向是数字化、智能化的,也是绿色低碳的。物流业未来可以作为绿色金融推行的重点行业。经此战"疫",未来物流业需要借助绿色金融实行绿色升级,平衡物流业与自然环境关系,促进绿色物流业发展,同时,以绿色物流为突破口,带动上下游企业发展绿色供应链,促进绿色创新。

四、疫情影响对我国数据要素市场发展的启示:如何让数据流畅起来?还需要做什么?

数字经济指以计算机技术、互联网技术和数据为必要且关键生产资料的商品与服务的生产活动,与传统经济相比,通常会形成或依存于新的组织间的关系、组织形式与边界,可以说,是一种崭新的经济形式(毛基业,2019)。近年来,我国的数字经济得到了快速发展,截至2018年,我国数字经济总量已经达到31.2万亿元,占GDP比重高达34.8%[①]。随着数字经济的兴起,"数据"也在党的十九届四中全会决定中被新纳入生产要素范畴。这次新冠肺炎疫情对我国的消费服务业、制造业等都带来极大的影响,但是在此期间,我国的数字经济却获得极大的发展,并成为疫情期间维持消费、助推线上办公的重要力量。在疫情防控期,游戏、在线阅读、视频等线上内

[①] 数据来源于中国信息通信研究院发布的《数字经济治理白皮书(2019)》。

容的数字经济消费需求激增,在线购物、办公、医疗和线上教育都得到了大范围推广。根据微信小程序官方数据,2020年农历除夕至正月初七,小程序生鲜果蔬业态交易笔数增长149%,社区电商业态交易笔数增长322%。而易观千帆监测数据显示,在2020年春节期间,互联网医疗在线问诊独立APP的日活跃量显著高于2019年,在1月30日(农历正月初六)达到671.2万人,比2019年同期增长了33.2%。据了解,高校推行的线上线下混合式教育和翻转课堂受制于线上教学的短板一直进展不大,这次也因为疫情期间的网上开课而一下子得到了普及和推广,学生线上线下同时学习、线上提问,教师线上施教和解答,体验全新,效果不错。同时,各种线上会议、视频公开课、跨校跨国视频音频研讨会也都相继开展,虽然大部分学生还未返校,但是线上教学科研工作早已经正常开启。相信此次疫情过后,有些商业模式、办公模式、教学科研模式将出现全新改变,那些旧的低效率的模式也许就一去不复返了。我想,此次疫情带给我们的主要启示包括以下两方面。

一是把数字经济全力打造成未来产业。数字经济的核心动力是数字技术创新,核心生产要素是数据,包括5G技术、人工智能、云计算、互联网、物联网、区块链、大数据中心这些经济中最具创新性、最富有活力的元素,它们也都属于新型基础设施的范畴,是刺激短期经济增长与推动长期高质量发展的最佳结合点。以5G技术为例,预计中国总体对5G技术的直接投资达1.2万亿元,投资周期可能超过8年。5G产业链及其赋能产业包括智慧交通、智慧城市、智慧工厂、智慧医疗、智慧教育、智慧农业等,将会催生出数十万亿元的投资。政府除了加大对数字经济的投入力度之外,还要支持数字经济创业,培养数字经济人才,推动数字经济就业,充分发展数据要素市场。政府可以加大对数字经济创业的支持力度,除了在财政和金融上给予政策扶持,还可以建立特殊的数字经济创新扶持基金,同时引导创业投资基金投资数字经济领域,增强资本市场对数字经济创新创业的支持。

二是大力推动数字经济就业。根据中国信息通信研究院发布的《中国数字经济发展与就业白皮书(2019年)》,2018年我国数字经济规模增长了20.9%,同时就业岗位为1.91亿个,同比增长11.5%,显著高于全国整体就业规模增速,吸纳就业能力不断提升。因此,可以以促进就业为主线大力发展数字经济,并同步推进产业结构的数字化转型和劳动者数字技能的提升,培养更多的数字人才。此次疫情在推动数字经济快速发展的同时,也凸显出数据要素市场化的迫切需要。既要不断完善数据市场交易机制,又要强化数据的保护与管理,明确数据监管规则,不断健全数据交易法律法规。

以上分别从劳动力市场、资本市场、物流服务、数据市场的视角,初步归纳了此次新冠肺炎疫情对我国经济长期可持续发展的十条启示或十大方向,当然实际上不止这么多。尽管没有发生此次疫情这些也要做,也是老生常谈,或者有人会说这不是恢复经济的猛药,远水解不了近渴,但是经此疫情,我认为这十条却是我们未来应对重大突发事件和保持经济长期健康发展的良药,其中不少也有短期刺激经济之功效,而且长期考量在胸,对我们制定短期的防控疫情和恢复经济的政策也有参考价值。关键还在于,这十条启示与我国一直滞后的要素市场发展紧密相关。我国要素市场的发展,谈了多年进展一直都不大,如果能够借此次战"疫"成功推动我国要素市场的发展,也算化危为机了。没有要素市场的充分发展,打造未来应对危机的能力,培养经济可持续高质量发展的根本动能,就是一句空话。如果让经济活动必要的人、财、物不仅能够在物理空间充分流动起来,也能够在数字空间无接触对接起来,那么要素市场配置资源的决定性作用也就能够得到充分发挥,经济长期增长的驱动力——全要素生产率的提高就是必然的了,在那个层次,像长三角一体化发展所要求的基本条件也就自然成熟了。要素市场改革是供给侧结构性改革的精髓所在,也是提升我们整个经济体系和治理体系的韧劲以应对未来突发事件大考的关键建设内容,所以,政府理应针对以上重点方向精准施策、定向支持。

(陈诗一,复旦大学经济学院/泛海国际金融学院教授)

参考文献

[1] 陈海强、洪永淼、汪寿阳:《对中小企业扶持应更精准》,《经济日报》,2020年2月7日。

[2] 陈诗一:《面向经济社会可持续发展,我们应该从此次新冠疫情中学到什么?》,复旦大学经济学院网站,2020年3月3日。

[3] 陈诗一:《金融如何助力实体经济"一键重启"》,澎湃新闻,2020年3月22日。

[4] 刘志彪:《疫情对产业影响的特点、风险及政策建议》,中国青年网,2020年2月26日。

[5] 毛基业:《数字经济的本质以及数据的价值》,中国矿业大学高端论坛,2019年11月21日。

[6] 田歆、何斐、汪寿阳:《疫情下的物流与运输行业:冲击、对策与长远发展》,《经济日报》,2020年2月19日。

第 1 部分

宏观经济

第1章 有关新冠肺炎疫情经济影响的5个常识

第2章 新冠肺炎疫情冲击下的产业动态

第3章 新冠肺炎疫情对微观企业的经济影响及财税应对政策

第4章 新冠肺炎疫情对于结构性失业和就业形态的影响与对策

第5章 新冠肺炎疫情对"三农"的冲击及应对策略

第1章　有关新冠肺炎疫情经济影响的5个常识

此次新冠肺炎疫情发生以来,大家对疫情有许多讨论,尤其是此次疫情对我国经济、社会各方面将会带来的影响,已经成为媒体和一般民众议论的焦点。从2月中旬开始,中央意识到中国经济体量这么大,不能停摆太久,后来提出要"两手抓",一手抓防疫,一手抓经济的恢复、复工复产。从某种意义上讲,我们的防控阶段已经进入下半场。

我从1月底开始陆续发表了一些文章,也参与了关于中国经济受疫情影响产生的一些变化的讨论。本章不重复这些讨论的内容,而是就疫情对宏观经济的影响问题,提供几个基本的常识。所谓常识,就是我们应该知道的、应该具备的基本的知识。人们常说,在一些重大问题上,我们往往不缺复杂的理论,缺的是常识,往往常识容易被忘记。有时候,常识能为我们面临的最复杂的问题找到最简单的解决办法。我想,我们在思考、讨论疫情对中国经济的影响这个问题时,应该了解一些最基本的知识。就此,本章将在疫情对中国经济影响的话题之下分享5个基本的常识,并加以讨论。

一、疫情对中国经济的冲击是短期的

第一个常识是,任何一个经济都是有机的系统,都有趋势性的增长,无论是个位数的增长(比如发达国家常态的增长水平)还是两位数的增长(像我们过去几十年保持的超长增长态势)。

无论如何,经济在正常情况下都会保持趋势性的增长,在受到外部冲击时,它会反弹,并经历恢复的过程。所以,我们经常讲,外部冲击只会暂时让经济偏离已有的增长趋势,只要冲击过去,经济就会有强力的反弹,回到原有增长的轨道上。

我们都知道,战争和自然灾害(比如地震、海啸)对经济的冲击特别大,这种冲击往往会摧毁经济的生产能力。所以,在战争或自然灾害结束以后,经济都会经历一个大规模的重建过程,通过大量的投资项目来恢复生产能力。但是,因为冲击巨大,起点变低了,反弹就比较强劲。在第二次世界大战以后,受到战争摧毁的日本和德国经济,都经历了一二十年的高速发展时期。公共卫生危机(比如现在的新冠肺炎疫情),在多数情况下,会因为造成恐慌而对消费需求产生比较大的冲击,往往表现为消费需求的推迟或取消,对经济带来影响。当然,这相比战争和自然灾害的影响要温和得多。

但是，在这次疫情当中，采取了严厉的举国防疫政策，限制了人口的流动，就不仅影响了消费，也可能影响生产。由于工人不能按时返岗，物流不能及时送达，因此，供应链和下游企业的生产都会受到影响，而且疫情持续时间越长，影响将会越大。但是，在冲击过后，经济增长依然会反弹；冲击越大，反弹的力度也越强劲。

在这里，可以回顾一下 2003 年非典对我国经济的影响。事后去看一些统计数据，几乎看不出 2003 年经历过非典。从影响这个角度来讲，仅仅发生在 2003 年的第二季度。从统计上看，2003 年第二季度 GDP 的实际增长率大概下降了 20%。当时的趋势性增率为 10%，后面实际上整个经济依然保持了 10% 的实际增长率。把时间拉长一点来看，尽管我们经历了 2003 年的非典，整个经济的增长趋势是没有很大改变的。所以，经济几乎就是一个有机体，受到外部冲击后，仍然会反弹、恢复，这是一个基本常识。

当然，经济学家说，经济受到外部冲击之后，会自动反弹和恢复到原来的趋势性增长轨道上来，其实这背后隐藏了一个基本的假设：受到外部冲击之后，任何一个国家的政府都会采取相应的对冲型的政策，并不是什么都不要做。就像我们过去说库兹涅茨曲线(Kuznets curve)一样，库兹涅茨研究了很多国家，在相当一段时间里统计发现，人均收入水平和收入分配的差距，呈现一个倒 U 型的关系。后来，很多经济学家把这样的关系推广到了环保领域，比如说环境质量的改善情况和人均收入之间同样存在倒 U 型的关系。这个关系在经济学家看来，可以认为是一个规律性的内容，但是背后其实是政府的政策，如果没有政府的政策，或许我们无法观察到这个关系。政府在经济遇到外部冲击的情况下，需要及时调整原有的一些政策，并出台一些新的政策，来帮助受到冲击的企业、单位渡过难关。这样就会导致我们说的冲击与经济的反弹和恢复之间的关系。

这是本章介绍的第一个常识。也就是说，有冲击，经济就会有反弹，就会有恢复性的增长。

二、缩短疫情持续时间，有利于经济快速恢复

第二个常识是有关疫情的持续时间，即经济受到的影响和疫情持续的时间有关系，疫情持续时间越短越好，而正是因为持续时间越短越好，所以有必要采取非常严厉的防疫政策。

这里面涉及三方面的关系：疫情的持续时间、疫情防控的力度(如可能导致经济社会暂时停摆)和疫情对经济的冲击程度。这三者之间可能存在着矛盾和冲突，最终取决于我们的取舍和权衡，才能决定选择什么。

最近，很多人在讨论和反思：目前应对疫情的政策是不是有夸张的成分？是否存在更科学的防疫政策，可以减少对经济的负面影响？我也发表了一篇文章，讨论

从全局上来看，我们现在做的事情是不是最优解。

我个人觉得不是最优解。原因很简单：我们要实现全局的最优，想要找到一个全局的最科学的、对经济影响最小的办法，但我们满足不了这样的条件，因为我们还没有完全掌握新型冠状病毒的知识，也没有找到有效的治疗方法。所以，在这种情况下只能实行局部最优的办法，在每一个局部的范围（可以小到一个街道、一个村子）做到最优。但是，全局依然是次优的。长痛不如短痛，做不到全局最优，那就实行全局次优的解。选择严厉的防控措施，虽然对经济在短期内有较大的冲击，但能够缩短疫情持续的时间，对后续经济的复苏反弹有极大的利好。也就是说，严厉防控虽是次优解，但付出的代价会有回报。

这里要强调的是，当经济学家说经济会在增长率的基础上反弹的时候，并不是说这种反弹是自然而然就会出现的，不是说完全不需要用政策调整就能实现。就像环保一样，当我们说经济发展到比较高的阶段以后，环境质量会提高，这不是天然的或自动的，而是说当经济发展到那个阶段以后，人们开始重视环境，有意识地朝这个方向去用力，才会有环境的改善。所以，疫情结束以后，经济反弹需要政策调整。其实，现在就在进行政策调整，包括各地针对受疫情影响比较大的行业出台扶持政策，特别是服务业，而在服务业中，中小微企业又比较多。

举一个最简单的例子。一家饭店如果几个月不开张，就没有流水，但老板要支付员工工资，要付房租。这种压力测试下，坚持一个月可能还行，如果坚持两个月，能支撑下去的比例就会变小，坚持三个月以上还能付得起房租，这个比例就不大了。所以，这时候就需要鼓励地方政府出台很多纾困政策。特殊时期，财政上需要承受更多的赤字，短期内财政支出要加大、财政收入要减少，因为要给企业减税降费，这就意味着政府的财政缺口可能会拉大一些。但这是没有办法的，因为眼下碰到的是一个特殊事件，就像战争时期国家要加大财政开支一样。

事实上，现在各地都在实施类似的应对举措。疫情还没有结束，考虑到压力测试问题，如果政府这时候不推出纾困政策，很多企业不见得能挺过去。为了减少日后经济反弹可能遇到的一些不确定性，现在就要出台政策。而且，政策方面可以灵活加以调整，包括金融层面，比如贷款、国债、地方专项债等，也都能帮助实体经济——第一能挺过去，第二能保存实力。随着疫情得到控制，需求会开始反弹。而需求一旦反弹，很多企业包括服务业企业都会加速开工，迅速恢复产能，这样一来就能推动经济反弹。

当然，地方政府比较关注当地的经济复苏，关注疫情冲击导致的当地失业问题。过去我们也常提减税降费、优化营商环境、支持中小微企业等措施，但这是有一个认识过程的，因为在经济没有遭遇重创的时候，感受不到危机，很多地方政府也会有惰性，对上述措施落实不力是完全有可能的。但现在遇到紧急情况，都不需要看统计数字，只要看新闻就知道很多行业都面临困境，在这种情况下，地方政府的决心肯定要比之前大。

再者，将来疫情结束后，各地经济反弹复苏程度如何，这是一个横向比较的问题。在中国治理模式中，横向竞争还是一个很重要的机制，地方政府都会关注，希望自己所在地的经济能够比其他地方复苏得更快，就业问题更有保障，平稳度过这段特殊时期。现在可能更容易达成共识，也更容易让地方政府痛下决心，这可能会跟以前有些区别。

同时，目前特殊时期出台的政策，有一些应该延续下去，因为这本来就是改革的一个方向或目标，并不是疫情过了以后，这些政策都要收回。比如，最近上海发布的28项措施中，也提到疫情结束以后平均可以再延长三个月。当然，其中有些支持性政策不需要收回，比如政府减少企业税费等，原来就是改革目标，只是还没有达成，现在在能做到的情况之下，其实是需要长期坚持的。另外有一些临时性政策，以后可以收回，比如浙江义乌的企业包车接员工返岗等。这就是我所说的第二个常识。

三、正确看待疫情对 GDP 的影响

我要讨论的第三个常识跟疫情如何影响收入或产出有关。这里我首先要说明一个关于 GDP 的概念问题。很显然，GDP 在统计上没有营业收入或产值那么大，这一点大家不见得都能意识到。当我们说疫情或者防疫政策导致一些行业特别是消费领域损失掉多少营业收入的时候，其实我们说的不是 GDP。疫情对于 GDP 的影响到底有多大呢？这需要我们很好地做估计。

在讨论疫情对中国经济今年第一季度或者全年 GDP 增长的影响的时候，很多人其实忘记了 GDP 这个概念本身是什么。有的时候，在这些复杂的讨论当中常识性的知识反而会容易被忘记。在这里，跟大家讨论的第三个常识，其实是跟 GDP 有关。那么，我们在讨论疫情对经济影响的时候，我们所看到的损失掉的这些收入或者产值，是不是就是 GDP？实际上 GDP 是增加值的一个加总，各行各业的所谓的增加值，跟各行各业的营业收入或产值是存在关系的，但不是完全一样的概念。各行各业在疫情冲击之下，今年第一季度损失多少营业额和收入，这是否就是损失的 GDP？其实不是。计入 GDP 的，不是各行各业的营业收入或者产值，只是其中的增加值部分。

根据恒大研究院任泽平团队前不久发布的研究报告，以 2019 年春节期间旅游业收入规模推算，2020 年春节期间疫情给旅游业带来的收入损失预计超过 5 000 亿元，这相当于 2019 年第一季度 GDP 的 2% 左右。另外，他们还预计，由于受疫情影响，今年春节档电影票房窘况或将导致全年电影票房收入"零增长"，甚至出现负增长。"根据 2020 年春节目前受冲击的情况，假定只考虑受冲击最大的三个行业，电影票房 70 亿（市场预测）+ 餐饮零售 5 000 亿（假设腰斩）+ 旅游市场 5 000 亿（完全冻结），短短 7 天，直接经济损失就超过 1 万亿，占 2019 年第一季度 GDP 21.8 万亿的 4.6%。"在这背后，有一个常识在里面。这三个行业在这 7 天损失掉的 1 万亿元是不

第1章　有关新冠肺炎疫情经济影响的5个常识

是就是GDP？其实不是。

我们先说第一季度GDP要出现零增长或负增长意味着什么。大多数普通人并不知道，GDP是各行业增加值的总和，不是营业收入或产值的总和。所以，首先不能把因疫情造成的营业收入或产值损失都计入GDP。至于说增加值是怎么测算出来的，这其实非常复杂。

据我所知，每个产业和每个细分行业测算增加值的方法各不相同。以旅游业为例，它的增加值的测算依照国家统计局制定的《旅游及相关产业增加值核算方法》，核算所需的数据来源于国民经济核算数据和旅游及相关产业消费结构调查数据等资料，并根据两级分类方法，涉及85个行业小类。可以看出，增加值的核算相当复杂，尤其是服务业。普通读者当然不需要知道每个行业的增加值是怎么测算出来的，但需要知道计入GDP中的是增加值，它远小于行业的营业收入或产值。以旅游业和餐饮业为例，国家统计局的数据显示，2018年中国旅游业的总收入大约为5.97万亿元，增加值3.7万亿元，增加值率约为60%，而餐饮业总产值大约为3.9万亿元，增加值14 594.1亿元，增加值率仅为35%左右。

不少人在网上评论说，今年第一季度GDP很可能出现负增长。我也看到有的人甚至更加悲观，认为要关注的不是今年第一季度GDP可不可能出现负增长，而是要关注会出现多少的负增长，是-5%还是-10%。所以，有必要简单讨论一下这种可能性有多大。

其实，就全国而言，我们各行业加总的平均增加值率不会超过30%，因为大多数制造行业的增加值率不到20%（尽管少数能源行业的增加值率可能高达70%）。我们假设全国各行业的增加值占到其营业收入或产值的30%，那么可以倒推，2019年第一季度21.8万亿元的GDP就相当于各行各业加总的营业收入或产值差不多有65万亿元之多。

按照我们这些年已有的增长趋势，如果不受外部冲击，中国经济还保持着平均每个季度大约不低于8%的名义增速（这是按现价计算的名义值，按不变价计算的实际增速在6%~6.5%），那么，今年第一季度我们的名义GDP应该至少为23.55万亿元（去年第一季度GDP是21.8万亿元，按照名义增长率8%计算，到今年第一季度GDP总量为23.55万亿元，多了1.75万亿元），如果换算成营业收入或产值，乘以3，相当于约71万亿元。相比于去年第一季度，GDP增加了1.75万亿元，乘以3，相当于6万亿元。如果第一季度受疫情冲击GDP变为零增长或负增长的话，意味着GDP名义增长率的下降幅度首先要抵冲掉原有的增长趋势，也就是名义增长率要跌8个百分点以上，而要跌出这个幅度，各行各业第一季度的营业收入或产值就要减少大约6万亿元以上。这可以给我们一个空间来客观地推测疫情有没有可能带来"致命"的收入损失。

现在很多行业公布自己遭受的营业收入损失。不过我们要知道，这些损失有严重的交叉和重复计算。各行各业在统计自己的营业收入或产值时，是以该行业所覆盖的所有部门为范围来核算的,而从消费者的支出角度来讲并不是这样。比如,我们在旅游时,会进行餐饮、购物、酒店住宿、娱乐、游览、交通等消费,消费者的这些支出数据会更真实。在统计旅游业的收入时,就包含了餐饮、购物、酒店住宿、娱乐、游览、交通等范畴。通常来说,旅行社业、交通客运业和以饭店为代表的住宿业是旅游业的三大支柱。2018年中国旅游业的总收入为5.97万亿元,增加值3.7万亿元,这个数字早已部分包含了餐饮、购物、酒店住宿、娱乐、游览、交通等范畴的收入;同样,餐饮业4万亿多元的总产值也部分包括了旅游业的收入。所以,我们不能简单地加总比如说餐饮业、零售业与旅游业的收入或收入的损失,因为这当中有太多重复的计算。同样的道理也适用于服务业的其他行业的收入与损失统计。简单加总各行业统计的收入损失会高估服务业整体受到的冲击。家庭的消费支出是支出法核算GDP的一部分,但不是简单加总零售业和服务业各行业的收入,而是用家庭的支出数据来计算的,这样可以避免重复计算问题。这就是我讲的第三个常识,关于营业收入、产值与GDP的关系。GDP是增加值,而不是营业收入或产值的加总。

那么,疫情究竟会造成多大的经济影响呢?根据现在给定的情况,我预测最坏的情形是,今年第一季度GDP出现较大幅度的下降。如果疫情控制在第一季度,第二季度的经济活动快速恢复,经济下降态势会被第二季度的反弹性增长(至少部分)对冲掉。随着有利于增长恢复的宏观政策调整到位,下半年起经济增长会有加快趋势。考虑全年的情况,只要不再出现来自外部的输入性疫情或其他冲击,持续的政策调整和启动内需政策应该能保证GDP增长率的下降幅度维持在两个百分点左右。

当然,我这样的估计是有前提的:第一,疫情持续的时间比较短;第二,没有后续的疫情反弹或输入性疫情发生;第三,疫后经济活动恢复比较快。所以,政府确实需要在恰当时机对财政和货币政策做出巨大调整,特别是向在防控疫情时受到较大影响的中小企业及服务业倾斜,更多利用信贷政策、财政补贴和税收减免等手段加以扶持,最大限度确保经济活动及就业的恢复。

四、化解供应链危机是对冲疫情冲击的关键

第四个常识是有关供应链的。如果说消费受到负面影响是疫情冲击经济造成的"皮肉之伤",那么我们必须懂得,供应链危机才是疫情对经济的最大冲击,相当于"伤筋动骨"。

供应链危机会有多严重呢?之前,我们可能意识不到供应链的重要性及其在中国乃至全球供应链中的地位。现在,因为疫情,供应链已经是我们经济中的"血液系统"。如果经济停摆,那么一定是供应链危机造成的结果。

供应链的存在可以让整个生产的分工从过去横向的变成纵向的或者垂直的。事实上,它已经成为全球化时代的新的分工和专业化模式。也因为这样,传统的贸

易就变成了附加值的贸易。无论是对国际还是国内的产业都一样。所以,全球产业链指的就是超越国家的供应链系统。供应链让每一个国家都参与其中,把国家间的经济耦合在一起。因为耦合或挂钩,全球经济就相互依赖,谁也离不开谁。这次疫情让我们看到供应链的重要性以及全球化实实在在的存在。武汉"封城",对国际汽车市场造成了很大的影响。有人认为,中国发生疫情是中美经济脱钩的最好时机。言外之意就是说,美国想要借此次疫情,把产业链从中国转移出来,回到美国。我想这是天方夜谭。

因为有了供应链,每个下游企业都有库存。库存在宏观经济的波动中发挥很大作用。从企业自身来说,库存对于应对不确定性和突发事件的影响也是非常重要的。当然,库存也可以缓冲疫情对制造业企业的影响。但是,库存又占用资金和资源,所以在量上不能太大。此次疫情发生后,我们在现实中看到活生生的案例,如果库存时间比较长,受疫情的冲击就比较小。

比如,湖北的武汉、黄冈、宜昌、十堰等城市,都是与汽车产业相关的。来自湖北汽车工业协会的数据显示,目前湖北省规模以上的汽车零部件企业有1 300多家,而根据中汽协统计的数据,我国目前规模以上的汽车零部件企业有1.3万余家,这意味着湖北省规模以上的汽车零部件企业约占全国的十分之一。

"车企储备的简单零部件不会太多,核心零部件的库存周期相对长一些。一般来说,汽车零部件的库存量平均在1个月左右。如果长时间不能复工,将会影响到国内其他省市及海外工厂的生产。"在湖北某汽车零部件企业工作多年的薛江告诉记者。

另外,湖北有大量的外资,日本、韩国汽车企业也受到较大影响。以韩国车企为例,统计上来看,其线束零部件有87%来自中国。目前,韩国现代和起亚汽车正饱受供应链断货的煎熬,它们的三家线束供应商——韩国裕罗(Yura)、京信(Kyungshin)和TNH,均在中国设厂。日前,韩国现代汽车已经宣布,由于零部件供应中断,公司将暂停在韩国的生产。这也使现代汽车成为全球首个受疫情影响导致供应链中断而暂停在中国境外生产的跨国汽车制造商。

所以,防止疫情对经济造成更严重的冲击,要从抓好供应链的恢复和稳定入手,停摆的时间一定不能过长,一定要尽快复工复产。从供应链的龙头企业和核心企业抓起,这不仅对我们自己的制造业,也对全球供应链和全球经济有着非凡的意义。

五、中小微企业应是疫后纾困和帮助的主要对象

我们应该知道的第五个常识是,最弱小、最脆弱的经济主体受到的冲击一定最大,任何国家都是如此。那么,经济当中谁是最弱小、最脆弱的群体呢?是中小微企业。这个常识告诉我们,疫情冲击中受到最严重威胁的是中小微企业,为了保障日后经济的复苏和反弹,政府纾困和帮助渡过难关的对象应该就是它们。

中小微企业数量庞大,每天诞生几万家,也会死去几万家。全国有大约8 000多万家,其中2 000多万家中小微企业法人,6 000多万家个体工商户。中小微企业占全国企业总数的95%,可以说是整个经济的细胞。中小微企业不仅仅分布在制造业,可能更多的是在服务业,这是大头。前几年,国家为了支持中小微企业发展,出台了税收上的优惠。纳税优惠的起征点从50万元提高到了100万元。当然,不同行业的中小微企业口径不同,有些行业劳动力人数在10～20个,有的超过100个。虽然不同行业有不同的口径,但总体上它们在行业中占大多数,却又是弱势群体,在融资、技术、人力资本等方面没有优势。虽然占大多数,但是它们的抗风险能力是最弱的。

前几年,国家统计局建立了包含样本基本情况、主要经济指标、调查问卷等内容的《小微企业抽样调查一套表》制度,以满足宏观经济管理和国民经济核算要求。通过建立一个系统,进行抽样调查,来摸清楚中小微企业的基本情况,对中小微企业在GDP中的贡献进行推算。因为其规模太小,不能纳入规模以上企业的网上直报系统,只能通过抽样调查来获得一些基础性的数据,然后进行推算。现在推算的结果为:中小微企业贡献了整个GDP的约60%,创造了约70%的就业率,缴纳了约50%的税收。这是中小微企业在中国经济中的重要性。也正因如此,国家对中小微企业高度重视,也在不断出台一些支持性的政策。在任何国家,中小微企业虽然在经济上占大多数,但是没有抵抗力。任何疫情、任何灾害,对它们的影响都是最大的。

在疫情之下,受冲击的中小微企业是脆弱的,所以,国家政策要先对中小微企业实行救助或者财政和货币政策上的纾困。其中包括:减免租金,减少税收,要求地方银行给予贷款延期而不至于抽贷、断贷或减免利息等。

以上这5个基本常识,可以让我们对疫情带来的经济影响,特别是对今年第一季度以及全年GDP增长的影响,有更客观的认识和更科学的判断,也能对国家在疫情期间应该出台和调整什么样的政策,从哪开始、针对谁,有更好的把握。希望本章的内容对社会各界观察和理解疫情对我国经济的影响有参考价值。

(张军,复旦大学经济学院教授)

第 2 章 新冠肺炎疫情冲击下的产业动态*

本章首先将从分工和专业化的角度对新冠肺炎疫情冲击的影响做一个总体分析;然后将从不同维度剖析新冠肺炎疫情冲击的经济影响和应对措施,尤其是关注对中小微企业进行精准纾困的措施和成本,以及如何理解"危""机"中的商业模式嬗变。

一、如何认识新冠肺炎疫情的总体影响?

与"自给自足"的传统经济相比,现代经济的本质特征就是高度的分工和专业化,以及由此而来的人与人之间、企业之间乃至国家之间的贸易和互联性。如果将疫情冲击的效果看作是为经济体系的运行按下了"暂停键",则从理论意义上讲,分工、专业化和贸易对于现代经济有多重要,至少在短期,疫情冲击对于经济的负面影响就有多大。

考虑到经济体系的复杂性以及统计数据的滞后性,人们还是希望定量地大致估计本次疫情的负面冲击到底有多大。一个自然的参考点是 2003 年的非典,因为同样是冠状病毒引起的疫情,也同样引起了全国民众的恐慌。按照历史数据,非典尽管在短期导致了大幅度经济下滑,但从 2003 年整年的时间尺度上看,其负面冲击的效果几乎观察不到。也正因如此,有些分析者认为,如果新冠肺炎疫情能在近期就得到有效控制,其对中国经济的负面冲击也将是几乎可以忽略的。

我们认为,这样的估计可能过于乐观了,可能会严重低估疫情冲击造成的负面影响。主要原因是,与 2003 年相比,现在的中国经济有如下几个显著的不同点:第一,中国经济内部的一体化程度大大提高了。第二,中国经济的产业结构已经发生了本质性的变化,服务业已经占据主导,而这是"人员接触密集型"的。第三,从 2001 年"入世"以来,中国融入国际分工和贸易的程度也大幅提升了,中国制造已经成为国际产业链分工中至关重要的一个环节。第四,经过十几年的时间,中国经济已经由于对房地产的依赖而面临"脱实向虚"的风险,故指望再次依靠刺激房地产来保增长的有效性要打上一个大大的问号。第五,按照最新的情况,新冠肺炎疫情已

---

* 感谢刘学悦博士为本章写作提供的数据支持。

经演化成为全球流行的大疫情，由此整个国际贸易都将受到重创，这对于已经高度融入世界经济一体化的中国经济也必然会是一个巨大的负面冲击。综合上述几点，我们认为，不能简单以非典冲击作为参照基准而做出新冠肺炎疫情负面冲击后果有限的过于乐观的结论。

与上面对负面冲击估计不足的观点形成强烈对照的是，有些人认为新冠肺炎疫情会让中国经济遭受重创并倒退很多年，特别是会让中国经济面临国际产业链转移加速的巨大挑战。支持这种观点的理由主要有如下两点。第一，近年来随着中国劳动力成本急剧上升，中国在劳动密集型产业方面的竞争优势下降，本来就已经有不少企业考虑从中国转移到诸如越南、印度等其他发展中国家。第二，新冠肺炎疫情导致中国经济暂时停摆，跨区域交通运输严重受阻，企业难以有效复工复产，这些都让在华投资的跨国公司遭受巨大损失，进而必然增强它们产业转移离开中国的动力和决心。

如上所述，尽管不能低估新冠肺炎疫情的负面冲击，同时也不能否认近年来的确存在从中国到其他发展中国家的产业转移现象，但我们认为，并不能据此而做出新冠肺炎疫情会加速产业链从中国转移出去的整体结论。首先，跨国公司进入中国有很多动机，有些是为了利用中国的廉价劳动力，有些是看中了中国良好的基础设施，有些是想利用中国完备的产业链配套能力，还有些则是瞄准了中国超级巨大的消费市场。当然，更多时候这些因素是共同起作用的。综合以上因素来看，只有那些生产特别依赖于廉价劳动力、不太需要产业链配套、不需要良好的基础设施以及没有将中国作为主要销售市场的跨国公司，才有很强的动力将企业从中国转移出去。其次，关于劳动工资上升的效应，也必须一分为二地来看：一方面，在生产端，劳动工资上升的确提高了企业的用工成本，这会提高企业转移出中国的激励；另一方面，在需求端，劳动工资的上升则意味着居民购买力以及中国市场的吸引力的提高，这又会降低企业转移出中国的激励。进一步，具体到本章主题，那些认为新冠肺炎疫情会加速跨国公司产业转移的结论有一个隐含的前提，即新冠肺炎疫情只是发生在中国，而在其他国家是没有的。但很显然，现实情况已经基本上证伪了这个前提假设。简言之，对跨国公司而言，产业转移是有成本的，虽然它们可以仅仅因为中国发生新冠肺炎疫情而做出产业转移决策，但它们却完全没有办法确保产业转移的目的国不会发生新冠肺炎疫情。实际情况有可能恰好相反。按照疫情的演化动态来看，我们甚至可以推论，正是因为采取了强有力的抗疫措施，中国在未来一段时间内反而有可能成为新冠肺炎疫情"不确定性"程度最低的国家。必须强调，不管是个人投资还是企业决策，最难应对的问题就是不确定性，即"不知道不知道什么"（unknown unkowns）的情形。尽管中国经济已经因为新冠肺炎疫情遭受重创，但一旦这种重创已经实现并成为"沉淀成本"，继续留在中国就会因为没有太多的疫情不确定性而成为最安全的投资决策了。进一步需要强调"母市场效应"（home market effect）的重要性。因为出现新冠肺炎疫情的全球大流行后，国际贸易将会遭受重创，整个世界就会暂时进入"孤国寡民"的状况,而在此情况下,待在中国的企业,将会因为中国这个超级巨大的消费市场而获得更大的生存机会。综合以上分析,我们认为,尽管不能低估新冠肺炎疫情的负面冲击,但也不能夸大疫情造成的产业链转移风险。

二、分类施策,精准应对新冠肺炎疫情的负面冲击

前面讨论了新冠肺炎疫情造成的总体影响,这里则需要强调"分类"讨论,因为面对同样的新冠肺炎疫情,不同市场主体所受到的影响是不同的,而按照不同的分类,则可以看出不同的异质性效应。"既来之,则安之"。面对新冠肺炎疫情冲击,当下最为紧急的事情就是分类施策,精准应对疫情造成的各种严重的负面效应。疫情之所以对整个社会造成巨大冲击,除了会给民众造成直接的生命财产损失之外,更主要的是因为其产生的社会恐慌情绪,以及国家和个人为抗疫而采取的各种后续隔离措施,导致整个中国经济处于短期的停摆状态。所以,为了降低疫情导致的损失,一方面当然是要釜底抽薪,通过寻找和改进治疗方案,真正将疫情控制住、消灭掉;另一方面,则要在科学评估疫情风险的基础上,有差别地、分步骤地复工、复产、复市与复学(为了表述方便,除非特别指明,后面统一简称为"复工"),逐渐让整个经济社会运行回到正常的轨道上。

鉴于疫情传播具有区域性,国家在疫情应对上采取了属地原则,因此分类施策的第一个关键要点就是科学地评估不同地区的疫情风险。鉴于不同地区的疫情风险不同,原则上就应该在疫情风险比较低的地方率先复工。但事情显然没有这么简单。现代经济是高度分工和专业化的,许多经济活动的范围将必然会超越人为划定的行政边界;特别地,如果低风险地区的企业与高风险地区的企业存在产业链的上下游关系,那么,在找到有效的替代方案之前,低风险地区的企业也是难以复工的。

政策措施		复工收益	
		大	小
复工风险	高	寻求产业链替代方案	继续严厉的控制措施
	低	立即恢复	继续等待,相机恢复

图 2-1 复工的分类施策

综合上述分析,如图 2-1 所示,按照复工风险和复工收益进行分类,有四种基本的分类施策情形:第一,复工收益大,但复工风险也高。不管是因为某些产业链整体上都是位于疫情严重地区,还是因为产业链的某些重要环节位于疫情严重的地区,国家至少在短期内都要在国内其他地方寻找整个产业链或产业链部分环节的替代方案。而与之对应,国家必须提供后续的精准扶持措施,以抵消这种区域间产业链

转移对疫情严重地区的长期负面冲击。第二,复工风险低,而复工收益大。与此对应,立即复工显然是最优选择,但具体到落实层面,这却最有可能因为地方政府缺乏有为担当的精神而难以付诸实践。"懒政""不作为"者之所以有积极性继续采取不必要的严厉管控措施,是因为这既可以"最小化"因为出现疫情案例而给自己造成的政治风险,同时又可以借助"全力抗疫"来掩盖其在恢复生产活动方面工作的不力。第三,复工风险大,而复工收益小。对应于这种情况,最佳的方案将是继续实行严厉的管控措施,以防止疫情扩散并对社会造成严重影响;但在具体执行过程中,国家必须对牵涉其中的企业、个人和各种单位提供有力的外部援助。这种外部援助不光是基于人道精神,而且也是符合经济学的基本原理的。由于疫情具有传染性,因此限制这些地区人们的行动自由本质上是为社会提供了一种公共品。第四,复工风险小,复工收益也小。对应于这种情况,考虑到疫情扩散蔓延可能造成的巨大损失,为保险起见,建议采取继续等待、相机恢复的政策措施。

三、中小微企业的救助问题

面对疫情冲击,如何精准有效地救助中小微企业是值得专门讨论的重大问题。为何要特别强调救助中小微企业,主要原因至少有如下三个方面。

第一,中小微企业不但受疫情冲击的负面效应最为显著,而且与大企业相比,它们的抗风险能力和转嫁能力非常低,如果得不到及时有力的救助将会大范围破产。

从产业分类来看,绝大多数的中小微企业处在服务业部门。考虑到诸如餐饮、旅行、娱乐等服务行业都是"人际交往密集型"的,而新冠肺炎疫情最直接也最强烈的冲击就是阻断了线下的人际交往,不管这种阻断是因为人们害怕感染而主动造成的,还是因为政府防止病毒传播的强制措施所导致的。以餐饮业为例,在疫情管控措施最严厉的春节期间,几乎全部的餐馆都关门歇业了,而在正常情况下,这段时间是许多餐馆凭借年夜饭赚钱的大好时光。更加严重的是,即便现在允许餐馆重新开业了,广大消费者也会因为疫情冲击所产生的恐慌情绪而尽量避免外出就餐。这意味着,与新冠肺炎疫情本身的持续时间相比,疫情对餐饮业的影响要更加持久,或许至少要等到疫情结束的几个月之后,餐饮业才有可能真正恢复到疫情暴发之前的水平。

由于现代经济的高度互联性和迂回生产性(roundabout production),每个企业都与其他企业乃至最终消费者具有产业链的上下游关系。所以,不管是哪个环节受到负面的外生冲击,该冲击所产生的负面效应在原则上都不会由直接受到冲击的环节完全承担,而是会或多或少地转嫁到产业链的其他环节;直接受冲击者在整个产业链中的可替代性越小或市场力量越大,其转嫁能力就越强。考虑到绝大多数中小微企业都是近乎"完全竞争"的,在产业链中的可替代性很大,它们很难将疫情冲击对它们造成的负面影响转嫁到产业链中的其他环节。尽管之前媒体上曾有报道,在疫情期间,诸如西贝等实力比较雄厚的连锁餐饮企业通过大力开发外卖业务取得了不错的成效,但对绝大多数中小微企业而言,不管是因为业务特性还是因为企业本身能力的限制,期待它们在短期内做出商业模式的有效调整都是非常困难的。简言之,若无外部的救助措施,它们基本上需要独自承担疫情带来的各种经济损失。

那么,中小微企业到底能否独自承担并经受住疫情造成的负面冲击呢?基本结论应该是比较清楚的:若无有力的外部救助措施,绝大多数中小微企业将很难独力承担疫情造成的负面冲击。首先,如前所述,绝大多数中小微企业属于服务业,经营业务受疫情冲击的负面影响很大且很难转嫁,从疫情开始算起,至少有两三个月同比收入会急剧下降,很多企业甚至可能是颗粒无收的。其次,只要中小微企业依然存活,很多成本支出都是刚性的,比如房租、工资、社保以及税收等,而且按照绝大多数中小微企业的"微利"特征,这些成本支出大概就等于其在正常经营状态下的营业收入。再次,同样基于中小微企业的微利特征,它们的现金流和利润留存都会非常有限。最后,从银行角度看,与大型企业相比,中小微企业良莠不齐、风险很大,因而很难得到银行贷款,或者即便能从正规或非正规渠道获得融资,其资金成本也相对更高,这在世界各国都是一样的。但中国金融体系还有一个对中小微企业更加不利的独特因素,即存在所谓的所有制差异:考虑到绝大多数中小微企业都是民营企业,因此与国有企业相比,即便不考虑规模因素,它们也更难从正规渠道获得融资支持。综合以上几点不难得出推论:鉴于疫情冲击导致中小微企业营业收入剧减,成本支出刚性必然意味着它们会遭受严重亏损。进一步,如果疫情影响很难在短期消除,仅凭它们手中持有的非常有限的现金流、利润留存以及同样非常有限的外部金融资源不但是难以为继的,而且也会因为黯淡的盈利前景而有很强的激励进行"止损",即选择破产。

第二,大量活跃的中小微企业对于维系经济体系的运行效率极其重要。经济理论和经验证据都表明,创新和技术进步是经济长期增长最重要的推动力量,而重大的技术创新既有可能是大企业完成的,也同样有可能是小企业完成的。随着中国经济进入新常态,原有的以大规模要素动员为特征的粗放式增长模式已经难以持续,由此中国政府提出了创新驱动的发展战略,期待实现从"中国制造"到"中国创造"的伟大转换。要实现这个战略目标,不能单依靠大企业或单依靠小企业,而是应通过营造一个让大企业与小企业竞合有序、共生共赢的产业生态,让它们同时发挥各自的创新优势。

一旦引入新技术,旧技术将会被替代,技术创新将具有"自我替代"的性质,因此正如诺贝尔奖获得者肯尼斯·阿罗所指出的,大企业会因为具有更大的"在位收益"而更加不愿意进行创新。但与此同时,正如熊彼特所强调的,创新也是一种"创造性破坏"的过程,许多小企业就是通过技术创新而进入市场,并最终取代原有在位者而成为大企业,而面临严峻的进入威胁,大企业也必须创新,这样才能保住其巨大的在位利润。在此意义上,来自创新型小企业的进入威胁是"鞭策"大企业持续创新的必要条件。

  大企业与小企业之间不但有竞争关系,在很多情况下,尤其是在创新领域,两者也可能呈现出共生共赢的关系。这主要牵涉到大企业对小企业及其技术的收购和集成问题。具体地,技术创新不但有很多可能性,而且有很大的不确定性。即便如苹果、腾讯、阿里这样的大企业,也无力自行尝试各种可能的创新方案。实际上,它们也无需这样做,因为除了一些最核心的、需要大规模投资的创新项目以外,大企业可以将其他创新活动"外包"给小企业来做,然后再根据自己的实际需求,挑选和收购那些最合适的小企业或者它们的技术。从大企业角度看,尽管事后的收购成本有可能比较高,却能最大可能地避免技术开发过程中面临的各种风险;而且,因为被收购对象往往已经过市场的初步检验,集成产品的商业化风险也是比较小的。比如苹果手机,其绝大多数技术都不是苹果自己开发的,而是在市场中收购和集成的。对创新型小企业而言,除了公开上市(IPO)和管理层收购(MBO)以外,被大企业收购一直是风险投资退出和创新者获益的重要方式。由于大企业的市场占有率高,推广能力强,同样一个技术,被大企业收购和集成之后所创造的社会价值也更大,因而被收购之后创新者所获收益有可能远远高于自己去推广这些产品或技术所获收益。在这种情况下,大企业与中小微企业就形成了一种良性的共生共赢关系。

  第三,也是最为重要的,中小微企业对于解决就业具有至关重要的作用。根据第四次全国经济普查结果,2018年末,我国共有中小微企业1 807万家,占全部企业的99.8%;中小微企业吸纳就业人员23 300.4万人,占全部企业就业人员的比重为79.4%[①]。由于第四次全国经济普查目前未公布各省区市中小微企业数量和其吸纳的就业人员数量,但结合各省区市的全部企业数量与全部就业人员数量,可以大致估算各省区市中小微企业数量与就业人员数量,结果见表2-1[②]。

表2-1 2018年末中国各省区市中小微企业数量和就业人员数量

	企业数量(万家)	就业数量(万人)
北 京	86.1	839.1
天 津	25.3	301.1
河 北	100.3	883.5

---

① 企业规模根据《统计上大中小微型企业划分办法(2017)》的规定计算。这里的中小微企业和全部企业不含以下行业的单位:铁路运输业,金融业,房地产租赁经营,教育,卫生,公共管理、社会保障和社会组织,国际组织。参见 http://www.stats.gov.cn/tjsj/zxfb/201912/t20191218_1718313.html。
② 由于第四次全国经济普查系列报告提供了东、中、西部地区的中小微企业数量,我们假设在东、中、西部各自内部,各省区市中小微企业的数量占比分布与全部企业的一致;而第四次全国经济普查系列报告只提供了中小微企业就业人员总数,因此我们假设各省区市中小微企业就业人员占全国的比例和全部企业的占比一致。各省区市全部企业的数量和就业人数参见 http://www.stats.gov.cn/tjsj/zxfb/201911/t20191119_1710335.html。

(续表)

	企业数量(万家)	就业数量(万人)
山西	36.1	471.5
内蒙古	22.5	290.3
辽宁	52.3	548.5
吉林	14.6	253.9
黑龙江	20.0	290.7
上海	38.4	732.3
江苏	178.9	2 388.9
浙江	134.6	1 794.7
安徽	63.5	830.6
福建	61.2	1 049.4
江西	35.5	599.6
山东	156.9	1 708.4
河南	99.9	1 449.9
湖北	66.6	942.7
湖南	48.7	820.8
广东	272.4	2 803.4
广西	37.1	456.5
海南	8.7	96.0
重庆	38.8	595.3
四川	57.7	1 066.7
贵州	26.4	357.1
云南	34.3	438.4
西藏	3.6	48.9
陕西	40.3	564.2
甘肃	17.4	240.2
青海	5.5	71.9
宁夏	5.2	82.7
新疆	18.4	283.0
总计	1 807	23 300.4

预则立，不预则废。尽管我们希望疫情很快结束，但也必须做好疫情防控打"持久战"的最坏打算，采取精准有力的政策措施，以可控的成本救助中小微企业和保障低收入阶层的就业，防止新冠肺炎疫情扩散成为严重的经济疫情。我们建议的政策措施具体包括如下四个方面。

（1）由中央银行发布行政命令，禁止商业银行在疫情期间以及疫情结束半年之内对中小微企业抽贷，并对已经到期的授信自动展期半年。面对疫情带来的负面冲击，许多中小微企业的盈利前景会突然变得非常黯淡，如果没有来自中央银行的强有力的行政干预，每个商业银行都会出于"控制风险"的考虑而竞相对这些中小微企业抽贷，导致并加速中小微企业的破产清算，进而让经济陷入一种"自我实现"的经济疫情。

（2）将新冠肺炎疫情定义为"不可抗力"，要求不动产出租方在疫情结束之前对中小微企业征收的房租减半，以共克时艰。尽管业主和租户之间肯定也会进行市场谈判，也的确已有一些大型企业对其租户进行了租金减免，但我们猜测，更多的中小微企业可能不会得到业主的租金减免，进而必须完全承担新冠肺炎疫情造成的负面影响。以"不可抗力"的方式来处理，不但可以为业主和租户之间的谈判提供一个"参考点"，而且能够极大地降低这种谈判的成本。

（3）为切实有效地降低中小微企业的负担，减去它们在疫情期间需要缴纳的社保，并在疫情宣布结束之后的三个月期间减半。根据我们了解，现在已经有一些地方推出了缓交社保以及临时返还部分社保的救助措施。这些措施固然是好的，但并不能从本质上解决它们所面临的"无收入，有支出"的巨大困境。既然缓交的社保将来还是需要补交的，其作用就相当于是为中小微企业提供了一笔贷款，这虽然可以补充流动性，但无法改善它们的盈利前景，同时也提高了它们的资产负债率或者"杠杆率"。换言之，此类措施起作用必须有一个基本前提，即中小微企业不会退出，但现在需要解决的问题正是防止大量中小微企业在"无收入，有支出"的困局中选择破产清算。基于以上分析，我们认为社保相关政策应该一次性出够，通过切实降低中小微企业负担，提高它们坚持和存活下去的可能性。

（4）国家应该设立专门的中小微企业纾困基金，以过去一年缴纳的社保作为基准，对在中小微企业就业且工资低于当地平均工资的60%的员工，在疫情结束之前，由纾困基金直接向这些员工通过社保账户发放"最低工资标准"数额的货币，同时按社保缴费最低档标准进行"五金"补贴。

这项措施在中央层面实行是比较合理的。一是因为除了少数发达省市，许多地方政府没有这样的财力；二是考虑到就业存在跨区流动，地方政府采取这种措施的积极性不足。此项措施具有如下三个方面的好处。

第一，通过切实降低中小微企业的劳动力成本，可以起到稳定企业家信心，进而提高中小微企业的存活概率和降低失业风险的作用。

第二，为低收入就业者提供了基本的生活保障，进而可以起到稳定民心、消除社会不稳定因素的作用;同时,因为低收入阶层消费的恩格尔系数很高,因而这一措施还能够起到刺激消费的作用。西南财经大学甘犁教授团队在四川省进行了大量的随机可控实验(RCT),研究结果表明,对于已经参与工作的低收入劳动者进行收入补贴,其所产生的经济拉动作用是非常可观的。

第三,也是极其重要的一点,此项措施虽然是非常之举,但成本却是可控的。根据我们所做的上限估算,政府补贴中小微企业涉及的就业数量大约是3 998.3万人,每月需要支出的补贴金额是1 255.9亿元,其中工资补贴为785.7亿元,社保费用补贴为470.2亿元(具体情况如表2-2所示)。如果疫情持续三个月,政府应该补贴3 767.7亿元;即便疫情持续半年,7 535.4亿元左右的补贴总量也是可以承担的。

此外需要强调,考虑到经济学中的"机会成本"问题,上述金额实际上高估了救助中小微企业的社会成本。对此有一个经典的阐释案例:如果一个国家事前增加了教育方面的投资,事后就能节省在监狱方面的投资。同样的道理,一旦出现中小微企业大面积破产并造成大规模失业,国家就必须投入更多的维稳成本。这意味着,在前面核算的金额中,扣除掉不采取救助措施而导致的维稳成本增加之后,才是救助中小微企业的真实成本。

我国现行的社保缴纳政策规定,职工工资收入低于当地上一年职工平均工资的60%的,以当地上一年度职工平均工资的60%为缴费基数。据此,为了估算补贴人数和所需资金,我们首先以年工资低于该省(区、市)上一年平均工资的60%的企业员工作为低收入劳动力,然后以2019年中国企业的招聘大数据和2018年中国各省(区、市)的平均工资计算出各省(区、市)中小微企业内部的低收入劳动力占比,并利用各省(区、市)中小微企业就业数量乘以低收入劳动力占比,就可以大致估算得到各省(区、市)中小微企业内部的低收入劳动力数量。进一步,按照各省(区、市)最低工资的最高档标准,工资补贴等于各省(区、市)需要补贴的中小微企业劳动力数量乘以相应的最低工资;而社保补贴则等于各省(区、市)需要补贴的中小微企业劳动力数量乘以该省(区、市)上一年平均工资的60%,再乘以企业应该缴纳的社保费率。最后,政府应该补贴的总额等于工资补贴加上社保补贴。各省(区、市)应该补贴的总量分布情况如表2-2所示①。

肯定有不少人对于直接发放收入补贴的建议觉得不可思议,实则不然。人类决策最大的难题就是不确定性,即"不知道不知道什么"的情况,而我们所提供方案的最大好处就是以一个可控的成本,避免了后果难以预测的各种社会成本。进一步,按照现在很多人的建议,为了"保增长",国家应该针对"铁公机"进行大规模的刺激

---

① 各省(区、市)平均工资、最低工资来自人力资源和社会保障部。社保补贴只包括"五险",不包括"一金",根据《国务院办公厅关于印发降低社会保险费率综合方案的通知》《国务院关于建立城镇职工基本医疗保险制度的决定》《关于调整工伤保险费率政策的通知》《失业保险条例》和《人力资源社会保障部、财政部关于适当降低生育保险费率的通知》等政策文件的相关规定,目前企业的社保费缴费比例分别平均为:养老保险16%、医疗保险6%、工伤保险1%、失业保险2%、生育保险0.5%,总计25.5%。

方案。我们认为,或许这种方案在短期内的确能够起到"保增长"的作用,但即便不考虑在长期可能产生的各种负面效果,其"大水漫灌"的性质能否对中小微企业起到精准的救助效果是非常值得怀疑的。

表 2-2 疫情的影响及政府可设立的补贴额

	受影响企业数量(万家)	补贴就业数量(万人)	每月补贴总额(亿元)	每月补贴工资(亿元)	每月补贴社保(亿元)
北 京	86.1	385.7	158.6	84.9	73.7
天 津	25.3	132.7	44.8	27.2	17.6
河 北	100.3	147.9	41.6	28.1	13.5
山 西	36.1	97.1	24.9	16.5	8.4
内蒙古	22.5	62.5	17.0	11.0	6.0
辽 宁	52.3	91.5	24.6	16.6	8.1
吉 林	14.6	48.2	12.9	8.6	4.3
黑龙江	20.0	54.4	13.7	9.1	4.5
上 海	38.4	328.7	141.4	81.5	59.9
江 苏	178.9	376.9	117.8	76.1	41.6
浙 江	134.6	270.4	85.7	54.3	31.3
安 徽	63.5	116.2	29.5	18.0	11.4
福 建	61.2	122.0	33.8	22.0	11.9
江 西	35.5	66.4	17.1	11.2	6.0
山 东	156.9	252.2	72.3	48.2	24.2
河 南	99.9	160.9	43.7	30.6	13.2
湖 北	66.6	136.6	37.0	23.8	13.2
湖 南	48.7	60.5	15.9	10.3	5.7
广 东	272.4	381.1	127.5	83.8	43.6
广 西	37.1	60.5	16.6	11.0	5.7
海 南	8.7	17.1	4.6	2.9	1.7
重 庆	38.8	108.9	31.0	19.6	11.4
四 川	57.7	171.9	48.2	30.6	17.6
贵 州	26.4	62.2	17.7	11.1	6.5
云 南	34.3	106.0	28.6	17.7	10.9
西 藏	3.6	12.1	3.9	2.0	1.9

(续表)

	受影响企业数量(万家)	补贴就业数量(万人)	每月补贴总额(亿元)	每月补贴工资(亿元)	每月补贴社保(亿元)
陕西	40.3	62.5	17.2	11.2	6.0
甘肃	17.4	41.5	10.6	6.7	3.9
青海	5.5	14.3	4.0	2.4	1.6
宁夏	5.2	20.8	5.6	3.5	2.2
新疆	18.4	28.9	8.1	5.3	2.8
总计	1 807	3 998.3	1 255.9	785.7	470.2

四、"危"中有"机",新冠肺炎疫情冲击的动态效应分析

按照勒沙特列原理,任何系统在受到外部冲击时,一定会衍生出一种相反的对冲力量(countervailing power)来抵消这个外部冲击的效应。正是在这个意义上,危机不单是危机,而是"危"中有"机"。看待新冠肺炎疫情,必须采取动态的、全面的观点而非静止的、孤立的观点。这一部分将用几个例子来说明新冠肺炎疫情对现有产业的动态影响以及可能会催生的商业模式嬗变。

首先,疫情冲击对移动出行行业会产生先抑后扬的动态影响。

短期效应的分析大概是最简单的,疫情冲击肯定会严重打击移动出行行业。得出这个结论不需要任何经济学知识,只要上街看一看就知道了:大街小巷,空空如也。大家都害怕传染,猫在家里看书、追剧、刷微信,移动出行行业自然不可能好。

长期效应既最好分析,也最难分析。说最好分析,是因为"在长期,我们都死了",因此怎么说似乎都可以,大概没有人会在乎多年前有人说了什么。即便如此,我们还是认为,从长期视角看,现在的移动出行模式会受到人工智能和无人驾驶等新技术、新业态的严峻挑战。因为一旦随着技术发展,无人驾驶变得更加安全便宜,市场逐利一定会向着不需要司机的方向发展。不过,正如工业革命初期机器替代人工导致了卢德主义的强烈反弹一样,无人驾驶也一定会在世界范围内遇到司机群体的抵制,而世界各国政府也会出于社会稳定以及分配正义的考量,或多或少对无人驾驶的技术创造和产业应用进行干预。倘若一定要将疫情和移动出行联系起来,我们似乎可以说,人们对疫情的恐惧会在边际上促进无人驾驶。毕竟,与没有司机相比,有个司机会增加一点点感染的风险。不过实际上也不一定,因为有司机固然会增加乘客感染风险,但司机也有可能出于自身防疫的考虑而增加对移动出行车辆的消毒和通风。正因如此,疫情对移动出行的长期效应是极难分析的。

最重要可能也最具争议的是疫情对移动出行的中期影响。一种流行的看法是,

疫情冲击会增加民众购买私家车的积极性,进而会降低他们对移动出行作为公共交通工具的需求。直观上,私家车可以看作移动的私人之家,既然不与别人分享,自然也就极大地降低了被别人感染的风险。我们相信,在疫情结束一段时间内,这种分析应该是正确的,即很有可能会观察到私家车在经历销售"寒冬"之后出现一个"小阳春"。但我们认为,这或许也就是一个"小阳春"而已。理由有如下三个方面:第一,从疫情的历史情况可以发现,人类最大的特性就是健忘。虽然17年前的非典已经警告人们不要将野生动物用来满足口腹之欲,但是现实却告诉世人,除非强制,总是有一些人会抱着"没关系""无所谓""尝新鲜"的态度而将经验教训抛在九霄云外。第二,如果假设人们是理性的,他们终将发现,移动出行的感染风险并不构成他们要买私家车的强大理由。为何?正如木桶能装多少水不是取决于它的最长边而是取决于它的最短边一样,人们要防止病毒感染,最需要避免的风险显然不是来自出租车或者移动出行。相比于挤地铁、参加人山人海的演唱会,乘坐出租车哪里还有什么值得恐惧的风险?所以,即便人们在短期内会因为害怕传染而购买和使用私家车,但在中期内他们一定会发现,即便使用私家车可能有其他的原因,但这个原因一定不是防止传染风险。第三,紧接上一点,我们必须将购买私家车和使用私家车区分开来。因为使用私家车所牵涉到的,不光是学个驾照、花点汽油费的问题,它还牵涉到哪里停车的问题。考虑到疫情结束之后,绝大多数地方尤其是大城市并不会在私家车停车方面有多大的改进,因此买得起车却停不起车依然是使用私家车的强约束。

其次,疫情冲击会促进餐饮业的线上线下融合。

与对移动出行行业的影响类似,短期效应确定是负面的,而分析长期效应类似于"看水晶球",因此这里主要关注疫情对餐饮业的中期影响。更加具体地,我们所谓的中期概念,指的是新冠肺炎疫情本身已经结束,但它对社会认知和偏好的影响却依然在持续。按照经济学教科书的知识,疫情冲击的中期影响对应的是所谓的"需求的变动",即会通过"害怕感染病毒"这种非价格因素而让人们减少外出就餐次数。与之对应,有个非常有趣的问题值得分析,即餐饮业的线上线下融合。需要明确,减少外出就餐与在家做饭是两回事。尽管由于新冠肺炎疫情冲击所产生的认知记忆,人们不太愿意到餐馆里面"堂吃",但他们对于自己做饭的麻烦却依然是讨厌的。综合上述两方面因素将会得到一个自然的推论:正如西贝等在疫情期间所展示的那样,相对于"堂吃"业务,"外卖"业务在餐饮行业中所占份额会增加,或者说会有更多的餐馆采取线上线下融合的业务模式。按此逻辑,又会得到如下四个方面的推论:第一,送外卖将来会成为吸纳低技能劳动者的一个重要增长点。第二,美团和饿了么之类从事餐饮业线上线下交易业务的互联网公司会从中获益。第三,"社会学习"(social learning)在餐饮消费中的作用会降低。从信息角度分类,餐饮具有典型的"经验品"(experience good)性质,即消费者在消费之前并不清楚它的质量,但在消费之后就大体上知道了。正是由于这种信息不对称,人们在选择餐馆时往往会参照别人的选择，即会"跟风"和"扎堆"，因为他们相信，总有一些食客是具有对称信息的"回头客"，因此越是"人满为患"的餐馆，就越有可能拥有更多的回头客，而其菜品也越有可能是高质量的。很显然，一旦人们对于疫情风险心有余悸，"人满为患"对高质量餐馆带来的竞争优势将会被削弱。第四，结合前面几点，作为对"社会学习"信号显示功能变弱的反应，高质量餐馆将更有积极性通过各种措施，鼓励"堂吃"客户对它们的菜品进行线上点评，进而将高质量信息从线下的"堂吃"业务溢出到线上的"外卖"业务。

最后，疫情冲击会将网络会议和线上学习等新兴业态推上一个高速发展的新轨道。

历史虽然不会简单地重复，但疫情冲击催生互联网新业态的方式却是似曾相识的。如果说17年前即2003年的非典让阿里巴巴和京东等挣扎在死亡线上的电商公司凤凰涅槃，那么，17年后即2020年的新冠肺炎疫情同样会将网络会议和线上学习等新业态推上一个高速发展的新轨道。

为理解这一点，首先需要介绍一下互联网产品或业务具有的一个关键特性，即"网络外部性"（network externality），其含义是：一种产品或服务给消费者带来的效用，与已经在使用这种产品或服务的人数正相关。举个例子，人们拥有一部手机所享受的效用可以分为两部分：首先是独立效用，比如闹钟服务、打单机游戏等；其次则是网络效用，比如人们可以借助手机与朋友打电话或者微信聊天，而加入同一个网络的朋友越多，消费者从中得到的网络效用越大（这里暂时不考虑"骚扰"信息等需要更加深入讨论的微妙问题）。

网络外部性对于互联网公司的发展和竞争具有极其重要的意义。给定其他因素不变，某种互联网产品和服务的使用人数越多，它相对于其他替代产品的竞争优势就越大；而它的竞争优势越大，又必然意味着它会吸引更多的新客户加入其中。如此循环往复，将会形成自我强化的正反馈效应，最终又往往会造成"赢者通吃"（winner-takes-all）的市场格局。

正因如此，对任何互联网的新业态而言，尽快地吸纳更多的客户加入其产品或服务网络将是至关重要的。但知易行难，在现实中要真正做到这一点非常困难。大量的经济学研究表明，受制于各种"转换成本"（switching cost），新技术的接受和扩散随时间通常呈现出典型的S型过程：一开始客户基础（installed base）增长非常缓慢，而一旦客户基础超过一个临界值（critical mass），上面提到的"正反馈机制"将会被真正地触发，进而导致客户数量爆炸式增长。所以，对于每个互联网公司来说，尽快地达到临界客户基础就至关重要，而这就要求必须克服前面提到的转换成本，这不但包括新技术的货币成本，更重要的是人们接受新技术或新业态所需要花费的学习成本和认知成本。

对于网络会议、线上学习等新业态而言，疫情冲击的最大作用就是通过一种极端方式在很短时间内让它们有了超级巨大的客户基础。容易理解，任何团队要举行网络会议都有个基本前提，即所有与会成员都安装了网络会议 APP。但在正常情况下，要实现这一点实际上是非常困难的，因为有些人可能因为"学不会""看不懂"而不愿意尝试网络会议这种新生事物。但在新冠肺炎疫情这种极端条件下，假如人们有开会需求却又不能相互见面，举行网络会议就成了"不得已而为之"的"次优选择"。这时候，不管某个人内心有多抵触，也会因为"同群效应"(peer effect)的压力而下载、安装、学习并使用大家共同采用的某种网络会议 APP，不管是腾讯会议、阿里钉钉还是 ZOOM。

正如许多消费者从一开始不信任、不喜欢电子商务但在非典疫情之后喜欢上电子商务一样，我们预期，许多本来很排斥、不喜欢、不习惯网络会议的使用者，也会因为"干中学"效应而慢慢地发现，许多会议实际上都是可以在线上进行的，而且线上开会的效果还有可能比线下更好。比如说，与线下会议相比，线上会议具有高度的灵活性，不需要任何物理空间，与会者不管身处何地，只要有网络就可以与其他人随时沟通，而且会议过程还可以同步录制和记录下来。

另外一个值得关注的是以慕课为代表的在线教育。"慕课"是"大规模线上公开课"(Massive Online Open Course)英文首字母缩写 MOOC 的音译。正因为"大规模""线上"和"公开"这三种特性，慕课必将对未来人们的学习方式乃至整个教育体系造成巨大的冲击。尽管人们经常批评中国股市没有价格发现功能，但仔细想来，一如世界其他国家的股市，中国股市实际上非常准确地反映了中国资本市场的本质，而且也会给出富有前瞻性的信号指引。面对汹汹疫情，中国股市经过第一天大跌之后，除了与新冠肺炎防治相关的医药股如期上涨之外，一些与在线教育相关的股票表现非常抢眼，因为各高校为了让学生们在疫情结束之前"放假不放学"，希望教师们进行网络教学，可以直播，也可以在诸如超星、智慧树等在线课程平台中选择已经公开发布的各种精品课程。

在传统模式下，教师提供的是一种"俱乐部公共品"(club good)。因为物理空间以及声音传播的限制，每堂课所能容纳的受众是非常有限的，少则几个人，最多大概也不会超过千把人。实际上，即便教室有剩余空间，教师上课可以利用扩音喇叭，课程内容也不会向全社会开放，因为只有那些获得俱乐部"会员"身份的人才有资格听课。进一步，传统模式下教师上课所提供的乃是一种"阅后即焚"的"易耗品"。正因如此，一个老师可以年复一年地讲着相同的内容。山不转水转，由于一茬一茬的学生不一样，即便课程内容保持不变，课程和学生的组合却是更新不断的。慕课会从本质上改变这种情况。一方面，慕课将教师上课从"易耗品"变成数字化的"耐用品"，即一旦课程内容变成音频或者视频，它们就能够脱离于授课教师的肉体而长久地独立存在了。这样，为了避免上课变成"老生常谈"，教师们将会进入"为生存而创新"的状态，即通过不断的知识更新来充实自己的课程。另一方面，正因为变成了数字化产品，慕课就可以借助于互联网，不但能够以极低的成本传播，而且还会大规模地传播，即将"俱乐部公共品"变成"全局公共品"(global public good)，这就意味着复旦大学的学生可以不再受限于也不会满足于复旦大学的教师所提供的课程,他们也可以学习北京大学乃至于哈佛大学的教师所提供的线上课程。总结起来,我们相信,正如影响网络会议一样,疫情冲击会通过改变人们的习惯而从"教"和"学"两个方面对人力资本产生意想不到的积极作用。

五、结语

我们相信,此次新冠肺炎疫情一定会被战胜。但历史经验告诉我们,疫情之后安康和平静的生活和工作秩序,或许将是非常不同的。

疫情冲击是一面镜子,从中可以看出问题,也可以总结经验。疫情冲击之后,不管是个人、企业还是政府,都应该居安思危,在把握趋势收益和避免波动风险之间形成合理的权衡。国家应该在更大程度上允许试错和创新,唯有如此,才能让整个经济与社会富有弹性。中国有句俗话叫"多难兴邦",这显然不是说人们希望发生灾难,而是希望能够在应对灾难的过程中,汲取教训,总结经验,因势利导,反败为功。

(寇宗来,复旦大学经济学院教授)

第3章 新冠肺炎疫情对微观企业的经济影响及财税应对政策

自新冠肺炎疫情暴发以来,已有不少学者研究了疫情对中国经济增长的影响。张军(2020)认为,疫情对2020年第一季度GDP增速的影响在2~3个百分点,但对全年GDP增速的影响在0.5~0.75个百分点;Wei(2020)则认为疫情对第一季度增速的影响在1个百分点,但对全年GDP增速的影响仅为0.1个百分点。但关于疫情对微观企业的影响的分析相对较少,因此,本章着重对在本次疫情防控中起重要作用的口罩生产企业和受疫情影响较为明显的中小微企业进行分析。

当下,我们既要坚决打赢疫情防控战,又要奋力实现经济发展目标,积极的财税政策必不可少。疫情发生以来,各级政府围绕缩短疫情持续时间、降低企业成本、有序复工复产、增加有效需求四个方面实施了积极的宏观财政政策和微观财政政策,有效缓解了微观企业的困难。本章对中央和地方各级政府出台的重要财税应对政策进行解读分析,并提出政策建议。

一、疫情对微观企业的经济影响

(一)疫情对口罩生产企业的影响

1. 中国口罩生产企业数量、地域分布

据统计,截至2020年3月5日,我国31个省区市(港澳台地区资料暂缺)共有口罩生产企业4 963家[①],主要集中在东部地区(如图3-1所示),其中,山东省最多,占总数的21.74%。

在将近5 000家口罩生产企业中,持有医用口罩类生产许可证的企业仅有353家,分布在全国26个省区市,排在前五位的依次为河南省、江西省、江苏省、湖北省和广东省,如图3-2所示。

2. 中国口罩产量及其地域分布

新冠肺炎疫情发生后,我国口罩市场供不应求。党中央、国务院对此高度重视、

---

① 数据来源于启信宝,但列示分省(区、市)数据时启信宝未提供广西、宁夏、海南、新疆等四个省(区)的数据。因此,我们根据中投产业研究院2020年2月16日发布的《疫情对口罩行业的影响》报告将数据补齐,但由于该报告的数据截至2月11日,因此,补齐后31个省区市口罩生产企业数量相加不等于4 963家。

紧急部署,口罩生产企业提前复工、增产扩产,力保口罩供应。图3-3显示,我国口罩单日产量由1月25日的800万只迅速增至2月底的1.16亿只,我国在口罩生产制造方面的巨大潜能。

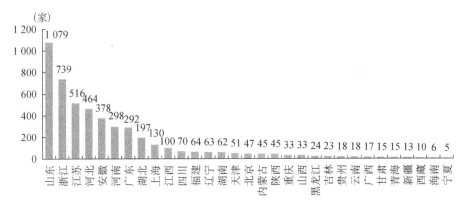

图3-1 各省区市口罩生产企业数

资料来源:启信宝;中投产业研究院:《疫情对口罩行业的影响》,2020年2月16日。

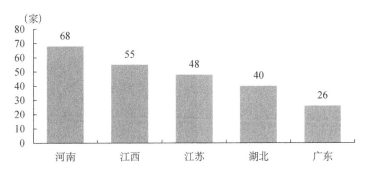

图3-2 医用口罩生产企业分布前五位省区市及数量

资料来源:中投产业研究院:《疫情对口罩行业的影响》,2020年2月16日。

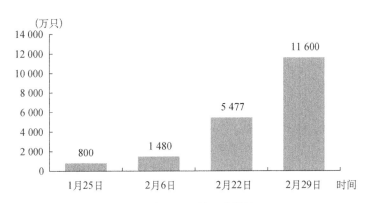

图3-3 我国口罩单日产量情况

资料来源:根据相关新闻媒体报道整理。

事实上，我国是世界最大的口罩生产国，口罩年产量约占全球的50%，2019年产量将近50亿只，2020年预计突破60亿只①。其中，华东、华中地区是我国口罩的主要产区。

3. 口罩生产企业面临的实际困境

疫情期间，口罩需求骤增，是口罩生产企业发展的机遇。但在疫情冲击下，其生产经营也存在诸多困难。

（1）返岗员工不足，工资成本上升。出于疫情防控需要，各地根据国务院的决策部署和统一指挥，实施了最严格的交通管制和人员管理措施，这在一定程度上阻碍了口罩企业工人的返岗复工。而员工无法及时返岗，将导致企业劳动力短缺，产量缩水，无法保证口罩的正常供应。为鼓励员工在满足防疫要求下及时返岗，不少企业将工资提高到原来的3倍②，甚至5倍③，极大提高了企业的工资成本。

（2）原材料短缺，原材料成本上升。随着口罩需求增加，企业尽可能扩大口罩产量，对原材料的需求也在不断增加，原材料市场供不应求，部分企业甚至因为原材料短缺而停产歇业④。其中，熔喷布作为一种关键原材料，其价格已从每吨2万元左右猛增至每吨30万元⑤。

（3）口罩价格受管制，企业利润空间收窄。国家市场监督管理总局于2020年2月1日发布《市场监管总局关于新型冠状病毒感染肺炎疫情防控期间查处哄抬价格违法行为的指导意见》（国市监竞争〔2020〕21号），以确保疫情防控期间防护物资和基本民生商品市场价格秩序稳定。各地市场监管部门也加强了价格监管执法。比如，湖北省规定：在湖北省突发公共卫生事件一级响应期间，与疫情防控相关的医用商品、防护消毒商品等一律不得涨价；所售商品无参考原价，购销价差额不能超过15%⑥。销售价格管制将通过产业链作用于出厂价格，但同时，口罩生产企业的人工成本、原材料成本却大幅提高，这将大大压缩口罩生产企业的利润空间。

（二）疫情对中小微企业的影响

中国最弱小、最脆弱的经济主体是占企业总数95%的中小微企业，大约有8 000多万家，它们贡献了GDP的60%、就业的70%、税收的50%（张军，2020）⑦。为及时掌握中小微企业在疫情期间所面临的现实难题，不少研究机构先后进行了中小微企业调研（见表3-1）。

---

① 《发改委：进一步扩大口罩的生产 2020年我国口罩产能有多少？》，中商情报网，2020年2月20日。
② 《90后成都口罩生产商3倍工资请工人返岗："这是我应该做的"》，成都全搜索新闻网，2020年1月23日。
③ 《省委书记视察的口罩企业：老板一天接1 000多个电话，5倍工资请员工加班》，每日经济新闻，2020年2月1日。
④ 《突发！关键时刻，这家工厂停产口罩了》，赛柏蓝，2020年3月2日。
⑤ 《"疯狂"的熔喷布：每吨单价从2万疯涨到30万》，新华网山东频道，2020年3月4日。
⑥ 《口罩价格超过多少可以举报/投诉？高于市场价多少算违法？》，贤集网，2020年2月24日。
⑦ 张军：《关于新冠疫情的经济影响——你需要知道的几个常识》，2020年3月3日。

表 3-1 已有中小微企业调研汇总

调研报告	作者	统计截止日期	样本
《995家中小企业调研》①	朱武祥、刘军、魏炜	2020年2月6日之前	样本为995家中小企业,其中:高科技企业占18.51%,零售与服务业企业占17.1%,餐饮住宿娱乐文化旅游业企业占15.69%,加工制造业企业占14.19%,物流运输批发贸易企业占8.35%,建筑业企业占8.15%
《新冠肺炎疫情下的中小微企业生存状况——中国企业创新创业调查(ESIEC)》	张晓波、戴若尘、户俊鹏	2020年2月10日	共2701份,其中:ESIEC代表性样本2334份,主动受访普通样本357份
《关于新冠肺炎疫情对中小企业影响及对策建议的调研报告》	中国中小企业协会	2020年2月14日	样本总数为6422家,其中:东部及南部地区共2715家,占42%;中部地区共1863家,占29%;东北地区1172家,占18%;西部地区672家,占11%
《招商银行小微企业调研报告》	招商银行企业调研联合课题组	2020年2月18日	有效反馈问卷20735份;规模上,受访企业主要集中在小微企业,占90.4%;行业上,集中在服务业,占87.1%;区域上,集中在京沪穗苏浙,占比超过67.7%

资料来源:根据相关网络资料整理得到。

据分析,疫情期间中小微企业面临的主要问题包括以下三个方面。

1. 市场需求低迷,企业营收骤降

朱武祥等(2020)发现有58.05%的企业认为2020年营业收入将下降20%以上。张晓波等(2020)调研发现,居民服务业认为全年营收将下降超过8%,而商业服务业对疫情长期影响的看法则相对乐观,普遍认为全年营收下降不到6%。中国中小企业协会(2020)的报告显示,30.5%的企业反映市场订单减少,27.09%的企业反映有客户流失。招商银行企业调研联合课题组(2020)则发现,受访企业普遍对上半年的营收持悲观态度,超过60%的企业认为企业上半年营收会同比减少20%以上。

2. 融资问题突出,企业现金流难以为继

中小企业本身就面临融资难的问题,再加上疫情期间营业收入减少,企业自身"造血"能力下降,融资问题更加突出,不少企业面临现金流困境。朱武祥等(2020)发现仅有15%左右的企业认为账上现金余额能维持企业生存3个月以上。张晓波等(2020)发现有64%的企业当前现金流支撑不过3个月。中国中小企业协会(2020)发现86.22%的企业认为账上资金无法支撑3个月以上。

---

① 该报告的内容于2020年2月6日转载于雪球网,无正式调研报告标题。为行文方便,我们将其命名为《995家中小企业调研》。

3. 产业链受阻,原材料短缺

中小微企业往往处在产业链下游,不仅直接面对消费者,还高度依赖于产业链上游企业提供的原材料。在疫情影响下,人员流动受到限制,不少上游企业面临返岗员工不足、产量缩减问题,这将通过产业链影响到下游的中小微企业,使得中小微企业出现原材料短缺。根据张晓波等(2020),近70%的轻工业企业反映自身企业存在原材料短缺。

二、财税政策应对分析

为缓解疫情对微观企业的负面影响,我国各级政府围绕缩短疫情持续时间[①]、缓和经济冲击两个方面实施了积极的宏观财政政策和微观财政政策。一方面,通过增加公共卫生支出、加快以新基建为代表的重大重点项目建设来增加有效需求;另一方面,通过减税降费、财政补助等举措来减轻企业和个人的负担,保障疫情防控、促进企业生产。

(一)宏观财税政策

1. 大规模增加公共卫生支出

本次疫情暴露出了我国在公共卫生支出方面的不足。为防控疫情、缩短疫情持续时间,政府出台了一系列公共卫生支出相关政策(见表3-2)。截至3月5日,中央对地方转移支付已下达6.28万亿元,比2019年同期增加了1.26万亿元。其中,基本公共卫生服务补助资金603亿元,医疗救助补助资金260亿元,医疗服务与保障能力提升补助资金173亿元[②]。

表3-2 加大公共卫生支出相关政策举例

时间	地区	政策文件
2020年1月27日	全国	《财政部关于预拨2020年度新型冠状病毒感染的肺炎疫情防控补助资金的通知》(财社〔2020〕3号)
2020年1月27日	全国	《财政部 国家卫生健康委关于下达2020年基本公共卫生服务补助资金预算的通知》(财社〔2020〕5号)
2020年2月14日	全国	《财政部关于预拨2020年度新型冠状病毒肺炎疫情防控补助资金(第二批)的通知》(财社〔2020〕6号)
2020年1月23日	湖北	《财政部关于下达2020年度新型冠状病毒感染的肺炎疫情防控补助资金的通知》(财社〔2020〕1号)

---

① 张军认为缩短疫情持续时间有利于经济的快速恢复。参见张军:《关于新冠疫情的经济影响——你需要知道的几个常识》,2020年3月3日。
② 《充分保障疫情防控和"三保"经费(国务院联防联控机制发布会)》,《人民日报》,2020年3月6日。

除增加公共卫生支出外,上述文件也指出要做好绩效运行监控和绩效评价。杨良松(2020)认为,最应当重视的是绩效的改善,其次是结构优化,最后才是增加支出①。但考虑到前两者都需要较长时间,我们认为,短期内最直接有效的方式应是大规模增加公共卫生支出。早日结束疫情防控战,才能加速经济的反弹与恢复。待疫情缓和后,我们要高度重视公共卫生支出中存在的不足,优化公共卫生支出结构,强化预算绩效管理。

2. 加快以新基建为代表的重大重点项目建设

面对疫情的冲击,加快重大重点项目建设是实施扩张性财政支出政策的重要手段。为了避免扩张性财政支出政策所导致的产能过剩问题,各级政府所推出的重大重点项目务必要坚持创新、协调、绿色、开放、共享的新发展理念。令人高兴的是,"新基建"②现已成为当前政府投资的主要方向。目前多地已公布了2020年5G发展目标(见表3-3)。例如,上海市、河南省提出5G基站建设目标,福建省、山西省、计划投资建设大数据产业园。从中长期看,数字化不可逆转,5G、工业互联网、云计算等作为数字经济的主要基础设施,在技术和资金允许的情况下,做到适度超前是可行且必要的③。

表 3-3 加快重大重点项目建设相关政策举例

时间	地区	政策文件
2020年2月12日	全国	《关于加强政府投资基金管理 提高财政出资效益的通知》(财预〔2020〕7号)
2020年2月7日	山西	《山西省人民政府办公厅关于印发2020年省级重点工程项目名单的通知》(晋政办发〔2020〕9号)
2020年2月13日	河南	《2020年河南省重点建设项目名单》
2020年2月14日	福建	《福建省发展和改革委员会关于印发2020年度省重点项目名单的通知》(闽发改重综〔2020〕89号)
2020年2月24日	江西	《江西省发展改革委关于下达2020年第一批省重点建设项目计划的通知》(赣发改重点〔2020〕107号)
2020年3月2日	重庆	《重庆市人民政府办公厅关于做好2020年市级重大项目实施有关工作的通知》(渝府办发〔2020〕21号)

3. 普惠型减税降费

在法定税率方面,中国的企业所得税率为25%,高于全球208个独立税收辖区经济体的公司所得税法定税率的平均值(23%)(张文春,2019)。同时,2018年我国企业所得税占GDP比重约为3.8%,比欧盟高1.2个百分点(梁季等,2020)。

---

① 杨良松:《总量、结构与绩效:中国医疗卫生财政支出之惑》,澎湃新闻,2020年3月3日。
② "新基建"包括5G基建、特高压、城际高速铁路和城际轨道交通、充电桩、大数据中心、人工智能以及工业互联网七大板块。
③ 《经济战"疫"录:中国需要什么样的新基建?》,中新网,2020年3月6日。

鉴于当前国内的经济形势以及疫情在全球的快速蔓延,我们认为可以考虑将我国的企业所得税的法定税率降低2个百分点,与世界平均法定税率23%保持一致。除企业所得税外,还应当进一步加大对行政性收费和政府性基金的清理和规范力度(杨灿明,2017)。为缓解普惠型减税降费给各级政府带来的财政压力,可以考虑推进资源税扩围、消费税改革以及与隐形收入相关的个税改革,逐步向以直接税为主体的税制改革转型。

(二) 微观财税政策

1. 疫情防控保障

(1) 缓解医疗负担。防控疫情是当务之急,只有疫情得到有效控制,各类企业面临的问题才能得到缓解。为此,政府出台了一系列财政补助和税收优惠政策(见表3-4),包括对患者负担的费用进行财政兜底、对防疫工作者取得的临时性补助免征个人所得税等。

表3-4 缓解医疗负担相关政策举例

时间	地区	政策文件
2020年1月25日	全国	《财政部 国家卫生健康委关于新型冠状病毒感染肺炎疫情防控有关经费保障政策的通知》(财社〔2020〕2号)
2020年2月6日	全国	《关于支持新型冠状病毒感染的肺炎疫情防控有关个人所得税政策的公告》(财政部 税务总局公告2020年第10号)
2020年2月6日	全国	《关于新型冠状病毒感染的肺炎疫情防控期间免征部分行政事业性收费和政府性基金的公告》(财政部 国家发展改革委公告2020年第11号)
2020年2月11日	全国	《人力资源社会保障部 财政部关于新型冠状病毒肺炎疫情防控期间事业单位人员有关工资待遇问题的通知》(人社部发〔2020〕9号)
2020年2月2日	湖北	《湖北省防控新型冠状病毒感染肺炎疫情财税支持政策》(鄂政办发〔2020〕4号)
2020年2月2日	山东	《关于认真落实新型冠状病毒肺炎疫情防控有关税费政策的通知》(鲁财税〔2020〕3号)

除中央政策外,各地方政府也纷纷出台政策支持疫情防控,如湖北省和山东省对用于疫情防控的房产和土地免征房产税和城镇土地使用税,对为疫情防控购买房屋、土地的免征契税,降低了疫情防控成本。这一系列政策不但缓解了患者的医疗负担,而且减轻了医疗机构和相关企业的负担。

(2) 加强防疫物资保障。为应对疫情初期医疗防护物资的紧缺,各级政府出台相应政策全力保障防疫物资的供应(见表3-5),包括政府兜底采购重点医疗防控物资、允许疫情防控重点保障物资生产企业在当期一次性扣除新购置设备费、免征运输疫情防控重点保障物资对应收入的增值税、免征卫生健康主管部门组织进口的直接用于防控疫情的物资的关税等。

表 3-5 加强防疫物资保障相关政策举例

时间	地区	政策文件
2020年2月1日	全国	《关于防控新型冠状病毒感染的肺炎疫情进口物资免税政策的公告》(财政部 海关总署 税务总局公告2020年第6号)
2020年2月1日	全国	《国务院关税税则委员会关于防控新型冠状病毒感染的肺炎疫情进口物资不实施对美加征关税措施的通知》(税委会〔2020〕6号)
2020年2月6日	全国	《财政部 税务总局关于支持新型冠状病毒感染的肺炎疫情防控有关税收政策的公告》(财政部 税务总局公告2020年第8号)
2020年2月7日	全国	《国家发展改革委 财政部 工业和信息化部关于发挥政府储备作用支持应对疫情紧缺物资增产增供的通知》(发改运行〔2020〕184号)
2020年2月6日	湖北	《湖北省防控新型冠状病毒感染肺炎疫情财税支持政策》(鄂政办发〔2020〕4号)
2020年2月10日	浙江	《中共浙江省委 浙江省人民政府关于坚决打赢新冠肺炎疫情防控阻击战 全力稳企业稳经济稳发展的若干意见》

这一系列政策缓解了企业当前的资金困难,确保企业正常运转以增加防疫物资产量。同时,免征增值税和减免通行费等方式降低了防疫物资运输企业成本,畅通了防疫物资运输通道,有效促进了防疫物资的及时供应。

(3) 鼓励公益捐赠。为进一步团结社会各界力量支持疫情防控工作,财政部等多部门联合发文表明,要适度扩大免税进口范围并对捐赠用于疫情防控的进口物资免征进口关税和进口环节增值税、消费税(见表3-6)。针对境内捐赠,允许企业和个人通过公益性社会组织或者县级以上人民政府及其部门等国家机关捐赠用于防疫的现金和物品,以及企业和个人直接向承担疫情防治任务的医院捐赠的防疫物品,在计算应纳税所得额时全额扣除,对单位和个体工商户无偿捐赠用于疫情防控的货物,免征增值税、消费税、城市维护建设税、教育费附加和地方教育附加。

表 3-6 鼓励公益捐赠相关政策举例

时间	地区	政策文件
2020年2月6日	全国	《关于防控新型冠状病毒感染的肺炎疫情进口物资免税政策的公告》(财政部 海关总署 税务总局公告2020年第6号)
2020年2月6日	全国	《关于支持新型冠状病毒感染的肺炎疫情防控有关捐赠税收政策的公告》(财政部 税务总局公告2020年第9号)

对企业和个人捐赠的涉税政策在比例和渠道两方面突破了原有政策,这一调整有利于激励企业和个人直接向相关医院捐赠,提高捐赠效率。

国企、民企和外资企业都为打赢疫情防控战提供了有力支持。截至 2 月 20 日,88 家央企捐款捐物总额达 36.79 亿元①。国企作为我国经济中重要的组成部分,应鼓励其在能力范围内积极参与捐赠,并将参与疫情防控的情况纳入绩效考评,考察其是否切实履行了政治责任和社会责任。

2. 扶持企业发展

(1) 减轻税费负担。为减轻企业经营负担,中央和地方从各个方面给予企业政策优惠(见表 3-7)。在普惠性政策方面,人社部阶段性减免了企业应缴基本养老保险、失业保险与工伤保险。在针对性政策方面,为缓解中小微企业遭遇的困境,财政部联合国家税务总局发文,免征或减半征收 2020 年 3—5 月期间小规模纳税人的增值税,湖北等地减征或免征因疫情遭受重大损失的企业的城镇土地使用税和房产税;为支持受到疫情严重冲击行业(如交通运输、餐饮、住宿与旅游业),将 2020 年度的亏损结转年限延至 8 年,减半收取 6 月底前的铁路保价、集装箱延期使用、货车滞留等费用。②

表 3-7 减轻税费负担相关政策举例

时间	地区	政策文件
2020 年 2 月 6 日	全国	《关于新型冠状病毒感染的肺炎疫情防控期间免征部分行政事业性收费和政府性基金的公告》(财政部 国家发展改革委公告 2020 年第 11 号)
2020 年 2 月 20 日	全国	《关于阶段性减免企业社会保险费的通知》(人社部发〔2020〕11 号)
2020 年 2 月 28 日	全国	《关于支持个体工商户复工复业增值税政策的公告》(财政部 税务总局公告 2020 年第 13 号)
2020 年 3 月 4 日	全国	《关于民航运输企业新冠肺炎疫情防控期间资金支持政策的通知》(财建〔2020〕30 号)
2020 年 2 月 8 日	湖北	《湖北省人民政府办公厅关于印发应对新型冠状病毒肺炎疫情 支持中小微企业共渡难关有关政策措施的通知》(鄂政办发〔2020〕5 号)
2020 年 3 月 4 日	北京	《北京市医疗保障局 北京市财政局 国家税务总局北京市税务局关于阶段性减征职工基本医疗保险单位缴费的通知》(京医保发〔2020〕11 号)

① 《中央企业抗击疫情研究报告》,责任云公众号,2020 年 2 月 24 日。
② 《国务院确定支持交通运输快递等物流业纾解困难加快恢复发展的措施》,新华社,2020 年 3 月 4 日。

第 3 章 新冠肺炎疫情对微观企业的经济影响及财税应对政策

系列政策组合拳从减免税费、延长亏损结转年限等多方面入手,减轻了疫情对企业持续经营可能造成的影响。现阶段可进一步研究出台阶段性、针对性的减税降费政策,如面向重要民生产品生产企业的减税降费政策,以保障日常生活物资供应基本稳定。

(2) 降低经营成本。为帮助广大中小企业有序复工复产,国务院有关部门和全国各地出台了多样化的降成本举措(见表3-8)。工信部强调对中小企业在疫情期间生产经营所需的水、电、气,可实施阶段性缓缴,缓缴期间"欠费不停供"。2月22日,国家发改委印发通知,对除高耗能行业用户外的其他企业用户2—6月用电价格降低5%,预计可降低企业用电、用气成本630亿元以上。浙江等地将疫情防控物资生产企业3个月以内工业用水价格、工业用天然气价格下调10%。

表 3-8 降低经营成本相关政策举例

时间	地区	政策文件
2020年2月9日	全国	《工业和信息化部关于应对新型冠状病毒肺炎疫情帮助中小企业复工复产共渡难关有关工作的通知》(工信明电〔2020〕14号)
2020年2月22日	全国	《国家发展改革委关于阶段性降低企业用电成本支持企业复工复产的通知》(发改价格〔2020〕258号)
2020年2月3日	广东深圳	《深圳市福田区防控疫情同舟共济"福企"十一条》
2020年2月9日	上海	《浦东新区关于全力防控疫情、支持服务企业平稳健康发展的实施办法》(浦府规〔2020〕1号)
2020年2月10日	浙江	《中共浙江省委 浙江省人民政府关于坚决打赢新冠肺炎疫情防控阻击战 全力稳企业稳经济稳发展的若干意见》(浙委发〔2020〕4号)
2020年2月11日	浙江	《浙江省关于新冠肺炎疫情防控期间临时降低企业用气用水用电价格的通知》(浙发改价格〔2020〕22号)

地方政府还从房屋租金方面为企业纾困。例如,浙江省对承租国有资产类经营性房产的企业,免收2个月租金。各地政府可以根据地方财力和实际情况出台此类成本减免政策,鼓励不同类型的出租方积极响应房租减免的号召,切实减轻企业运营成本,助其渡过难关。

(3) 保障复工复产。针对疫情发生后中小微企业员工返岗不足等问题,工信部提出要发挥各级中小企业发展专项资金的作用,鼓励有条件的地方设立专项纾困资金。各地都采取了相应措施(见表3-9)。例如,浙江省杭州市安排补助资金统筹解决返工人员过渡性住宿,给予低收入员工租房补助,并针对非公企业的双职工家庭"看护难"情况给予500元/人的补助。

表 3-9 保障复产复工相关政策举例

时间	地区	政策文件
2020年2月9日	全国	《工业和信息化部关于应对新型冠状病毒肺炎疫情帮助中小企业复工复产共渡难关有关工作的通知》(工信明电〔2020〕14号)
2020年2月10日	浙江杭州	《中共杭州市委 杭州市人民政府 关于严格做好疫情防控帮助企业复工复产的若干政策》
2020年2月15日	浙江温州	《温州市人民政府关于印发应对新冠肺炎疫情支持中小企业共渡难关若干措施的通知》(温政发〔2020〕3号)
2020年2月15日	江苏南京	《关于支持企业组织返宁务工人员有序来宁复工的通告》(第12号)

稳妥地推进复工复产同样重要[1]。上述一系列保障性政策既为经济的平稳恢复提供了有力支撑,也为切实保障民生、维护社会稳定发挥了重要作用。但值得注意的是,经济社会是一个有机系统,企业依靠产业链形成紧密联系,复工复产应着眼全局,推动全产业链协同复工复产[2]。此外,疫情虽对传统行业形成较大冲击,但也为智能制造、无人配送、在线消费等新兴产业提供了发展契机。因此,保障复工复产除了帮助企业尽快恢复已有业务,还可以积极推动企业转型升级,拓展新业务。

三、总结

本章从微观企业角度分析了疫情对口罩生产企业和中小微企业的影响。以口罩为代表的防疫物资生产企业面对暴增的需求,短期内原材料和劳动力供给不足使得市场出现了防疫物资严重短缺,而中小微企业受疫情的影响,面临需求受挫、资金紧张等问题。财税补助虽能在一定程度上缓解企业的压力,但只有加强疫情防控,打赢疫情防控战,才能从根本上解决这些企业的问题。

为实现经济社会发展目标、加速经济恢复,政府从缩短疫情持续时间、缓和经济冲击两方面同时发力,双管齐下,出台了积极的宏观和微观财税政策。各级政府通过增加公共卫生支出、医疗费用兜底、补助防疫工作者和防疫物资生产企业、特别税收优惠等方式保障疫情防控、缩短"抗疫战线";通过减税降费、稳岗补助等方式减轻企业负担,助力企业渡过难关、恢复生产;通过加快以新基建为代表的重大重点项目建设来对冲疫情的负面影响、推动经济增长。在解读分析现有政策的同时,我们认为还应该鼓励国有企业发挥积极作用、实施普惠性减税降费、推行逐步转向以直接

---

[1] 《复工复产需下政策"精准棋"》,新华网,2020年2月9日。
[2] 《为复工复产创造良好条件(评论员观察)》,人民网,2020年3月10日。

税为主体的税制改革并加强财政绩效管理,以便更好地实现经济的稳定增长和高质量发展。

(方红生,浙江大学经济学院教授;吴宵,浙江大学经济学院硕士生;赵乐新,浙江大学经济学院博士生)

参考文献

[1] 梁季、陈少波、冯兰淇:《关于我国未来税收改革的思考和建议:基于与欧盟比较的视角》,《财政科学》,2020年第1期。

[2] 杨灿明:《减税降费:成效、问题与路径选择》,《财贸经济》,2017年第9期。

[3] 张军:《疫情对中国经济影响几何》,《中华工商时报》,2020年2月25日。

[4] 张文春:《2018年全球公司所得税税率特征分析》,《中国财政》,2019年第12期。

[5] 张晓波、戴若尘、户俊鹏:《新冠肺炎疫情下的中小微企业生存状况——中国企业创新创业调查(ESIEC)》,"知识分子"公众号,2020年2月24日。

[6] 招商银行企业调研联合课题组:《招商银行小微企业调研报告》,2020年2月28日。

[7] 中国中小企业协会:《关于新冠肺炎疫情对中小企业影响及对策建议的调研报告》,2020年2月15日。

[8] 中投产业研究院:《疫情对口罩行业的影响》,2020年2月16日。

[9] Wei, S.-J., Will the Coronavirus Cause a Major Growth Slowdown in China?, *Project Syndicate*, 2020-01-27.

第4章 新冠肺炎疫情对于结构性失业和就业形态的影响与对策

2019年底的就业市场已经承受了经济下行、贸易摩擦、去杠杆等诸多压力,市场需求的增长逐步放缓,新冠肺炎疫情的发生更是"雪上加霜"。在此背景下,新冠肺炎疫情会对劳动力市场造成怎样的冲击?其重点影响的群体有哪些?短期和中期内应如何应对可能的危机和挑战?对这些问题的回答对于稳就业、促增长至关重要,也是本章关注的重点。

本章将从劳动力市场和就业的角度针对新冠肺炎疫情对经济社会的影响进行分析和解读,并提出应对措施和建议。第一部分是针对疫情对劳动力就业市场影响的分析。第二部分针对重点群体总结了国内各部门近期出台的应对措施。第三部分是总结和未来展望。希望通过本章的数据描述、调研总结、事实讨论、现实观察,为更全面深入理解新冠肺炎疫情对劳动力市场结构的影响提供微观证据,为相关政策的制定提供启示。

一、新冠肺炎疫情对劳动力就业市场的影响分析

这一部分包括以下内容:第一,概述2019年劳动力市场就业的情况;第二,针对受疫情影响的重点人群进行重点讨论分析;第三,基于国内企业就业情况的调研结果进行讨论和总结;第四,回顾和比较非典时期劳动力就业市场的影响情况。希望通过数据描述、事实分析、历史回顾,从多个维度理解新冠肺炎疫情对劳动力市场的影响。

(一) 2019年劳动力市场概述

2019年总体就业形势较为严峻:全国城镇新增就业1 352万人,同上年相比减少9万人,目标完成率下降0.8个百分点;截至2019年第三季度末,领取失业保险金人数相比2018年底增加642万人,就业困难人员实现就业人数同比减少2.2%;2019年12月制造业PMI从业人员指数为47.3%,同比下降7个百分点,非制造业则同比下降2个百分点。

特别地,有两类特定群体的就业形势更加不容乐观:在中小微企业方面,2018年末我国共有中小微企业法人单位1 807万家,吸纳就业人员占全部企业就业人员的

79.4%,是吸纳社会就业的主体。在高校毕业生方面,毕业生规模逐年递增,然而本科毕业生就业率连续四年下降,"受雇工作"比例已连续五年下降,面临着较大的就业压力。

(二)疫情对服务业就业的影响

从短期来看,中小企业复工率较低。工信部数据显示,全国中小企业复工率只有30%左右。这可能有两个原因:一是交通尚未完全恢复,复工人员无法顺利到岗;二是一些民营企业受疫情冲击影响,用人需求下降。

更具体地来看,疫情对于住宿餐饮、交通运输、文体娱乐等服务行业影响最为明显,在短期内对就业有很强的负面冲击。以餐饮行业为例,为避免人员交叉感染和聚集性疫情的发生,大小餐饮企业在过去的两个月内均"闭门谢客",目前恢复运营的部分餐饮企业仍需严格控制店内人员密度。门店长时间停业或非正常运营导致巨额亏损,服务人员也因此被迫进入待岗状态。除餐饮行业外,旅游产业也受到严重影响。据统计,截至农历正月初七,全国铁路旅客发送量相比去年同期下降81.9%,民航旅客发送量则下滑74.5%。以2019年春节期间旅游收入规模推算,2020年的收入损失预计超过5 000亿元。疫情也使许多旅游从业者失去了近期收入,甚至面临着被裁员的风险。

(三)疫情对中小微企业劳动力的影响

由于体量较小、抗风险能力弱,许多中小微企业受此次疫情冲击,面临着破产倒闭的困境。由于疫情管控,复工复产面临复工审批手续烦琐、人员流动受阻、配套产业链物流延迟等诸多困难,使得部分中小微企业经营困难,而它们一旦倒闭,大量从业人员将面临失业风险。

智联招聘周报显示,在微型企业(雇佣人数在20人以下)工作的员工失业率达到了30%,此外还有32.8%的员工面临着失业风险。考虑到小微企业员工的收入波动大、抗风险能力薄弱,疫情中对相关就业政策与扶持需求迫切。当然,政策扶持既可以是直接面向失业者个人,也可以面向小微企业,让从业人员间接受益。

(四)疫情对高校毕业生的影响

今年高校毕业生将达到874万人,同比增长40万人,加上去年尚未就业的存量,数量庞大。过去两年内,经济形势呈现整体下行趋势,就业机会减少。在疫情的冲击下,今年就业形势则更为严峻。一方面,疫情导致了整个市场招聘需求的下滑;另一方面,线下的招聘活动停止,大量毕业生求职受阻。尽管教育部已经组织多次网上招聘会,推进网上就业服务,但上述不利影响叠加,对应届毕业生就业带来了明显的影响。

(五)疫情对农民工群体的影响

农民工是我国产业工人的主体,2019年已达2.9亿人,其中有1.7亿人外出务工。农民工就业具有集中于劳动密集型产业、灵活就业、居住密集等特点,此外,在出口导向经济发展模式下,我国"世界工厂"式的出口扩张使得农民工的就业稳定性较差(邵敏、武鹏,2019),因此受疫情的影响更为直接。目前,尽管许多劳务输出大省已推出了促进农民工返岗就业的措施,但第二、三产业的农民工返岗就业情况在短期内仍会受到较大冲击,多地农民工返岗率低于50%。

(六)历史回顾:来自非典时期的证据

基于此次新冠肺炎疫情与2003年的非典疫情影响的相似性,这一部分我们通过数据分析和历史回顾,为判断本次疫情对劳动力市场的影响提供一个历史的视角。总的来说,非典对劳动力市场总体就业影响并不明显,但是,下岗失业职工、农民工、高校毕业生受到的影响较为显著和持续。非典对劳动力市场的影响如下。

第一,非典疫情对国民经济整体未见明显影响,全年的产值与收入增长较为稳定。负面影响较为短暂,主要在2003年第二季度。随着疫情得到控制,经济便逐步企稳回升。

第二,就受影响行业而言,受非典直接影响较大的行业均为劳动密集型产业。控制了人口的跨区域流动、抑制了消费需求导致第三产业,尤其是旅游业、餐饮业、客货运输业等人员流动性较高且需求弹性较大的行业受冲击严重。但就全年而言,第三产业的生产情况和就业人数并未出现明显萎缩。以占比最大的零售业为例,社会消费品零售总额4月起增速明显下滑,而从6月起便迅速出现持续回升。零售业从业人数仍保持同比增长态势,但增长率降至1.5%,2004年又出现明显的反弹(见图4-1)。

第三,制造业在短期内的增长态势和就业情况并未受到明显的冲击,但考虑到

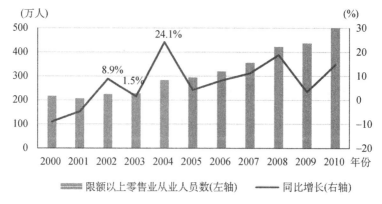

图4-1 限额以上零售业从业人员数

资料来源:国家统计局。

第4章 新冠肺炎疫情对于结构性失业和就业形态的影响与对策

疫情在对外贸易方面的制约,并不排除滞后影响。以建筑业为例,2003 年的从业人数同比增加 7.5%,2004 年的增速则明显回落(见图 4-2)。

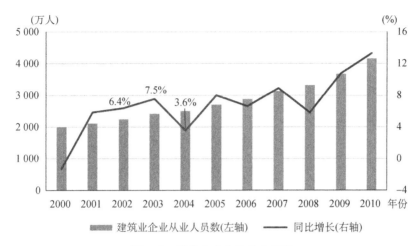

图 4-2 建筑业企业从业人员数

资料来源:国家统计局。

第四,就受影响群体而言,受冲击较大的是非正规就业和灵活就业人员,下岗失业职工、农民工、高校毕业生是其中的三大主要群体。短期内,非典导致裁员的就业存量减少;中长期,市场需求萎缩,新增就业减少。据统计,2003 年上半年内,将近农村流动就业劳动力总数 8% 的农村劳动力回流,且高校毕业生待就业的比例达到 35.8%。

第五,非典对城镇地区情况的总体影响相对有限。从城镇登记失业率来看,2003 年同比上升了 0.3 个百分点,达到 4.3%;至 2004 年,失业率已有所回落,此后一直保持在 4.2% 左右的水平(见图 4-3)。城镇单位就业人员工资总额指数 2003 年仍呈现出一定的上升态势(见图 4-4)。

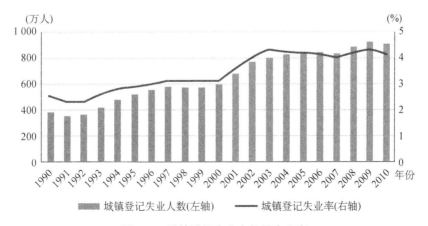

图 4-3 城镇登记失业人数及失业率

资料来源:国家统计局。

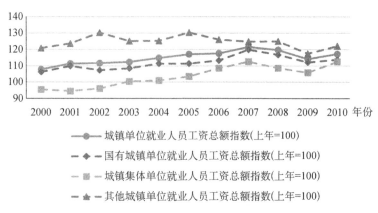

图 4-4　城镇单位就业人员工资总额指数

资料来源：国家统计局。

第六，针对上述统计可能出现的偏误，例如，加入世界贸易组织带来的"入世"红利、高校扩招带来的人力资本红利等，我们利用北京和广州的地区层面和时间层面的差异，进行实证回归，发现北京与广州的整体就业人数与失业率在非典前后，与全国其他地区相比，并没有显著的差异。

不过，需要特别注意的是，2003年中国刚刚获得"入世"红利，正积极开拓全球市场，迈入投资主导的发展模式，也处于人口红利窗口，非典时中国经济正处在由高速增长（7%～9%）向超高速增长（10%以上）的加速阶段。而当前中国经济正处于增速逐步放缓的阶段。且我国受疫情冲击最为严重的第三产业2019年对经济增长的贡献率在60%以上，远远高于2002年的42%。因此，此次疫情对劳动力市场的短期冲击可能会更大，中长期恢复也可能会更慢。

此外，2003年非典传播集中在少数地区，而此次疫情在全国波及范围广，而疫情在全球的蔓延可能再次波及中国。这意味着此次疫情中的防疫压力和企业复工、劳动力就业的困难将远远高于非典时期。

（七）来自微观企业调研的发现

国内多个知名院校机构的团队针对微观企业复工和就业现状开展了调研。我们选取和总结了其中与劳动力就业相关的调查结果进行分析。

1. 针对中小微企业的调查

中国企业创新创业调查（ESIEC）课题组在五省二市（北京、上海、广东、浙江、河南、辽宁和甘肃）询问了企业的复工复产情况以及威胁企业生存状态的各类问题。

调研结果显示，绝大多数企业延迟复工，复工情况总体十分严峻。2 344份代表性企业样本中，仅有约两成（20.2%）的企业在2月10日前复工。分行业来看，商务服务业的复工率相对较高，达到30%；重工业复工率则最低，约10%。在未复工的

1 871家企业中,仅有近四成(39.5%)的企业预计能在3月中旬以前复工,而有近半数(47%)的企业无法确定其具体复工时间。

未能复工的一个重要的原因是员工不能及时返岗,约四成(38.5%)的企业存在用工短缺问题,并且在工业领域尤为突出。由于需要负担固定成本,这又导致近七成(69.7%)企业出现现金流短缺的问题。对此,近15%的受访企业打算通过裁员的方式缓解资金压力,近1/4的企业预计裁员30%以上。

根据该报告,轻工业面临的成本上升、需求下降、产业链断裂等问题最为严峻。重工业面临的挑战则主要是用工短缺,及时复工对其有重要意义。商务服务业借助于互联网经济,可以维持甚至催化出新的需求,恢复相对较快。居民服务业则直接受制于消费者需求疲软,面临较大的租金成本压力。

2. 针对大中型企业的调查

清华大学经济管理学院王勇教授团队的调研中,样本企业以民营企业为主(占比超过91%),共计涵盖12个行业,分布在全国27个省区市。该调研对象中多数企业为发展较为成熟的行业龙头。

问卷数据显示,由于复工和运营方面存在的巨大困难,消费者服务和建筑施工行业的大中型企业受到的影响最为严重。有58.02%的被调研企业家认为此次疫情对自身影响严重,其中29.72%反映人工成本负担过重,21.23%反映人员不足。人员不足的问题在医药、消费品生产制造、工业品生产制造、消费者服务、农林牧渔等行业更为突出。

不过,尽管人力成本的负担较重,这些大中型企业普遍积极应对疫情挑战,对人力资源给予了充分的重视。

3. 针对湖北地区企业的调研

武汉大学中国新民营经济研究中心联合武汉市工商业联合会对湖北省境内573家企业(以武汉市内企业为主)开展了调研工作。结果显示,武汉民营企业生存状态堪忧:样本中高达97.21%的企业在被调查时仍处于完全停产或者部分停产状态,过半数企业对其发展前景持悲观态度,另有6.34%的企业计划撤出武汉。国家的帮扶政策也尚未能落实到位,现金流短缺问题仍难以得到解决:仅11.87%的企业获得了银行的金融支持,仅8.03%的企业获得不同程度的租金减免。

湖北企业面临的多重困局尤为棘手。一方面,疫情直接导致的资金短缺、运营成本上升、防疫物资缺乏等问题加上其他省区市陆续复工复产带来的员工流失、市场流失等问题威胁巨大。另一方面,居民收入明显下降,导致消费市场和整体需求萎缩,传导至供应端,再度危及当地企业的生存,放大负面影响。

因此,该团队建议,应尽快部署湖北省内的有序复工,精准帮扶中小民营企业,给予重点地区中长期的优惠扶持政策。

综上,我们可以就疫情对企业及员工的影响形成以下三点判断:第一,尽管企业普遍受到疫情冲击,但中小企业本质上可能因此破产倒闭,所以,应当是政策关注的重点。第二,救助企业也就等于在救助员工,只有扶持个人同时以企业尽快复工复产为目标,才能产生持续性的效果。第三,应尽快部署湖北省内的有序复工。

二、应对措施和建议

这一部分梳理和总结针对受疫情影响较大的中小微企业、农民工与大学毕业生群体出台的具体的扶持措施,并提出建议。

(一) 针对中小微企业就业问题

可通过社会保险费的减免、缓缴,失业保险金的返还,援企稳岗等补贴扶持中小微企业迅速恢复生产。

1. 金融支持

银保监会等部门出台通知,对受疫情影响的中小微企业贷款给予一定期限的临时性延期还本付息安排。同时,加大信贷支持,以优惠利率发放贷款。

2. 社保降费

各地区可根据自身情况,免征中小微企业三项社会保险单位缴费部分;受疫情影响严重企业,可申请缓缴社会保险费,期间免收滞纳金;6月底前,企业可申请缓缴住房公积金,未能正常还款的公积金贷款,不作逾期处理。

3. 税费支持

国家税务总局等出台公告或通知:自3月1日至5月底,免征湖北省境内小规模纳税人增值税,其他地区征收率由3%降至1%;将除高耗能行业外工商业电价阶段性降低5%;对非居民用气门站价格提前执行淡季价格政策。

4. 稳岗补贴

人社部等部门发文,明确加大失业保险稳岗返还力度,放宽企业裁员率标准;同时,支持企业开展在岗培训,企业培训可按规定纳入补贴类培训范围。

5. 创新支持

工信部明确鼓励中小企业针对新冠肺炎防治开展技术攻关和生产创新,并做好技术完善、认证检测、资质申请和推广应用等服务工作。同时,支持企业数字化转型,推广互联网平台服务,提升智能制造水平,并促进大中小企业融通创新发展。

(二) 针对农民工就业问题

此次疫情对农民工就业的影响比较明显和直接。中央和各地政府已出台多渠道措施缓解农民工就业问题。

1. 加大稳岗就业补助

第一,应鼓励指导企业采取调整薪酬、缩短工时、轮岗轮休等方式来稳定岗位。人社部等部门也通过企业社会保险费减免、缓缴、加大失业保险稳岗返还力度等,减轻企业负担,减少或避免裁员。第二,指导督促确实需要裁员的企业,依法规范裁员,切实保障劳动者的合法权益。

2. 加强返城保障

国务院明确关于农民工返城保障的一系列工作:

积极开展农民工防疫宣传,引导农民工科学防控、合理安排返城返岗时间。同时,加强返岗的防疫保障措施,确保农民工安全出行就业。实施农民工分类指导,对于外出务工的,做好健康出行和疫情信息提醒;对于不外出的,引导其参加线上学习培训,推荐就地就近就业岗位;避免已感染或尚在观察期的农民工外出。

加强输出地与输入地有效对接。农民工输出地结合本地实际,及时跟踪主要输入地疫情变化,做好主要输入地企业相关信息集中发布。农民工输入地加强监测,动态掌握用工需求,及时发布岗位信息。鼓励用工方通过专车等方式提供点对点的出行服务。

3. 拓宽就业渠道

第一,持续开展线上的招聘活动,组织开展定向劳务协作。第二,动员返乡农民工投身农业就业。第三,鼓励当地重大工程、重大项目吸纳农民工就业。第四,扶持创业,提供线上的创业培训、创业服务和资金支持。第五,对暂时无法外出、生活困难的农民工,开发一批临时性公益岗位托底安置。

(三) 针对大学生就业问题

今年高校毕业生也是受疫情影响最为严重的群体之一。对此,应当通过增加就业机会、拓展升学渠道、优化招聘渠道、提供指导服务等途径缓解毕业生的就业问题。

1. 增加就业机会

第一,面向国家战略。积极鼓励毕业生到国家重大工程、重大项目、重要领域就业。第二,扩大重点领域的招聘,如中小学教师等。同时还将落实应届公费师范生全部入编入岗。第三,引导基层就业。教育部门实施好农村教师特岗计划、大学生村官等基层就业项目,同时鼓励中小微企业吸纳大学生就业。第四,鼓励入伍参军。通过优化指标分配、提前体检等举措加大鼓励力度。第五,丰富新就业形态。鼓励毕业生到生产性、生活性服务业以及民生急需的教育、医疗、养老等领域就业创业。第六,扩大见习规模。通过见习增强毕业生市场竞争能力。同时对开放见习岗位的企业给予政策补贴。

2. 拓展升学渠道

国务院常务会议明确今年将扩大硕士研究生招生和专升本规模。研究生计划增量以高层次的应用型人才专业学位为主;专升本的计划增量将投向职教本科和应用型本科,向预防医学、应急管理、养老服务管理、电子商务等专业倾斜。

3. 优化招聘渠道

优化招聘服务,加大线上招聘活动力度。一旦疫情解除,迅速组织动员,密集推出行业化、特色化的现场招聘。引导用人单位推迟面试和录取时间,针对延迟离校应届毕业生推迟报到、落户等时限。对未就业毕业生提供两年户口和档案托管。

4. 提供指导服务

要求高校就业指导教师和辅导员及导师密切关心,加强个性化指导,积极引导毕业生找准职业定位。推出在线咨询指导课,开通心理热线以加强求职心理疏导。

5. 强化困难帮扶

第一,着力强化重点群体的帮扶。对特殊毕业生实行分类帮扶和"一人一策"的动态服务,优先推荐就业岗位。第二,强化湖北地区高校毕业生帮扶。延长研究生毕业答辩、学位审核时间,增加学位委员会开会的次数,分期分批认定学位授予。同时,教育部将在就业、毕业相关项目计划等方面加大政策的倾斜力度。第三,加强对所有毕业生的服务保障。

(四)疫情催生的新机遇:数字经济和平台经济

第一,疫情防控期间,数字经济进入快速发展的新阶段,各类平台企业的活力得到充分的释放和延展,劳动力市场也随之呈现出新业态、新趋势。

一方面,基于新需求,平台企业创造出很多大众化的服务业就业岗位。电商平台、新媒体平台、社交平台都得到了很大发展。此外,在线医疗、线上教育、远程办公等新兴业态也在疫情期间得到了大规模认知和普及。

另一方面,平台企业利用各类数字技术,提高了技术偏向型生产力,强化了对技术型人才的需求(Acemoglu and Autor,2011)。疫情的发生也促使新型数字基础设施的建设和应用得到了进一步完善。

第二,疫情也加快了传统行业的数字化进程,促使企业积极依托平台进行改造升级,部分缓解了当下劳动力市场的困局。

一方面,通过线上线下的深入融合,数字经济催生新商业模式,拓展新需求市场,灵活调动劳动力。研究发现,数字化技术的应用通过降低搜寻成本,可以更加有效匹配雇员雇主、匹配买卖双方(Goldfarb and Tucker,2019;Kuhn and Mansour,2014)。例如,阿里旗下的盒马鲜生的"共享员工"模式,短期内缓解了人力成本负担和用工短缺问题,带动了线上外卖业务拓展。此外,"线上首映"、直播卖货、线上营销等新模式应运而生。

另一方面,数字技术也带动企业的管理方式和组织结构变化。延迟复工背景下,远程办公系统保障生产经营的有序恢复和开展,数字经济的平台性、交互性等特征将逐渐在劳动力市场凸显,有望催生出更为扁平化、去中心化的企业架构,并进一步实现各领域的数字化。

概括来说,各级政府在短时间内出台的上述政策体现出较高的决策效率。上述政策总体而言是普惠性的。对于具体的劳动者个人或企业而言,究竟能获益多少,则又取决于其他因素。而这些因素往往又与市场机制联系在一起。而一些针对特定群体的定向性政策,在实施中往往会附带一定的条件,其困难在于:由于企业与政府间的信息不对称,容易导致政策实施产生浪费资源与实施效果差的扭曲,应注意避免。

三、结语

2019年经济下行趋势已给就业形势造成一定影响,新冠肺炎疫情的发生,更让劳动力市场"雪上加霜"。一方面,企业开工复工普遍推迟,劳动者返岗复工相应延后;另一方面,中小企业生产经营困难加大,市场招聘需求普遍下降。以上因素叠加短期内明显冲击了劳动力就业市场。而又以中小微企业劳动力、高校毕业生、农民工三类人群的就业形势最为严峻。

稳就业居"六稳"之首,意义重大。中央和各地方政府已经出台了大量应对政策和措施,这些举措具有极强的针对性,应尽快落实。

结合历史数据,我们认为,我国就业局势总体稳定的基本面不会改变,疫情对劳动力就业市场的冲击应该是短期的、可控的。特别是,数字经济和互联网平台经济具有强大的就业吸纳能力,覆盖面广,是经济下行环境中的一针"强心剂"。在疫情期间,平台企业的活力充分释放,劳动力市场也随之呈现出新业态、新趋势。在复工复产中,应破除可能的制度障碍,继续发展数字经济,改造提升传统产业,加快服务业发展,培育经济发展新动能。同时,疫情也倒逼改革,这个时候更需要政府倾听基层企业的声音,在中长期切实达到稳就业、促增长的目的。

总的来说,当前疫情形势依然复杂,转变经济发展方式、优化经济结构、培育新的经济增长点的任务紧迫。从短期来看,各级政府应关注重点人群,多措并举稳企业、稳就业,并尽快精准落实相关措施;从长期来看,应努力化危为机,抓住互联网平台经济创造的稳就业良机,继续深化供给侧结构性改革,改善营商环境,加快新旧动能转换,实现人口红利向人力资本红利的转型,为做好长期稳就业工作提供制度上的支撑。

(陈钊,复旦大学经济学院教授;宋弘,复旦大学经济学院副教授)

参考文献

[1] 李辉文、金泉、李玮:《疫情冲击下的中小微民营企业:困境、对策与希望》,澎湃新闻,2020年2月19日。
[2] 邵敏、武鹏:《出口贸易、人力资本与农民工的就业稳定性——兼议我国产业和贸易的升级》,《管理世界》,

2019 年第 3 期。

［3］王勇、刘梦楚、王琳璐:《新冠肺炎疫情对我国大中型企业影响调研报告》,清华大学经济管理学院中国企业发展与并购重组研究中心,2020 年 2 月。

［4］武汉大学中国新民营经济研究中心、武汉市工商业联合会:《智援抗"疫"|疫情中湖北企业经营分析报告》,武汉大学经济与管理学院网站,2020 年 2 月 29 日。

［5］张晓波、戴若尘、户俊鹏:《新冠肺炎疫情下的中小微企业生存状况——中国企业创新创业调查(ESIEC)》,"知识分子"公众号,2020 年 2 月 24 日。

［6］Acemoglu, D., and Autor, D., Skills, Tasks and Technologies: Implications for Employment and Earnings, In: Ashenfelter, O., and Card, D. (eds.), *Handbook of Labor Economics*, *Vol. 4B*, North Holland, 2011:1043-1171.

［7］Goldfarb, A., and Tucker, C., Digital Economics, *Journal of Economic Literature*, 2019, 57(1): 3-43.

［8］Kuhn, P., and Mansour, H., Is Internet Job Search Still Ineffective?, *The Economic Journal*, 2014, 124(581):1213-1233.

第 5 章 新冠肺炎疫情对"三农"的冲击及应对策略

一、疫情的转折与工作重心的转变

新冠肺炎疫情的发生给国民经济和社会发展带来了严重冲击。2020年1月25日,习近平总书记主持中央政治局常委会会议。会议决定,党中央成立应对疫情工作领导小组。此后,连续多次召开常委会会议,科学部署全国疫情防控工作。2月份,密集出台了多项有针对性的经济和疫情防控政策,在疫情防控的指挥调度、控制传染源、物资保障、迅速建立火神山和雷神山医院、稳民心等方面有了重大转机。党中央科学调度、周密部署和精准施策,经过广大医务工作者连续两个月的艰苦奋战,目前疫情防控出现了明显向好的趋势。到3月初,除湖北外其他省区市的新增确诊病例已经下降到个位数,很多省区市连续多天确诊病例数出现了零新增。钟南山院士在2月27日广州市政府新闻办疫情防控保障专题新闻通气会上表示"我们有信心4月底基本控制疫情"。因此,各级党委和政府将防控疫情作为首要工作时,不能因为疫情而忽视其他社会经济发展目标和任务,要努力将疫情阻击战对其他社会经济发展目标带来的负面影响最小化。同时,还要迅速医治疫情带来的创伤,努力完成社会经济发展目标。特别是新增确诊病例数连续多日为零的地区,更要加快经济恢复的步伐,确保稳增长和其他社会经济发展目标的实现。

对比2003年暴发的非典疫情,本章首先对新冠肺炎疫情给中国宏观经济带来的负面冲击展开初步分析,然后在此基础上聚焦此次新冠肺炎疫情对2020年脱贫攻坚、农民增收以及2020年中央一号文件提出的发展目标造成的短期负面影响,并提出2020年稳定经济增长、应对疫情和保障农村民生的政策建议。

二、新冠肺炎疫情和非典疫情发生时的境况有较大差异

为了分析新冠肺炎疫情对中国经济的影响程度,我们将当前中国经济与2003年的中国经济进行对比,然后以2003年非典疫情作为参照基准来判断此次新冠肺炎疫情的可能影响。对比2003年,我们认为当前经济至少在如下五个方面发生了显著变化。

(1)当前的国民经济结构与2003年相比已经发生较大变化,此次疫情对于占国民经济比重较大的服务业的短期冲击较大。2003年服务业对GDP的贡献率仅为

39%，而2018年已经提高到61.5%，第二产业对GDP的贡献率由57.9%下降到34.4%。由于此次疫情暴发在春节前，很多地方为了控制疫情而阻断交通和限制人员流动，这一方面阻碍了农民工在春节后及时返回工作岗位，另一方面对服务业带来了严重冲击。在当前服务业已经成为国民经济的第一大产业之时，对服务业的冲击带来的国民经济增长降幅可能会超过2003年的降幅。

（2）当前中国经济融入全球产业链分工体系的深度已经远超2003年，此次疫情将会通过供应链的关联放大负面影响。非典疫情暴发时，中国正式加入WTO才1年多；而2018年中国的出口总额已经增长到了2003年时的4.52倍，进口总额也增长到2003年时的4.12倍。中国与世界经济的联系通过产业链分工变得更加紧密，而此次疫情的冲击会对中国在全球制造业供应链中的地位带来很大的负面冲击，并通过供应链传导到国内上下游企业。

（3）由美国掀起的逆全球化趋势，以及特朗普政府试图遏制中国崛起的系列政策，不利于中国在全球市场中充分发挥大国制造业优势。特朗普上台后试图打破世界规则，发动对包括中国在内的数十个国家的贸易摩擦。从去年遏制华为5G技术在美欧的应用，到今年不为中国C919大飞机提供发动机，这些都是为了遏制中国经济崛起；尽管2019年底中美贸易谈判达成第一阶段协议，但世界范围内的经济学家普遍认为逆全球化趋势在未来几年很难被改变。而此次疫情更是给了美国可乘之机，有可能会使部分在中国的供应链搬回美国。

（4）当前中国能够使用的经济政策和非典疫情结束后面临的选择大不相同。2003年8月31日，国务院出台了《国务院关于促进房地产市场持续健康发展的通知》，认为房地产市场没有泡沫，并要求各地"不能设置政策性障碍"，通过刺激房地产业带动国民经济快速增长。但对于当前中国经济而言，房价已经高企，同样的政策工具显然不适用于促进当前中国的经济增长。

（5）3月初以来，由于部分国家对疫情的严重性认识不够和控制不力，新冠肺炎疫情在全球进一步扩散。如果这些国家无法控制疫情，中国势必只能采取对这些国家的人员隔离来防控境外疫情输入（预计这样的措施至少在现有的基础上持续2个月）。这样做带来的严重后果是进一步加剧中国供应链面临的难题，增加中国扩大外需的难度，并进一步增加中国稳增长、稳就业、稳外贸的难度。

三、新冠肺炎疫情对中国经济的总体影响

（一）新冠肺炎疫情对经济中期影响的初步研判

要研判新冠肺炎疫情对中国经济的影响，首先要基于医学对疫情进展的研判。就国内疫情控制而言，钟南山院士在2月27日广州市政府新闻办疫情防控保障专题新闻通气会上表示"我们有信心4月底基本控制疫情"。因此，从国内出现的乐观情

况看，疫情对中国整体经济的负面冲击和影响程度依然可控。非典疫情暴发的2003年，GDP增速为10.5%，2004年也达到了10.5%；但是2019年中国的GDP增速已经下降到6.1%。基于中国当前经济与2003年相比出现的重大变化，我们分析研判认为，此次疫情的负面影响会超过2003年非典疫情的负面影响。

（二）疫情在短期内对2020年农村民生问题带来的挑战

为了防控疫情的传播，各地政府采取的防控措施是限制人员流动，除了部分主干交通还在维持运营外，县乡镇村的大部分毛细交通网络基本上被切断，导致大部分人员和物资的流通暂时中断；城镇部门的复工进程还较缓慢。这些都直接影响供应链和全国社会经济的运行。同时，疫情还将会直接对中国的出口带来负面冲击。我们认为，总体而言，此次疫情对农业中的种植业的长期影响较小（当然，湖北等疫情严重的地区则另当别论），这主要是因为农业生产在农村，受各种疫情防控措施（如阻断人员流动）的影响小，春耕春播虽可能略有延迟，但总体而言不会大幅度、大面积推迟；对养殖业有中等程度的影响，这主要归因于物流的阻断和市场需求的萎靡。但是，不容忽视的是，此次疫情会通过如下五个方面对2020年全国和局部地区农村的民生问题带来短期挑战。

1. 对农村的一个关键挑战是延迟近3亿农民工外出务工，显著降低他们2020年的务工收入，大大提高2020年扶贫攻坚的难度

2018年，全国有2.88亿农民工，其中外出农民工1.73亿。这些农民工的月均收入为3721元，其中外出务工农民工月均收入4107元（国家统计局，2019）。这个收入水平与当前的贫困线水平相当甚至略高。这意味着1个农民外出务工1年可以解决12口人的贫困问题。有研究发现，外出务工增加非农收入是农户脱贫的一个极其重要的渠道（章元等，2012）。然而，民工返城务工在疫情防控形势下戛然而止。按照疫情的进展，近3亿农民工2020年将大概少挣1个月的工资。这不仅拖累2020年全体农户收入的增速，而且还会大大增加2020年底消灭现行标准下的绝对贫困的难度。

2. 疫情对城镇部门的服务业和居民消费形成负面冲击，进而降低这些部门对农村劳动力的需求，导致农民工失业率的上升

一方面，这次疫情对国内城市部门冲击最大的是服务业。不同于2003年，2018年从事第三产业的农民工比重已经高达50.5%，其中从事住宿和餐饮业的农民工比重为6.7%，从事居民服务、修理和其他服务业的农民工比重为12.2%（国家统计局，2019）。而这些服务业因为城市部门复工延迟和疫情防控受到极大的冲击。2003年，非典疫情导致城镇登记失业率上升0.2个百分点，而在服务业占比已经显著高于2003年的今天，此次疫情对服务业的冲击很可能带来更高的失业率。如果失业率提高0.3个百分点，则意味着至少要有50万个新增农民工失业。这将减少留守农户得到的汇款收入,不利于农业生产的资本投入,减少返乡创业者的数量,从而对农村社会经济发展造成负向冲击。另一方面,城镇居民的农副产品消费下降,会降低农户的农副产品的销售收入,增加留守农户增收和脱贫的难度。国家统计局网站2020年公布的数据显示,在2019年农户的可支配收入中,工资性收入占比41.09%,而家庭经营收入占比39.96%。由于城镇居民大多居家防疫并最大限度减少外出,一个明显的观察是城镇居民以及餐饮业目前对蔬菜、生鲜、家禽等农副产品的消费水平明显下降,特别是餐饮业的需求下降幅度更大。每年的第一季度和第四季度是城镇居民食品烟酒消费占比最高的两个季度。当前的疫情会抑制第一季度城镇居民的食品消费以及餐饮业对农副产品的需求,降低农户收入中占比第二的家庭经营收入,从而不利于农户增收和脱贫。

3. 疫情的发生会直接降低中国2020年的出口增长,降低出口订单需求,对于稳定就业和稳定农民收入带来不利影响

疫情的发生无疑会直接降低其他国家对中国出口产品的需求,减少中国的出口订单,降低出口部门对农民工的用工需求以及他们的工资水平。特别是传统的纺织、家用电子等制造业的出口部门,雇用的大多是农民工。外部需求的降低也构成对提高农民收入和扶贫攻坚的一个负面冲击。

4. 对湖北省及其他受疫情影响较大省份(河南、湖南、浙江、广东)的农村社会经济发展带来严重挑战

除湖北外,广东、浙江、河南和湖南在此次疫情中受到的影响也较大。其中,湖北、河南和湖南是中部地区的粮食主产区和生猪饲养大省,以及劳动力输出大省,这三个省份的生猪存栏量、农民工数量占全国总量的比例都达到15%以上;而广东和浙江则是中国进出口的重要地区,2018年它们的进出口总额占全国第一和第四,两个省份2018年的进出口总额占全国总额的比例为21.67%。进出口受疫情的负向冲击将会减少国内企业的海外订单,而浙江和广东外向型企业雇用的大多是农民工。因此,此次疫情将通过冲击这几个省份的社会经济发展,进而直接和间接对全国的农民增收产生压力。

四、中央出台政策的梳理

(一)中央出台的系列财税政策

疫情发生后,党中央和国务院科学决策,制定和颁布了一系列有针对性的应对政策,总体可以分为疫情防控、支持企业和支持个人三大方面。例如,农业农村部1月31日向全国农民合作社发出倡议书,提出加强生产保供、确保质量安全、畅通销售渠道、诚实守信经营、严格防疫管理、加强人员防护六点倡议。倡议合理安排蔬菜、畜禽等重要农产品生产,保持正常生产秩序,确保"菜篮子"产品有效供给。积极

组织农产品快速有序流通,确保农产品进城入店。如出现产地农产品调出、农资调运困难情况,要及时向当地政府或农业农村部门反映。坚决杜绝趁机囤积居奇、哄抬物价、发布虚假误导信息等扰乱市场秩序的行为发生。各养殖类农民合作社要规范养殖生产,不购进、不运输、不销售来源不明或非法捕获的野生动物及其制品。紧接着,国家发展改革委会同有关部门和金融机构成立金融支持保障协调机制,根据人民银行、财政部、银保监会、证监会、外汇局关于进一步强化金融支持疫情防控的通知精神,与部门和地方密切协作,将疫情防控用具用品及其上游关键材料、零部件生产企业列为融资支持的重中之重,实施名单制管理。1月31日,国家发展改革委、商务部就做好生活物资运输等综合保障工作,要求针对企业复工复产面临的资金、用工、能源、产业链配套等难题,积极帮助协调,切实保障到位;建立健全重要物资供应绿色通道,及时对接各地应急运输需求,保障重要生活物资的运输需要;加强对本地蔬菜、食品等日常消费需求的市场监测,督促超市增加补货、补架频次,及时投放储备蔬菜;严厉打击捏造散布涨价信息、哄抬价格、囤积居奇、串通涨价等各种违法行为;增加粮油、肉类、方便面、瓶装水等生活必需品市场供应。随后,中央各部门陆续颁布了《国家医保局 财政部 税务总局关于阶段性减征职工基本医疗保险费的指导意见》(医保发〔2020〕6号)、《人力资源社会保障部 财政部 税务总局关于阶段性减免企业社会保险费的通知》(人社部发〔2020〕11号)、《住房和城乡建设部 财政部 人民银行关于妥善应对新冠肺炎疫情实施住房公积金阶段性支持政策的通知》(建金〔2020〕23号),对用工企业的医疗保险、社会保险和住房公积金实施阶段性减免或者缓缴的政策,大大降低了企业的负担和因为现金流断裂而破产的概率;2月1日,人民银行、财政部、银保监会、证监会、外汇局联合出台的《关于进一步强化金融支持防控新型冠状病毒感染肺炎疫情的通知》要求,实施好逆周期调节,针对疫情防控需要和节后资金到期较多等情况,通过公开市场操作、常备借贷便利、再贷款、再贴现等多种货币政策工具,提供充足流动性,保持金融市场流动性合理充裕,促进货币信贷合理增长。另外,其他部门以及地方各级政府也都陆续根据疫情防控和社会经济发展的需要制定了不同的应对政策。

(二)中央出台的涉农政策

在中央制定的一系列应对政策中,还有很多直接瞄准农业、农村和农民,以及瞄准精准扶贫下的建档立卡贫困户。例如,2月14日,国务院扶贫办和财政部颁发了《国务院扶贫办 财政部关于积极应对新冠肺炎疫情影响 加强财政专项扶贫资金项目管理工作 确保全面如期完成脱贫攻坚目标任务的通知》(国开办发〔2020〕5号),制定了系列政策以支持贫困户恢复生产,开展生产自救,加大奖补力度。创造条件鼓励贫困劳动力就业创业。强化就业支持,适当安排财政专项扶贫资金用于组织稳定贫困人口就业岗位。对结合疫情防控需要新增的保洁环卫、防疫消杀、巡查值守等临时岗位,优先安置贫困劳动力就业。落实好现行公益性岗位相关政策。疫情防控期间外出务工的贫困劳动力按规定给予交通和生活费补助,有条件地区可加大奖补力度。全力保障贫困群众基本生活。对罹患新冠肺炎、集中或居家隔离、无法外出务工、无法开展基本生产、收入受到重大影响等生活陷入困境的建档立卡贫困群众和因疫致贫返贫农民群众,应按现有支持渠道及时落实好针对性帮扶措施,确保基本生活不受影响。2月14日,财政部和农业农村部出台了《财政部办公厅 农业农村部办公厅关于切实支持做好新冠肺炎疫情防控期间农产品稳产保供工作的通知》(财办农〔2020〕6号),要求充分发挥全国农业信贷担保体系作用,促进解决农业适度规模经营主体融资难、融资贵问题,自即日起至2020年12月底,国家农业信贷担保联盟有限责任公司对全国省级农担公司再担保业务减半收取再担保费用。各地要结合实际参照出台对政策性信贷担保业务担保费用的减免措施,降低受疫情影响较大的相关新型农业经营主体融资成本。新冠肺炎疫情对家庭农场和农民合作社影响相对较重,各地要结合今年准备启动的农产品冷藏保鲜冷链物流设施建设,利用中央财政安排的农业生产发展资金,加大对家庭农场和农民合作社的支持力度,进一步实化细化支持内容,重点完善田间地头冷藏保鲜设施,不断增强农产品生产供给的弹性和抗风险能力。

李克强总理2月18日主持召开国务院常务会议,部署不误农时切实抓好春季农业生产;决定阶段性减免企业社保费和实施企业缓缴住房公积金政策,多措并举稳企业稳就业。会议强调,当前农时不等人,要压实地方属地责任,抓好抓细春季农业生产,保障夏粮丰收。一是分类细化农村疫情防控科学指导,引导支持从南到北抓紧做好春耕备耕,加强越冬作物田间管理。推动种子、化肥、农药、饲料等农资企业加快复工复产,建立农资点对点保供运输绿色通道。今年稻谷最低收购价保持稳定,视情可适当提高。鼓励有条件的地区恢复双季稻。二是抓好畜禽生产。对重点地区损失较大的家禽养殖场户给予延长还贷期限、放宽贷款担保等政策支持。推动屠宰企业与养殖场户对接。加快恢复生猪生产,将养殖场户贷款贴息补助范围由年出栏5 000头以上调整为500头以上。增加冻猪肉国家收储。三是加强重大病虫害防治,强化监测,做好各项应对准备。强化高致病性禽流感、非洲猪瘟等重大动物疫病防控。3月16日,国家发展改革委、农业农村部又联合印发《关于支持民营企业发展生猪生产及相关产业的实施意见》,国家发展改革委、农业农村部将会同相关部门,抓好落实工作,支持民营企业加快发展生猪生产及相关产业,努力形成产业高质量发展、供应保障有力、价格平稳有序的健康局面。

五、政策建议

(一) 稳增长的政策建议

(1) 严厉打击倒卖额温枪和红外测温仪的非法活动。调研发现,额温枪以及远红外测温仪被某些犯罪团伙大量收购后反复转手倒卖以牟取高额利润,导致真正的购买者付出的价格是出厂价的很多倍。建议工商、物价和公安经侦部门加大力度打击恶意炒作额温枪的非法行为,侦测利用微信进行交易和炒作的犯罪团伙;为了杜绝炒作,买卖双方都必须提供证明材料(购买方提供居委会、村委会、企业单位出具的带公章的公函,制定购买数量的上限;销售方必须提供产品的生产者或者销售商的合法证明材料),这样可以使得额温枪的地下灰色交易无处藏身。

(2)利用英国脱欧的契机,加强与英国和欧盟的经济联系,稳住欧洲对中国的外需。英国于2020年1月31日正式脱欧,意味着欧洲经济一体化出现实质性裂痕,同时也意味着英国需要调整与世界上其他国家的关系。此时的英国有意与中国建立更紧密的经济联系,英国的经济学家也普遍支持与中国建立更加紧密的经济联系。因此,中国应利用这个契机开展外交活动,建立与英国和欧盟更紧密的经济联系。

(3)努力建立与日本和印度的经济联系,扩大亚洲对中国的外需。印度目前是世界第二人口大国,且近年来经济增速较快,蕴含着巨大的市场需求,特别是中国的制造业产品在印度有较大市场;此次疫情发生后,日本朝野上下通过向湖北武汉捐赠医疗物质向中方释放了强烈的示好信号。在美国围堵以华为为代表的中国高科技企业的情况下,从日本寻求部分科技领域的合作是一个潜在的选择;而且,日本与中国在产业结构上存在互补。推进中国与这两个亚洲经济体的联系,可以有效扩大来自亚洲的外需。

(4)此次疫情暴露出中国医疗部门病床短缺十分严重,建议趁此契机补齐医疗和养老机构在硬件方面的短板。最近几年,中国的卫生、社会保障和社会福利业的投资占全社会固定资产投资的比重还不到0.5%,这与"看病难""养老难"等问题有很大关联。2018年底,中国有2.49亿老年人,预计到2050年老年人口将达到4.8亿。如此庞大数量的老龄人口,意味着庞大的医疗和养老市场,也对现有紧缺的硬件(床位)提出了紧迫的要求。条件好的优质养老院一直是"一床难求"。建议国家发改委制定规划,力争卫生、社会保障和社会福利业的全社会固定资产投资占比在"十四五"期间提高到2%以上。

(5)在消费端鼓励城镇居民的汽车消费,同时出台政策鼓励农用汽车下乡,加大对农业机械的补贴力度,通过推动汽车和农机的增长拉动其他相关上下游行业的增长。汽车工业是现代工业皇冠上的明珠,对冶金、有色金属、橡胶、电子、石化、钢铁、金融、保险、广告、销售中介等行业有较强的拉动作用。然而,近年来中国的汽车消费萎靡不振。2019年前三个季度国内居民的汽车消费同比增速为-0.7%,规模以上汽车制造业的利润同比下降16.6%。由于此次疫情降低了居民的消费和出行需求,有研究机构预计,2020年第一季度的新车销售量将会同比下降25%。目前中国的中等收入群体已经超过4亿,他们是扩大内需的重点对象。建议在消费端出台政策激励城镇居民增加中高档汽车消费,包括降低或者减免购置税、向消费者提供补贴、实施以旧换新补贴、中小城市取消限行等；对于农村地区，建议出台汽车下乡活动，对农户购置农用汽车以及大型农业生产机械进行补贴。

（6）加快推动"铁公机"投资向"新型智能基础设施"投资转型，使其成为新的经济增长点。基于5G网络、智慧交通系统（实现无人驾驶、共享汽车等的配套交通设施）、智能微网系统（智能储能、充电、加氢、分布式能源等能源优化配置的网络设施）等新型智能基础设施，既具有公众使用、正外部性和外溢性强的属性，同时也具有技术先进、前景良好、债务可持续等优点，应视为基础设施建设投资的新范畴和下一阶段的投资重点。新型智能基础设施的特点是投资大，拉动效应强。以5G技术为例，预计中国总体对5G技术的直接投资达1.2万亿元，投资周期可能超过8年。5G产业链及赋能产业（包括智慧交通、智慧城市、智慧工厂、智慧教育、智慧农业、视频娱乐等）也将会催生数十万亿元的投资。

（二）支持"三农"应对疫情冲击的政策建议

习近平总书记2013年底提出的精准扶贫思想，具有非常高的科学性（章元等，2019），在实践中也取得了连续几年每年减贫超过一千万人的良好效果。因此，在党的坚强领导和精准扶贫思想的指导下，中国完全有能力战胜疫情并打赢扶贫攻坚的最后一战，并妥善解决好疫情对农村民生的短期负面冲击问题。为此，我们基于上面的分析提出如下建议。

（1）要及时高度关注武汉周边的城市以及湖北周边疫情严重地区面临的医疗人员和物资短缺情况，尽快打赢疫情阻击战，将疫情对扶贫攻坚和其他社会经济发展目标的负面影响降到最低。从2月5日开始，疫情较严重的武汉周边地级市，以及与湖北接壤的其他省份的部分地级市也开始出现医疗资源告急的情况，2月6日，河南省信阳市和南阳市疫情防控指挥部面临医疗物资短缺而向社会求助。为此，建议在举全国之力支持武汉和湖北的同时，也要及时动员其他地区协助湖北以外的疫情严重地区（与湖北省接壤的其他省市）面临的医疗资源短缺困境。待疫情结束后，应在2020年中央一号文件的基础上及时补上落后地区面临的应对突发疫情的基础设施短板。2020年中央一号文件已经提出了要弥补农村地区的基础设施短板，而此次疫情中暴露出来的病床数不足问题同样属于基础设施的范畴。因此，建议在2020年中央一号文件的基础上，进一步明确部分资金必须用于增加乡镇县一级卫生院的病床配备以提高农村地区应对突发疫情的能力。

（2）在疫情得到基本控制的前提下，尽快解除道路封闭对物流的阻碍，保证生产生活物资运输的畅通，让供应链各个环节逐步运转起来，疫情不严重的省区市在做好发热病人筛选的前提下尽快开足马力恢复生产。2月6日，商务部发布了允许部分企业开工生产的文件；2月8日，国务院办公厅也发布了做好公路交通保通畅的通知，但目前很多乡镇村的道路依然处于封闭或者中断状态，很多饲养户的饲料和产品无法运输，建议公安和路政部门也适时发布文件要求基层政府和村委会、居委会解除对乡镇村道路的封闭措施,否则恢复生产的步伐依然缓慢。

(3) 通过减免税费和房租、延迟缴纳员工社保、到期贷款予以展期等综合性扶持政策,加大对劳动密集型中小企业的政策支持力度,降低中小企业破产概率,维护就业和民生安稳。中小企业的生存直接关系到全国80%以上的就业,关系到社会的稳定。建议对中小企业采取税费、房租等一次性减免(如减免1个月的税费)的简单措施,员工社保等延期1个月缴纳,如果贷款到期无力偿还,银行应予以展期1~2个月;建议中央政府推动各地政府拿出"真金白银"专门用于支持中小企业度过疫情,防止中小企业破产带来大面积失业。

(4) 要保持精准扶贫政策的连贯性,要求各级地方政府不能因为疫情而随意中断各项精准扶贫举措。不得挤占挪用各项扶贫资金,各省级财政不能因为疫情而对下级政府的各项扶贫资金、资源的投入断供或减少,必须保持扶贫政策和扶贫资金的连贯性。同时,各级地方政府要高度关注此次疫情带来的因病致贫人口。建议城镇民政部门和农村扶贫部门密切关注疫情中有主要劳动力或者家庭经济主要来源者死亡的家庭,对于在此次疫情中致贫的家庭必须及时纳入农村精准扶贫和城镇最低生活标准的保障范围。同时,建议中央财政对受疫情影响最大的湖北、河南等省份增加专项转移支付资金,专门用于帮扶尚未脱贫以及因为疫情而返贫的农户。建议该专项转移支付直接统一发放到贫困户的银行或养老金账户中,以便事后进行检查和审计。另外,还要防止用工部门对来自湖北、河南等疫情严重地区的劳动力的就业歧视,用工企业不得歧视来自这些地区的身体健康的劳动力。

(5) 建议中央粮食储备单位针对河南、湖北、湖南等省的生猪进行收购,一方面解决投放储备冻肉减少的问题,另一方面应对未来可能进一步上升的肉价。餐饮业消费的下降以及部分地区的交通阻断,导致疫情严重地区的很多养殖户在面临饲料无法运进来的问题的同时,还面临着生猪无法销售的困境。此时正是增加中央储备冻肉的时机,既可以弥补春节投放导致的储备下降,又可以降低养殖户的损失,也能为政府未来平抑肉价和稳定CPI奠定基础。

六、结语

在过去的两个多月时间里,在中央精准施策和科学应对的基础上,中国取得了疫情阻击战的阶段性胜利,多个省区市出现连续多天零新增确诊病例的良好趋势。钟南山院士在2月27日广州市政府新闻办疫情防控保障专题新闻通气会上表示"我们有信心4月底基本控制疫情"。实际上,作为科研工作者,我们在此次疫情中密切观察中央政府的政策出台情况,可以发现决策者的反应之快、经济政策的科学性和针对性,获得了很多经济学家的肯定,很多有针对性的政策也是很多经济学家们心里所想。因此,我们坚信中国一定能够战胜此次疫情。但令人担忧的是周边国家在对抗疫情中的表现,如果新冠肺炎疫情在全球范围内暴发,会显著抑制全球经济增长,即使中国成功地战胜了疫情,也不能独善其身。

(章元,复旦大学经济学院教授;段文,复旦大学经济学院博士生)

参考文献

[1] 国家统计局:《2018年农民工监测调查报告》,2019年4月29日;http://www.stats.gov.cn/tjsj/zxfb/201904/t20190429_1662268.html。

[2] 章元、李全、黄露露:《习近平精准扶贫思想的理论基础》,《毛泽东邓小平理论研究》,2019年第2期。

[3] 章元、李全、沈可:《论精准扶贫思想的实证基础》,《农业经济问题》,2019年第4期。

[4] 章元、许庆、邬璟璟:《一个农业人口大国的工业化之路:中国降低农村贫困的经验》,《经济研究》,2012年第11期。

第2部分

产业经济

第6章 新冠肺炎疫情下的养老服务业

第7章 新冠肺炎疫情对服务业的影响与对策

第8章 新冠肺炎疫情对物流业的影响及应对

第9章 新冠肺炎疫情对我国旅游业的全面冲击及应对策略

第10章 新冠肺炎疫情对数字经济的影响及对策

第6章　新冠肺炎疫情下的养老服务业*

截至2019年底,我国60周岁及以上老年人口约2.54亿,占总人口的18.1%[①]。我国老年人整体健康状况不容乐观,2018年超过1.8亿老年人患慢性病,患有一种及以上慢性病的比例高达75%,失能、部分失能老年人约4 000万[②]。我国正处于人口老龄化快速发展的阶段,同时,数量庞大的慢性病老年人和失能老年人对健康养老服务的需求极为迫切。近几年,国家将养老产业作为战略新兴产业并大力扶持。在本次疫情防控期间,养老服务行业既是高危地带,同时行业发展也受到巨大的冲击。一方面,养老服务行业担负着解决庞大规模老年人的养老问题的重任;另一方面,以养老机构为代表的养老企业同时肩负着防控疫情的艰巨任务。针对养老机构等新冠肺炎疫情高危风险区,民政部及国家卫健委相继发布了养老机构及医养结合机构的疫情防控指南,疫情得到了有效控制。一个严峻的事实是,受疫情防控的影响,养老服务行业受到较大冲击,特别是社区居家照护服务的正常供给面临严峻挑战,相关的企业存在巨大的破产倒闭风险。本章旨在分析我国养老服务业的发展现状、疫情对养老行业发展带来的影响、养老服务业不同主体的疫情应对策略。

一、新冠肺炎疫情对老年服务的影响

(一) 新冠肺炎疫情对老年人的影响

老年人身体机能不断退化,且常常伴有多种慢性基础疾病,无疑是本次疫情中的高危人群。2020年2月19日,根据7万多确诊病例的数据,中国疾控中心发布新冠肺炎流行病学特征分析报告。该报告显示,60岁以上的老年组病例数占比,武汉为44.1%,湖北(包括武汉)为35.1%,全国(包括湖北)为31.2%。无论武汉、湖北(包括武汉)还是全国(包括湖北)的确诊病例,老年人占比均是最高的群体。此外,死亡主要发生在老年群体中,老年组的病死率明显高于其他年龄组,其

---

* 本研究受到国家自科基金项目(71490735)的支持。感谢朱勤、周新宏、胡湛、苏忠鑫对本章内容的贡献,也感谢上海市养老服务行业协会、上海银康投资管理有限公司、福寿康(上海)医疗养老服务有限公司、上海金桥养老服务发展有限公司、上海乐慈养老服务有限公司等对调研的支持。
[①] 国家统计局:《中华人民共和国2019年国民经济和社会发展统计公报》,2020年2月28日。
[②] 《健康中国行动推进委员会办公室2019年7月29日新闻发布会文字实录》,http://www.nhc.gov.cn/xcs/s7847/201907/520f21e5ac234785bcc363a286866fb0.shtml。

中 60～69 岁组的粗病死率为 3.6%，70～79 岁组为 8.0%，80 岁及以上为 14.8%。老年人也常是合并症患者，报告显示，有合并症患者的病死率比未报告合并症患者要高得多，心血管疾病患者为 10.5%，糖尿病患者为 7.3%，慢性呼吸道疾病患者为 6.3%，高血压病患者为 6.0%，癌症患者为 5.6%。

在疫情防控期间，社区居家养老服务设施暂停服务，独居、空巢及失能在家的老年人的日常生活和照护服务受到极大影响。独居（空巢）生活自理老年人因社区实施封闭管理，难以和平时一样出门购买生活用品和药品，需要社区工作人员提供协助。独居（空巢）失能老年人是疫情期间最为弱势的群体，老年人子女不在身边，自身又丧失了一定的生活自理能力，人身安全受到威胁，这部分老年群体是上门护理服务的刚需客户。

（二）新冠肺炎疫情对养老机构的影响

1. 养老机构存在巨大病毒传播风险

养老机构是老年人聚居场所，毋庸置疑，养老机构中的工作人员和老年人一旦被感染，将是灾难性的事件。因此，新冠肺炎疫情暴发后，养老机构的疫情防控显得更为重要。从传播途径看，具有封闭性的养老机构的感染源主要从外部进入。

养老机构内的老年人是集中居住的，如果有一个新入的老年人是新冠病毒携带者，在一个封闭的机构内所有人都可能被感染，或者养老机构的一个工作人员（管理者、护理员、医务人员、后勤人员等）在机构外被感染，再进入机构，传染给机构内其他人员。虽然养老机构和外界相对隔离，但它并不是在真空中存在的，各种生活必需品都需要从外面进入，机构工作人员也不太可能在疫情结束之前不回家或不接触社会，因此养老机构存在较大的病毒传播的可能性。因此，养老机构是本次疫情防控的重点区域。

2. 养老机构在疫情防控期间面临的问题和困境

新冠肺炎疫情发生以来，民政部要求各养老机构严防死守，做好疫情防控工作。除了个别养老机构出现感染病例外，全国并未发生养老机构大规模感染事件，成效显著。同时也反映出防疫物资储备不足、防疫专业人员缺乏、应急预案准备不充分等问题。现阶段全国养老机构按规定实行收住老人"只进不出"，在有效遏制疫情蔓延的同时，也产生一些迫切需要解决的问题。

（1）有照护刚需的老人亟须返院接受专业照护。一些回家过春节的老人原先并未做长居打算，疫情发生之后，由于原收住机构按规定"只进不出"，这部分老人只能居住在家里。疫情期间，一些老人离院外出看病，就医结束后也只能被养老院拒之门外，回家居住。

（2）机构不能收，因条件所限亦不敢收。新冠肺炎疫情中，老人是高度脆弱人群；养老机构是人群集聚的高危场所，提供失能失智老人照护服务的机构更是如此。而目前养老机构大多不具备专业隔离防护的软硬件条件，若仓促收住将增大疫情风险。

（3）养老机构"只出不进"，部分床位闲置，收入减少而成本大增，资金链告急。

对一些养老机构的调研发现,疫情期间养老机构普遍存在部分床位闲置现象。受疫情影响,老人回家过年后不能及时返院,新收住业务也停止办理,使得部分床位闲置。而疫情期间机构在增添防护设施与设备、采购防护物资方面的支出费用大增,食品等生活物资价格也有所上涨;加上疫情期间机构停止面对面现金收付业务,而大部分老人及其家属因不熟悉网络支付操作而无法缴费。种种因素使得机构收入减少而成本大增,资金链告急。

(三)新冠肺炎疫情对社区居家养老服务的影响

面对新冠肺炎疫情这一突发的重大公共卫生事件,民政部疫情防控指南要求基本停止居家上门护理服务,同时社区综合为老服务中心、社区日间服务中心、长者照护之家、老人助餐场所等社区为老设施也全面关停,这些防控措施对控制社区疫情取得明显成效,但也给居家老年人和社区居家类养老服务企业(机构)带来诸多困难和挑战。

1. 用工成本大幅度增加

新冠肺炎疫情防控期间,社区居家照护服务受到重创,社区养老服务场所一律关停,上门看护服务也缩减大半。尽管业务量剧减,但是员工不能大规模辞退,保留的员工仍需要支付基本工资和缴纳相关保险,这对企业(机构)而言是沉重的负担。

2. 营收剧减可能带来资金链断裂风险

疫情期间居家上门服务被叫停,日间照料中心、护理站等基本处于停滞运营状态,少数开展服务的业务量也不到平时业务量的25%。据上海一家规模较大的护理站连锁品牌企业反映,一个月的净损失在2 000万元左右,若不能逐步恢复业务开展,持续的收不抵支会逼迫企业走上破产之路。

3. 行业发展将会断崖式受阻

较多居家为老服务企业(机构)面临资金链困难,势必会影响员工工资发放,有些甚至会采取不利于员工的措施,导致劳动纠纷。从事居家护理服务的社区护理站一般人力成本占总成本的70%,大量企业(机构)若不能渡过难关,将会导致失业人数增加,不利于稳定就业。此外,社区居家养老服务停运将阶段性地影响照护服务面和较长时间影响老年人的生活质量。"养老既是大民生,也是大产业","养老服务作为推动高质量发展、创造高品质生活的重要结合点,成为释放消费潜力、培育发展动能的重要增长点"的目标实现将会受到很大的影响。

二、应对挑战的策略和措施

(一)政策应对

1. 国家层面

疫情发生后,国务院、卫健委、民政部等国家部门及相关部委出台多项政策做好疫情防控工作,全国各地养老院实施封闭管理。为防范新冠肺炎在养老机构的传播,民政部接连发布两版《养老机构新型冠状病毒感染的肺炎疫情防控指南》,第二版《指南》从组织领导、出入管理、心理慰藉、老人防护、内部管控、疫情处置、消毒等七个方面,对养老机构的新冠肺炎防控工作提出具体的指引。与第一版相比,第二版对养老机构在封闭期的制度建设提出新要求,对养老机构的防疫处置工作规定地更为具体、细化,增加了新冠防控期老年人就医的指引,强化了老年人被确诊为疑似或感染后养老机构应开展的内部消杀、处置,促进养老机构在新冠防控期能够正常应对各类病情。国家卫健委也针对养老机构老年人就医和医养结合机构疫情防控发布政策文件,满足疫情期间老年人的就医需求和做好重点场所的防控。

从发布的政策文件看,2月份之前养老领域政策的重点仍是疫情防控,从初期对老年人疫情防控的重视,逐渐发展到全面加强养老机构、医养结合机构、基层医疗卫生服务机构的疫情防控工作。疫情期间密集出台的政策有效地控制了具有封闭性的养老服务场所的疫情传播,保障了老年群体的生命安全。进入3月份以来,政策的重点开始聚焦养老服务场所有序恢复服务。3月5日,民政部发布《关于分区分级精准做好养老服务机构疫情防控与恢复服务秩序工作的指导意见》,提出坚持"预防为主,外防输入"策略,经当地党委和政府同意后,在确保疫情防控到位的前提下,可有序恢复开放。同时,该政策也明确了养老服务机构可以享受的相应优惠政策,并鼓励各地结合实际对养老服务机构出台针对性扶持政策。

2. 地方层面

在关于扶持疫情期间养老服务业发展方面,四川、安徽、江苏、山东、上海等多地出台了扶持政策。2020年3月4日,四川省民政厅和财政厅发布《关于新冠肺炎疫情期间向全省养老机构发放一次性运营补贴的通知》,一次性运营补贴发放范围为全省范围内在新冠肺炎疫情防控期间正常运行且实施封闭管理的养老机构;2020年3月5日,江苏省民政厅等十部门联合发布《关于积极应对新冠肺炎疫情 促进养老服务平稳健康发展的指导意见》,提出8条措施助力养老服务业应对疫情渡难关,具体包括减轻养老服务企业税收负担、降低养老服务机构房租成本、补贴养老服务经营成本、允许养老机构减免缓缴部分费用、强化金融支持养老服务发展、帮助养老机构恢复正常运营、保障养老机构必要物资供给、积极发展"互联网+养老服务";2020年3月7日,上海市民政局印发《落实新冠肺炎疫情期间本市养老服务机构扶持政策指引的通知》,该文件重点梳理了国务院、相关部委及上海市出台的多项企业扶持政策,养老机构可参照执行;3月11日,山东省印发《关于积极应对新冠肺炎疫情支持养老服务行业发展的若干措施的通知》,明确发放运营补助、信贷融资支持政策、税收减免等11项具体措施,支持养老服务行业加强疫情防控、克服经营困难、健康稳定发展;2020年3月13日,上海市民政局和中国银行上海市分行合作推出专属金融服务方案"金九条",设立首期30亿元专项信贷资金,全力支持上海养老服务行业复工复产。

（二）养老服务企业应对

相比其他领域，养老服务业一直是相对平稳抗经济周期的行业，本次疫情期间也有很好的体现。这次疫情也显示出机构养老的优势，并凸显养老行业发展的巨大空间。但对刚处于起步发展阶段的居家养老服务类企业而言，本次疫情足以将其推到破产边缘。为尽可能减少疫情带来的损失，实现未来行业的健康可持续发展，养老服务企业要做好及时的应对策略。

1. 养老机构的应对策略

（1）养老机构应把临时应对转化为应急管理体系。老年人普遍伴有疾病、衰弱、失智等问题，易因疾病、猝死、院内感染等引起突发事件。因此，应急管理是养老机构日常管理的重要内容。养老机构应有面对突发自然灾害、事故灾难、突发公共卫生事件的预案，做好各类风险日常评估和干预，建立制度、健全机制，当突发事件发生时，能有条不紊地应对处理，遇事不乱。此外，应急事件往往会引发诸多衍生性问题，扩大事件应对范围和影响。比如此次疫情防控中凸显的老人心理疏导，机构与家属的良好沟通和协同关系，以及疫情防控中的院内感染管理等，这些都是养老机构日常管理和服务的重要内容，也是应急管理体系中包含的支撑要素。

（2）养老机构积极建立与社区卫生服务中心的密切联系。针对老年人的医养需求，养老机构应与社区卫生服务中心建立常态化联系机制，积极取得卫健、民政部门的许可，实现社区卫生服务中心对养老机构的远程指导、健康宣传和导医转诊等服务功能。确保养老服务机构老年人一旦出现健康问题，就能获得社区卫生服务中心的远程医疗指导，同时为有需要的老年人提供送药上门、体检等专业服务。

（3）养老机构自身加强健康管理服务。养老机构除对医疗的需求外，平时对健康管理服务的需求更为重要。在这次疫情期间，当遇到谣言满天飞，导致老人恐慌和不安，养老机构健康管理师应第一时间澄清谣传谬误、普及防疫知识、进行心理安抚和疏导。在养老机构日常管理中，科学用药指导、膳食营养、健身运动等健康管理专业知识需要充分发挥积极作用。

2. 社区居家服务企业（机构）的应对策略

（1）多措并举有效降低企业运营成本。成本控制是养老服务企业在经济周期性波动中持续稳定发展的基础，但是简单的降低成本策略势必会影响企业的工作效率和服务质量。因此，社区居家养老服务企业降低成本并不是单纯地从人员和物料上减少支出，而是要在保证运营必要成本的前提下，削减不必要成本并精炼最优工作模式和最优服务模式。以服务和管理模式的正常运转为前提，来保证经济低迷时期养老服务企业的可持续发展。同时，企业可以尝试寻求政府的财政支持和金融机构的短期资金周转支持，确保现金流不因疫情而中断。

（2）为老年人家属开展护理技能远程培训。疫情防控期间，子女将替代专业护理人员成为重要的照料者，在不能入户开展一线照护服务的情况下，社区居家为老服务企业与智慧养老企业合作,通过智能化的信息平台,为老年人家属提供在线培训服务,加强照料家属的护理技能和知识,进而提高疫情特殊时期居家老年人的生活质量。

(3)居家养老服务企业积极整合社区养老设施资源。"后疫情时代",老年人出于健康安全考虑,也会更多待在家里,特别是患有一些基础疾病的老年人。不管是上门生活服务、护理服务,还是远程问诊、24小时安全自动值守服务,都会因此迎来发展机遇,居家养老在疫情之后会更加被认可。社区养老服务中心或长者照护之家的运作模式可能需要做出部分调整,这些社区养老设施可以作为社区支援点,它的存在主要是为了支援居家养老,作为向周边的居家老人输出服务的据点。社区养老中心为居家老人提供服务人员、物资、设备,并帮助老人采购食材、生活日用品等商品。居家养老服务企业以此为契机,积极开展与社区养老服务主体的合作,作为深入社区的前站,减少服务半径和成本。

三、总结与展望

(一)新冠肺炎疫情下的养老服务业

人口老龄化的加剧和人们对美好生活的向往,将继续产生庞大的市场需求,这是我国养老服务业未来发展的重要社会背景。透过本次疫情,我们可以清晰地认识到健康养老服务业的发展空间巨大。我国逐渐进入深度老龄社会,到2025年将有接近3亿老人,2050年更是将高达5亿。老年人口基数及其伴随的养老需求蕴含着无限的"银发经济"商机,根据《国务院关于加快发展养老服务业的若干意见》,养老服务业是我国经济转型升级的几大支柱型产业之一。目前制约养老服务业大发展的主要难题是老年人支付能力不足,随着出生于20世纪60年代的人口逐步进入老龄阶段,我国从养老金融、养老保险体系等多方面发力,养老服务业的支付体系将逐渐建立和完善。

养老服务业不是"挣快钱"的行业,但稳定运行后持续的现金流将会吸引社会资本的青睐。本次疫情对以服务业为主的第三产业产生巨大影响,线下服务受到巨大冲击,对养老服务业而言,对居家和社区养老影响较大,养老机构受到的影响较小。可以看到,养老机构、护理院等虽然盈利水平不高,但是稳定性较高,当然这必须以做好疫情防控为前提。

党的十九届四中全会重新确定了养老服务中居家、社区、机构的定位,明确了要"加快建设居家社区机构相协调、医养康养相结合的养老服务体系"。通过此次疫情,国家将更加重视养老机构的发展,居家养老服务企业的管理水平将实现质的提升,为养老服务业的发展提供契机。可以肯定的是,疫情结束后,养老服务业将迎来新一轮的增长期。

（二）中国养老服务业未来的发展走势

1. 需求侧发展趋势

从需求侧看，由于中国出生率的大幅下降和预期寿命的不断增加，21世纪中叶之前人口老龄化进程呈现加快趋势。养老服务业的潜在需求取决于人口老龄化进程，人口不断老化将加速潜在养老服务需求的释放。随着我国社会经济发展水平的提高及养老保障制度的不断完善，中国老年群体的整体消费能力也渐渐提升。未来十年，出生于20世纪60年代的人群逐渐进入老年阶段，中国人口老龄化将进一步加速，他们也是第一代独生子女父母，他们中的许多人经济相对殷实，消费理念成熟，但家庭养老模式愈发难以维系，社会养老成为必然选择。这一群体将成为养老产业最主要的消费者。此外，中国老年人的消费观念也随时代发展而发生变化，新一代老年人更加注重健康养生、价值发挥、乐观心态。这些转变都将给养老服务业的蓬勃发展提供良好契机。

大部分老年人不愿意离开自己熟悉的家庭，居家养老仍是未来主流的养老模式，日常护理、慢性病管理、照顾陪伴、助餐送餐、家政服务是居家老年人最急需的养老服务需求。失能失智老年人以及需要康复治疗和长期护理的老年人则是机构养老的刚需群体，随着中国老年人口高龄化趋势的不断发展，失能失智老年群体的比例将持续增加，带来长期护理需求的井喷态势。

2. 供给侧发展趋势

从供给侧看，目前养老服务业发展模式较为单一。现阶段我国养老服务业明显呈现政府主导的特征，承担一定的公共服务和社会福利职责。这种发展模式导致从业机构的目的可能聚焦在政府用地规划和财政补贴上，对于提升自身的养老服务品质关注不足，过度依赖政府的政策导致行业目前整体发展水平较低，盈利模式不清晰，从侧面也说明我国养老服务业还存在很大的发展和提升空间，这些都是从业者的创业机遇。国家已经明确"全面放开养老服务市场，支持社会资本投资兴办养老机构"，未来养老服务业的发展模式更加多元化，与健康产业、旅游产业、文化娱乐产业、餐饮行业的深度融合，将进一步挖掘和释放养老服务业的发展潜力，也将继续丰富养老服务业的新模式、新业态。

养老服务业的发展是我国老龄事业和老年产业发展的重要内容，老年地产、老年金融、老年保险、老年健康、老年康养旅游、智慧养老等的蓬勃发展和密切结合必将为养老服务业的发展创造更加良好的外部环境，在更广泛的社会服务体系中推动养老服务业的持续发展，并带动相关产业的发展。

（彭希哲，复旦大学社会发展与公共政策学院教授；王雪辉，复旦大学人口与发展政策研究中心博士后）

参考文献

［1］国家统计局:《中华人民共和国 2019 年国民经济和社会发展统计公报》,2020 年 2 月 28 日。

［2］《健康中国行动推进委员会办公室 2019 年 7 月 29 日新闻发布会文字实录》,http://www.nhc.gov.cn/xcs/s7847/201907/520f21e5ac234785bcc363a286866fb0.shtml。

［3］翟振武、陈佳鞠、李龙:《2015—2100 年中国人口与老龄化变动趋势》,《人口研究》,2017 年第 4 期。

［4］马晓伟:《国务院关于医师队伍管理情况和执业医师实施情况的报告》,2019 年 4 月 21 日。

第7章　新冠肺炎疫情对服务业的影响与对策

时至今日,全国上下已经动员了巨大的力量投入抗击疫情,企事业停工停产、人们居家抗疫等,效果正在显现,全国新增确诊病例逐步减少,治愈者日益增加,人们看到了希望。于是,如何在继续抗疫的同时恢复经济,复工复产,调整产业政策,应对企业危机就成为当下特别重要的问题,其中,如何稳定服务业从而稳定我国与各地方经济实在是重中之重。

一、服务业是国民经济最重要的产业门类

新冠肺炎疫情发生以来,人们大都居家防护,很少外出消费。尽管目前部分企事业单位开始有序地复工复产,但依然需要人们少去公共场合聚集、减少接触,以免交叉感染。由此导致除必要的水电煤、蔬菜肉蛋粮食、通信等的基本消费外,原来正常工作、生活以及节假日特别安排的消费一定会减少,既包括对非必需的耐用消费工业品的当期消费,如汽车、家用电器、手机、衣物、日用品等;也包括对消费服务品的消费,特别是减少对旅游、交通、宾馆、餐饮、购物、娱乐、健身、车辆服务、政府公共服务等的消费。居民消费的减少对于消费品产业或从事消费品产业的企业而言,影响是巨大的。面临消费需求大幅度下降,许多从事消费服务业、消费制造业的企业没有订单,难以开工或开工不足,进而导致企业入不敷出、资金链断裂等难以挽回的危机,一旦蔓延,整个产业、整个经济就会出现重大危机。为什么会如此呢?

(一) 消费已经成为中国经济增长的主要贡献力量

自2013年以来,我国经济增长模式已经有了较大的改变,从过去投资驱动经济增长的模式,已经转变为消费拉动经济增长的模式。国家统计局最新公布的数据表明:"2019年全年最终消费支出对国内生产总值增长的贡献率为57.8%,资本形成总额的贡献率为31.2%,货物和服务净出口的贡献率为11.0%。"根据图7-1,可以说消费已经是我国经济增长与发展的主要力量之一。

最终消费包括两部分:居民消费支出和政府消费支出。2010—2019年,最终消费逐年增长,增速稳定在10%左右,对经济增长的贡献比重平均为60%,但2019年贡献比重下降为57.8%,同比增速为-12.29%。2010—2019年,居民消费支出和政

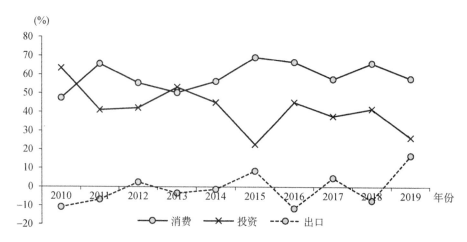

图 7-1　消费、投资、出口对经济增长贡献变化（2010—2019 年）

资料来源：国家统计局。

府消费支出均逐年增长，增速基本稳定在 11% 左右。从结构来看，历年来政府消费支出占最终消费的比重稳定在 30% 左右。

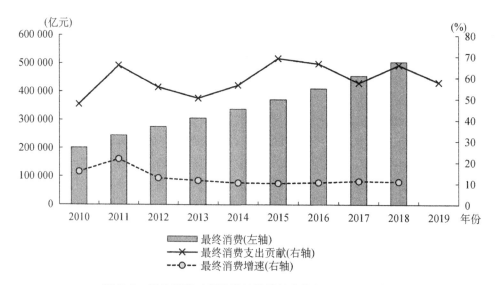

图 7-2　最终消费对经济增长的贡献变化（2010—2019 年）

资料来源：国家统计局。

居民消费支出包括两大方面：消费品消费与消费服务品消费。消费品消费直接对应消费品产业，消费品产业是指提供消费品以满足人们物质和文化生活需要的产业。消费服务品消费直接对应消费服务品产业，消费服务品产业主要包括生活性服务业和公共服务业。

生活性服务业是直接向居民提供物质和精神生活消费产品及服务的产业门类，

其生产的产品就是服务产品,用于满足居民生活中(非生产中)的各种需求,目前大力发展生活性服务业主要包括的重点内容有:商务服务业、文化产业、旅游业、健康服务业、法律服务业、家庭服务业、体育产业、养老服务业、房地产业等。公共服务业也是居民工作生活必需的产业,主要由政府及公共服务机构提供服务产品。

(二) 第三产业即服务业是经济增长的稳定基石

改革开放以来,中国经济发展取得巨大成就,产业体系日趋完整,产业结构发生了巨大变化,从农业大国转型为制造业大国,而目前服务业即第三产业已经成为我国最重要的产业门类,GDP贡献大、吸纳就业多。

国家统计局公布的数据表明,随着我国经济的发展,服务业即第三产业已经是我国经济和社会最重要的产业,2010—2019年第一、二产业增加值GDP占比逐渐下降,而第三产业占比逐渐上升。2010年全年第一产业增加值GDP占比为9.33%,随后在十年间缓慢下降,并于2019年降至7.11%。第二产业的占比数值下降幅度更大,从2010年的45.96%下降约7个百分点,于2019年达38.97%。第三产业增加值占比在十年间则稳步提升,2010年仅为44.41%,2019年则增长至53.92%(见图7-3)。

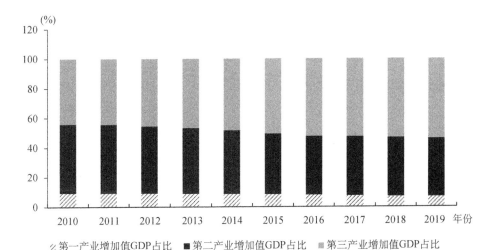

图7-3 第一、二、三产业增加值GDP占比(2010—2019年)

资料来源:根据国家统计局数据绘制。

以2018年底的数据为例,我国就业总量达到77 586万人,其中第一产业就业人数为20 257.7万人,第二产业就业人数为21 390.5万人,第三产业就业人数为35 937.8万人,占全国就业人口的46.3%,从就业人口变化来看,2010—2018年第一产业的就业人数持续降低,第二产业人数基本维持稳定,第三产业就业人数快速增长(见图7-4)。

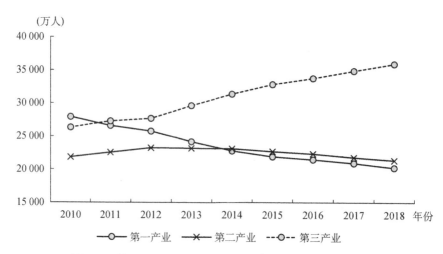

图 7-4 第一、二、三产业吸纳就业人口变化（2010—2019 年）

资料来源：国家统计局。

我国产业结构的这一变化符合配第-克拉克定律，即随着人均 GDP 的增长、经济发达程度的提高，一个国家或地区的三次产业结构会发生调整，第三产业在 GDP 中贡献逐步加大，最高可达 70% 及以上，制造业的贡献比重逐步下降至 20%～30%，而第一产业则减少至 5% 以下，且第三产业逐步成为吸纳就业人口最多的产业。

（三）现行消费服务业对 GDP 贡献大于生产服务业

现代产业体系中的服务业即第三产业包括两个重要组成：一是为消费者服务的服务业，即为所有消费者提供的各类服务，称为"消费性服务业"，包括生活服务与公共服务两部分，如为消费者提供的衣食住行、通信、信息、学习、金融等的生活服务，以及为居民提供的法律、咨询等公共服务；二是为生产者服务的服务业，即为第一、二、三产业内的生产者尤其是制造业企业提供的服务，通常称为生产性服务，如金融服务、供应链服务、维修服务、人力资源服务、专业咨询服务、分销服务等等。

消费性服务业非常重要，直接涉及消费者工作生活、精神娱乐、健康卫生等方方面面，消费性服务业提供的服务产品的种类与质量的状况，与工业消费品的种类与质量的状况一起，成为直接影响居民的物质生活与精神生活质量的最重要方面，与所谓幸福生活密切相关。生产性服务业也非常重要，是制造业转型升级关键性支持产业，即为保持工业生产过程的连续性、促进工业技术进步、产业升级和提高生产效率提供保障服务的服务行业。它是与制造业直接相关的配套服务业，是从制造业内部生产服务部门独立发展起来的新兴产业。生产性服务业依附于制造业企业而存在，贯穿于企业生产的上游、中游和下游诸环节中，以人力资本和知识资本作为主要投入品，把日益专业化的人力资本和知识资本引进制造业，是第二、三产业加速融合的关键环节。生产性服务又可以分为两大类:一类为基础性生产服务,为企事业生产经营提供一般性必要服务,如信贷资金服务、教育培训、法律、管理咨询、分销代理、中介服务等;另一类为嵌入性生产服务,即嵌入制造业企业生产制造过程中的服务,如供应链管理、供应链金融、工业互联网、创新平台、数据收集与分析、及时维修等。

在发达国家,第三产业对GDP贡献的增加值可以达到GDP的70%,甚至更高,其中,消费性服务业对经济贡献的增加值一般只为服务业增加值的30%,而生产性服务业增加值贡献比例可以高达整个服务业增加值的70%。第三产业尤其是生产性服务业已经是发达国家国民经济的最重要支柱。我国是发展中国家,2019年我国人均GDP刚刚超过1万美元,产业结构正在发生变化,服务业增加值GDP占比总体呈上升态势,消费性服务业占GDP的比例从2010年的27.45%上升至2017年的31.12%,生产性服务业则从2010年的16.28%上升至2017年的20.35%,整个服务业在2017年对当年GDP的贡献为51.47%,超过了一半,见图7-5。

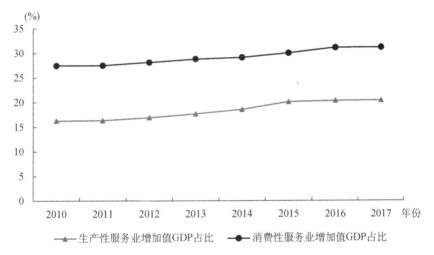

图7-5 消费服务业与生产服务业增加值GDP占比(2010—2017年)

资料来源:根据历年《中国统计年鉴》绘制。

从2019年的数据来看,目前我国第三产业即服务业中,消费性服务业贡献的增加值还是占大头,为服务业增加值的60%左右,生产性服务业则为40%。基于我国服务业内部的比例结构,涉及居民生活工作的消费性服务业是时下经济稳定与增长的核心产业。

(四)服务业服务产品有自己的特性

新冠肺炎疫情导致居民消费大量减少,这对消费制造业有影响,短期内这些产品几乎无人问津,如近期少有人购买汽车、电视机、空调等产品,但由于这些产品生产出来后可以暂时放在仓库,当疫情结束后居民可以补充式加大消费,从而弥补企业在疫情期间产生的损失。但服务业尤其生活服务业,在疫情期间减少的消费是无法在疫情后通过居民加大消费进行弥补的,这是由服务业服务产品与制造业工业品的特性不同所决定的。

服务产品有两个重要的特性:一是生产与消费的同一性,即这些产品生产的过程同时也是消费的过程,例如理发、美容、餐饮、戏剧、观光、用车、购物、生产维修、物料供应等,这些服务在生产者生产的同时,消费者接受服务进行消费,因此没有服务消费就没有必要进行服务生产。工业品的生产与消费过程可以分开,可以是在生产结束后消费的,例如手机、照相机、日用品、钢材、汽车等。二是不可储存性,即服务品一旦生产就必须消费掉,它是不能够储存的,例如不能够把理发、美容、餐饮、戏剧、观光、用车、购物、分销、法律等这些服务储存起来,消费者先购买,将来再拿出来享用。例如,餐厅可以将一些饭菜做成成品或半成品进行储存,但消费者享受不到现场烹制的食物及其餐饮服务。

因此,服务业服务产品的生产不像制造业的工业产品的生产,无法先生产储存服务品然后等待疫情过后再分销给消费者消费。疫情期间居民及企业对服务品需求的下降就是服务业生产能力的放空,造成服务业生产的损失。

(五)服务业的主体是中小微企业

目前我国服务业尤其是生活服务业的服务提供主体是大量的中小微企业,其中又以民营个体企业为主。这些企业体量小、资金少、分布地域广,面对大量的工薪阶层提供基本各类生活服务。比较第二、三产业企业数可见,近年来第二、三产业的法人单位个数均逐年增长,且第三产业的增速相比第二产业更快。截至 2017 年,第二产业法人单位数为 473.13 万个,第三产业法人单位数为 1 560.7 万个,见图 7-6。

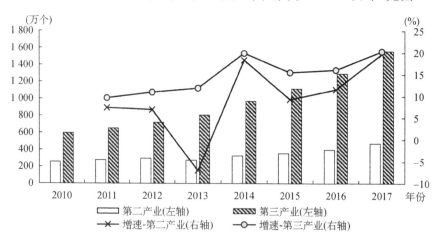

注:不同产业企业数量统计截至 2017 年。

图 7-6 第二、三产业法人单位个数(2010—2017 年)

资料来源:国家统计局。

本次疫情发生至今,由于居民正常消费服务需求不能实现,加上防控要求居民居家抗疫,这些中小微企业只能歇业等待,2月底开始虽然允许部分企业开工,但居民正常服务消费需要时间恢复,大量的中小微服务企业的正常生产经营就十分困难了,即使像西贝这样的大型餐饮连锁企业也称不能坚持歇业一个月。因为疫情期间一方面企业的固定支出在继续,如租金、员工工资等;另一方面,正常的服务收入则大大减少了,企业资金状况就容易出问题,企业危机产生了。大量服务业中小微企业开工不足或歇业停工,必然导致大量临时性失业人口出现,影响社会稳定。生产性服务业同样如此,制造业开工不足,那么生产服务业企业必然也开工不足,于是整个服务业现时的损失就已经是损失,疫情后即便有反弹,2020年经济的下滑也是必然的了,问题是会不会少增长或减少多少增长。

二、疫情下服务业受损规模及其传导分析

本次疫情究竟会对服务业产生多大的影响,究竟通过什么传导机制进而对我国的经济产生影响,我们能否找到减少损失促进发展的正确思路与对策?这些是现时十分重要和迫切需要回答,但又很难回答的问题,因为这些问题的本质是本次疫情还会以什么样的方式演化发展,而现在做准确的判断还有困难。

(一)本次疫情持续时间的判断

疫情的持续时间是对服务业以及经济影响的关键变量,因为只有疫情结束,居民才能恢复正常工作生活。一般而言,疫情持续的时间越长,对居民工作生活影响越大,因而对服务业和经济的影响程度就越大,而疫情持续时间的长短既与新冠病毒的特性有关,也与当前的防治方式、诊疗技术、药物设备状况等密切相关。

导致本次疫情的新冠病毒是一种新型病毒,人们对其的认知有限,仍在不断研究认知过程中,目前并无治疗的特别有效药物和治疗方案,而是要在这段时间防治实践中不断总结,例如国家卫生健康委员会已经发布了第7版的诊治方案,3月2日上海新冠病毒防治专家组发布了诊治的"上海方案"等,这说明医学界、药学界等都在积极努力工作与研究,希望能够打赢这场战"疫"。从3月初疫情防控状况以及疫情防治趋势来看,应该说全国各省区市疫情防控已经取得了阶段性的胜利,新确诊病例除湖北武汉外,大幅度下降,许多省区市已经多日降至为零。

如果以1月23日作为第一个时间点,那么此日之前还是以武汉为主防控的区域疫情发展蔓延的阶段,此日之后,特别是明确新冠病毒人传人之后,各地开始采取严格防治措施,其间恰逢春节时期,全国居民开始不外出、不聚会,居家抗疫,企事业也停工停产。随着疫情的发展变化,大部分省区市采取如此严格措施直至2月23日,虽然在此期间也有部分省区市部分企事业开始复工,但还是可以说1月23日至2月23日这个月是全国居民居家抗疫的一个月,也是企业尤其是服务业企业关门歇业的

一个月。从2月24日开始,全国复工企业增加,居民开始返回工作岗位。根据乐观的估计除湖北武汉外,4月底国内疫情大致可以结束;稍微保守一点来看,国内疫情到5月底可以结束。

如果将1月23日和2月23日作为一个节点的话,本次疫情可以分三个阶段:第一阶段即1月23日前,此为武汉和湖北其他地区等局部地区疫情暴发与蔓延阶段;第二阶段即1月23日至2月23日,为全国疫情蔓延,各省区市开始严防,疫情先扩散后逐步得到控制的阶段;第三阶段是2月24日开始大规模复工上班直至人们恢复正常工作生活的阶段,即疫情最终得到控制的阶段,这个阶段估计需要1~3个月,即2020年5月底国内疫情应该可以结束。

(二) 疫情对服务业影响程度判断

本次疫情对服务业有很大的影响,但具体对不同类别服务业以及不同的细分服务业行业的影响十分不同。对消费性服务业的影响是直接影响,因为居民居家不外出、不聚集,大规模减少了消费服务,直接导致了这些服务提供商的生产经营减少甚至歇业。对生产服务业则是间接影响,由于居民居家不外出、不聚集,既减少了消费工业品消费,同时因为居家不能去制造业企业工作,导致制造业企业减少生产甚至停工,这样为制造业服务的生产服务业也就不得不减少服务甚至歇业,当然生产服务业企业的员工居家抗疫了,实际上也只能停工歇业。

按照受疫情影响程度不同,我们可以把消费服务业的细分行业分成四大类。

第一类是受影响严重的行业,即在前文疫情防控的第二阶段中,几乎有70%及以上营业额的损失,例如:旅游观光业、餐饮服务业、酒店业、演出展览业、车辆出行服务业、理发美容业、家政服务业、房产中介服务等。例如,对于此次疫情将会对国内旅游业带来的影响,中国旅游研究院做了测算,预计2020年第一季度及全年,国内旅游人次分别负增长56%和15.5%,全年同比减少9.32亿人次;国内旅游收入分别负增长69%和20.6%,全年减收1.18万亿元。又如2月12日,中国烹饪协会发布《2020年新冠肺炎疫情对中国餐饮业影响报告》显示,2020年春节假期7天内,新冠肺炎疫情已对餐饮行业零售额造成了5 000亿元左右的损失,93%的餐饮企业都选择了关闭门店。

第二类是受影响一般的行业,即在前文疫情防控第二阶段中,几乎有50%左右营业额的损失,例如:物流配送业、法律服务、铁路交通服务、航空出行服务、零售业等。据估计此次疫情防控主要措施始于1月21日后,此后春运客流量开始走低,春节期间客流量大幅减少,民航铁路单日客流量都出现了同比80%以上的跌幅。春运前30日(1月10日—2月8日),全国共发送旅客13.5亿人次,同比下降40%。其中:铁路同比下降32.9%,航空下降33.1%,公路下降41.2%。除夕以来,整体、铁路、航空、公路客运量分别同比下降78%、77%、67%、79%。

第三类是受影响微小的行业,即在前文疫情防控第二阶段中,几乎有20%左右营业额的损失,例如:金融保险服务业、咨询中介服务、水电煤服务业等。这些行业基本不受损失,或较少损失,例如水电煤服务业还是受到影响的,因为工业生产的需求在 2 月份有下降,居民需求则基本不降。

第四类是基本不受影响或获得发展空间的行业,即在前文疫情防控第二阶段中,几乎没有营业额的损失,甚至还有不同程度增加,例如:通信服务、网络服务、有线电视服务业、网上教育、数据服务业、网上游戏业等。亿邦动力研究院 2020 年 2 月 20 日发布报告称,对近 200 家企业进行调研后发现,从各大网络零售平台的情况来看,物流配送及供应链恢复决定了交易额的涨跌,而与之形成对比的是,微信小程序商城交易则增长较快。

(三) 疫情对服务业的总体影响估计

根据国家统计局 2020 年 2 月 28 日正式公布的《2019 年国民经济和社会发展统计公报》,2019 年全年国内生产总值 990 865 亿元,比上年增长 6.1%。其中,第一产业增加值 70 467 亿元,增长 3.1%;第二产业增加值 386 165 亿元,增长 5.7%;第三产业增加值 534 233 亿元,增长 6.9%。第一产业增加值占国内生产总值比重为 7.1%,第二产业增加值比重为 39.0%,第三产业增加值比重为 53.9%。为简便起算,2019 年我国 GDP 总量约 100 万亿元,其中第三产业增加值为 53.4 万亿元,如果假设每个月第三产业增加值一样,那么 2019 年每个月第三产业即服务业增加值为 4.45 万亿元。如果以 2019 年第三产业增加值作为 2020 年第三产业全年增加值的基数,并以此判断本次疫情导致的服务业受损状况,我们需要估计的是疫情三个阶段分别可能的损失,加起来就是疫情导致的总损失。

由于本次疫情的第一阶段仅仅是武汉和湖北其他地区局部疫情暴发,对全国服务业及其细分行业影响面不大,第二阶段的上半段是春节假期(假期延长),所以服务业细分行业平均总体受影响可能高达 90%,下半段疫情逐步好转,但防控比较严格,复工开业也逐步开始,所以细分行业总体受影响程度为 70%,平均大概为 80%。第三阶段是 3 月初开始的阶段,乐观估计需要 1~3 个月才能结束疫情,由于复工以及居民生活的逐步正常化,估计这个阶段服务业细分行业受影响程度平均大致为 20%。考虑到我国大部分制造业有相当一段时间也没有开工复产,影响了生产性服务业正常经营。而某些服务业在抗击疫情过程中发挥了特殊作用,不仅没有受到损失还有增长,这样的话,可以得到本次疫情对第三产业即服务业的影响为 2019 年 1 个月的服务业增加值 4.5 万亿元略少些,可能要达到 4 万亿元。这是一个不小的数字。

假设 2020 年没有此次疫情,我国经济发展一切正常,那么应该有 6% 的 GDP 增长,换句话说,到 2020 年末我国 GDP 总量应该是 106 万亿元,但疫情导致了约 4 万亿元的损失,假设疫情之后服务业恢复得比较好,那么估计今年的经济增长率应该可以达到 2%~3%,如果是这样,依然是一个非常了不起的成绩。以上只是一个粗略的估计,并不十分准确。

三、稳服务业稳就业促增长的对策

如果本次疫情从开始到结束,乐观地说,整体经济总计损失5万亿元(前文我们估计服务业损失4万亿元),那也是一个巨大的数字,对2020年全年经济增长和产业发展影响是巨大的。因此当前当然要全力抗击疫情,争取尽早结束疫情,同时还必须考虑尽量减少经济损失,稳定经济大局,稳定社会发展。怎么办?从战略上看,稳住服务业,稳住服务业的中小微企业和稳住服务业的就业人口,稳住了消费,就稳住了2020年中国经济大局。

(一)应急政策设计的基本逻辑

到3月初为止,从中央到地方,各级政府与部门都出台了一系列的抗击疫情稳定经济的政策,其中最为主要的是扶持中小企业的应急政策,因为疫情及其发展首先影响中小微企业的生存与发展,进而影响经济大局。如央行、商务部、国税总局等部门出台的应急政策,北京出台的抗击疫情扶植企业的"若干措施";上海于2020年2月8日发布了支持服务业的"二十八条";广东出台的"十项措施",福建出台了稳定经济支持企业的"十二大举措";苏州在疫情开始就出台政策给予中小企业一定的支撑性帮助等。

通过对这些政策的梳理归纳,目前的政策主要有以下四个方面:(1)金融支持:如银行贷款的展期和延期,新增急需的银行贷款,贷款利率下浮。(2)税收减免:如小规模纳税人增值税减免,生活服务业增值税免征,所得税减免;特别对企业慈善捐赠可全部在税前列支。对企业今年形成亏损的消化年限,可从5年拉长到8年;减免职工社会保险金。(3)财政补贴:小微企业贷款的财政贴息,国有资产租金的减免,对其他投资者参照国有资产减免客户租金的,房产租赁税参照减免,降低电价、气价。(4)对个体工商户的扶持措施,等等。总体看,这些政策基本上都是为企业解决资金困难、降低经营负担,稳定企业生存的政策,从金融、财政、税收等多个方面出击,形成"组合拳"。应该说这些政策出台,受到了广大中小微企业的欢迎,尤其增进了服务业企业战胜困难的实力和信心,为这些中小微企业自救提供了良好的政策和未来向好的预期。

但这些针对企业的扶持政策实际上针对的是服务供给,而不是针对服务需求。现实的情况是服务业目前真正缺乏的是居民消费,缺乏服务产品的购买。总体来说,没有疫情的尽快结束,尽快恢复人们工作生活,尽快恢复服务需求的话,服务业中小微企业尽快恢复正常营运是不可能的。从稳住服务业稳定经济增长出发,政府设计出台应急政策的基本逻辑是:第一,短期内先稳住服务业中的大量的中小企业,使之可以短期歇业但坚持不破产,因为这些企业抗风险能力差,一两个月没有客户、没有生意就可能要关门歇业。第二,确保没有大规模的服务业就业人口的失业,同时减少企业的人工成本。第三,从较长期来看,刺激居民消费增长(其中包括服务品消费与工业品消费),虽然消费增长关键是疫情的结束,但在抗击疫情的第三阶段即3月初就可以有一些刺激消费的政策出台。第四,鼓励中小微企业积极应对,创新经营模式,拓展业务空间,实现自救,先生存后发展。

(二)进一步稳住服务业的政府对策

1. 服务业生态圈、产业价值链维护性恢复与发展

服务业虽然处在全产业链的下游,基本属于最终消费领域,但服务业的状况其实与服务业各个细分行业的协同生态圈以及服务业的上游相关产业如各类制造业密切相关。例如,旅游观光业的状况不仅仅是景点的状况,而是还与介入旅游生态圈的餐饮、住宿、娱乐、纪念品、交通、通信、导游、票务、购物等服务行业的整体状况有关,因此不能说疫情结束景点开放了,旅游业就恢复了。支持旅行社、景区的政策固然很重要,但没有对旅游服务业的整个生态圈进行整体性扶持与支持的话,要恢复甚至发展旅游业可能费时很长。旅游业如此,其他诸如餐饮业、酒店业、车辆出行服务、航空服务、生产服务等都是如此。此外,服务业的恢复与发展还有赖其产业链的上游产业状况,如制造业恢复的状况,例如生产性服务业是与制造业密切相关的产业,制造业因为疫情导致停产或开工不足,生产性服务业就有问题。因此,需要从服务业细分行业的生态圈、以及服务业全产业价值链角度考虑执行现有的政策或调整现有的应急政策。

2. 进行临时失业救济,稳定失业人口基本生活

服务业吸纳了大量的就业人口,服务业又是以中小微企业为主,通常会雇佣许多临时工或钟点工,例如家政服务业就非常典型,疫情发生时,家政人员几乎全体失业,没有任何收入,如果疫情还在持续,家政服务人员的生活就成为问题。家政行业如此,其他许多服务业行业如旅游、餐饮、美容美发、车辆出行服务等等也是如此,因此建议出台临时失业救济政策,按照这些服务业从业人员过去缴过社会保险的记录,给予1~2个月的生活救济,具体发放数量则可以参考当地最低月工资收入标准。对许多服务业的从业人员实际上的临时失业进行救助,一方面可以稳定他们的生活;另一方面,也是帮助这些中小微企业减低固定成本,同时也可以增加一些消费。

3. 出台应急性刺激消费稳定服务业政策

3月初疫情得到缓解,企事业开始复工,但还需要非常小心防控,以免大意失荆州,所以人们对服务需求量还不是很大,存在结构性的变化,例如自带饭、吃盒饭,旅游、酒店基本免了,等等。为了尽快稳定服务业进而稳定经济,可以先通过出台一些刺激消费的政策来恢复消费品制造业生产经营,如可以恢复新能源汽车的购车补贴,下调、减免房产购置税,下调消费信贷利率,家用电器下乡,以旧换新,等等,这些消费主要一次性进行,也容易进行人员隔离。此类大宗居民消费起来后,相关制造业生产能力的恢复就得到了保障。而制造业的恢复,一方面可以带动生产服务业的恢复,并逐步带动消费服务业的增长;另一方面,可以尽快重新加入全球分工体系,以确保我国制造业在全球产业链上的位置,因为我国制造业已经是全球产业价值链上的关键一环,如果由于疫情问题,制造业生产长期不恢复,那么产业链上其他国家相关产业与企业肯定不能长期停工待产,如此可能会重构自己的产业链。

4. 发挥应急领导机制,对服务行业进行有效协助

一般意义上说,服务业支持政策有了,并不表示大量的服务行业的中小企业发展就稳定了,服务业就稳定了,因为居民们的有些服务需求是可以替代的,如餐饮;有些服务需求暂时不是必需的,如旅游;有些服务需求是必需的,如水电煤、生活物资供应等。为此,政策执行者需要有针对具体不同行业的应急政策操作方案,尤其要积极主动协助解决不同行业中小服务企业的困难,提供应急政策的咨询、帮助。然而不同的服务行业分属不同的部门领导,如许多消费服务行业由商务厅分管,而生产性服务业则属经信委,税收、人力资源、失业救济等都由不同机构分管,等等,为此建议成立一个临时的稳定服务业发展的应急领导机构进行统一指挥有效协助,帮助服务行业的中小企业渡过难关。

(三) 服务业中小微企业应急自救对策

本次疫情及其发展对服务业企业而言是一次突发性的企业外部性危机,应对这样的突发性灾难,服务业企业应该怎么办?这就是在考验服务业企业是否有危机意识,是否有良好应对外部危机与自身危机的管理体系和策略。因此,尽管政府已经出台了许多扶持政策,但广大服务业企业时下不能坐等救援,而是应该生产自救,先谋生存后谋发展。

1. 需要认真研判疫情变化趋势对经济与产业的直接影响

目前来看,一方面疫情已经有所缓解,复工复产已经开始,人们逐步开始进入比较正常的工作生活,因此也会开始逐步增加对服务业的需求,服务业最困难的时刻已经过去,前景应该是光明的。另一方面,经济与产业的整体性状况还会有一定的起伏,特别是目前海外国家与地区疫情的加剧,这样必然影响全球市场变化、影响全球资本市场,3月初开始欧美国家证券市场的波动已经说明问题。但要注意判断究竟是短期影响还是长期影响,我们希望本次疫情不改变中国经济长期向好的趋势,但企业必须有短期变坏的应对策略。

2. 研究市场变化,调整经营策略

可以预计整个消费市场、消费服务市场可能会有相当一段时间的低迷,即便疫情得到很快的抑制(我们希望如此),但受过疫情创伤的人们在心理上适应正常生产生活,也可能需要一段时间,估计完全恢复正常要到今年的6月。为此在这一段时期中,中小微企业应当进行适当的战略调整、开展生产经营调整、人力资源应对、资本策略等危机应对,其中重要的是保证资金链的安全,必要时临时性歇业也是可以采

取的策略,目的是消除或降低疫情危机所带来的损失而进行自救,先生存下去然后再谋求发展。

3. 开动脑筋,进行业务与服务产品的改进,以适应需求的变化

服务业企业要认真研究居民服务消费需求的变化、实现消费的方式,从而进行服务业务与服务产品的改进与创新,例如:从集中未隔离式生产与服务调整为分散隔离式生产与服务,如餐厅设置隔离式就餐位,美容美发设置隔离式服务,快递进行无接触配送等。有些服务从互联网线下的服务调整为互联网线上服务加配送,如外卖等。调整或延期正在投资的项目以观察未来市场变化以及保护资金链的安全;稳定现有的企业服务生态圈及产业链上下游合作关系或开展更好的战略联盟以共渡难关等。

4. 利用疫情导致的经营闲暇,学习提高经营管理水平

大量的中小微服务业企业一方面体量小、抗风险能力差;另一方面,总体服务水平、服务产品的品质有待提高,总体上与人民追求美好生活的要求还有差距。为此,练好企业内功,增强企业生产经营能力,提高服务水平本来就是广大中小微企业生存发展的必要,因此利用疫情导致的经营闲暇,努力学习知识提高经营能力,分析企业现存问题与原因,进行针对性的研究与改进,以利再战,才是正确的选择。未来服务产业发展、服务产品市场发展的机会,都是为那些早有准备的且有竞争力的企业而准备的。

四、结语

2020年新型冠状病毒导致的突发性疫情使我国正常的社会、经济、等活动被打断。防治疫情成为当前最重要的工作,但同时又不得不考虑尽量减少经济损失,稳定经济大局,稳定社会发展,为2020全年经济增长奠定基础。由于服务业已经是我国经济贡献最主要的产业门类,怎么样才能稳住服务业,稳住服务业的就业人口,进而稳定经济谋求更好增长? 这就成为时下最重大的问题。

针对此问题,需要两个方面共同努力:一方面是政府给出合适的一揽子有针对性的应急政策,既需要有针对服务业中小微企业的临时性扶持政策,也需要有刺激居民消费的政策以促进消费带动服务业、制造业的恢复;此外,救助临时失业的服务业从业人员,使之生活有着落有保障。另一方面,服务业企业尤其是中小微企业不能坐等救助,而是主要依靠自己进行自救。在保障资金链安全的前提下,努力学习知识提高经营能力,分析市场需求变化,进行业务调整和产品创新,开拓服务业新市场,先谋生存后谋发展。可以这么说:作为整体经济基石的广大服务业企业如果应对此次危机得当,在政府正确的领导下,服务业短期就可以稳住,甚至未来发展可期。

(芮明杰,复旦大学管理学院教授)

参考文献

[1]《1月整体销量掉两成 疫情对汽车行业短期影响大于"非典"》,中国新闻周刊,2020年3月9日:http://auto.163.com/20/0309/08/F78UD9RI000884MM.html。

[2]《2019年春节假期全国旅游接待总人数4.15亿人次》,新华网,2019年2月10日:http://www.xinhuanet.com/2019-02/10/c_1124096886.htm。

[3] 国家统计局:《中华人民共和国2019年国民经济和社会发展统计公报》,2020年2月28日。

[4] 李绍明:《疫情冲击下我国消费市场趋势和商贸企业对策分析》,"长江产经智库"公众号,2020年2月27日。

[5] 芮明杰:《产业经济学》(第三版),上海财经大学出版社,2016年。

[6] 芮明杰:《疫情对经济影响多大?稳住服务业就稳住了增长》,澎湃新闻,2020年2月5日:https://www.thepaper.cn/newsDetail_forward_5799968。

[7] 芮明杰:《疫情就是"黑天鹅",企业需要做四件事》,澎湃新闻,2020年2月7日:https://www.thepaper.cn/newsDetail_forward_5839642。

[8] 芮明杰、王小沙:《2018中国产业发展年度分析报告——多边贸易的视角》,上海财经大学出版社,2019年。

[9]《受疫情影响 旅游业是减收最大的行业之一》,中国新闻网,2020年3月1日:https://travel.163.com/20/0301/08/F6KBQQ0F00068AIR.html。

[10] 王方华、席酉民:《逆势突围:56位管理学家建言》,中国人民大学出版社,2020年。

[11]《新冠肺炎疫情对交通运输行业影响分析》,中研网,2020年2月19日:http://www.chinairn.com/hyzx/20200219/163714275.shtml。

[12] 亿邦动力研究院:《2020春节疫情期间网络零售研究快报》,2020年2月23日:http://www.199it.com/archives/1011807.html。

[13]《中烹协发布新冠肺炎疫情对餐饮业影响报告:超九成餐企表示外卖平台费率未降》,凤凰网财经,2020年2月12日:https://finance.ifeng.com/c/7u0eidc4XYe。

[14] 朱民:《预计1—2月疫情对消费总影响为1.3万亿元 要以十倍努力推动经济反弹》,网易研究局,2020年2月24日:https://t.qianzhan.com/daka/detail/200224-955463e9.html。

[15] 祝坤福、汪寿阳等:《新冠肺炎疫情对全球生产体系的冲击和我国产业链加速外移的风险分析》,《中国科学院院刊》,2020年第3期。

第 8 章　新冠肺炎疫情对物流业的影响及应对*

新冠肺炎疫情的发生给平稳有序发展的中国经济按上了暂停键,原本应为新春佳节到来而异常繁荣的消费陷入低迷,经济活动几近停摆。

"一方有难,八方支援",在党中央的统一领导下,全国各地迅速向湖北各地,尤其是武汉地区派遣抗疫人员、提供医疗物资和市民日常生活保障物资,充分发挥了中国特有的政治体制优势,集中力量、统筹资源,经过不懈努力,终于有效遏制了疫情蔓延,社会逐渐步入稳定,企业有序复工复产,经济开始恢复发展。

物流业作为整合运输、仓储、加工、配送、货代、信息等产业而形成的跨行业、跨部门、跨区域、渗透性强的复合型产业,也是支撑国民经济发展的基础性、战略性产业,在这场历史性大考中的突出贡献有目共睹。但也应该看到,在整个应对过程中暴露出来的问题和短板也十分明显,亟待补齐。

随着"后疫情时代"即将来临,此时系统剖析并科学研判疫情对物流业的影响,据此提出相应的对策与建议,对促进我国物流业健康发展很有必要,意义重大。

一、影响分析

物流是现代服务业的重要组成部分,物流与经济有相互影响相互支撑的关系。为了分析疫情对经济的影响,我们构建 E-L 模型(图 8-1)如下。

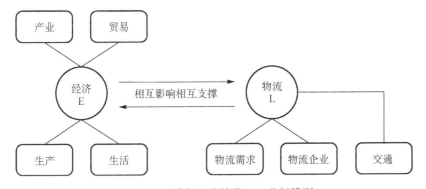

图 8-1　经济与物流简易 E-L 分析模型

---

* 本研究受国家自然科学基金委重点项目 (71531005) 资助。

此次疫情,按照《新型冠状病毒肺炎诊疗方案(试行第八版)》,已纳入《中华人民共和国传染病防治法》规定的乙类传染病,按甲类传染病管理,其流行病学特点是:

(1) 传染源。

传染源主要是新型冠状病毒感染的患者和无症状感染者,在潜伏期即有传染性,发病后5天内传染性较强。

(2) 传播途径。

经呼吸道飞沫和密切接触传播是主要的传播途径。接触病毒污染的物品也可造成感染。

在相对封闭的环境中长时间暴露于高浓度气溶胶情况下存在经气溶胶传播的可能。

由于在粪便、尿液中可分离到新型冠状病毒,应注意其对环境污染造成接触传播或气溶胶传播。

(3) 易感人群。

人群普遍易感。感染后或接种新型冠状病毒疫苗后可获得一定的免疫力,但持续时间尚不明确。

因此,疫情对需要人直接提供服务的物流业的影响是显而易见的。

(一) 短期影响

短期看,根据E-L模型(图8-2),疫情对经济及物流发展的影响,体现在生产与生活两个维度,疫情对物流的影响则体现在物流需求、物流企业和交通三个维度。下面,我们分别从这五个维度进行分析。

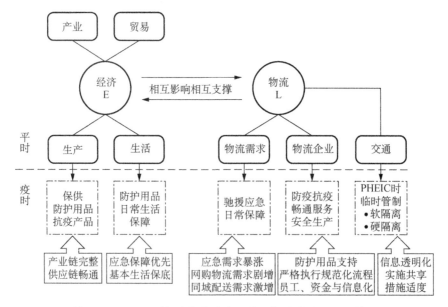

图8-2 PHEIC对经济与物流发展的短期影响分析E-L模型

1. 生产

疫情期间的生产主要以保供防护用品与抗疫产品的生产为主,以保障民生日常基本生活需要的产品为辅,关键是需要确保产业链上下游完整、供应链上下游畅通,三个基础环节(疫时的入厂物流、疫时的厂内生产、疫时的出厂物流)的安全、稳定与正常。

(1) 主要风险是:新冠肺炎密切接触者或无症状感染者进入生产或者物流的现场导致生产或物流中断,产业链上供应链中断等。

(2) 主要影响是:由于防护用品与临时抗疫团队的投入导致生产成本的增加,由于某些产业链上供应链的中断导致生产暂时受阻或成本急剧上升等。

2. 生活

此次新冠肺炎按甲类传染病进行管理。疫情期间,虽以前方应急生活物资保障优先,但也要以居民基本生活物资保障为基础。日常防护与消毒产品的匮乏和应急物资保障管理体制的滞后,一度让物流配送成为舆情的热点。但期间兴起的另一项消费——网上购物异军突起,对比2019年与2020年春节法定假日期间的消费数据发现,疫情改变了生活消费方式,延后了某些项目的消费时间,但没有消除个人的消费需求。

(1) 主要风险是:新冠肺炎密切接触者或无症状感染者无限制流动导致的疫情扩散的风险;局地生活物资必需品等供应链中断导致供需无法实现有效对接。

(2) 主要影响是:正常消费需求暂时受到极度的抑制,服务供给方短期损失巨大;局地供应链中断导致农产果蔬等新鲜产品期内不能实现供需有效匹配,进而导致供需双方均蒙受巨大损失。

3. 物流需求

应急救援物流系统是一个复杂的大系统,需要统筹部署与协同运作。主要物流需求包括但不限于以下四大类:(1)救灾驰援专用物资应急物流需求;(2)防疫抗疫救灾等专用应急物资生产而产生的原材料采购、运输、仓储、转运以及产成品运输、配送等物流需求;(3)基本民生保障生活物资物流需求,尤其是同城配等物流需求;(4)居民宅家为抗疫准备而网购的防护消毒等用品以及其他必需品的快递与落地配等物流需求等。

疫情下的物流需求具有典型的应急救援特色,但保障与满足基本的正常生活物流需求也是维护社会稳定、夺取抗疫总体战胜利的重要保障。

(1) 主要风险是:大规模短时期突然爆发的应急救援物流需求与有效的物流服务供给不匹配导致应急物流系统失效。

(2) 主要影响是:应急救援物流系统暂时失效;民生物流系统不畅或受阻中断。

4. 物流企业

如果说物流是社会经济的血液,那么物流企业就是血液中的红细胞。疫情期间,物流企业的开工复工需要迈过"三道坎":(1)员工坎,企业需要解决的员工返岗、满岗以及上岗中的安全防护等问题;(2)资金坎,企业需要解决的可持续使用的资金、现金问题;(3)信息化坎,企业的信息化技术是否能够达到或满足疫情防控环境下的信息交互的问题。

(1) 主要风险是:员工与资金问题导致企业开工复工难度增大,企业信息化水平低将直接影响其参与疫时物流大系统运作的程度,停运停产导致企业现金流枯竭。

(2) 主要影响是:疫情期间,由于停运停产对物流企业的现金流和短期利润造成重大影响;当疫情结束后,一方面,物流企业的运营将更加规范,建立应急运作方案,并进行相应的资源配置;另一方面,物流企业必将更加重视其自身信息化建设方面的投入。

5. 交通

与战时或大型自然灾害对交通基础设施的破坏导致交通被迫硬中断不同,疫情期间多数情况下是因切断传播途径需要对交通进行必要的管制而导致的软中断。以抗疫为名,采取"一刀切"的方式实行鲁莽的硬阻断,其实是懒政惰政行为。货畅其流是防疫抗疫的需要,也是民生保障的需要。

(1) 主要风险是:人为硬阻断导致交通不畅。

(2) 主要影响是:供应链被迫中断。

总而言之,短期看,疫情对物流的影响可以概括如下。

(1) 生产上因需求改变会得以暂时调整;生活虽然因疫情防控,诸多正常需求会暂时受到抑制,但网上购物消费异军突起,民生物流需求始终是物流企业生存与发展之根基。

(2) 应急物流需求会暴增,符合疫情环境下运营的物流企业将发挥重大作用,但迈不过"三大坎"尤其是前两大坎(员工坎、资金坎)的企业迟早会被淘汰。

(3) 疫情期间,交通需要采取与战时或大型自然灾害不同的管控措施,不要人为硬阻断。需要特别关注短期大量中小微企业(不仅仅是物流企业)长时间不能开工复工甚至倒闭而可能导致的社会问题,因为疫情对他们的现金流以及短期利润的影响非常大。

(4) 疫情结束后,如何提振消费者信心,加快促进消费发展,以及疫情期间民生物流如何有效保障等问题尤其值得高度关注和专题深入探讨。

(二) 长期影响

要了解疫情对物流的长期影响,需要先了解疫情是否对经济发展的根基造成破坏,可以从两个方面进行分析:经济体的产业与贸易的总体结构与格局是否发生系统性大面积崩塌式改变;疫情持续时间长短与影响范围的大小。为此,我们构建 E-L 分析模型(图8-3)。

第 8 章 新冠肺炎疫情对物流业的影响及应对

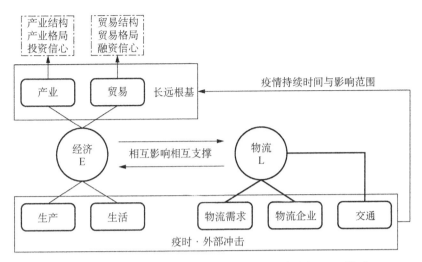

图 8-3　PHEIC 对经济与物流发展的长期影响分析 E-L 模型

根据 2019 年 10 月 30 日国家发改委员发布的《产业结构调整指导目录(2019 年本)》,国家鼓励类产业共有 47 项(共计 821 子项),这是中国经济之根基与柱石(表 8-1)。

表 8-1　《产业结构调整指导目录(2019 年本)》(鼓励类明细)

鼓励类
农林业(57)　水利(25)　煤炭(18)　电力(28)　新能源(16)　核能(13)　石油天然气(10)　钢铁(13)　有色金属(6)　黄金(3)　石油化工(17)　建材(14)　医药(6)　机械(63)　城市轨道交通装备(10)　汽车(7)　船舶(15)　航空航天(17)　轻工(32)　纺织(13)　建筑(13)　城镇基础设施(26)　铁路(18)　公路及交通运输(含城市客运)(20)　水运(15)　航空运输(7)　综合运输(8)　信息产业(51)　现代物流业(10)　金融服务业(14)　科技服务业(16)　商务服务业(8)　商贸服务业(9)　旅游业(2)　邮政业(9)　教育(4)　卫生健康(8)　文化(9)　体育(11)　养老托育服务(17)　家政(6)　其他服务业(14)　环境保护与资源节约综合利用(45)　公共安全与应急产品(69)　民爆产品(7)　人力资源与人力资本服务业(7)　人工智能(15)

当前,国内有序复工且经济回暖,但国际贸易的顺利展开与国际供应链的畅通还存在较大变数,深度的企业调研访谈难以进行,资料收集与交流受限,我们主要采用定性分析的方法分析疫情对经济与物流的长期影响,效果留待时间去检验。

基于对物流、经济相互关系及其发展规律的分析研究和对传染病流行规律的认知程度,关于疫情对经济与物流的长期影响,我们有如下四个基本观点。

观点 1:长期看,经济持续稳定增长的发展态势不会改变,伴随的物流业的增长趋势也不会改变。

最近,有较多机构针对疫情对我国经济的影响进行了分析与预测,然而绝大多数依据的是零售餐饮、电影娱乐、交通旅游、地产及网上购物等短期受疫情冲击较大的行业数据进行对比分析,或依据 2003 年暴发的非典疫情对经济的影响进行类推。

通过分析发现：这些研究报告在分析的过程中都没有考虑经济体中产业与贸易的结构和投资者信心对经济持续发展的影响。事实上，国家 GDP 核算统计数据显示，与终端消费比，产业与贸易投资增加值才是经济增长的重头戏。由表 8-1 可以看出，受疫情影响的产业主要有 6 个，在鼓励类产业中占比仅为 0.7%。只要这些核心支柱产业以及国内外贸易的结构不发生系统性崩塌，我国经济持续稳定增长的态势就不会改变。相反，随着我们的产业与贸易结构调整向高质量方向持续发展，我国经济的韧性将会越来越强、增长潜力越来越大。

商务部于 2 月 17 日公布的数据进一步显示：我国实际使用外资保持稳定增长，高技术产业吸收外资继续保持较高增幅，主要投资来源地投资增长平稳。这些都充分反映了投资者对中国未来经济的坚定信心。

总之，物流服务于经济，只要经济向前发展的势头不变，物流业向前发展的势头也不会改变。

观点 2：经济与物流所受疫情影响的程度与疫情持续时间以及波及范围紧密相关。

根据新冠肺炎流行病学特征，有效遏制其蔓延最重要的举措是切断传播途径并且保护易感人群。

（1）应对疫情，措施越果断，执行越严格，效果就越明显。为了应对此次突然而来的疫情，全国 31 个省区市先后启动了重大突发公共卫生事件一级响应，武汉更是以极大的自我牺牲精神进行"封城"，尽最大可能把潜在的传染源固封于武汉，全国其他地区也尽量限制人群流动，事实证明这些举措非常有效，为我国和国际社会打好疫情阻击战赢得了宝贵的时间与足够的空间。

截至 3 月 23 日，共有 26 个省区市将一级响应下调，疫情形势逐步好转，取得战胜新冠肺炎疫情阶段性胜利指日可待。但是境外形势不容乐观，需要严守国门，同时也应积极参与域外抗疫，只有当全球消除了疫情警戒，才可以称之为最后的胜利。因为这不仅仅展现了负责任大国的担当，践行人类命运共同体理念，而且只有到那时，人才能够尽情旅游并放心消费、货才可以自由贸易并畅通全球，世界经济持续发展之马达得以重启和加速。

（2）及时恢复生产，安排越细致、预案越充分，复工越安全，疫情对经济的影响就越小。根据流行病学特点，关键是做好预防的三个关键点：控制传染源，切断传播途径，保护易感人群。新冠肺炎流行病学特征迄今已经更新到第八版，除诊疗方案和感染者病理特征有更新外，对上述三个关键点更新不大，反映了此次疫情还是遵循这三个规律，针对性的做好防控，逐步有序复工是安全的，也是非常必要的。

各行各业可以根据自身实际情况组建疫情防控小组，严格按照最新《新型冠状病毒肺炎诊疗方案》制定员工返岗上岗操作指引，确保员工健康上岗；工作场所按照防控要求消毒，确保工作环境安全；制定疫情防控预案并开展针对性演习，只要管理措施得当，执行有力，复工安全是可以得到保障的，毕竟复工复产才可以有效止损。

（3）疫情持续时间越短、波及范围越小,对经济发展的影响就越有限,正常生产的空间就越大、正常生活的时间就越早,疫情对经济的影响就越有限。

我们必须清醒地看到,经济全球化带来的是产业链与供应链的全球化。目前,国外的情况不容乐观,我们的国际贸易及其供应链仍将受到较大的制约,这也会不同程度地影响国内经济的全面恢复与稳定发展。将我们抗疫的成功经验和必胜信心传递给那些需要的国家和人民,助力受疫情影响的国家早日取得战疫的胜利,既展现了中国风范,也协助全球经济的复苏,意义与价值都非常巨大。

观点3:无论是企业生产,还是日常生活,物流始终发挥着不可或缺的基础作用与不可替代的连接作用,生产复工需物流复工同步。

简单说,物流是完成供方与需方之间物的流动的各项服务。其一,有物流服务的需求才有物流服务的提供,这意味着物流服务其实是与生产和生活的需求同步。其二,与生活相关的快递物流相比,生产相关物流的年社会物流总量占比在八成以上,这部分物流企业也是企业生产得以正常复工复产的关键力量。

观点4:物流生态圈中,中小微型物流企业数量最多、抗风险能力最弱。

物流业是一个由众多物流企业以及为物流企业提供类似物流信息、物流技术、物流装备、金融、法务、税务等与物流直接或间接服务的相关企业组成的物流生态圈(如图8-4)。据不完全统计,截至2019年年末,41家上市公司、超过80万家物流企业、超过1 100万车辆以及超过3 000万货车司机,组成了这个生态圈的核心层。

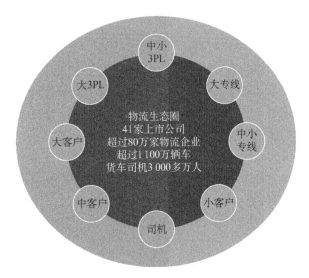

图8-4 物流生态圈概貌

在这个物流生态圈中,绝大多数企业都是中小微型企业和个体户。疫情期间,物流生态圈中的大量中小微型企业和个体户处于待工乃至暂时失业状态,如果持续时间较长他们的压力就会增大,乃至出现破产风险。

总之,长期看,疫情对物流的影响可以概括为以下几点。

(1) 疫情对我国产业及贸易总体的结构影响不大,我国经济长期稳定向好增长的态势不会改变,伴随着经济发展而发展的物流长期稳定向好增长的态势也不会改变;

(2) 但其受疫情影响的程度与疫情持续时间以及疫情波及范围紧密相关,在国内疫情近期有望取得全面胜利之际,境外疫情的影响的不确定性增大,我们非常有必要将抗疫经验和必胜信心传递给需要帮助的国家。下一阶段战"疫"重点将从严防输出、聚力境内歼灭阶段转变成严防输入、助力境外歼灭阶段。

(3) 越早采取有力措施,越早遏制住疫情蔓延的趋势,就能为越早有序复工复产复市创造有利的条件,也就能越早止住疫情对经济的负面影响,有序的复工复产复市需要安全稳定可靠有效的物流的支撑。

(4) 中小微型物流企业数量多,抗风险能力弱,需要引起有关管理部门高度的关注。长期看,加入有组织有能力的平台或者创新发展模式是这些企业赖以生存的不二选择,平台型物流企业将迎来新的发展机遇期。可以说,疫情不会改变物流业总体长期稳定向好发展的趋势,改变的只是物流业的结构与格局。

二、应对分析

(一) 树立正确的思维观

为了有针对性地提出疫情对物流业影响的应对策略,我们需要具有系统思维观、长线思维观、科学思维观和底线思维观。

(1) 系统思维观。应急救灾物流与生产系统、全球贸易与物流以及供应链体系、疫情对经济与物流发展的影响等都是一个复杂的大系统,瞄准主要目标、抓住主要因素、找出主要矛盾,才能制定有效的策略。

(2) 长线思维观。即相信疫情的影响是暂时的,疫情冲击是有限,一旦制定了科学有效的策略就要坚定地执行。长远看,执行越有力效果越明显,忍受暂时的损失是为了长远与根本的利益。

(3) 科学思维观。相信科学、尊重规律是科学防疫抗疫和相关决策的基础和关键。

(4) 底线思维观。坚持以民众健康安全与民生基本保障为底线,既要有效地防疫抗疫,也要保障最基本的民生需求得到满足。

短期看局势,长期看趋势。结合我国物流产业自身的发展特征,疫情对物流业影响的应对分析框架与分析思路可以用如下图8-5进行概要描述。

首先,现阶段我国物流业发展的主要特征可以描述为:平台化规模日益扩大影响日益深远;供应链的思想及供应链管理的理念日益深入人心、实践日益广泛;企业

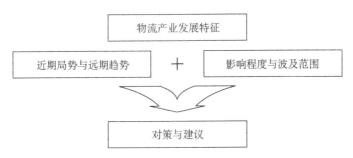

图 8-5 分析框架与分析思路简图

信息化的关注程度和投入持续增加；企业规范化发展、标准化运作已成主流。总体看，物流企业的社会责任强，全球化布局日趋完善，国际化运作日趋成熟老练；但是，物流业整体大而不强，行业市场集中度不高，中小微型物流企业数量占较大比例。此次疫情期间，那些平台型组织、国际化布局、信息化领先、规范化运作的物流企业发挥了中流砥柱作用就是最好的证明。

其次，从近期局势看，国内疫情蔓延势头得到有效遏制，生产生活逐步有序恢复至正常状态，但疫情防控工作没有松懈；国外形势与情况不容乐观，防控输入压力倍增，也已经成为当前及下一阶段防控的重点方向。从远期趋势看，疫情对我国产业结构与格局并未造成根本性影响，国际贸易尤其是"一带一路"沿线国家的贸易正在逐步恢复中，物流业长期向好发展的趋势不会改变，但物流的总体结构和整体格局会发生改变。

再次，从疫情影响的程度与范围看，短期内主要受疫情影响产业有 6 个，在鼓励类产业占比仅为 0.7%，不会对经济发展的基本面造成崩塌式影响。随着复工复产复市的有序展开，以及新一轮以 5G、人工智能、工业互联网与物联网为代表的万亿级新型基础设施建设的投入与展开，疫情对全年经济目标实现的影响基本有限，但由于境外疫情形势的不明朗，需要提前评估潜在的风险与可能的损失并且尽早拿出科学有效可行的应对方案。

最后，在物流生态圈中，中小微型物流企业数量众多、抗风险能力较弱，但它们构成了我国物流业的底部，值得夯实。

(二) 对策与建议

基于以上分析，我们提出如下的对策与建议。

1. 倡导物流企业自救强基

物流企业发展壮大得益于物流产业政策，但企业的生存与发展不能完全依赖于产业政策，需要通过不断地完善规范化管理与提升科学化治理水平，尤其是需要提升企业的现金流管理与企业资金配置水平，加入平台或自建平台，努力提升数字化与信息化能力，等等。

2. 引导物流企业规范发展

企业规范化发展不仅有利于提升物流业整体服务质量与整体服务水平，而且有利于政府的精准施策与分类管理，尤其在企业运作、税务、法务等方面强化规范化发展。例如，政府可以通过实施物流企业名牌化战略与企业诚信体系建设等途径，指导、引领与鼓励物流企业规范化发展。

3. 支持物流企业做好做强

物流产业作为我国基础性、战略性产业，国家与各地政府都非常重视，已经出台了非常多的支持政策与鼓励措施，当下需要进一步梳理、落实、细化已经出台的包含财税、金融等各方面在内的各种政策，鼓励各地搭建各类公共型或龙头企业牵头的区块链产业链与供应链金融融资服务平台，多渠道创新企业融资方式，创建公平有序的市场环境，鼓励支持企业创新创业与智慧化升级发展并且动态修订考评与评价体系，鼓励平台型、供应链型、全球化、国际化等类型物流企业做大、做强、做好、做精，针对受疫情影响的企业，制定可操作的相关税费减免政策，与企业共度时艰。

4. 构建综合应急保障体系

毋庸讳言，此次疫情的应急物流系统也暴露出了一些问题，例如：应急保障物资储备不足，尤其是重点卫生防疫物资，包括医用口罩、防护服、护目镜、医疗器械等严重不足，导致一段时间内防控物资供应十分紧张；应急物资生产滞后，应急物流运行不畅、跨区域跨部门调度协调难度大，中转仓的分发与配送效率低下，等等。疫情结束后，政府有关部门要着实加快建立分类应急物资综合保障与物资国家储备制度，建立应急物资生产供应体系与应急物流运输仓储与配送体系以及相应的控制与保障大数据平台，完善应急物资处理、协调与分配标准流程，完善相关应急法律法规建设，建立应急物流企业白名单制度，并将规范且规模化的物流企业纳入管理体系，切实提升应急物流服务能力。

三、总结

本章通过构建经济与物流之 E-L 模型分析了疫情对物流业的影响，包括短期影响与长期影响，结论如下：

结论 1：短期看，疫情对物流的影响猛烈但有限，尤其需要重点关注境外疫情的发展态势。

生产上因应急需求改变会暂时调整；生活虽然因疫情防控诸多因素会暂时受到抑制，但网上购物消费却异军突起，民生物流需求是物流企业生存与发展的基础。

应急物流需求会暴增，符合疫情环境下运作的物流企业将发挥重要作用，但迈不过"三大坎"尤其是前两大坎（员工坎、资金坎）的企业迟早会被淘汰。

总之，只要疫情控制措施得当、执行得力，持续时间不长，影响范围不大，疫情对经济与物流发展的影响有限。

结论2：长期看，疫情不会改变物流总体长期稳定向好发展的趋势，但会改变物流业结构与格局，战疫经验与必胜信心输出不仅有利于全球战疫，也有利于经济与物流长远发展。

长期看，疫情对我国产业及贸易总体的结构影响不大，我国经济长期稳定向好增长的态势不会改变，因此，伴随经济发展而发展的物流长期稳定向好增长的态势也不会改变。

在国内疫情近期有望取得全面胜利之际，境外疫情影响的不确定性增大。因此，下一阶段战疫重点将从严防输出、聚力境内歼灭阶段转变成严防输入、助力境外歼灭阶段。越早采取有力措施，越早遏制住疫情蔓延的趋势，就为越早有序复工复产复市创造有利的条件，也就能越早止住疫情对经济的负面的影响。

平台型物流企业将迎来新的发展机遇期，疫情不会改变物流业总体长期稳定发展的趋势，但会改变物流业结构与格局，疫后企业的管理更规范、治理更科学、成长更健壮。

最后，本章提出了倡导物流企业自救强基、引导物流企业规范发展、支持物流企业做好做强与构建综合应急保障体系等四个方面的建议。

（徐以汎，复旦大学管理学院教授；刘建林，复旦大学管理学院助理研究员）

第 9 章 新冠肺炎疫情对我国旅游业的全面冲击及应对策略

一、我国旅游业近年来的发展趋势与特征

（一）发展趋势

旅游业作为五大幸福产业之首，是满足人民群众日益增长的美好生活需要的重要手段，也是提高公共服务水平、推动文教资源均等化、加强文化交流的重要途径。近年来，我国旅游业的发展水平保持持续增长态势，旅游人数年均增速、旅游收入年均增速均高于同期 GDP 的年均增速，已经逐步成长为国民经济中的战略性支柱产业，吸纳就业人数超过全国总就业人口的十分之一。旅游业不仅是经济发展的新动力，还是涉及国计民生的稳定器，在扩大内需、刺激消费、增加就业、创新转型、乡村振兴、扶贫攻坚等方面具有不可比拟的优势。

近年来，我国旅游业的发展极具活力，尤其是在文旅融合的大政方针指导之下，"以文促旅、以旅彰文"，文化产业与旅游业协同发展，优势互补，带动相关产业和社会经济活动的全面发展，涌现出红色旅游、体育旅游、研学旅游、乡村旅游、康养旅游、城市微旅游等一系列新业态、新产品和新模式。文化和旅游部数据显示，2014—2019 年，我国旅游业对 GDP 综合贡献从 6.61 万亿元上升至 10.94 万亿元，旅游业在 GDP 总量中的占比上升至 11.05%。2018 年，旅游业直接和间接就业人数为 7 987 万人，占全国就业总人口比重的 10.31%[1]。

国家统计局发布的《中华人民共和国 2019 年国民经济和社会发展统计公报》显示，全年国内游客 60.1 亿人次，比上年增长 8.4%；国内旅游收入 57 251 亿元，增长 11.7%。入境游客 14 531 万人次，增长 2.9%，国际旅游收入 1 313 亿美元，增长 3.3%。国内居民出境 16 921 万人次，增长 4.5%。其中因私出境 16 211 万人次，增长 4.6%；赴港澳台出境 10 237 万人次，增长 3.2%[2]。

近年出境游增长显著，中国游客的旅游消费占国际旅游消费总量的 16%，其中，

---

[1] 《2019 年旅游市场基本情况》，中华人民共和国文化和旅游部官网，2020 年 3 月 10 日：https://www.mct.gov.cn/whzx/whyw/202003/t20200310_851786.htm。

[2] 《中华人民共和国 2019 年国民经济和社会发展统计公报》，国家统计局官网，2020 年 2 月 28 日：http://www.stats.gov.cn/tjsj/zxfb/202002/t20200228_1728913.html。

亚太地区的旅游 GDP 总量中超过一半来自中国游客的贡献。国家移民管理局发布数据显示,2019 年全国边检机关检查出入境人员 6.7 亿人次,同比增长 3.8%;检查出入境交通运输 3 623.5 万辆(架、列、艘)次,同比增长 3.4%。2019 年全年,内地居民出入境 3.5 亿人次,香港、澳门、台湾居民来往内地(大陆)分别为 1.6 亿、5 358.7 万、1 227.8 万人次,外国人入出境 9 767.5 万人次[①]。

从上述引用数据可见,我国旅游业的增速强劲,对国民经济、社会发展和对外交流的贡献度日益显著。

(二) 行业特征

旅游业是高敏感性、强关联性、高弹性行业,很容易受到政治、经济、军事、卫生和自然灾害等公共事件的影响,在上述危机中,流行性传染病对旅游业的影响最为显著,破坏力最强。由于旅游业的服务实现场景往往依赖于人群集聚和流通,当发生流行性传染病时,常用的防控手段就是减少人群集聚和流动,这将导致行业整体性休克,业务暂时性停摆,现金流告急,严重时会危及企业的持续运营能力,甚至引发行业的破产潮。但是旅游业同时也保持着较高的市场弹性,在危机解除之后,往往也是需求恢复最快的行业之一,世界旅游及旅行理事会(WTTC)针对 4 种不同类型的危机研究显示,2001—2018 年,旅游业恢复的时间从平均 26 个月减少到 10 个月[②]。

作为劳动密集型产业,旅游业存在行业进入壁垒低、企业规模小、产品同质化程度高、业务种类多、市场集中度低、行业竞争激烈等特征。上述特征既与行业发展阶段有关,也与旅游业的行业特征有关。作为生活性服务业,旅游服务对于需求变化高度敏感,近年来伴随社会发展诞生了大量的"小而美""小而精""小而专"型企业,它们的发展为旅游业带来了新的活力和方向。从行业总体格局来看,大企业与中小微企业并立,头部效应与长尾效应共存,标准化与小众化产品齐舞。据统计,我国目前约有旅行社 3.8 万家,主要是中小微企业;各类住宿设施约有 48 万家,其中,全国酒店集团 50 强企业共有 2.6 万家酒店,仅占各类住宿设施总量的 5.4%;A 级景区近万家,3A 级及以下的中小景区占 65% 左右,除此之外,还存在着大量中小型未进入到 A 级范围的景区,它们是旅游景区的重要组成部分;其他涉旅行业如餐饮、购物、娱乐、交通、文化演艺等相关企业更达数百万家,其中,中小微企业创造了大量就业岗位[③]。

---

① 《2019 年出入境人员达 6.7 亿人次》,国家移民管理局,2020 年 1 月 17 日:https://s.nia.gov.cn/mps/tztg/202001/t20200117_1178.html。
② Crisis Preparedness, Management & Recovery, WTTC, 2019 年 11 月:https://www.wttc.org/priorities/crisis-preparedness/。
③ 综合参考国家文化和旅游部近年来发布的统计数据汇总而成。

二、疫情背景下旅游业的"冻结"与"加速"

(一)基于"流动性"的产业遭遇"流动性"冻结

服务业的本质是基于人与人的关系而创造价值,服务业的有序运作必须以人群的社交互动为前提,旅游业不仅依赖于人与人的交往,还需要流动,以人流带动物流、资金流以及信息流。当发生公共卫生事件时,最重要的应急举措就是暂停社会流动,比如延长假期、停产停工、隔离防护、限制出行等。代价巨大,但却是非常时期的必要手段,只有停止人口流动,才能有效隔离病毒,切断传播渠道。就此而言,由新冠病毒引发的肺炎疫情及其应急措施精准命中了以旅游业为代表的生活性服务业,流动停滞,意味着服务业停摆。

2020年1月23日,文旅部发文要求各地加强疫情防控、宣传引导和涉外活动管理。1月24日起,北京、上海、杭州、三亚等多地景区均陆续宣告关闭。1月25日,中国旅行社协会要求全国旅行社及在线旅游企业暂停团队游及"机票+酒店"产品。突发的新冠肺炎疫情使得社会交往和流动处于临时停滞状态,需求被迅速冰冻,行业整体处于停摆状态。

(二)加速行业洗牌,疫情过后需求反弹迅速

新冠肺炎疫情不会改变中国旅游业的强劲增长趋势,短期的突发危机正是加速行业整合的契机。近年来,伴随着社会发展,旅游出行逐渐成为城市居民的刚性需求,旅游供给呈现出多层次、多样化的特征,旅游发展总体向好,但存在着"小散弱"的现象,市场集中度不够高。从长期趋势来看,本次疫情只是临时性暂停了旅游市场交易,参照非典时期经验,疫情结束后,旅游业会快速反弹,能够经受住疫情考验的企业将会迎来更为快速的发展周期。因而,新冠肺炎疫情也是加速行业转型、淘汰低效产能的契机。目前看来,日常运营中重视现金管理、成本控制、组织柔性和业务创新的企业将会经受住疫情检验,产业互联网和技术替代人工的趋势将会进一步加速,企业和行业抗风险能力的培育机制将得到前所未有的重视。

三、分行业板块分析

(一)接待服务

新冠肺炎疫情导致2020年春节期间的旅游出行数据惨不忍睹,根据国家相关文件的要求,旅行社大量清退团费,景区暂停开放,个别疫情严重地区出行受限。多年来,春节黄金周的旅游收入扮演着重头戏,占全年旅游总收入的9%左右,这七天对于旅游企业而言是名副其实的"黄金周"。以2019年春节黄金周为例,全国出行人次

达 4.21 亿，实现全国旅游收入 5 139 亿元，占旅游当年收入总量近 10%，对于中小微企业而言，这个比例会达到三成左右。2020 年春节期间，受疫情冲击，航空、旅游、餐饮、零售、娱乐等服务业受到严重打击，接待人次和销售收入出现断崖式下跌。1 月 24 日—2 月 4 日，全国共有 1 300 万张机票和超过 6 000 万张火车票被取消，保守估计，春节长假期间旅游业收入减少 5 000 亿元①。

在严格管控出行的防疫举措下，旅游业细分板块几乎无一幸免，均遭受到严重打击。旅行社的损失最为惨重。2020 年 1 月 24 日，文旅部办公厅下发紧急通知，要求当日起全国旅行社及在线旅游企业暂停经营团队旅游及"机票+酒店"产品。这意味着，包含国内游、出境游在内的所有团队旅游和"机票+酒店"旅游产品将暂时停止销售和服务，对此前预售的旅游产品都要按照要求进行退款。然而，旅行社在交通、酒店、餐饮、景区、地接等上下游合作方所预付的订金和预购的库存不一定能够顺利获得退款，尤其是涉及出境游业务的旅行社，往往会采取包机、包邮轮、控房间等方式来降低成本，在疫情暴发之际，上述开支几乎都成为了沉没成本。与旅行社相比，景区的情况稍好一些，也仅仅是因为不会因供应链退款而产生巨额亏损，但是在景区关停的政策下，业务量直线下降为零，即便是恢复营业，效果也并不理想，因为游客的出行意愿被严重抑制，同时还要支付人工、租金等固定开支。本次疫情对酒店住宿业的影响也比较大。很多酒店在疫情期间的出租率下降至 10% 左右。根据中国饭店协会联合优尼华盛发布的《疫情对全国酒店市场的影响分析》显示，与 2019 年同期相比，今年春季期间酒店营业收入平均损失达 67.81%，共造成 12.3 亿元营业损失，主要来自退订、运营和防疫等方面的支出②。

（二）航运板块

国际民航组织（ICAO）表示，受新冠肺炎疫情影响，预计 2020 年第一季度全球航空公司收入将下降 40 亿～50 亿美元。国泰君安证券研究所的报告宣称，第一季度中国航空业亏损 150 亿～210 亿元，并且存在扩大的可能。乘客需求将会在疫情过后缓慢复苏，其中，国内航线先于国际航线复苏，商务旅游先于休闲度假，需求增速转正可能会出现在第三季度，行业完全恢复正常增长要到 2021 年③。

OAG 发布的数据显示，中国内地民航定期航班的总运力从 1 月底的每周超过 1 400 万座位，迅速下降为 400 万座位左右，近期国内运力略有恢复，上座率仍然保持低迷，目前中国内地还是全球航空业中受疫情影响最为严重的地区④。港澳地区航司的受灾程度一点不亚于内地，香港的整体运力从 1 月 20 日的 84 万座下降至 3 月

---

① 根据交通运输部、民用航空局和中国旅游研究院的公开数据汇总而成。
② http://www.chinahotel.org.cn/forward/enterSecondDary.do?id=b92ba90011ef4de3a786d86fbe161f20&childMId1=b92ba90011ef4de3a786d86fbe161f20&childMId2=&childMId3=&contentId=9b166d6cbb0b42d6973c7a51fff412ce。
③ https://www.sohu.com/a/374379458_169306。
④ https://www.oag.com/coronavirus-airline-schedules-data。

初24万座,降幅高达七成,龙头企业国泰航空的运力相当于疫情暴发前的四分之一,澳门的情况也比较类似。为了在本次疫情中尽量减少损失,港澳地区多家航司已经开始启动裁员、降薪和放无薪假等非常规举措了。

为了鼓励航司提升运力,同时减少损失,民航局和财政部近期出台了《关于民航运输企业新冠肺炎疫情防控期间资金支持政策的通知》,对疫情期间不停航和复航的国际航班给予奖励。尽管如此,重资产高杠杆的航空业仍然举步维艰,运营压力巨大。

(三)邮轮板块

近年来,邮轮产业在国内旅游板块中快速崛起,呈爆炸式增长,显而易见,中国邮轮市场未来发展空间巨大。根据国际邮轮协会(CLIA)发布的《2018年亚洲邮轮产业市场报告》,2018年,亚洲邮轮乘客人数创下历史新高,达到424万人次,其中,中国游客占到55.8%。与此同时,全球邮轮产业的市场价值约460亿美元,全球每年约2 600万人次选择邮轮度假[1]。

然而,本次新冠肺炎疫情让邮轮业的隐含风险暴露无疑,多艘国际豪华邮轮从"海上度假胜地"急速转变为"病毒温床"。其中,备受世人瞩目的"钻石公主"号邮轮总计感染人数超过700人。

受疫情影响,2月3日,国际邮轮协会发布最严禁令,暂停从中国出发的船员往来,禁止过去14天内从中国出发或者途经中国的任何个人登船,包括乘客和船员。3月4日,国际邮轮协会将旅行禁令扩大到韩国、伊朗以及意大利北部地区。3月7日,马来西亚禁止外国邮轮停泊。3月7日,美国疾病预防控制中心(CDC)向公主邮轮公司发布了"停航命令"。8日晚,美国国务院发布警告称,美国民众,尤其是有潜在健康问题的人,在新冠肺炎疫情期间避免搭乘邮轮,因为船上感染病毒的风险较高。各国对国际邮轮靠岸日益警惕,被迫暂停和取消的航线不断增多,拒绝邮轮停靠的港口数量不断上升。根据行业测算,邮轮公司每取消一次航程,经济损失将达到300万~400万美元。根据邮轮产业新闻(Cruise Industry News)编制的《2020年中国邮轮市场报告》,不考虑疫情影响,预计2020年中国进出港邮轮客流量约390.5万人次[2]。根据目前国内的疫情控制情况,结合国外疫情蔓延趋势,预计本次疫情将导致国内邮轮乘客减少30%,约120万人次,邮轮业在中国市场的损失将超过30亿元人民币。

(四)中小微企业

在这次疫情中,中小微旅游企业的处境尤其艰难,很多企业都游走在破产的边

---

[1] https://www.cruising.org.au/Regulatory/Research-and-Reports。
[2] https://www.cruiseindustrynews.com/flip/2020china/。

缘。为何中小微旅游企业的抗风险能力偏弱？究其原因，无非以下四点。

（1）旅游业的中小微企业普遍存在产品单一、议价能力差、资产较轻、盈利能力偏弱、融资渠道不足等特征；

（2）中小微旅游企业的成本结构中固定成本占比较高，比如员工工资与五险一金、房租及设备租金等；

（3）突发疫情导致旅游类企业的正常业务关停，经营性现金中断，难以支付企业固定开支和费用；

（4）春节黄金周原本是一年中最重要的销售旺季，很多企业提前采购库存储备，并投入大量广告宣传预售，由于行业停摆导致订单清退而使成本无法生成利润，因而产生亏损。

综上所述，在营业收入中止、经营性刚性支出和现金流中断的三重打击之下，中小微旅游企业的处境非常艰难，如果疫情不能得到有效控制且企业得不到金融支持，将会引发一系列连锁反应，包括就业岗位减少、上下游企业牵连、市场萎靡不振、财政税收萎缩、社会收入减少、需求萎缩等。上述情况如果发生，将不利于行业复苏。中小微企业是国民经济中的隐形冠军，也是经济活力的指示剂，如果大批中小微企业在短期内失去持续运营能力，将直接影响到行业活力和社会民生。

四、应对分析

（一）针对旅游业应急政策的梳理

新冠肺炎疫情发生后，旅游业的艰难处境得到了中央的重视。为了提振行业信心，从中央到地方相继出台具有针对性的纾困和应急政策，帮助企业渡过难关，促进行业健康可持续发展。

2020年1月26日，中国银行保险监督管理委员会印发《关于加强银行业保险业金融服务 配合做好新型冠状病毒感染的肺炎疫情防控工作的通知》。通知要求，对于受疫情影响较大的批发零售、住宿餐饮、物流运输、文化旅游等行业，以及有发展前景但暂时受困的企业，不得盲目抽贷、断贷、压贷。鼓励通过适当下调贷款利率、完善续贷政策安排、增加信用贷款和中长期贷款等方式，支持相关企业战胜疫情灾害影响。

2月3日，中国旅游协会发布通知，其中提到："为尽力减少疫情给大家带来的经济损失，决定将免除212家会员单位2020年会费。"

2月5日，文化和旅游部办公厅印发了《关于暂退部分旅游服务质量保证金支持旅行社应对经营困难的通知》，决定向旅行社暂退部分旅游服务质量保证金，暂退的范围为全国已依法缴纳保证金、领取旅行社业务经营许可证的旅行社，暂退标准是现有缴纳额的80%。文化和旅游部市场管理司司长刘克智指出，全国目前有3.9万家旅行社,截至2月25日提出暂退质保金的共35 200家,占旅行社总数的90%。应退保证金总额达到80亿元人民币,截至2月25日已经退还了34.62亿元。暂退保证金的政策推出得相当及时,非常精准,有效地缓解了旅行社现金流不足的压力。

2月5日晚,国务院常务会议提出暂取消快递/运输增值税及民航发展基金。具体而言,"对运输防控重点物资和提供公共交通、生活服务、邮政快递收入免征增值税……免征民航企业缴纳的民航发展基金"。按照中金公司的测算,如果半年期限、全国范围适用,取消民航发展基金,国航、东航净利润预计增加4亿~5亿元(约占2020年净利润4%~6%);春秋、吉祥净利润预计增加0.7亿元(约占2020年净利润3%~4%)。

2月6日,财政部和国家税务总局发布了《关于支持新型冠状病毒感染的肺炎疫情防控有关税收政策的公告》,公告第四条提到:受疫情影响较大的困难行业企业2020年度发生的亏损,最长结转年限由5年延长至8年。困难行业企业,包括交通运输、餐饮、住宿、旅游(指旅行社及相关服务、游览景区管理两类)四大类。

2月10日,人社部发布消息称,各地人社部门坚决贯彻中央关于打赢新型冠状病毒感染肺炎疫情防控阻击战的决策部署,积极主动应对,出台系列惠企惠民政策。人社部指出,各地对不裁员或少裁员的参保企业,返还其上年度实际缴纳失业保险费的50%。人社部强调,参保单位逾期缴纳社会保险费的,不影响参保职工个人权益记录,相关补缴手续在疫情解除后3个月内完成。

3月3日,民航局下发了《关于民航运输企业新冠肺炎疫情防控期间资金支持政策的通知》,通知指出,疫情防控期间,中央财政对执飞往返我国境内航点(不含港澳台地区)与境外航点间的国际定期客运航班的中外航空公司,以及按照国务院联防联控机制部署执行重大运输飞行任务的航空公司给予资金支持,对疫情期间不停航和复航的国际航班给予奖励,并向独飞航班进行倾斜。

除了上述中央和各部委的应急政策之外,各地方政府也相继出台了各具特色的纾困政策,多涉及稳定就业岗位、加大金融支持力度、降低企业运营成本、减轻企业税费负担、优化政府服务等方面。这些政策如果能够积极落实,将会精准有效地帮助企业转危为安,为市场的复苏做好准备。

(二) 促进行业复苏的对策建议

1. 短期政策建议

(1) 切实落实金融支持政策。如前所述,旅游类中小型企业普遍具有轻资产特征,缺乏担保品,目前又面临营业暂停,银行必然会惜贷。建议依据企业正常运转时期的税收数据和业务流水数据进行分类,择优资助。

(2) 建立中小微旅游企业专项纾困基金,切实缓解企业资金压力,提供审批绿色通道和优惠利率,帮助中小微旅游企业尽快从疫情冲击下的休克中复苏。

(3) 进一步发挥社保基金稳定社会、共济互助的功能,对部分受灾严重企业予以社保减免,对于"无薪休假"员工予以社保返还。

(4) 进一步发挥行业组织的协同能力,发扬大小企业互帮互助的合作精神,在行业凛冬中抱团取暖。

(5) 重视人才培养和技能培训,对在疫情期间持续营业并积极开展员工培训的中小微企业,对其培训费用给予一定程度的补贴。

(6) 增加公共假期,发放旅游券,刺激消费需求释放。

(7) 尽快制定旅游业应急及振兴计划,设立旅游振兴专项扶持基金。

2. 长期政策建议

(1) 加强旅游风险应急预案和防控机制建设。旅游业是高风险行业,对社会风险高度敏感,应该针对不同的旅游场景、旅游行为和旅游产品进行充分风险评估,并在此基础上形成应急预案和保障措施。

(2) 破解中小微旅游企业融资难题。基于区块链和供应链金融,建立中小微企业信用体系,并在此基础上探索互助担保和融资机制,解决中小微旅游企业融资难题。

(3) 参照国际经验,针对旅游业的高风险特征设立强制性行业保险机制,增强中小微企业的抗风险能力。

(4) 培育民营企业的创新能力,推动新技术新模式在服务场景中的应用,降低突发事件对于劳动密集型企业的影响程度。

(5) 推动落实带薪休假制度,实现旅游需求有序释放、旅游供给灵活多样。

(6) 进一步发挥行业组织的重要作用,加强沟通与协作,增强风险意识,实现行业自律,保护消费者权益,促进行业健康发展。

(7) 大力推进新型旅游专业人才培养工作。旅游业的振兴关键在于人才培养,应该进一步总结推广旅游管理专业硕士的成功培养经验,建设产学研一体化的人才培养平台,塑造理论与实践紧密结合的复合型专业人才。

五、总结

所谓危机,危中有机。中国旅游业走过了几十年的风风雨雨,正在接受着一场肆虐全球的疫情洗礼。疾风劲草,大浪淘沙,在这场全行业全社会的抗疫战争中,旅游行业中的幸存者们正在度过最艰难的时刻,他们推陈出新,以营销创新的方式切入到网红直播带货拓宽销售渠道,以高品质服务承接出境游转向国内游的高端消费需求,以文旅融合的理念带动目的地、产品和服务全面升级。可以预见,在后疫情时代,中国旅游业将迎来一波强劲的转型升级浪潮。

(孙云龙,复旦大学旅游学系副教授)

参考文献

［1］陆旸、夏杰长:《疫情对服务业冲击的影响及对策》,"中国经济时报"公众号,2020年3月2日。

［2］招商蛇口邮轮事业部:《肺炎疫情对国内邮轮市场的影响研究》,2020年。

［3］中国饭店协会:《中国饭店协会、优尼华盛联合发布:疫情对全国酒店市场的影响分析》,搜狐网,2020年2月17日;https://www.sohu.com/a/373662531_236448。

［4］Cruise Industry News,2020 China Market Report,2020.

［5］Cruise Lines International Association,2018 Asia Ocean Source Market Report,2019.

第 10 章　新冠肺炎疫情对数字经济的影响及对策

突如其来的新冠肺炎疫情在全国乃至世界蔓延,对我国社会经济产生了较大影响。如何应对疫情,最终打赢这场攻坚战,实现经济可持续发展,是当前我国迫在眉睫的重要问题。近年来,随着大数据技术的快速发展,许多国家将数字经济列入重要发展战略议程。习近平总书记在党的十九大报告中明确提出:"推动互联网、大数据、人工智能和实体经济深度融合,在中高端消费、创新引领、绿色低碳、共享经济、现代供应链、人力资本服务等领域培育新增长点、形成新动能。"为了防范新冠肺炎疫情演变为"经济疫情",本章在分析疫情对数字经济的影响的基础上,从数字经济视角出发,精准施策,提出数字经济支持经济高质量发展的对策建议。

一、数字经济及其发展脉络

数字经济是一种更高级、可持续的经济形态,以信息通信技术为核心的技术手段对社会经济各个方面起着前所未有的促进作用(裴长洪等,2018)。

(一) 数字经济的内涵

数字经济概念的提出可追溯到 20 世纪 90 年代中期,而关于什么是数字经济至今还有较大争议,且未形成公认的定义,但一般沿用 G20 杭州峰会的表述,即:数字经济是指以使用数字化的知识和信息作为关键生产要素,以现代信息网络作为重要载体,以信息通信技术的有效使用作为效率提升和经济结构优化的重要推动力的一系列经济活动。在云计算、物联网、人工智能等新一代信息技术的驱动下,数字经济的外延不断拓展,由狭义的数字产业化转向广义的产业数字化,涉足行业由传统的基础电信、电子信息制造、软件服务、互联网等信息产业渗透至其他非信息行业,并在智能制造、现代农业、"互联网+"等方面均发挥着重要作用(张辉、石琳,2019)。

数字经济涵盖数字产业化、产业数字化、治理数字化,是一种新型经济社会形态,还是网络化、智能化发展到一定阶段的必然产物。数字经济是通过使用数字化手段促进经济发展和社会进步的一种经济模式,这种经济模式的运转在本质上遵循达维多定律、摩尔定律以及梅特卡夫法则三大定律,并受它们支配,因此数字经济具有数据依赖性、高度流动性、交互渗透性、快捷高效性、虚拟隐匿性及网络外部性这些基本性质。数字经济是一种有别于农业经济和工业经济的新型经济形态,呈现出了一些传统经济没有的独有特征,主要表现在以下几个方面:数据资源成为数字经济的关键生产要素,"云+网+端"成为数字经济的核心基础设施,平台经济成为数字经济的主流商业模式,个性多元成为数字经济的新型消费理念,知识智能成为数字经济的经济形态特征,多元共治成为数字经济的科学治理方式(杨佩卿,2020)。也有学者认为数字经济具有规模经济、范围经济、交易成本下降及"创造性毁灭"四个特征(裴长洪等,2018)。

(二)数字经济发展脉络

数字经济自提出以来就得到学者们的广泛关注。在国外,以大数字、云计算和人工智能为代表的数字经济极大地改变了人们的生活方式,并为人们提供了前所未有的非凡服务和福利(Watanabe, et al., 2018)。然而,与这些成就相反,工业化国家的生产力出现明显下降(Watanabe, et al., 2018)。同时,数字经济中的共享经济也被广泛关注,并被看作一种不连续创新,它在整个社会中创造了更多的财富(Andrea, 2018)。还有研究发现,移动支付是推动数字经济中家庭创业的主要因素之一(Yin et al., 2019)。国内的研究发现,数字经济和金融的发展帮助改善了农村居民的创业行为,并带来了创业机会(张勋等,2019),数字普惠金融发展显著拉动了居民消费(易行健,2018),金融科技创新通过发挥普惠效应及形成普惠价值,服务小微企业融资(周光友等,2020)。但数字经济时代下新金融业态风险对正规金融市场系统性风险和金融不确定性的溢出效应较为明显,因此必须在传统金融监管维度之外增加科技维度,形塑双维监管体系,更好地应对金融科技所内含的风险及其引发的监管挑战(杨东,2018;李苍舒、沈艳,2019)。

作为一种经济业态,数字经济最早可追溯到20世纪40年代兴起的信息经济。通过对数字经济发展历程的梳理,我们可将其归纳为五个时期(见表10-1)。

表10-1 数字经济发展历程

阶段划分	起止时间	主要特征
第一阶段: 萌芽孕育期	20世纪40年代至60年代	数字经济的起步阶段。1946年美国国防部研制出世界上第一台通用计算机埃尼阿克(ENIAC),标志着数字经济时代的正式开始
第二阶段: 起步成长期	20世纪70年代至90年代	随着大规模集成电路的出现,计算机的体积进一步缩小,性能进一步提高,开始普及到中小企业及居民等生活领域
第三阶段: 快速发展期	20世纪90年代至21世纪初	伴随个人电脑和网络技术的发展,网络经济得到飞速发展。一般认为,从1995年开始,数字经济开始进入网络时代

(续表)

阶段划分	起止时间	主要特征
第四阶段：全面覆盖期	2001—2015 年	随着个人电脑计算速度、存储规模和网速的几何级增长，移动通信技术的不断进步以及智能手机的出现，曾经破灭的网络经济在以移动互联网为代表的新技术驱动下迎来又一波繁荣，由 PC 互联网进入移动互联网时代。在移动通信领域，3G、4G 等移动通信技术等逐步投入使用。智能手机开始使用，云计算被提出
第五阶段：转型调整期	2016 年至今	数字经济朝着物联网、云计算、大数据、物联网、智能化等方向发展。云计算从 2016 年开始进入全面暴发阶段。2008 年大数据被正式提出，现已在政府决策、交通、物流、金融、广告、电信、医疗、娱乐和农业等领域得到广泛运用。智能化近年来得到迅速发展，从传统的手机、平板电脑向机器人、虚拟现实、可穿戴设备、智能汽车、智能家居、智慧城市、人工智能等多维度发展。区块链、平台经济、分享经济等新业态纷纷涌现

中国信息通信研究院发布的《中国数字经济发展与就业白皮书(2019 年)》显示，我国数字经济持续快速发展，2018 年数字经济规模达到 31.3 万亿元，按可比口径计算，名义增长 20.9%，占 GDP 的比重为 34.8%。中国数字经济得到了快速发展，主要表现在以下三个方面。

(1) 国家高度重视数字经济发展，并将其作为政府工作重点。全球首个世界性的数字经济政策文件《二十国集团数字经济发展与合作倡议》于 2016 年 7 月在 G20 杭州峰会上通过。同年 10 月，习近平总书记强调数字经济推动经济发展的重要作用。2017 年首次将数字经济相关内容写入政府工作报告，并提出"推动'互联网+'深入发展、促进数字经济加快成长"。此后，习近平总书记在不同场合多次强调要大力支持发展数字经济，并出台了一系列指导性文件，如《关于积极推进"互联网+"行动的指导意见》《智能制造发展规划(2016—2020 年)》《新一代人工智能发展规划》。还先后设立国家集成电路产业投资基金、中国互联网投资基金，从资金、人才等多方面给予支持。

(2) 互联网基础设施不断完善，网民数量持续增加。在网络用户基础层面，根据 CNNIC 中国互联网络发展状况统计调查，截至 2019 年 6 月，我国网民规模达 8.54 亿人，较 2018 年底增长 2 598 万人，互联网普及率达 61.2%，较 2018 年底提升 1.6 个百分点。

如图 10-1 所示，我国网民规模从 2016 年 6 月的 7.1 亿人增加到 2019 年 6 月的 8.54 亿人，三年间增加 1.44 亿人。互联网普及率从 2016 年 6 月的 51.74% 增加到 2019 年 6 月的 61.2%，增幅达 9.5 个百分点。说明我国网络用户基础不断加强。

(3) 从区域上看，数字经济的发展程度具有明显区域差异，这种差异主要取决于区域经济发展程度。数字经济最发达地区主要是以北京、广东、上海、浙江和江苏为代表的长三角、珠三角及京津冀地区。以湖北、四川为代表的中西部地区发展迅速，

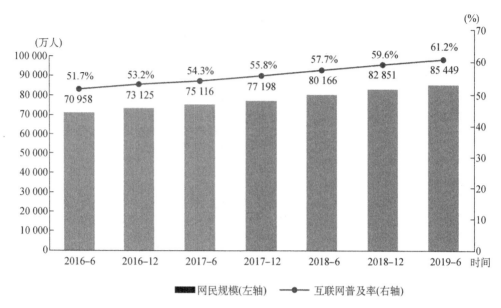

图10-1　中国网民规模和互联网普及率（2016—2019年）

资料来源：CNNIC中国互联网络发展状况统计调查。

但其他地区相对落后。如果具体到城市，又可分为几个梯队，其中，北京、上海、深圳、杭州为第一梯队，成都、贵阳、武汉、西安为第二梯队，但与第一梯队差距较大，而其他城市较为落后。

二、新冠肺炎疫情对数字经济的影响

新冠肺炎疫情对数字经济既有短期和长期影响，又有积极和消极影响，我们需要对其进行深入分析和科学研判。

（一）短期影响

1. 消费受到较大冲击，线上消费将加速替代线下消费

受新冠肺炎疫情影响，春节期间的消费大幅回落，春节档电影撤档、旅游景点关闭、商场超市缩短营业时间，都给相关消费市场造成明显冲击，消费增速放缓将持续至少2个季度。同时，"不能出门"会为线上消费等互联网经济相关的新兴商业模式创造加速发展的条件，线上消费将加速替代。2019年实物商品网上零售额已经达到社会消费品零售总额的20.7%，预计疫情期间将加速线上消费对线下消费的替代，并产生较大惯性。

2. 影响投资节奏和结构，投资规模出现下滑和后移

一方面，疫情导致投资推迟预计在3周左右，这会影响投资与生产节奏，主要表现为投资规模下滑和整体后移,并有可能影响全年总投资规模。在疫情扩散期,大规模开工推迟将导致供需两端同时收缩,从而对企业投资预期和投资规模产生较大影响,但受影响的程度取决于疫情持续时间。另一方面,疫情对企业投资的影响还具有明显的结构性特征,主要表现为医疗项目和基本生活物资领域等投资加快,但其他行业投资放缓。

3. 加大企业运营成本,限制业务开展,对贸易造成不利影响

新冠肺炎疫情持续蔓延加重了企业运营成本,对企业多年建立的出口业务关系造成影响,引发各方对中国进出口贸易的担忧。一是由于多个省区市延后开工,可能导致部分企业无法履行合同或因延期交货而遭遇索赔。此外,延期复工也加重了企业的运营成本,使企业现金流压力增大。二是疫情对未来业务开展的影响也在扩大。

4. 各类型"宅"经济兴起,数字经济领域消费需求激增

适逢春节假期与疫情防控期的双重叠加,各类型的"宅"经济悄然兴起,数字经济领域消费需求激增。线上文娱产业(游戏、阅读、视频等线上内容)迎暴发式增长,线上预订类消费平台(线上旅游OTA)面临短暂消费空窗与行业运营模式效率的考验。电商平台为化解疫情对消费的冲击提供了缓冲空间,线上协同办公、远程诊疗、网络教育等模式受众面迅速扩大。此外,对于线上交易、线上金融业务办理等的运用和普及非常广。尽管在一定程度上,相较于疫情发生前,人们的消费需求和资金流通量变小,但相较于传统业务受到的严重影响,数字经济有了群体扩容的契机和新的路径跳跃。尤其是对于"最后一群人",即一些曾经不用互联网的退休人员,也开始逐步了解在线理财、缴费和消费等。

(二) 长期影响

疫情对我国经济的短期负面影响不可避免,但由于我国数字经济发展基础较好,已经在国民经济转型中发挥了积极和重要作用,因此在很大程度上对冲了疫情的负面影响。但疫情对经济的长期影响也是深远的。

1. 数字经济仍然是抗疫的坚强后盾

根据中国信通院的测算,2019年中国数字经济规模预计达35万亿元,占GDP比重达35.4%,数字经济已成为中国经济增长的新引擎,中国经济正由"工业化和信息化融合"的模式升级为"数字经济和实体经济融合"的模式。也就是说,中国经济已经基本实现新旧动能的有序转换,经济发展新动能主要取决于数字经济的稳定增长,数字经济的增长动能并没有因为疫情冲击而发生质的改变。因此,数字经济的稳定发展形成了战"疫"成功的坚强后盾,这也说明中国经济未来长期向好、高质量增长的基本面不会改变(刘功润,2020)。

2. 疫情将导致数字经济新一轮"消费下沉"

疫情冲击迫使企业主动寻求变革。由于长期基于"路径依赖"及"试错成本高

昂"的企业特性,在线办公、在线销售等 SaaS(Software-as-a-Service,软件即服务)软件大多被初创企业或者互联网企业接受,而大量需要提效降费的大型企业或者传统企业只能浅尝辄止。但在此次疫情防控的特殊场景之下,由于复工延迟,迫于现金流压力的企业开始主动寻求服务,将工作场景向线上迁移,尽可能减少对收入端的负面影响。疫情也将引致长期生活消费习惯的改变。比如,疫情可能成为生鲜电商的转折点,也造就了在线金融服务的扩容期。疫情引发人们对饮食安全的重视,更多年轻人选择在家做饭,而中老年群体也提升了对于生鲜电商的价格容忍度。借此契机,生鲜电商成功定位到目标客户,2020 年春节期间日均活跃用户规模突破千万。电商若能加速完善冷链物流运输体系形成良性循环,用户习惯有望持续。而在线金融服务也因疫情撼动了"最后一群人",银行线下网点过去总是退休人群领取养老金的聚集地。疫情下的民众排斥聚集,退休人群也开始逐步了解在线理财和缴费(程实,2020)。

3. 数字经济促使线下消费转向数字化消费

疫情冲击下,商场、电影院、餐馆、旅游景点等热门消费场所基本关停,但得益于数字经济,人们可转向数字化消费。一是手游、直播、网购等数字化行业出现新增长,新零售行业出现新变化。人工智能、虚拟现实、大数据、云计算、物联网等新一代信息技术有效运用于电子商务,促进网络 3D 购物、实体店自助结算、无人超市 24 小时营业等,能够更加匹配人们的个性化消费需求。二是传统金融机构纷纷推出"无接触理财"。同时疫情让传统金融机构与以支付宝为代表的数字经济企业进入合作 2.0 版本,超过 300 家基金、银行、证券等金融机构在支付宝接入了存款、养老险、银行理财等全资管品类。三是数字经济还催生了金融支持实体企业"快车道",对实体小微企业进行精准帮扶,帮助其取得抗疫最终胜利做出了贡献。

4. 疫情倒逼传统产业加速数字化转型

危机与契机总是相伴相生。以非典时期电子商务巨头顺势崛起而开启中国电子商务黄金时代类似,本次疫情倒逼传统产业加速数字化进程,促进其数字化转型。传统企业的采购和销售将更加重视通过数字化平台来实现,5G、人工智能、产业互联网、虚拟现实等新兴技术也将得到更多应用,产业结构将会进一步优化。网络远程办公、在线教育以及减少人员接触的"代买代送"等基于数字化的线上商业模式,城市管理、交通物流、医疗服务等社会治理体系,智慧城市、工业互联网、大消费方式等诸多方面的应用,都充分展现了数字经济的活力和优势。可以预见,未来许多传统产业都会加大对数字化进程的支持和投入,大力推进大数据、物联网、人工智能、区块链等新技术产业发展,加快 5G 技术应用,数字经济也将成为推动产业转型的核心力量。此外,产业的数字化进程,比如办公模式、在线教育将带来产业思维模式的改变。因此,疫情以"危机"的极端方式迫使人们被动地、严肃地审视产业数字化转型的可行性。在疫情防控过程中,很多传统产业开始尝试通过数字化克服空间障碍为用户提供精准服务,同时也看到了数字技术应用的广阔前景。以此为契机,如果把大数据、人工智能、区块链、云计算、物联网等数字技术应用于产业发展,将会加速传统产业的数字化进程。

三、应对策略分析

随着数字技术的广泛运用,数字经济在社会经济中产生的经济效益逐步被挖掘,各国政府也纷纷开始加大对数字经济的投入和扶持。数字技术的运用将对未来经济发展产生极大的带动作用(张辉、石琳,2019)。

(一) 短期对策

疫情发生以来,数字基础设施(如4G、5G),新一代信息技术(如人工智能、大数据),新模式新业态(如无接触配送服务、线上问诊、直播教学、远程即时维修),以及数字技术手段支撑的高效透明治理等数字经济新业态,都为打赢防疫攻坚战提供了源源不断的动力,彰显了数据经济在疫情防控中的重要作用(殷利梅,2020)。因此,充分发挥数字经济抗击疫情的特殊作用就显得非常重要。

1. 充分发挥数字基础设施作用,为最终战胜疫情提供保障

应加大以5G为代表的数字基础设施建设力度,加快信息通信行业应对医院等重要部门的反应速度,满足远程指挥、远程会诊、远程手术和数据传输等通信需求。充分发挥5G、人工智能、大数据、物联网等数字技术在疫情预防、监测、应对中的特殊作用。适当调整数字经济相关领域的财政政策和货币政策,强化民生领域的逆周期调节,对一些新兴数字经济企业给予适当补贴,帮助企业渡过难关。

2. 调动企业抗击疫情热情,努力恢复正常生活秩序

一是积极引导电信运营商、百度、高德等企业利用位置服务信息开展人口流动大数据分析,提供支持服务,微医、丁香医生、平安好医生、春雨医生等企业利用线上问诊平台做好医疗资源对接服务,东软、华为等企业为开展远程医疗做好技术支持,京东、阿里、美团、多点等企业做好防控和生活物资供应及调度,腾讯、字节跳动等内容企业加强大数据分析,做好网上舆论引导和宣传。二是要创新利用网络、信息与软件技术,打造线上教学、网络办公等智慧软件平台,鼓励企业采取灵活有效的工作方式,带来员工能力提升。引导和支持学校和教育培训机构充分利用直播教学等方式,开展教育教学工作,为恢复正常生产生活迈出坚实步伐。

3. 推进数字政务与智慧城市,尽快弥补政府治理短板

数字政务的作用,不仅是为了便民,更重要的是让政府更加准确地掌握数据、提升调配资源的能力。目前上海和杭州等城市运用数字技术来加强危机应对和城市治理已经取得成功,这些经验应该在全国范围推广。一是在数据平台建设方面,建议应用区块链等技术来打通政府各部门的信息孤岛,实现信息共享;二是在智能决策方面,把大数据分析能力从便民应用进一步拓展到传染病防治、交通智能管制、应

急物资调度、社会治理和公共安全保障等社会管理多项领域,充分发挥大数据的作用;三是在在线办公方面,可充分利用在线办公软件,并建成政府外部信息披露和内部办公协作的高效平台,提高办公效率;四是要加强社区疫情防控信息化应用,通过建立社区网格化平台和排查数据清单,加强数据动态监测和实时管理,及时更新、上报下发,达到精准防控目标,尽快弥补政府治理短板。

(二) 长期对策

数字经济在此次抗疫情中的韧性"补位",彰显了其在推动中国经济新旧动能转换、促进经济高质量发展的重要地位。在某种意义上,数字经济能否扛住这次疫情冲击,能否支撑宏观经济稳定甚至引领"后疫情时代"的经济发展,是对中国经济结构转型成功与否的生动检验。从长期来看,一旦疫情得到有效控制,市场将重拾信心,数字经济投资规模会不断增大,数字经济也将成为拉动"后疫情时代"中国经济发展的最优选择。为此,我们提出以下对策建议。

1. 加强法律法规和标准体系建设,构建可持续发展的市场体制

我国当前面临数字经济领域市场准入门槛高、体制机制不适应等问题,很大程度上制约数字经济的进一步发展(王伟玲、王晶,2019)。因此,我们应根据数字经济发展的内在要求,加强法律法规和标准体系建设,探索构建适应数字经济长期可持续发展的市场体制(逄健、朱欣民,2013)。一是要加快落实《国务院机构改革和职能转变方案》,进一步减少数字经济领域的非行政许可审批和资质资格许可,严格落实相关事项,提高行政审批效率。二是要加大政府对信息技术创新和业务创新的支持力度,对以信息服务为主要载体的经济活动,政府在制定监管政策时,要确立"以发展为主"的原则,暂缓监管,或采取市场化监管方式。三是要进一步打破行业垄断和进入壁垒,特别是要在社会管理和公共服务领域引入市场机制,充分发挥政企合力,大力推动智慧城市发展。

2. 加快企业数字化转型,提升企业竞争力

加快传统企业数字化转型是企业保持竞争活力和社会经济外在发展环境的必然要求(郑夕玉,2019)。具体来说,一方面,企业的数字化转型主要包括商业模式转型和企业文化转型。传统企业应加快建设属于自己的数字平台,通过数字技术的无差别复制能力,降低企业运营成本。对于自身没有技术能力的企业,政府可以充当中间人角色,通过政府背书方式加强转型和技术企业之间的合作,共同推动企业数字化平台建设。当然,为了保证企业数字化转型质量的提升,还需要加强对转型企业日常数字化管理,同时也要重视转变企业文化理念。另一方面,企业要注重数字化营销,着力打造数字化品牌。相比于传统媒体而言,数字媒体内容更加丰富,与消费者之间的互动性也更强,因此企业要善于用社交媒体推广企业文化理念及其产品。同时也要保证线下和线上服务的一致性,实现线下和线上消费无缝连接,产品选择和定制通过线上完成,产品体验和售后通过线下实现。

3. 充分开发和有效利用数字技术，为中小微企业提供金融服务

疫情期间，中小微企业受到了前所未有的冲击，很多企业面临严重的资金困难。以此为契机，可通过充分有效地利用数字技术和互联网平台，构建缓解长期存在的中小微企业融资难的长效机制。一是商业银行可通过与金融科技公司开展联合贷款等方式，实现商业银行的"线上化"战略，从而为中小微企业提供资金支持。二是充分发挥中小银行资金融通小、快、灵的优势，通过小程序、云后台等业务解决方案，促进其数字化和在线化转型，提高自身线上运营效率和降低运营成本，为中小微企业提供长期稳定的在线服务。三是结合中小微企业抗风险能力弱、财务管理水平低的特点，金融科技公司和银行应有针对性地提出信贷、保险、现金管理、代发工资、供应链金融等综合金融服务解决方案，提高其资产负债水平和应对风险冲击的能力。

4. 借力高新技术进步，驱动无人经济快速发展

无人经济作为战略性新兴产业先驱的代表，它也是各国战略性高新技术产业的重要体现，其可持续发展能力在很大程度上决定了各国战略性高新技术产业的可持续发展能力，因此，无人经济是实现国家可持续发展战略的最重要内容之一。数字化高新技术的迅猛发展已经成为无人经济兴起的另一主要驱动力。大数据、物联网、人工智能等高新技术支持和无人经济的产生密不可分，二者共同推动了无人经济变革，也为无人经济迅速市场化创造了良好条件。无人经济和其他传统商业模式相比，不仅能降低企业经营成本和提高盈利能力，而且还能通过各种高新技术手段得到丰富的信息和数据，从而为消费者提供多样化服务。一是鉴于当前我国的情况，需要通过提高创新动力、扩大创新资源、优化经济结构、转变发展方式等路径创建出一个极具发展潜力、充满活力、多方共赢的新经济形态，而大数据、人工智能、物联网等高新技术快速发展和广泛使用给无人经济创造了良好条件。二是在国家政策引导和市场力量推动双重作用下，无人经济极大地改变着人们的生产、生活方式和消费模式，其中影响最大的是无人经济的核心竞争力，即由客户识别追踪、货架动态跟踪、终端独立结算三个核心技术共同组成的数据洞察。而与此相关的移动支付、人脸识别、商品跟踪等技术的广泛应用，也为无人经济发展打下了良好技术基础，对中国经济社会发展的影响具有举足轻重的作用(朱宗乾等，2019)。

5. 加大金融科技创新力度，充分发挥金融服务实体经济的作用

(1) 金融科技推动企业技术创新，促进经济增长。金融科技推动企业技术创新，提高实体企业全要素生产率，促进实体经济转型升级，推动经济发展。一是精准定位客户需求，适时进行技术更新和产品升级。金融科技中大数据、云计算和人工智能等创新技术，帮助实体企业实现对客户需求的精准定位与合理预测，设计出更适合长尾群体的产品，实现产品从标准模式到个性定制的变化。企业产品实现升级换代，意味着其传统的生产技术、生产设备及生产方式的更新升级，将直接优化企业的生产模式和资源利用效率，企业发展走向更高级的生产形态。二是提升产品结构与质量，推动实体企业转型升级。金融科技依托移动互联网与大数据技术，将知识和技术等创新要素传递到实体企业中,具有低成本扩散、边际收益递减和规模报酬递增的特点,这有助于优化企业的产品结构与质量,从而推动实体企业转型升级。同时,金融科技的技术创新与产品创新功能可以改善实体企业的生产结构,进一步降低传统生产的比重,加快产业结构升级。三是共享企业经营信息,提高资源配置效率。金融科技能够促使资金融通作用更好地发挥,提升实体企业的资源配置效率,让资金融通行为突破了时间和空间限制。区块链、云计算等新技术能够将客户信息、企业用户交易记录、需求查询等信息自动录入云系统,最终整合成不可篡改的数据系统。金融机构可以根据记录在云端的历史数据,如借款记录、支付订单、消费记录,用大数据建模和人工智能分析,对目标客户的违约概率进行智能判断,与政府相关部门合作建立信用评级体系,降低资金配置风险,提高资金配置效率。

(2)金融科技创新金融产品和服务方式,促进实体经济增长。一是发挥创造效应,形成产品价值,拓宽投融资渠道。金融科技通过技术创新和金融相结合,创造新的金融资产、金融工具及创新服务方式,形成新产品和服务价值,促进经济增长。例如,金融科技创新催生了数字货币、理财产品、智能投顾、移动支付、P2P 网贷等新金融产品、新服务方式,甚至新金融业态。它们在弥补和拓展传统投融资模式不足的同时,以灵活、快捷、高效的特点满足了企业和个人多样化的投融资和理财需求,拓宽了投融资渠道,进而促进经济增长。二是发挥信息效应,形成信息价值,降低投融资成本。金融科技创新催生新信息机制和拓展信息应用领域,减少信息不对称和弥补信息缺口,形成信息价值。金融科技创新下的互联网平台,以其专业、全面、快捷和低成本的优势为中小微企业和个人提供信息共享服务,降低了企业信息搜寻成本和交易成本,同时使融资成本下降,使其获得企业发展所需资金支持,服务实体经济发展。三是发挥普惠效应,形成普惠价值,促进经济包容性增长。金融科技的创造效应和信息效应联合发挥作用,增加金融产品和丰富金融服务方式,降低信息获取和使用成本,惠及更广地域和更多类型的企业及个人,扩大金融服务范围,形成普惠价值。具体来说,金融科技创新可通过综合发挥其普惠效应和形成普惠价值,服务小微企业融资,促进创新创业、增收减贫、缩小贫富差距,促进经济包容性增长。

(3)金融科技推动电子支付发展,促进消费需求和经济增长。一方面,要重视消费在经济增长中的作用,促进电子支付拉动消费需求。2019 年,我国社会消费品零售总额 41.2 万亿元,同比增长 8%,消费对经济增长的贡献率为 57.8%,拉动 GDP 增长 3.5 个百分点,连续 6 年成为经济增长第一拉动力。与此同时,现代信息技术和网络技术在支付领域的应用,使得支付工具发生了前所未有的革新,传统的交易媒介正被逐步替代,日常零售支付工具日新月异。支付作为消费过程的一个重要环节,对消费需求具有直接的影响,并且它可以通过降低支付成本、提供消费信贷及促进消费冲动三条路径实现对消费的拉动作用,从而促进经济增长。另一方面,要充分发挥电子支付的特殊作用,加大线上消费替代和促进经济发展。电子支付具有低支付成本、快捷、便利的特点,与传统支付方式相比,还具有远程支付的特殊功能。

近年来,金融科技及电子货币的快速发展,为电子支付的广泛使用创造了良好条件,也为电子支付消拉动消费需求提供了可能。因此,我们应因势利导,通过加大网络通信等基础设施投入力度,增加电子支付应用场景,扩大使用范围,充分发挥电子支付在拉动消费需求中的特殊作用,进而为促进经济增长贡献力量。

四、总结与展望

综上所述,新冠肺炎疫情对经济的影响是难以避免和不可忽视的,而对数字经济既有短期影响也有长期影响,有正面影响也有负面影响。疫情对数字经济产生了冲击,但更多的是机遇。通过研究有如下发现。

(1)数字经济是网络化、智能化发展到一定阶段的必然产物,它遵循达维多定律、摩尔定律以及梅特卡夫法则三大定律并受它们支配。数字经济具有数据依赖性、高度流动性、交互渗透性、快捷高效性、虚拟隐匿性及网络外部性这些基本性质,并具有规模经济、范围经济、交易成本下降及"创造性毁灭"四个基本特征。

(2)数字经济经历了萌芽孕育期、起步成长期、快速发展期、全面覆盖期及转型调整期五个阶段。目前数字经济面临前所未有的机遇,正加速驶入快车道,近年来中国数字经济得到了快速发展,主要表现在:国家高度重视数字经济的发展,并将其作为政府工作的重点;互联网基础设施不断完善,网民数量持续增加。但由于我国东西部经济发展不平衡,因此数字经济发展存在明显的区域差异和异质性特征。

(3)疫情对数字经济既有短期影响也有长期影响。短期影响主要表现在:消费受到较大冲击,线上消费将加速替代线下消费;影响投资节奏和结构,投资规模出现下滑和后移;企业运营成本增加,限制业务开展,对贸易造成不利影响;各类型"宅"经济兴起,数字经济领域消费需求激增。疫情对数字经济的长期影响主要表现在:数字经济仍然是抗击疫情的坚强后盾,从长期来看,疫情将导致数字经济新一轮"消费下沉",数字经济促使线下消费转向数字化消费,疫情倒逼传统产业加速数字化转型。

(4)同时,我们也提出了数字经济应对疫情及其自身发展的短期和长期策略。从短期来看,我们应充分发挥数字基础设施作用,为最终战胜疫情打下坚实基础;调动企业抗击疫情热情,努力恢复正常生活秩序;推进数字政务与智慧城市,尽快弥补政府治理短板;稳定市场秩序,保证市场信心,加大金融扶持力度。从长期来看,应加强法律法规和标准体系建设,构建可持续发展的市场体制;加快企业数字化转型,提升企业竞争力;充分有效利用数字技术,为中小微企业提供金融服务;借力高新技术进步,驱动无人经济快速发展;加大金融科技创新力度,充分发挥金融服务实体经济的作用。

(周光友,复旦大学经济学院教授)

参考文献

[1] 程实:《疫情的长期影响:数字经济加速进化、重心下沉》,《第一财经日报》,2020年2月25日。

[2] 李苍舒、沈艳:《数字经济时代下新金融业态风险的识别、测度及防控》,《管理世界》,2019年第12期。

[3] 刘功润:《拉动后疫情时期经济发展 数字经济是"优选项"》,《第一财经日报》,2020年3月2日。

[4] 逄健、朱欣民:《国外数字经济发展趋势与数字经济国家发展战略》,《科技进步与对策》,2013年第8期。

[5] 裴长洪、倪江飞、李越:《数字经济的政治经济学分析》,《财贸经济》,2018年第9期。

[6] 王伟玲、王晶:《我国数字经济发展的趋势与推动政策研究》,《经济纵横》,2019年第1期。

[7] 杨东:《监管科技:金融科技的监管挑战与维度建构》,《中国社会科学》,2018年第5期。

[8] 杨佩卿:《数字经济的价值、发展重点及政策供给》,《西安交通大学学报(社会科学版)》,2020年第3期。

[9] 易行健、周利:《数字普惠金融发展是否显著影响了居民消费——来自中国家庭的微观证据》,《金融研究》,2018年第11期。

[10] 殷利梅:《数字经济在防控疫情中的作用日益凸显》,《人民邮电》,2020年2月26日。

[11] 张辉、石琳:《数字经济:新时代的新动力》,《北京交通大学学报(社会科学版)》,2019年第2期。

[12] 张勋、万广华、张佳佳,等:《数字经济、普惠金融与包容性增长》,《经济研究》,2019年第8期。

[13] 郑夕玉:《互联网时代我国数字经济发展策略研究——基于美国和欧盟发展经验的启示》,《西南金融》,2019年第12期。

[14] 周光友、罗素梅、连舒婷:《金融科技创新、网贷利率决定与小微企业融资》,《国际金融研究》,2020年第3期。

[15] 朱宗乾、李军、耿海鹏:《我国现阶段无人经济可持续性问题分析及对策》,《未来与发展》,2019年第12期。

[16] Geissinger, A., Laurell, C., and Sandström, C., Digital Disruption Beyond Uber and Airbnb—Tracking the Long Tail of the Sharing Economy, *Technological Forecasting and Social Change*, 2018-6-12, https://doi.org/10.1016/j.techfore.

[17] Watanabe, C., Naveed, K., and Tou, Y., et al., Measuring GDP in the Digital Economy: Increasing Dependence on Uncaptured GDP, *Technological Forecasting and Social Change*, 2018(137): 226-240.

[18] Watanabe, C., Tou, Y., and Neittaanmäki, P., A New Paradox of the Digital Economy — Structural Sources of the Limitation of GDP Statistics, *Technology in Society*, 2018(55): 9-23.

[19] Yin, Z., Gong, X., and Guo, P., et al., What Drives Entrepreneurship in Digital Economy? Evidence from China, *Economic Modelling*, 2019(82): 66-73.

第3部分

金融市场

第11章　新冠肺炎疫情下的金融市场：影响与中国对策

第12章　新冠肺炎疫情对中国金融和实体经济的影响与对策

第13章　"金融战疫"与逆周期货币金融政策应对

第14章　新冠肺炎疫情对保险市场的影响及应对

第 11 章　新冠肺炎疫情下的金融市场：影响与中国对策

新冠肺炎疫情发生以来,党中央高度重视,习近平总书记多次主持召开会议并发表重要讲话,为打好疫情防控阻击战作出了一系列重要指示和战略部署。受到疫情以及临时性"封城"、限制出行、延期复工复学等防控措施影响,全国各行各业尤其服务业受到冲击严重,金融作为现代服务业的重要组成部分必不能独善其身。更重要的是,金融市场还是对信息反应高度敏感的一个市场。面对国内外疫情形势变化、政策措施调整以及市场预期等因素的共同冲击和作用,股票、债券、期货等金融市场会有怎样的表现？如何理解这些表现及其对我国金融业的影响？对此,中国政府以及金融业自身应当采取哪些措施积极应对？接下来我们将针对这些问题进行分析和讨论。

一、疫情对全球金融市场及我国金融业发展的影响

（一）疫情冲击与全球金融市场反应

面对疫情冲击,避险是金融市场的第一反应,但同时也受到宏观政策、市场预期等多种因素影响。国内股票市场方面,1月20日晚,钟南山院士明确判断,新冠肺炎存在人传人现象,1月21日,A股上证综指大跌1.41%；1月23日,中国政府宣布对武汉实施暂时"封城",A股上证综指再次大跌2.75%。此后的春节假期期间,新冠肺炎病例数在国内出现暴发式增长,直到2月4日单日新增3 887例,达到阶段性高点。与此同时,出于防止疫情蔓延的考虑,国务院宣布全国范围延长3天春节假期,股市也顺延至2月3日复市交易。由于担心市场波动剧烈,市场对2月3日开市还是继续延期仍存在一些争议,而在按期开市后,市场也确实在当日出现7%大跌。不过,受到央行大量流动性投放、疫情形势不再恶化等利好信息,A股市场次日即出现大幅反弹,并在不到三周时间收复下跌缺口。相比之下,国内债券市场则表现出了更明显的避险效应。在利率债方面,春节后开市交易以来,国债收益率一路下行,截至3月9日早间,10年期国债活跃券报价2.53%,创下2002年7月以来的历史最低。疫情带来的冲击,使得市场对经济增长预期普遍悲观,避险情绪快速升温,加之节后央行货币政策维持稳健偏宽松,利率快速下行。信用债方面则出现一定分化,高等级信用债延续节前的收益率下行趋势,低等级信用债的收益率相对提升,息差

的增长提示债券违约率上升,发债企业面临融资成本上升甚至难以融资的困境。

而与国内金融市场相比,国际金融市场的表现似乎更引人关注。由于疫情扩散和石油"价格战",全球股市普遍出现暴跌。作为全球风向标的美股市场,与2020年年初最高点相比,3月份道琼斯工业平均指数、标普500指数与纳斯达克综合指数的下跌幅度均超过25%,都在技术意义上进入熊市。仅在3月9日—3月13日这一周,美股市场两次触发向下"熔断",创造了历史。同时,加拿大、巴西、泰国、菲律宾、印度尼西亚、巴基斯坦、科威特、墨西哥等多国股市也纷纷出现向下"熔断"。相比之下,这一时期美国国债收益率连续创造历史新低,基准10年期美国国债收益率一度跌至0.32%,创历史低点,而且出现了3个月和10年期国债收益率曲线倒挂的现象,市场表现出了强烈的避险情绪,黄金价格一度超过1700美元/盎司,不过随着经济衰退预期不断强化,黄金开始与美股共同走弱,呈现类似2008年次贷危机期间的同步变化趋势。

(二) 疫情对我国金融业发展的影响

1. 疫情提高银行信用风险

长期以来,商业银行主导的间接融资一直是我国金融体系的主要融资方式。近年来,随着我国经济的L型下行以及刚性兑付的打破,银行给企业贷款的风险有所上升,银行业不良贷款率持续升高。此次疫情发生以来,受到交通限制以及延期复工等因素影响,大量消费需求主动或被动阶段性下降,特别是房地产行业需求受挫严重。鉴于此,银行业对传统大中型工业企业以及房地产等行业的贷款出现阶段性延后已是不可避免的结果。与此同时,考虑到疫情防控下的"稳就业"民生需求,不少银行在这一时期都明显加大了对中小企业的普惠性贷款。

这些变化主要给我国银行业带来两方面不利影响:一是疫情期间加大的普惠性贷款未来可能有(阶段性)较高的不良率,毕竟中小企业本身贷款风险更高,疫情冲击又进一步加大了这一潜在风险,实际上债券市场对此已经有所体现,春节后的低等级信用债息差明显提高。二是由于这一时期普遍的降息、优惠贷款等政策冲击,导致银行发放贷款的净息差收窄,很大程度上也降低了不少银行的贷款利润率。不过,受到近年来金融互联网化的趋势影响,目前商业银行的存贷款等主要业务已基本实现网上办理,这在很大程度上避免了此次疫情对银行业务开展的直接冲击。更重要的是,目前在整个中国金融体系中占主导地位的大中型银行的表内外资产风险可控,而这次疫情带来的坏账等负面影响目前看还是暂时的,特别是考虑到国内正采取积极的财政政策和灵活的货币政策进行逆周期调控,我们认为我国银行系统整体基本可以保持平稳发展,不会因为疫情引发系统性风险。

2. 疫情后行情结构性影响券商、基金

资本市场一直是对信息反应最为敏感的市场。此次疫情暴发期间,资本市场确实较早就做出反应。春节假期之前,2020年1月21日和23日,A股两天均下跌超过1%,2020年1月31日开市交易的港股和美股也都出现了大幅下跌。考虑到疫情可能对资本市场的巨大冲击,不少人对2020年2月3日,即春节假期后正常复市表示出一定程度质疑。但是,A股在顶住压力正常开市后,其表现却是超出了绝大多数人的预期,不仅未出现之前担心的长期大幅下挫,反而仅在节后首个交易日大跌后就迅速反弹,目前三大指数早已全线收复下跌缺口。不过,这段时期受到国际市场普遍大幅下挫影响,A股市场也出现一定程度动荡,但综观全球主要的股票市场,A股仍是这段时间表现最佳的权益市场。

A股市场春节后的强势表现带动国内券商经纪业务普遍迅速增长,多家券商日均成交额环比增长;同时,参与二级市场交易的基金业务也大量增长。不过,受疫情影响,券商实地调研、尽职调查等投行业务短期内难以充分开展,PE/VC的相关业务也受到不少影响,加之疫情下(除上交所科创板外的)IPO审核与上市节奏放缓,一级市场相关业务都会受到一些影响。不过,以信息披露为核心的、更具有包容性和市场化上市规则和过程的科创板的优势也得以充分彰显。近期,科创板上市交易的多家医疗和科创企业的股价的强劲走势可以拉动这些企业和行业的发展,也为包括券商、基金、投资机构在内的相关金融服务行业带来了收益;预计接下来会有更多来自这些行业的企业陆续登陆科创板。另外,根据非典当年的经验,疫情过后总体IPO市场往往会在下半年出现补偿性增长。从全年来看,一级市场的困难很可能是暂时的,中长期券商、基金相关业务受影响程度应该比较有限。

3. 疫情暴露保险供给不足短板

近年来,我国保险业取得了长足的发展,截至2018年底,市场规模已连续三年居世界第二位,1979年至今的年复合增长率达到27%。然而,与全球发达市场相比,我国保险市场的保险密度和保险深度仍然偏低。2017年,全国保险密度为2632元/人,保险深度为4.42%,在全球88个国家和地区中仅排在第45位和第36位。此次面对新冠肺炎疫情对我国广大人民群众生命健康的严重威胁,我国保险市场供给不足的短板再次被暴露出来。

凭借举国体制的特色制度优势,为了更好地开展疫情防控与疾病救治,中国政府相关职能部门已多次发文,并基本确立了新冠肺炎的医治费用由我国不同层级的社会保障(含社会保险和救助)和各级财政兜底的格局。财政兜底固然体现了我国在应对重大危机事件上的制度优势,但其同样也在很大程度上体现了目前我国保险市场供给不足的问题。疫情直接带来的治疗费用、财产损失,间接导致的企业破产、员工失业,这些风险都需要我国保险业发挥更多的功能。但是,目前我国保险市场对这些问题的实际保障作用很有限。此外,疫情发生以来部分保险公司利用疫情进行恶意炒作,借机获客,推出专属产品保险等,这些乱象也被银保监会紧急发文叫停。

4. 疫情催生资产管理发展需求

改革开放40多年来,我国经济保持高速增长,居民财富快速增加,伴随而来的则是居民财富管理需求的明显增强。2019年10月瑞士信贷研究所发布的《2019年全球财富报告》显示,2018年全球资产增长了2.6%,达到360万亿美元;人均资产规模达到70 850美元,与2018年中期相比增长1.2%;美国、中国和欧洲分别贡献了3.8万亿美元、1.9万亿美元、1.1万亿美元,成为全球资产增长的最大贡献者。此外,报告还显示,中国目前财富超过百万美元的人数为440万人,仅次于美国;财富超过5 000万美元的超高净值人数为18 132人,仅次于美国。

依托于中国改革开放所带来的经济飞速发展,以及十年前金融危机后我国宏观调控带来的流动性宽松格局,我国资产管理行业经历了数年的快速增长。截至2019年第二季度末,资产管理行业规模达115.83万亿元。但是,与仍在快速扩张的资产管理需求相比,目前我国资产管理行业还有很大发展空间,特别是考虑到我国居民的投资渠道还很少,股票市场表现长期低于同期经济增长,P2P爆雷、企业债务违约事件频发,REITS等另类投资刚刚起步,这些意味着市场对于通过专业化投研团队提升资产保值能力的资产管理行业发展仍有巨大潜在需求。2018年4月,"资管新规"的颁布正式拉开了我国资产管理行业统一监管标准、规范转型发展的序幕,同一时期银行理财子公司相继设立并陆续发布净值化产品,标志着我国资产管理行业转型发展已经进入实质阶段。受此次疫情影响,部分企业倒闭、暂缓或降低薪酬对居民工资性收入带来了一定程度冲击,同时疫情导致的股票、债券、大宗商品以及衍生品市场等剧烈波动使得居民的财产性收入受到一定影响。此次疫情过后,出于稳健增加收入考虑,我国居民的理财意识和理财需求都将进一步放大。考虑到疫情带来的短期利率下行和通胀可能上升的影响,以及中长期增强应对突发性事件能力,我国居民和企业的资产配置和风险管理需求将进一步扩大,我国资产管理行业将迎来一次重要的发展机遇。

二、疫情下的我国经济金融应对策略

(一)加强逆周期宏观调控和重点行业中小企业支持

(1)加强基于短期承压、中长期向好的逆周期宏观政策调控。此次疫情对我国经济的冲击主要集中在短期,中长期负面影响应该有限。基于这一判断,以及国内外目前疫情进展形势,我们建议针对第一、二季度经济下行的压力,在宏观上采取更为积极的财政政策,尤其是对中长期有增长空间、短期受影响大的行业中的中小企业采取更大幅度的临时性减税降费、延缴社保等措施,切实降低企业运行成本。同时,配以(央行为核心决策机构的)适当宽松的货币政策,保障全国经济运行和资本市场运转的流动性供应。此外,进一步加大中央和地方政府的投资和购买,维护经济需求。宏观调控节奏上可以考虑采用先松后正常的步骤,上半年采取积极的财政政策辅以灵活宽松的货币政策,并适当增加进口,下半年避免采取过多的信贷刺激。

(2)加强中小企业保护和应急救助机制建设。此次疫情对高度依赖短期现金流的中小企业产生了很大冲击,对服务业占比不断提升的我国宏观经济影响很大。对此,政府短期应动用财政手段及时输血,长期要进一步加强相关支持保障体系建设,包括社会保障和金融保障体系建设,为中小企业持续经营和居民就业提供应急保障。需要注意的是,此次疫情推动线上交易的电商和消费行业迅速扩张,不仅占领了部分传统行业市场,其在生产、物流和服务上的扩张也缓解了传统行业萧条下的就业压力。对市场化调节下的新旧行业替代,政府应看到其积极意义,对没有中长期发展空间的行业和企业,除解决就业问题外,不应持续耗费资源进行救助,尊重合理的市场竞争。政府干预也应选择在市场化手段失效(比如金融机构不能将到期贷款延期)时再出手。

(3)通过扩大进口和更大力度的对外开放,全面加强"稳外资、稳外贸"。已达成的中美贸易谈判第一阶段协议中指出,一旦发生不可控因素的风险,双方应考虑重启谈判。面对这一风险,我们建议中央和地方各级政府做好贸易风险的相关预案,比如可以加大对医疗卫生资源等产品和服务的采购,来弥补因国内需求下降导致的对飞机、汽车等制造业产品的采购减少。同时,充分利用上海自贸区临港新片区制度优势,以更深层次、更宽领域、更大力度的全方位高水平开放吸引更多优质外资机构来沪投资,对冲上海乃至全国外资下降的风险。对此,政府也要进一步加强对外贸企业的政策支持,比如为新片区外贸企业提供更多税收优惠,为外贸企业提供一定信贷支持,优先保障外贸企业灵活复工等。中长期来看,这次疫情可能会影响部分包括长三角地区企业在内的中国企业在国际价值链中的地位,企业可借鉴日本企业等应对危机的经验,通过增加研发和创新巩固和提升全球价值链地位。此外,考虑到全球疫情对各经济体的影响,我们要尽可能保障甚至加强与韩国、日本、意大利等受疫情影响严重地区的贸易往来。一方面是维护全球正常的贸易秩序,体现在国际社会和国际事务上大国的责任担当;另一方面也是在当前全球经济联系愈加紧密的环境下对自身经贸发展的必要保障,毕竟一个健康良好的全球经贸环境是我国经济发展的重要基础。

(4)加强与全球其他经济体的信息互通,引导全球市场合理预期。在疫情的全球防控过程中,各国在世界卫生组织的指导下,时刻保持信息的透明公开是尽快结束疫情的必要条件。同样道理,来自2008—2009年全球金融危机的教训之一是,主要经济体必须加强宏观调控政策的沟通和协调来防止危机的蔓延及更好地治理危机。近年来,我国经济对外开放程度不断提升,尤其是在金融开放方面不断提速,资本市场是一个对信息高度敏感的市场,这就要求我国政府和监管部门进一步提升政策透明度,明确、及时告知其他主要市场的核心利益相关者中国的政策和监管措施,引导全球参与者建立合理预期。

(二)完善防范和化解风险与支持科技创新的金融市场建设

(1)确立和保障金融市场的常态化运行机制。春节假期间,考虑到疫情蔓延的威胁,中央与各地方政府普遍做出了延期开工开学的决策,但金融市场交易是否也应延期,这在2月3日A股复市前出现了不少争议。成熟市场的经验表明,除非技术性原因,一个健康的资本市场最重要的功能之一就是维持正常运转,保障投资者的流动性需求,以及通过连续的市场交易和价格调整来引导社会资源的调配。如果一旦出现突发事件,尤其是有很大负面影响的事件,那么,金融市场延期恢复不但不会减少投资者短期内的损失,反而会增加投资者的预期不确定性,进而导致最终复市后的过度调整(包括恐慌性抛售)。事实上,2月3日A股正常开市后,仅当天出现大跌,之后很快恢复正常交易。此次经历表明,确立和保障金融市场的常态化运行机制对推动我国金融市场制度完善具有重要积极作用,同时也有助于市场投资者建立更为理性的预期。

(2) 进一步扩大我国金融市场对外开放力度。受疫情影响,2月3日A股按期开市当天千股跌停,整个市场下跌超过7%。面对大跌,国内外机构投资者大举"逆行"进入,其中通过沪股通和深股通的"北上"资金当天净流入182亿元,创下历史单日净流入新高。综合开市以来A股市场的表现,中长期价值投资的机构投资资金起到了较强的稳定市场重要作用。因此,未来应当进一步扩大我国金融市场的对外开放力度,具体包括:恢复并加紧推进"沪伦通"、在自贸区(尤其新片区)探索"托宾税"等资本项目管理的新方案、推动新片区本外币一体化自由贸易账户功能拓展、推动新片区离岸市场建设等。吸引更多中长期国际投资者和机构,以建立亚洲(或者中国)独资机构、总部落地上海等形式,参与我国多层次金融市场建设,让国内中小投资者也能享受国际机构提供的好的金融产品和服务。同时,与优秀国际机构的竞争也会促进国内机构的成长。

(3) 以科创板和注册制推广为抓手,推动我国金融市场支持科技创新。自从2019年7月在上交所开板以来,科创板在支持我国科技创新企业发展上取得的成绩有目共睹。此次疫情发生以来,科创板继续发挥其对于科创企业的支持力度,一方面支持需要早期开展大规模研发投入的生物医药类公司发展,通过上市获取资本支撑以推动这些公司的中长期发展;另一方面,则是支持此次疫情推动的电商、远程教育、远程办公等新兴科技公司的进一步发展。通过科创板上市和推广注册制,进一步鼓励这两类公司和其他科创公司的上市和早期投资者的成功退出,以此吸引更多国内外机构和资本投资更多国内的初创公司,推动我国中长期科技创新和产业结构进一步转型升级。

(4) 完善防范和化解风险的保险和金融衍生品市场建设。此次疫情对我国金融保险市场的进一步发展和功能完善提出了更高的要求。保险是防范和化解风险最重要且最直接的金融工具。目前,国际上除了应对一般风险的人身险、财产险等险种,还衍生出了应对重大突发灾难的巨灾保险。相比之下,目前我国保险市场发展还很不充分,作为国际金融中心的上海尤其需要推出更多的金融和保险产品来对冲风险,包括但不限于针对中小企业的"生产中断险",包含针对未知病种的保险产品、覆盖公共卫生事件的意外险等。同时,大力推进上海再保险中心建设,借鉴巨灾保险债券思路,探索发展基于保险产品的金融基础产品和衍生品市场,实现风险的进一步分散。

(5) 提升资管国际化程度,增强国内资管公司的产品和服务能力。面对疫情进一步催生的资产管理需求,除了本土资管企业的培育和发展,以更大的开放力度推动全球资产管理公司总部或亚太区总部来华发展尤为重要。上海要重点利用临港新片区试点本外币合一跨境资金池的便利优势,吸引更多国际资产管理公司来沪开展业务,包括在沪设立专属业务子公司。国际资管进入中国市场最大的顾虑是资本流动的不确定性,对此,我们建议对中长期机构资金和管理公司应该采取鼓励和支持的态度,并且采取以更市场化的资本项目管理手段来降低中长期资本进出中国的不确定性。同时,支持商业银行在沪设立理财子公司,鼓励保险资产管理公司在沪设立专业资产管理子公司等;在新片区等特定环境中,银行理财公司和资管公司可将资金以股权等形式投放到有蓬勃发展空间的医疗健康和数字科技等行业。此外,探索在新片区推出包括人民币利率期权等更多人民币利率、外汇衍生产品,进一步丰富本外币交易品种和风险管理手段,增强区内企业管理利率、汇率等金融风险能力。

三、总结

突如其来的新冠肺炎疫情对我国和全球的经济金融市场产生了重大冲击。依靠党中央的正确部署,全国医护工作者的辛勤付出,以及临时性"封城"、限行和全民响应的有力防控举措,目前国内疫情形势已被全面控制,本轮疫情已经过去。但与此同时,全球疫情形势却呈现暴发性增长态势,急剧恶化的全球疫情也令全球金融市场剧烈震荡,全球资金避险情绪严重。面对疫情冲击的需求端影响,以及可能叠加的供给端风险,一些机构和组织甚至开始讨论疫情是否将要或已经造成了全球金融危机的发生。

面对疫情已经造成的冲击和后续可能的风险,我国金融业需要高度关注其对金融市场以及金融各业态可能的冲击。与全球主要经济体相比,我国金融业虽然在规模上已经处于较高水平,但在发挥资源配置和防范风险等重要功能上仍存在不小差距。面对疫情冲击,我国在宏观政策上要进一步加强逆周期调控,为重点行业中小企业提供支持,降低金融体系中占主导地位银行的信用风险。同时,金融业也要以更大力度和更高质量做好扩大开放,在券商、资管、保险、银行等领域进一步引入国际领先机构,通过更充分的竞争提升本土企业的产品和服务质量,建立更加成熟开放、支持创新和接轨国际的金融市场运行机制。

(钱军,复旦大学泛海国际金融学院教授;顾研,复旦大学泛海国际金融学院研究员)

参考文献

[1] 复旦大学泛海国际金融学院课题组:《面对突发疫情,A股应否延迟开市?》,2020年。

[2] 复旦大学泛海国际金融学院课题组:《新冠肺炎对中国经济的短期和中长期影响及应对策略》,2020年。

[3] 复旦大学泛海国际金融学院课题组:《新冠肺炎疫情下的上海经济金融发展与对策分析》,2020年。

[4] 复旦大学泛海国际金融学院课题组:《疫情下的金融业持续发展与上海国际金融中心建设推进》,2020年。

[5] 魏尚进、钱军:《新冠肺炎疫情对全球经济和金融体系的影响及中国应对策略》,2020年。

[6] Allen, F., Qian, J., and Shan, C.Y., et al., Dissecting the Long-term Performance of the Chinese Stock Market, Fanhai International School of Finance, Fudan University, 2018.

第 12 章　新冠肺炎疫情对中国金融和实体经济的影响与对策

在分析新冠肺炎疫情对中国经济的影响之前,我们首先要判断中国经济的现状究竟如何。自 2008 年以来,中国经济发生重大变化,呈现如下四个主要特征:第一,2012 年中国的 GDP 增速首次破"8"。第二,2008 年之后全要素生产率(TFP)增速大幅下滑。第三,各类债务全面上升,不仅仅是广受关注的地方债,家庭债、企业债增长幅度也超过政府部门。第四,GDP 增速、TFP 增速、债务的变动,是阶梯式的变动,而非平滑过渡,如图 12-1、图 12-2 和图 12-3 所示。

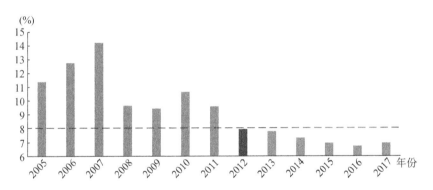

图 12-1　中国 GDP 年度增长率

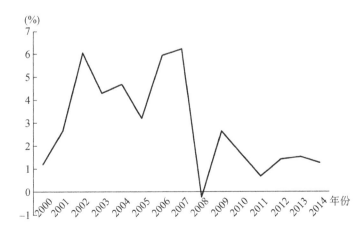

图 12-2　中国 TFP 增速

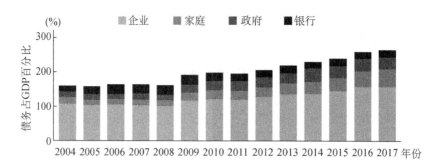

图 12-3　中国各项债务存量

资料来源：Bloomberg。

解释以上四个特征对于理解中国目前的经济格局至关重要。目前对中国经济格局的观点主要分为两种：一种观点认为当前的经济情况和存在的问题是结构性的，中国的经济正处于新常态中，我们需要适应新常态下的经济发展模式；而另一种观点则认为这些问题是周期性的，是"非常态"的，我们必须要走出这个经济、金融周期的下行阶段。在我们看来，中国经济目前正处在一个杠杆周期的下行阶段，要解决周期性现象中表露的经济问题，我们应该采取截然不同的应对策略。

一、杠杆周期

金融周期主要表现为杠杆周期，即债务的周期。和债务相比，股票对经济周期影响不大；而债务，尤其是家庭背负的债务，对于经济有深远影响。现代金融体系最重要的一个关键词是"杠杆"，而杠杆和抵押是紧密相连的。现代金融体系（尤其是影子银行体系）是由土地→住房抵押贷款→MBS→CDO→CDS 这样的一层层抵押资产构建起来的，每做一层抵押，每加一层杠杆，都会撬动底层资产的价值。当然，加杠杆本身并不是坏事情，问题是谁在用杠杆、用来做什么。

金融市场中的资产价格是由乐观的边际购买者决定的，乐观者利用杠杆撬动更多资金，使其观点在资产价格中得以充分表达。若存在卖空约束，其观点在价格中得不到反映，可能会导致价格被高估[①]。

杠杆是抵押率的倒数，抵押率决定杠杆的使用，决定融资水平。经济体中抵押率如何设定？又如何影响经济行为？

不确定性（即恐慌程度）决定抵押率。抵押率的设定是为了防范未来抵押资产价值变动的风险，当资产收益率的不确定性高，抵押率需低至足以覆盖最差状态的损失。

经济好的时候，未来不确定性低，形成"经济平稳-加杠杆-资产价格上升-生产消费活动增多"的良性循环。但经济糟糕的时候，不确定性上升降低了抵押率，高杠杆

---

① Geanakoplos, J., The Leverage Cycle, *NBER Macroeconomics Annual*, 2010,24(1):1-66.

的乐观者抵押品不足、破产出局,边际购买者乐观程度降低,压低资产价格,形成如图 12-4 的恶性循环。

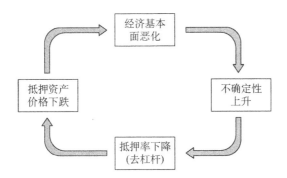

图 12-4 杠杆周期下行阶段的恶性循环

二、中国经济的杠杆周期:家庭债和企业债

为什么杠杆会给经济造成严重影响?由于金融市场的不完全(即风险分担不足),债务具有很大的宏观外部性,是反保险(anti-insurance)的:最脆弱的家庭反而要承担经济下行的风险,被迫削减消费,造成有效需求不足,导致经济衰退。问题出在需求侧,债务积压问题(debt overhang)的存在使得货币政策失效,债务人因为背负偿债义务,即使获取资金也是用于偿还债务,而非投资或消费。如图 12-5 所示,中国债务增速、杠杆率增速和 GDP 增速总体显示出正向关系。中国家庭和企业债务积压情况严重,政府债务也在累积,但由于软预算约束存在,目前情况尚属可控。

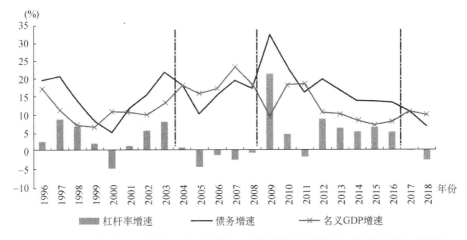

注:数据整理来自 Wind 和联讯证券,杠杆率数据和债务数据源自国家资产负债表研究中心(CNBS)。

图 12-5 杠杆率、债务和名义 GDP 增速

资料来源:李奇霖等:《深度解析中国杠杆率》,联讯证券专题研究,2019 年 4 月 26 日。

在我国，企业破产法还不够完善，没有个人破产法，家庭债务问题的影响是非常刚性和顺周期的，加剧了经济的下滑。

2008年之后中国TFP增速的突然下降，也可能与债务问题有关。中国采取的"4万亿"方案是通过银行放贷方式无差异释放流动性（实际上超过40万亿元），大量资金通过影子银行涌向房地产，而地方政府债务累积，房地产按揭贷款的增加推升家庭债务。造成了目前"家庭不消费，企业不投资"的状况。如图12-6，2008年后住房价格和TFP增长率呈负相关。

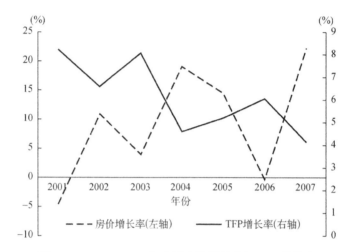

图12-6　2001—2007年中国房价增长率与TFP增长率

由图12-7可知，2012年是一个关键的转折点，GDP增量首次跌落至当年应偿

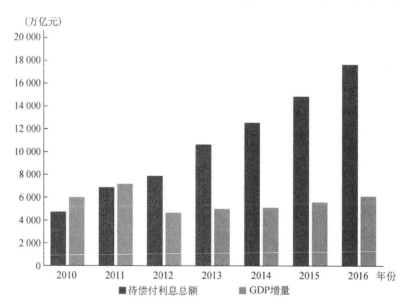

图12-7　GDP增量与当年待偿付利息总额（2010—2016年）

付利息总额之下。总体而言,中国现在处在一个杠杆周期的下行阶段,是整个经济去杠杆、流动性趋紧和实体经济活动衰退之间恶性循环的状态。

在这个过程中,抵押品价值的下降起到了推波助澜的作用。在中国,由于可做抵押品的安全资产匮乏,而当抵押品的抵押价值下降时,人们就会寻求住房来做抵押品,也会选择股权做抵押品来获取融资。为2015年股灾埋下隐患。股权质押市场的火热,本质上反映了经济中抵押品不足的现状。唯有通过制度改革,从源头上释放更多的可抵押的资产,才能避免这样层出不穷的连带问题。

三、不确定性增加对经济的影响

仅带来一阶冲击的"正常"负面消息对经济带来的影响相对较小,因为抵押率不变,资产价格的下跌可以通过杠杆率的提升得到缓解。但伴随着不确定性(二阶冲击)上升的负面消息(一阶冲击)增加资产收益率波动,抵押率降低,导致杠杆率下降,形成"杠杆率下降-资产价格下跌-杠杆率下降……"的恶性循环,陷入杠杆下行周期①。以美国为例(图12-8),几乎每轮杠杆周期发生的时间与经济政策不确定性(EPU)增加有关。

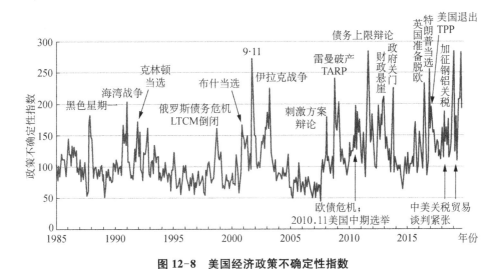

图12-8 美国经济政策不确定性指数

资料来源:"Measuring Economic Policy Uncertainty" by Scott R. Baker, Nicholas Bloom and Steven J. Davis,更新于www.policyuncertainty.com,数据以2010年初为100进行标准化。

新冠肺炎疫情发生以来,给全球经济带来极大的不确定性,对金融市场和实体经济构成巨大冲击。多种前瞻性(forward looking)度量指标,包括宏观不确定性(macro uncertainty)、微观分散度(micro dispersion),显示全球不确定性大幅上升。

---

① John Geanakoplos, "The Leverage Cycle".

从宏观经济层面,芝加哥期权交易所市场波动率指数(CBOE Volatility Index,VIX)(图12-9)自2月下旬持续攀升,3月20日左右达到峰值,仅次于雷曼兄弟破产事件,尽管三季度有所回落,仍大幅高于年初水平。中国经济不确定性指数(economic policy uncertainty,EPU)自2016年主动去杠杆以来波动上升,新冠肺炎疫情发生后指数维持在高位(见图12-10)。以上反映全球和中国不确定性上升,市场担忧情绪增加,可能加剧中国杠杆周期下行。从微观企业和消费者层面,美国和

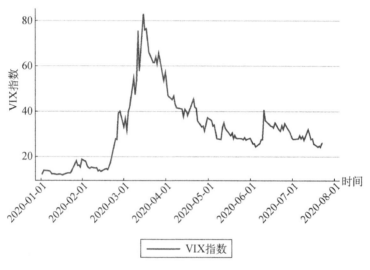

图 12-9　VIX 指数

资料来源:美国联邦储备经济数据库(FRED)。

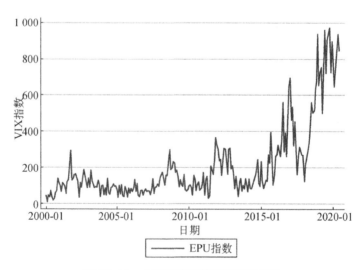

图 12-10　中国经济政策不确定性指数

资料来源:"Economic Policy Uncertainty in China" by Scott R. Baker, Nicholas Bloom, Steven J. Davis and Sophie Wang (2013) at www.PolicyUncertainty.com。

英国调查显示企业对经营状况预期分歧增加①,现金流不确定性使企业出于谨慎原因缩减生产;收入不确定性使消费者增加预防性储蓄,导致有效需求不足(Bloom,2009)。尤其当债务积压时,投资消费受更沉重的打击。下面我们将从债务(包括债券市场、银行部门杠杆、企业和居民杠杆),股票,房地产,国际市场的角度分析新冠肺炎疫情下不确定性上升对金融和实体经济的影响。

四、新冠肺炎疫情增加了金融市场不确定性风险

(一) 新冠肺炎疫情对债务的影响——实体部门融资成本上升,家庭有效需求不足

经济中债务可以大致分为两部分:债券和银行借贷。下面将从以上两个微观角度以及宏观杠杆率角度分析此次疫情通过债务对实体经济的影响。

疫情不确定性下的债市去杠杆影响不同种类债券价格。春节后供给侧几乎停滞,如图12-11,一季度一级市场信用债融资额为负。二级市场上,国债、政策性银行债等安全资产受到追捧,而公司债、企业债等信用债利差上升。按照受疫情影响程度大小将行业分为两类,春节后(即武汉封城后)的公司债,信息科技、能源、部分原材料、房地产、以酒店和经销为代表的非必需消费品等行业利差相对上升幅度增加(图12-12),企业债表现在交通基础设施、房地产和汽车行业利差上升(图12-13),原因在于社交隔离下的工业生产停滞和服务业需求缩减。全球疫情扩散,3月12日

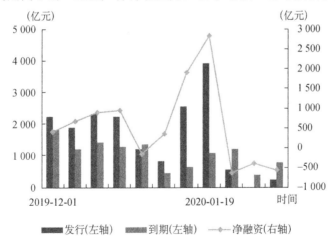

注:信用债净融资额=信用债发行数额-信用债到期数额,数据来自Wind和招商证券。

图12-11 一级市场信用债周度发行额、到期额及净融资额

资料来源:睿哲固收研究:《节后首周成绩单:疫情如何牵引信用市场?》,2020年2月9日。

---

① 美国商业不确定性调查(Survey Business Uncertainty, SBU)和英国决策者调查(Decision Maker Panel, DMP)报告企业对一年内销售、投资、就业增长的预期。

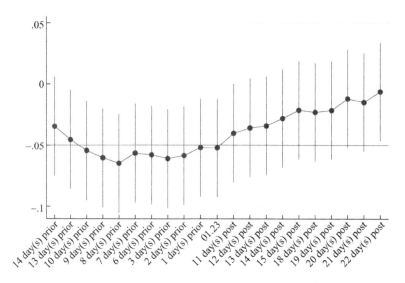

图 12-12　春节(1.23)前后公司债利差

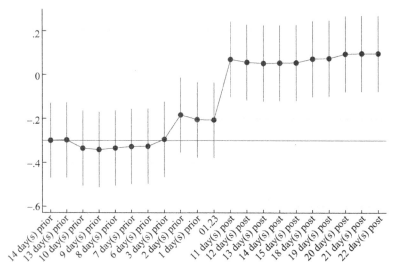

图 12-13　春节(1.23)前后企业债利差

世卫组织宣布新冠构成"全球大流行"以来，全球供需收缩，融入全球供应链的信息科技、涉及跨国业务的航空海运和金融服务利差增长明显(图 12-14)。

　　银行贷款既包括对供给侧的企业贷款，也包含需求侧的家庭债务。中国企业融资 50% 以上依赖于银行贷款。根据信息不对称下的信贷配给理论(Stiglitz and Weiss，1981)[1]，银行为了规避逆向选择和道德风险，会侧重优先贷款给优势企业，

---

[1] Stiglitz, J. E., and Weiss, A., Credit Rationing in Markets with Imperfect Information, *American Economic Review*，1981，71(3)：393-410.

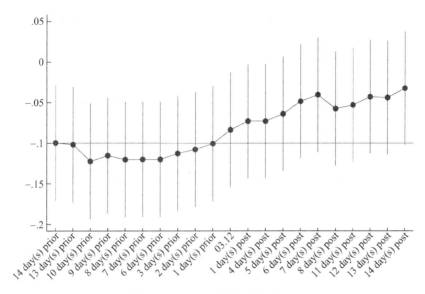

图 12-14　3.12 前后公司债利差

资料来源:国泰安(CSMAR)、万德(Wind)。

注:受疫情影响大的 GICS 一级行业,图 12-12[28.6%]为信息科技;电信业务;日常消费品;能源;原材料(金属、非金属与采矿);工业(航空Ⅲ,航空航天与国防Ⅲ,电气设备,海运Ⅲ,机械);金融(房地产管理和开发,多元金融服务);非必需消费品(媒体Ⅲ,酒店、餐馆与休闲Ⅲ,综合消费者服务Ⅲ,汽车零部件,消费品经销商Ⅲ,多元化零售)。图 12-13[17.48%]为工业(交通基础设施,综合类Ⅲ);金融(房地产管理和开发);非必需消费品(汽车)。图 12-14[17.71%]为信息科技,原材料(金属、非金属与采矿),工业(航空Ⅲ,海运Ⅲ),金融(多元金融服务)。括号内显示 GICS 三级行业,方括号内是占总债券交易的比重。

中小企业因其较少的公开信息和较低的抵押品质量难以获得贷款。所以,中小企业更加依赖其与特定银行间的关系型融资。疫情之后,银行业降杠杆,倾向于向国有企业及资质好、抗风险能力强的大型民营企业贷款,以中小企业为贷款对象的城商、农商银行资产端不良贷款率高(图 12-15),存在向企业抽贷以压缩负债端的可能,增

图 12-15　商业银行不良贷款率

资料来源:毕马威《2019 年中国银行业调查报告》。

加了系统性风险。银行和企业是"唇亡齿寒"的关系,一旦企业因为现金流短缺倒闭,不良资产还需银行处置,此类资产流动性差,价值大打折扣。银行业信心再度受挫,形成恶性循环。好的杠杆调整应当以"增"为主,增加资本金、削减非核心资产和处置不良资产①。所以,从根本上遏制抽贷应当树立信心,为企业提供良好的政策环境,减少未来经济的不确定性,形成企业业务发展、企业信用良好、银行贷款质量高的良性循环。

疫情不仅影响金融机构债券交易和银行放贷行为,杠杆下行期的债务积压问题将更加显性化,供给和需求同时缩减,在我国以服务业为主的经济结构下,需求减少带来的负面影响更大。

从供给侧角度,非金融企业部门的杠杆率10年增加了约50%。跨国截面上,如图12-16,中国高于美国和日本。高杠杆公司(尤其以短期债务为主)受到的打击将会更加严重:资产端收入因最终产品或对中间产品需求的下降而减少;负债端大量短期债务加之融资难以令企业陷入流动性困境,其中不乏优质但资金周转时间长的企业,投资方只关注现金流而忽视基本面,会降低全社会的资源配置效率②。

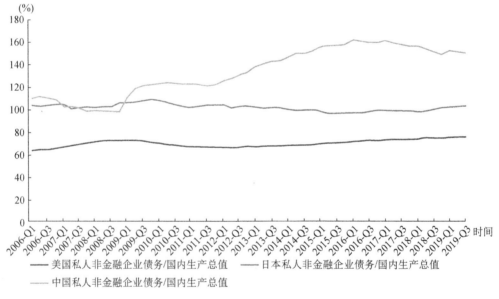

图 12-16 中国与美国、日本非金融企业资产负债率

资料来源:国际清算银行(BIS)。

(1) 居民部门债务:金融机构本外币信贷收支表中的住户贷款,包括消费贷款和

---

① Coeuré, B (2014) "Monetary Policy Transmission and Bank Deleveraging", speech at "The Future of Banking Summit", Paris, 13 March 2014.
② Dalio, R., My Thoughts About the Coronavirus, https://www.linkedin.com/pulse/my-thoughts-coronavirus-ray-dalio?articleId=6640623255357005825#comments6640623255357005825.

经营贷款;

(2) 非金融企业部门债务:金融机构本外币信贷收支表中的非金融企业及机关团体贷款+社会融资规模存量中的委托贷款、信托贷款、未贴现银行承兑汇票、企业债券-地方政府债务余额中的非政府债券形式存量政府债务+境外贷款;

(3) 政府部门债务:国债余额+地方政府债务余额(地方政府债务 2018 年之前包含一部分融资平台债务,与非金融企业债务重合的部分已从非金融企业部门去掉);

(4) 金融部门资产方:其他存款性公司对其他存款性公司债权和对其他金融机构债权;

(5) 金融部门负债方:其他存款性公司对其他存款性公司负债、对其他金融性公司负债和债券发行;

(6) 名义 GDP:四个季度滚动加总。

图 12-17 进一步显示,供给侧资源配置效率已经出现问题,近十几年非金融企业总资产带来的产值持续下降,说明经济体中资源误配,传统产能过剩行业得到大量资源但边际生产率降低,本次疫情可能加剧资源错配。

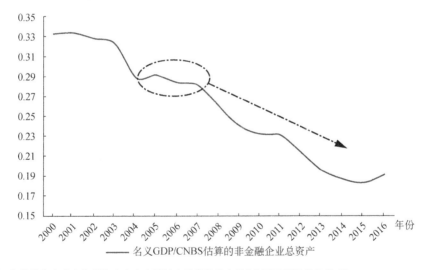

注:估算的非金融企业总资产来自中国社会科学院发布的《中国国家资产负债表》。

图 12-17 中国非金融企业单位总资产的 GDP 产出

资料来源:CNBS,Wind,联讯证券。

从需求侧角度,居民部门的杠杆率 2015 年起超过政府部门。从绝对债务水平来看,2007 年中国居民部门债务 4 万亿元,如今已增至 50 万亿元。居民部门债务过高,用于消费的资金减少,导致社会有效需求不足。2020 年起个人汽车贷款和一般消费贷款资产证券化产品逾期率提高(图 12-18),反映其底层资产消费贷款质量下降,需求侧居民面临去杠杆,挤压消费需求。中国第三产业即服务业对国内生产总值的贡献率不断增加,2018 年已超过 50%,而在以服务业为主的经济体中,消费是经济增长的首要动力,有效需求不足带来的影响比供给侧资源分配低效更严重。

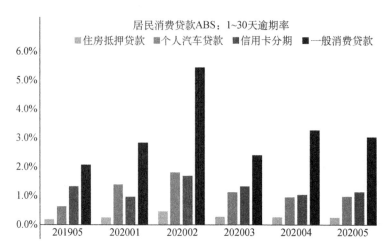

图 12-18 居民消费贷款 ABS 1～30 天逾期率

资料来源:"居民消费类 ABS 市场表现跟踪"资产证券化分析网(CNABS)。

(二)新冠肺炎疫情对股票市场的影响——股权质押隐含高风险

股票市场的信息敏感度高,负面消息在金融市场上首先表现为股价下跌。如图 12-19 所示,上证综指春节后第一个交易日(2月3日)跌幅最大,世界其他主要股票指数在 3 月大幅下跌,2020 年 3 月 9 日、12 日、16 日和 18 日,美股两周内四次触发熔断机制。疫情带来的不确定性增加股票二阶波动率。第一部分中基于美国股票

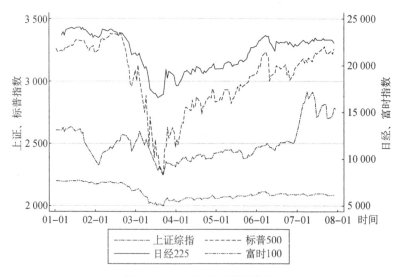

图 12-19 世界主要股票指数

资料来源:国泰安数据库。

的波动率指数 VIX 大幅上涨,下图 12-20 显示中国、英国、日本、美国主要股票指数回报率波动性增加。

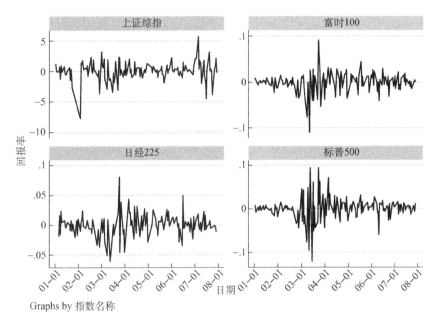

图 12-20 全球主要股票指数回报率

资料来源:国泰安数据库。

疫情带来的股价下跌,一方面通过托宾 Q 理论从金融体系传导至实体经济;另一方面,由于股权也是一种抵押品,股权质押隐含的公司控制权转移风险可能降低企业运作效率。托宾 Q 值是公司资产市场价值和重置成本的比例,理论认为投资与未来现金流期望成正比,反映了每一单位投资是否给公司带来正效应。因重置成本难以直接量化,实际操作中用公司市值除以其账面价值作为托宾 Q 值。当 Q>1 时,每单位投资带来的增值大于成本,公司增加投资;当 Q<1 时,投资是亏本的,收益不足以覆盖成本,不会发生投资行为①。我们看到自春节后股价下跌,公司市值缩水,市场价值被低估,低市值令 Q 值降到 1 以下,企业暂缓投资。除了投资量缩减,企业可能会选择抛售股票的方式增加利润,增加下述股权质押爆仓风险。

近年来,股权质押作为一种融资方式被上市公司大股东广泛采用。截至 2020 年 7 月底,共 2 866 家 A 股上市公司存在股权质押的情况,占公司总数的 77%。如图 12-21 所示,自 2014 年底,A 股股权质押比例不断攀升,从 A 股总市值的 7% 增加至 2018 年年初的 11.5% 左右。2020 年年初回落至 A 股市值的 9% 左右②。

---

① Tobin, J., A General Equilibrium Approach to Monetary Theory, *Journal of Money, Credit and Banking*, 1969,1(1):15-29.
② 为规范上市公司股权质押,2018 年 3 月 12 日,《股票质押式回购交易及登记结算业务办法(2018 年修订)》正式实施,A 股股权质押比例开始下降。

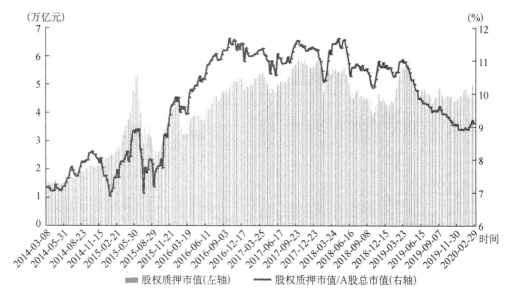

注:股权质押市值＝单只股票股权质押市值×A股上市公司总量＝单只质押数量总量(含有限售和无限售)×单只股票周收盘价×A股上市公司总量,股权质押市值参考左侧纵坐标轴,股权质押市值占A股总市值比例参考右侧纵坐标轴。

图 12-21　A 股股权质押比例

资料来源:国泰安 CSMAR。

尽管整体股权质押市值下降,其影响仍然不可忽视。2020 年 7 月底,股权质押市值与一年前相似,但质押笔数从 5 万降至 3 万,单笔质押蕴含高风险。其风险在于,当控股股东质押比例过大,强制平仓导致公司控制权发生转移,质押方 90% 为证券公司、银行和信托机构,希望将股权打折出售变现,不关心企业经营,使得生产效率下降。市场上对信息的反应是非线性的,股价对坏消息反应过度,在缺乏充分基本面消息时,坏消息引发投资者恐慌性抛售(Bloom et al., 1998)[1]。其他持有该公司股票的金融机构也开始减价抛售股票(fire sale),股价不断下跌。多家公司股权质押违约会令恐慌情绪传染,越来越多的股权质押面临爆仓风险,股票价格断崖式下跌,形成恶性循环。不断下跌的股价令券商、银行等机构资产端缩水,资产负债率提高,极易触发金融机构的债务危机。

目前的股权质押状况不容乐观。截至 2020 年 7 月底,A 股共 74 家公司被质押股份占总股本 50% 以上,以民营、外资的中小市值企业为主,多数企业总市值低于 100 亿元。A 股大股东质押比例高的多为业绩不佳、净利润微薄或为负的公司,2019 年 996 家上市公司大股东累计质押比例超过所持股份的 70%[2]。房地产行业

---

[1] Bloom, N., Shleifer, A., and Vishny, R., A Model of Investor Sentiment, *Journal of Financial Economics*, 1998, 49(3):307-343.
[2] 宋冠宇:《2 447 家上市公司质押股权,90 家质押比例超 50%》,http://www.ryanbencapital.com/2020/03/06/15342858d1/2020.03.06。

占据质押总股本第一和平均质押比例第八位,反映出房地产市场的隐藏风险。值得注意的是,国际贸易和多元金融平均质押比例超过20%,处于质押率最高的前十大行业,国际疫情发展可能增加我国股市脆弱性。

(三)新冠肺炎疫情对汇率、国际贸易和国际金融市场的影响——不确定性促使全球产业链分散化布局;美元仍是主要避险货币,美元债推高房企风险

图12-22展示了近一年人民币兑美元基准汇率走势,随着2020上半年国内疫情的发现与良好控制,美元兑换人民币汇率先上升后下降。但美元仍是最主要的避险货币,目前汇率在7附近属于历史高位。

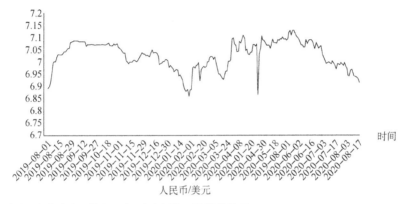

注:图中为以间接法表示的人民币汇率中间价,时间单位为天。

图12-22 人民币兑美元汇率

资料来源:国泰安CSMAR。

汇率对经济影响主要体现在两个维度,国际贸易和国际金融。与传统国际贸易理论不同,全球供应链占国际贸易总量超过50%的背景下,各国生产的产品均是跨国公司全球供应链的组成部分,出口产品的价格重要性下降。从图12-23看出近五年中国制造业出口占世界制造业市场份额近20%,而图12-24显示中国的出口产品中

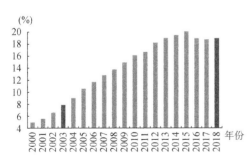

图12-23 中国制造业占全球市场份额

资料来源:法国外贸银行,UNCTAD。

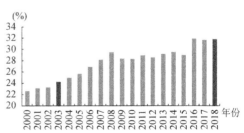

注:2018年数据是UNCTAD-Eora数据库估计值。

图12-24 中间产品占制造业产品出口比例

资料来源:法国外贸银行,UNCTAD-Eora数据库。

被用作中间产品的比例从 2001 年刚加入世贸组织时的 23% 上升至 2018 年的 32%。这意味着中国的制造业已经深刻融入全球供应链,上游产品供应不足或下游需求降低影响国际贸易额。

在疫情导致的高度不确定性下,中国面临供应链转移的风险。2008 年金融危机使人们意识到金融市场的尾部风险,2020 年新冠疫情增加了人们对产业链尾部风险的关注。出于分散风险考虑,跨国企业可能将产业链分散化布局,同一产业链环节在全球多地设厂,尽管成本可能有所上升,但产业链"韧性"增加,即使一处工厂无法运转,产业链仍能通畅运行。未来供应链将向内收缩,呈现本地化、区域化趋势,中国面临潜在的产业链移出风险。我国劳动力成本上升,对环境重视程度提高,自身存在产业链升级需求。加之在中美贸易摩擦压力之下,产业链向其他经济体(如东南亚、印度)迁移的动力增加。但作为传统制造业大国,全球产业链难以"去中国化"。

第一,我国疫情控制得当,为生产创造有利条件。第二,中国是全世界唯一拥有联合国产业分类中所列全部工业门类的国家,基础配套设施健全,拥有相对完整的供应链体系,网状图(见图 12-25)反映了出口产品相关度,将可共同出口的产品相连接,网络越密集的产品关联度越大,越可能处在同一产业链上(比如组成同一产品的各个零件),其中同一颜色代表相同行业。我国电子元件和机械设备形成一套相对复杂的产业链结构,在其他地区重组该条产业链难度高。因此,传统上汇率贬值对刺激出口的积极影响,将被供应链分散化的影响所抵消甚至取代。

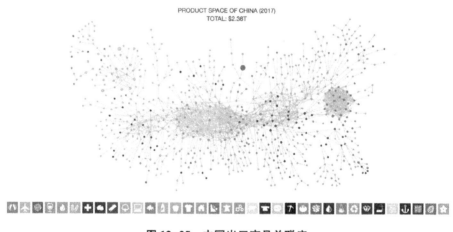

图 12-25 中国出口产品关联度

资料来源:The Observation of Economic Complexity, https://oec.world。

随着 3 月中国疫情得到有效控制,国内企业生产能力开始恢复,然而欧美等地疫情日趋严重,人员流动和物资运输受限,面临生产链条断裂风险。图 12-26 给出了新冠肺炎疫情下全球产业链上下游企业面临的风险。全球产业链上中国上游的日韩和欧美核心部件产能不足,市场上对下游产出成品的需求不足,疫情对世界经济的供给和需求带来双重冲击。综上所述,疫情之下中国出口困难重重,难

第12章 新冠肺炎疫情对中国金融和实体经济的影响与对策

以在国内杠杆周期下行期成为经济增长的动力。

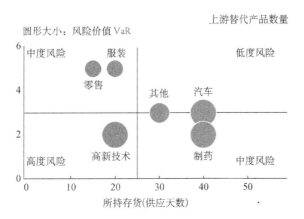

注：横轴代表库存数量，越靠近右侧库存越多，其下游企业风险越低；纵轴代表替代品数目，上一环节替代品越多，下游制造商风险越低。

图 12-26　产业链下游企业风险

资料来源：Covid-19 and Trade: A Deadly Disease Disrupts, *The Economist*, 2020-02-15, p.28; Llamasoft; Goldman Sachs Global Investment Research。

从金融市场角度，汇率波动增加美元债发行人负债端风险。美元债发行主体以房地产企业居多，房地产企业存量美元债以中短期（5年及以下）为主（见图12-27）。2014年9月30日，中国人民银行、中国银行业监督管理委员会《关于进一步做好住房金融服务工作的通知》（银发〔2014〕287号）出台以来，房企境内融资

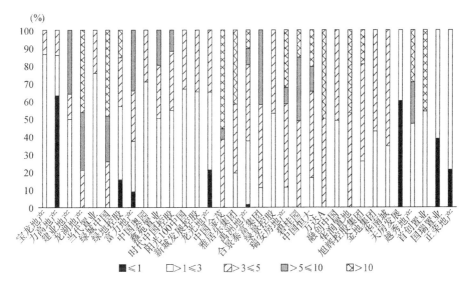

注：按照美元债存量为权重的主要房地产企业美元债发行期限，数据截至2018年10月。

图 12-27　房企发行美元债的存量期限

资料来源：Wind。

渠道受限,境外美元债发行小高潮显现,而且3年和5年期限美元债居多,2020年正好是该批次5年期美元债偿债高峰,年初境外债券集中到期(见图12-28),3年期债券经16年置换也将在2020年下半年面临到期偿债压力。而且依据《关于对房地产企业发行外债申请备案登记有关要求的通知》(发改办外资〔2019〕778号)的规定,境外美元债所筹资金只能用于置换未来一年内到期的中长期债务,房企美元债置换渠道受阻,只能通过自有资金或境内债券融资偿还美元债务,面临流动性压力。

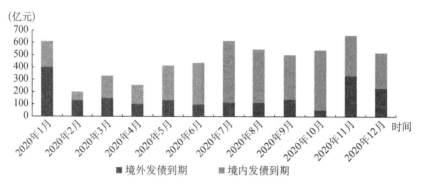

图12-28　2020年房地产债务到期时间

资料来源:中国房地产决策咨询系统(CRIC),中房网。

出于现金流压力,多家房地产企业主动增发美元债,部分利率超过10%。2020年1月,房地产行业海外融资整体放量,单月房企海外发债高达181亿美元(约合1 267亿元人民币),同比增长83%,单月净融资951亿元,单月发债/净融资规模均创历史新高[①]。正荣地产、合生创展集团的融资成本在6%左右,华南城以及当代置业的融资成本超过10%。受汇率波动影响,大量的美元债务和高利率将使房地产企业负担愈加沉重。

(四)新冠肺炎疫情对房地产市场的影响——核心抵押品所属产业资产负债双面承压

房地产行业从两个方面影响中国经济,一是非贸易品的支柱产业,二是房地产作为抵押品为经济体提供稳定持续的融资,促进经济良性循环。

近年来,中国经济对非贸易品依赖度提高。如图12-29所示,从2006年起中国对外贸易依存度呈下降趋势。在非贸易品中,房地产占重要比重。图12-30显示,2010—2019年,房地产业增加值占GDP比重增加了0.8个百分点。每次大的负面冲击(如2008年全球金融危机、2013年钱荒、2015年股灾)之后,房地产对GDP的贡献率均出现陡升。如图12-31所示,房地产平均贡献率超过30%。

---

① 罗曼:《到海外找钱!房企热衷美元债,1月规模更创历史新高》,证券时报网,2020年2年21日。

第 12 章 新冠肺炎疫情对中国金融和实体经济的影响与对策

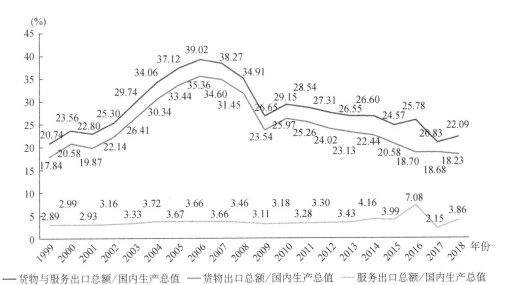

注：2016年之前，服务贸易只有美元金额统计，因此使用美联储公布的年度平均汇率数据换算出人民币计价的服务贸易金额。

图 12-29 中国货物与服务贸易出口占国内生产总值（GDP）比重

资料来源：《中国统计年鉴》2000—2018年数据，FRED(federal reserve economic data)。

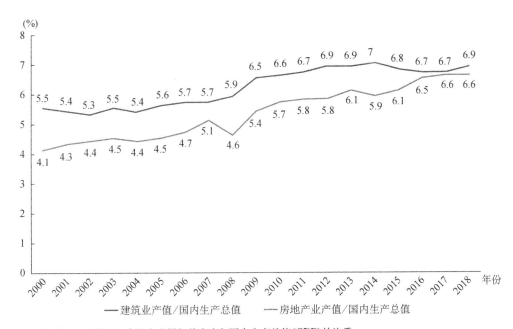

注：图示为建筑业和房地产业增加值占当年国内生产总值（GDP）的比重。

图 12-30 建筑业和房地产业对国内生产总值（GDP）贡献率

资料来源：《中国统计年鉴（2019）》。

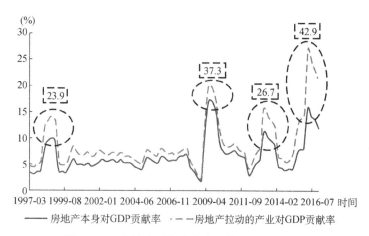

图 12-31　房地产对国内生产总值(GDP)贡献率

资料来源：中国投入产出学会，Wind，国泰君安证券研究。

然而，本次疫情使房地产行业整体受挫，房产中介也受到波及。如图 12-32 所示，资产端，近五年房地产开发资金愈加依赖销售资金，为开发建设提供约 50% 的资金来源。销量下滑带来的现金流短缺，将使企业面临巨大债务压力。图 12-33 显示，相较于前四年，2020 年春节后无人看房买房，各类房企打折促销。随着疫情控制良好，大型房企销售回暖，但 2020 上半年仍有 210 家房企破产，其中以三四线的中小型房企为主。中国的房地产市场又具有高周转率、高负债的特点，很多房地产企业在一年内完成从开工到销售的一轮循环。负债端，中国房地产企业负债全球最高，其中包含大量美元债，负债端暴露在汇率风险中。

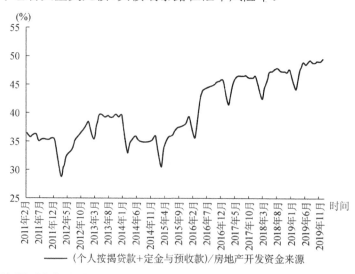

注：数据源自 Wind 和粤开证券。

图 12-32　销售资金占房地产开发资金比例

资料来源：李奇霖等：《疫情后需关注四大趋势》，华夏时报网，2020 年 2 月 25 日。

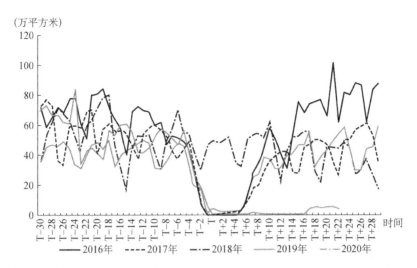

注：数据源自 Wind 和粤开证券。T 日为春节。

图 12-33　春节后 30 个大中城市商品房成交面积

资料来源：李奇霖等：《疫情后需关注四大趋势》，华夏时报网，2020 年 2 月 25 日。

除了债务负担，疫情冲击有利于房地产行业重新洗牌。国内中小房地产企业数目过多，平均每一万人一个房地产商，除去业务转变的还余下 3 万左右房地产商，而美国全国仅有 500 个左右房地产商（数据来自美国房地产协会）。疫情下部分经营困难的中小房地产商破产，有利于房地产行业的健康发展。

房地产作为重要金融市场之一价格应维持稳定，十几年来中国的高房价不仅由城市化进程加快、住房供不应求所决定，更包含房产作为资产的抵押品价值，房地产价格的稳定对经济运行有重要意义。房地产是中小、民营企业融资的重要抵押品，维持房价稳定有利于维护抵押品价值稳定，减少不确定性，使抵押率升高，企业可以融得足够的资金扩大生产，放心加杠杆，从而走出杠杆周期下行阶段。一旦作为底层资产的房地产价格出现波动，则房产抵押率降低，企业和家庭主动去杠杆，房产因失去抵押品价值其价格再度下跌→经济基本面恶化→不确定性上升→实体经济继续去杠杆，形成恶性循环，整个基于房地产的金融体系面临崩塌危机。房地产也是家庭资产的重要组成部分，中国平均超过 40%，美国为 30%，若住房价格下跌，家庭资产缩水，将使家庭缩减消费。

（五）各个金融市场之间的联动影响

经济体遭遇负面冲击后不确定性增加，市场避险情绪上升，触发金融市场中追求安全资产（fly to quality）的现象，资金从股市流向更安全即流动性强的债市。结合图 12-34 和图 12-35，2 月首个交易日，10 年期国债和国开债的收益率"一步到位"，10 年期国债和国开债活跃券的收益率单日降幅超过 15 个基点，反映春节期间疫情发展积累的避险情绪集中释放；信用债利差上涨，低评级信用债利差增长幅度更大，但总体涨幅较为缓和，与债市相对流动性更强有关。另外，如图12-36所示，根据交易中介测算，年后更多的城投债成交价格高于估值，说明城投债仍然是避险资金的重要选择。大量资金流向政府基础建设部门，挤压企业信贷，使生产能力受限，社会总体资源配置效率降低；企业经营困难，员工工资得不到增长，消费能力不足导致社会有效需求不足，需求不足在服务业为主的经济体中负面影响更大。

图12-34　利率债收益变化

资料来源：Wind，东方金诚。

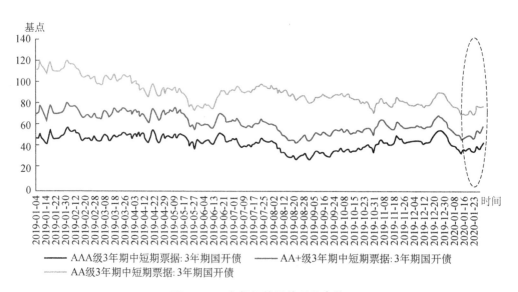

图12-35　各等级信用债利差走势

资料来源：Wind，东方金诚。

第 12 章　新冠肺炎疫情对中国金融和实体经济的影响与对策

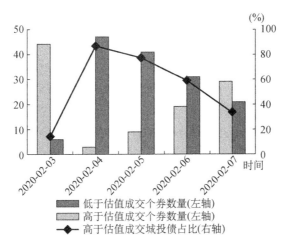

注：样本为当日成交偏离幅度最大的 50 只个券（由大到小排列）；高于估值成交的城投债占比＝高于估值成交的城投债数量/上述偏离的城投债样本。

图 12-36　2 月初城投债高于估值成交数量

资料来源：交易中介，Wind，招商证券。

供应链贸易也与金融市场密切相关。实体经济中，随着产业链的快速发展，供应链金融在服务实体经济、解决中小企业融资难问题中发挥着愈加重要的作用。供应链金融为核心企业及其上下游企业提供金融服务，相关的上下游企业多为中小企业，信息透明度低，获得银行信用贷款存在困难，同时持有国债、房产等抵押品数量不足，贷款额度不能满足所需，但恰恰是这部分企业需要现金流。供应链金融允许以上下游企业的存货、预付款、应收账款等为抵押品进行抵押贷款，盘活产业链中的抵押品，拓宽中小企业融资渠道。此次疫情造成的严重打击之一是产业链断裂，造成供应链金融中的抵押品价值下跌，融资额度减少，难以通过销售回收现金流的企业境遇"雪上加霜"。核心企业为央企、国企的产业链，在当下会加速成长。有政府背书的企业违约概率低，以国企应收账款为抵押相较于私企应收账款贷款更容易，融资金额更高。

五、政策应对——稳定预期，采用结构性货币政策，针对受疫情影响部门释放流动性

从 2012 年开始，中国经济进入了杠杆周期的下行阶段，出现了各类债务（尤其是企业债和居民债）急剧上升、GDP 增速持续下跌、TFP 下降的现象。此次新冠肺炎疫情又给中国经济带来了新的挑战。总结上述理论及疫情对不同金融市场的影响，我们认为，这次疫情对中国经济的冲击要远远超过 2003 年非典的影响。

第一，此次疫情带来的不确定性的影响力更强。2016 年起，中国经济政策不确定性指标（EPU）于波动中攀升；疫情相关信息会通过社交网络传播，激化人们的恐

慌程度。第二，中国经济过去八年以来增速下行，与2003年刚刚加入WTO、处在经济的上行阶段相比，经济可能在杠杆周期下行中越陷越深。第三，从债务角度，2012年之后GDP增量不及债务所需偿还的利息，供给侧企业的债务积压问题严重，家庭债如今是金融危机前的10倍，需求侧的有效需求不足。第四，尽管股票不受状态影响，但股票价值也是不稳定的，建立在不稳定的抵押品价值上的股权质押容易引发对企业的抛售，企业价值蒸发直接带来实体经济下滑。第五，随着全球供应链的形成，供给链条断裂和需求收缩的影响在全球传导，抑制中国和全球经济的增速。第六，从国际环境方面来看，中国所面临的国际环境也不如2003年刚刚加入WTO时乐观，中美贸易摩擦已经对中国的经济造成了一定的冲击。

疫情之后低利率水平可能导致如下问题：第一，金融市场"flight-to-quality"使低利率已经反映在国债等债券定价中，利率下降空间有限。第二，在不确定性冲击下，企业对利率敏感程度降低，进而货币政策效力降低。第三，低利率使企业估值变高，大型企业扩张产能，加剧垄断现象。第四，低利率下负债端贴现值增加，保险公司和银行面临经营困难，为维持经营在表外寻找高风险投资将暴露在更高风险之下，增加金融体系的脆弱性；保险公司难以维持运营的另一个负面效果是，金融市场更加不完全，增加系统性风险，再次回到不确定性强、去杠杆的循环。所以，政府部门应该针对中国目前处在杠杆周期下行的阶段，采取更具有针对性的、结构性的政策应对疫情的负面冲击。

（一）由于不确定性上升是加剧杠杆周期下行的根源，稳定信心是削弱不确定性的负面影响、扭转杠杆周期下行趋势的核心策略

信心的来源是抵押品价值，结合上述分析，稳定住房地产市场和股票市场即是稳住了抵押品价值。中央政府和央行可以通过"前瞻性指导"（forward guidance）的非常规货币政策，即承诺低利率将在较长时间内维持，来提振市场信心，稳定融资成本预期，鼓励企业加杠杆投资生产。同时，在房地产市场上进行预期管理（见第二点）。2012年7月，欧洲央行行长德拉吉（Draghi）著名的发言——"不惜一切代价"（"Whatever it takes"）来保卫欧元，比较成功地稳住了市场预期，缓解了欧债危机。参照欧美在上次金融危机中的实践经验，同时考虑到中国政府具有强大的影响力与号召力，明确的前瞻性指导对中国来说是低成本和高效率的方法。

（二）加强房地产业预期管理，以减少房地产价格波动风险

遏制过高的价格预期，一方面需要向市场释放信号，减少投机性购买；另一方面，需要改变"土地财政"模式，削弱地方政府抬高地价的动力，改以地方政府债券的形式融资，这样既控制了房地产价格，又通过低成本的政府债务降低了当地企业融资成本。

（三）由于债务的刚性特征，经济基本面好时加杠杆积累的债务，在下行期给债务人带来沉重负担，供给（投资）和需求（消费）侧均受到抑制，所以减轻税负和适当核销债务也很关键

政府（尤其是财政部门）可以考虑对受疫情影响比较重的地区和行业进行减税，特别是那些作用有限，但对企业来说负担比较重的税种和负担。过去政府通过剥离不良资产、债务减免（核销债务），使我们的经济得以从债务问题中脱身，继续发展。我们当前正处在一个杠杆周期下行阶段，债务减免也是必要的。美国次贷危机中，因为高度的证券化，债权人极度分散使得债务减免的协商非常困难。中国的特殊国情使得我们能够比较容易地实现债务减免。当然，减税起的作用也会类似于债务减免，能减轻家庭和企业的债务积压问题。

从国际范围内来看，中国的国债占 GDP 的比重还比较低。此次特殊国债的发行能够缓解中国货币市场和金融市场抵押品不足的问题，降低中国总体的融资成本。此外，也可以借此机会逐渐改变货币发行方式，通过财政发行债券、央行购买来投放货币。

（四）更加重视财政在应对疫情冲击中的作用

除了通过减税间接减免债务，还应适当增加财政支出提高社会保障。减税有利于减轻供给侧企业负担，但对家庭债务效果甚微。优质的社会保障能够降低家庭对未来收入不确定性的担忧，帮助居民减少后顾之忧，增加消费，提高社会总需求。

（五）在货币政策方面，央行宜采取抵押品维度的结构性货币政策实施力度（如 MLF），来直接购买受疫情影响的部门的企业和地方政府的债券

货币政策的核心是提供流动性，流动性源自稳定的抵押品价值，因此以抵押品为基础的货币政策可以减少资产价值波动，从而扭转杠杆周期下行阶段。如果广泛释放流动性，则在不确定性高的情况下，宽松的货币政策带来的流动性并没有流向实体经济部门，比如，2008 年全球金融危机后大量资金流入房地产企业，推动房地产价格快速上涨。结构性货币政策可以有针对性地提高资产的抵押率和杠杆率，以此将流动性直接注入受疫情冲击大的企业和信贷约束紧的目标部门，有效缓解针对性行业或企业的融资难问题。

结构性货币政策已被证实具备良好效果。美联储（Federal Reserve）2008 年 11 月下旬推出定期资产支持证券贷款工具（TALF）购买高达 1 万亿美元的抵押资产支持证券（ABS）和小企业管理局担保的贷款。欧债危机后，欧洲央行于 2011 年 11 月推出长期再融资计划（LTRO）抵押品拓宽到欧元区主权国家债务和中小企业贷款。我国的常备借贷便利（SLF）和中期借贷便利（MLF）起到了同样作用，现有研

究表明,结构性货币政策可以降低目标部门的融资成本高达 50 多个基点[①]。

(六)类似于非常规的货币政策——"前瞻性指导"(forward guidance),非规的财政政策也是可以采用的政策工具

与上文提到的以减税为主的常规性财政政策相比,非常规性财政政策是通过对未来的财政政策的承诺来协调经济活动,以促进经济发展,比如在供给侧减税、提高财政支出投资基础设施建设,在需求侧增税产生通胀预期来刺激当下消费等。这种政策在国际范围内被证明是有效的,例如,德国 2005 年 11 月宣布自 2007 年增加消费税,公告发布后德国耐用品购买意愿增加了 34%。

常规财政政策则包括欧元区各国采取的暂停收税、递延社会费用缴纳、提供贷款担保以及对无工作人员和临时工发放补助等措施。美国 3 月 17 日出台强有力的财政措施,将投放约 1.2 万亿美元财政资金,包括可能两周内向每位美国国民发放 1 000 美元。政策出台后,美股大幅反弹,3 月 17 日三大股指上涨均超过 5%,与前一天熔断形成鲜明对比,反映了市场对财政政策的信心。在中国,各地区相继发放消费券以刺激需求。

(七)在国际市场方面,由于很多企业在海外发行美元债,应推广外汇远期等金融操作化解汇率风险,缓解这些部门的流动性约束

在国际市场方面,由于很多企业(包括很多房地产企业、金融企业)在海外发行美元债,负债端暴露在汇率波动风险中,在政策方面也需要对这些部门提供适当的政策支持,比如推广外汇远期的使用,以缓解这些部门的流动性约束。

(王永钦,复旦大学经济学院教授;韩瑜,复旦大学经济学院博士生)

参考文献

[1] Bloom, N., The Impact of Uncertainty Shocks, *Econometrica*, 2009, 77(3): 623-685.
[2] Dalio, R., My Thoughts About the Coronavirus, https://www.linkedin.com/pulse/my-thoughts-coronavirus-ray-dalio?articleId=6640623255357005825.
[3] Fang, H., Wang, Y., and Wu, X., The Collateral Channel of Monetary Policy: Evidence from China, No.w26792, National Bureau of Economic Research, 2020.
[4] Geanakoplos, J., The Leverage Cycle, *NBER Macroeconomics Annual*, 2010, 24(1): 1-66.
[5] Stiglitz, J. E., and Weiss, A., Credit Rationing in Markets with Imperfect Information, *American Economic Review*, 1981, 71(3): 393-410.
[6] Dewatripont, M., and Maskin, E., Credit and Efficiency in Centralized and Decentralized Economies, *Review of Economic Studies*, 1995, 62(4): 541-555.

---

① Fang, H., Wang, Y., and Wu, X., The Collateral Channel of Monetary Policy: Evidence from China, No. w26792, National Bureau of Economic Research, 2020.

[7] Petersen, M. A., and Rajan, G. R., The Effect of Credit Market Competition on Lending Relationships, *The Quarterly Journal of Economics*, 1995, 110(2):407-443.

[8] Bloom, N., Shleifer, A., and Vishny, R., A Model of Investor Sentiment, *Journal of Financial Economics*, 1998, 49(3):307-343.

[9] Baker, S. R., Bloom, N., and Davis, S. J., Measuring Economic Policy Uncertainty, *Quarterly Journal of Economics*, 2016, 131(4):1593-1636.

[10] Tobin, J., A General Equilibrium Approach to Monetary Theory, *Journal of Money, Credit and Banking*, 1969, 1(1):15-29.

第 13 章 "金融战疫"与逆周期货币金融政策应对

全球范围内的新冠肺炎疫情对世界经济金融体系造成明显冲击,中国经济金融市场面临严峻考验。2003 年的非典疫情对金融市场的冲击主要体现在股票市场冲击且风险可控,并存在局部性、阶段性、可控性特征。此次新冠肺炎疫情对金融体系的冲击则更加复杂化,汇率市场、股票市场、信贷市场与实体经济相互交织影响,若疫情出现反复则金融体系的脆弱性特征将更加明显。

针对疫情的影响和负面冲击,中国人民银行等相关部门立即组织高效"金融战疫",力争将新冠肺炎疫情对我国经济金融的影响与冲击降低到最低程度,预防疫情向经济金融领域演化。2 月 1 日,央行牵头银保监会、财政部、证监会、外汇管理局联合出台《关于进一步强化金融支持防控新型冠状病毒感染肺炎疫情的通知》(即"金融 30 条"),强化金融对新冠肺炎疫情防控支持。"金融 30 条"等金融政策组合初步达到预期政策效果,股市、汇率在 2 月 3 日短暂大幅波动后快速企稳,这一方面体现了我国金融市场较强的韧性,另一方面也表明投资者信心快速恢复。

同时,监管部门也从企业融资端放松限制,出台一系列规定,对受疫情冲击较大地区的企业扩大支持。信贷监管部门通过安排专项资金、优惠利率贷款和续贷等方式为企业提供帮助,而债券监管部门则以支持发新还旧、提供流动性支持、展期和调整还本付息周期等方式协助企业资金周转。监管部门的相关措施有效并及时地避免了企业出现信用风险传染,对防范系统性风险做出了重大贡献。

我国央行等金融机构应对疫情迅速行动,有序实施逆周期货币政策,在保持流动性合理宽松的同时,引领资金成本下降。央行于 2 月 3 日实施逆回购,释放资金 1.2 万亿元,同时引领利率下降 10 个基点,之后逆回购释放资金量开始递减,2 月 4—17 日,逆回购共释放资金 1.6 万亿元,之后直至 2 月 29 日,不再进行逆回购续作,而是拉长融资期限,以 1 年期 MLF 释放 2 000 亿元资金,同时成本下降 10 个基点,政策利率的下降引导金融市场利率和企业融资成本下降,1 年期国债收益率和 10 年期国债收益率在 2 月份分别下降 25 和 40 个基点,而 LPR 则下降了 10 个基点,货币政策传导机制较为通畅,资金成本皆有所下调。2 月底,疫情冲击下降,复工复产逐步进行,金融系统稳定,中国防范疫情风险取得阶段性胜利。

与中国疫情稳定不同,2 月底开始新冠肺炎疫情在全球范围内大规模暴发,全球投资者负面情绪反应剧烈,风险资产迅速大幅下跌。为应对新冠肺炎疫情对美国经济的冲击,美联储开始采用货币政策稳定市场,3月份紧急宣布下调联邦基金利率目标区间150个基点至0%~0.25%。图13-1为美国联邦基金2001年1月—2020年6月的利率趋势。

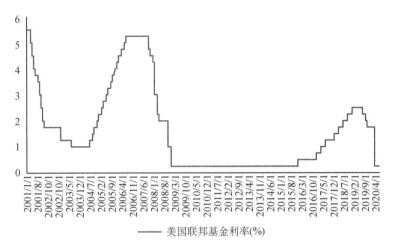

图13-1 美国联邦基金利率走势(2001年1月—2020年6月)

资料来源:Bloomberg。

一、新冠肺炎疫情对中国金融体系的冲击与影响

新冠肺炎疫情对金融体系的冲击是系统性的,由于复工延缓等原因,实体经济基本面受到影响,微观企业主体的经营出现波动,企业发行的证券亦无法避免冲击;同时,投资者情绪的快速传染,引起股票市场、债券市场、大宗商品市场、汇率市场和实体经济之间的协同加强,进一步放大了风险。

(一)疫情对产业经济的影响——PMI指数创下历史新低

新冠肺炎疫情冲击对中国产业经济影响巨大,从PMI数据可以得到反映。1月制造业PMI指数为50.0,较前值回落0.2,非制造业商务活动PMI为54.1,较前值下降0.6,表明1月份产业经济处于平稳运行之中,疫情对经济产生的冲击尚未体现。而2月数据则可明显反映疫情冲击的影响,产业经济大幅衰退,2月制造业PMI为35.7,较前值下降14.3,非制造业商务活动PMI为29.6,较前值大幅回落24.5。两者皆创造了数据设立以来的历史新低,其中制造业PMI突破了2008年11月全球金融危机时38.8的历史低点位,疫情影响超过全球金融危机影响,是疫情冲击和春节停工相互叠加放大企业经营风险产生的结果(见图13-2)。

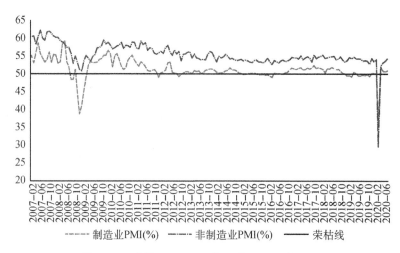

图 13-2 我国 PMI(2007 年 1 月—2020 年 6 月)

资料来源：同花顺。

(二) 新冠肺炎疫情对金融市场体系的影响

金融市场在反映实体经济受到新冠肺炎疫情冲击的前提下，同时体现出较为悲观的投资者情绪，给全球金融市场带来明显负面影响。正如诺贝尔经济学奖得主罗伯特·席勒(Robert J. Shiller)判断，"虽然最初对全球经济的直接影响有限，但这种病毒使人们突然意识到有更大的风险，这将给全球金融市场带来压力"①。

对于中国金融市场而言，新冠肺炎疫情对中国资本市场的影响也比较明显，但中国 A 股市场在这次全球金融市场大波动中表现出了相对较好的韧性。在疫情的冲击下，2 月份 A 股市场尽管剧烈波动但韧性较强，其中上证综指下降 3.23%，而深证综指和创业板指则分别上升 2.80% 和 7.46%，在外生冲击下延续了 1 月份的行情，即延续了创业板科技类股票相对于其他行业股票的上涨态势。股市的变化可以分为三个阶段。首先，由于 2 月初疫情较为严重，市场悲观情绪和疫情冲击在春节休假期间不断积累，在 2 月 3 日开市第一天集中爆发，并出现了较大的跌幅；其次，股市大跌后估值洼地凸显，由外资引导机构资金进入股市，加上疫情态势好转，国家出台相关产业政策扶持微观企业，市场预期逐步修复，股市的恢复也逐步吸引投资者资金，引导股市快速反弹并略高于春节前的位置；最后，2 月底海外疫情发酵，以美股为首的海外风险资产大幅下跌，引起投资情绪传染，导致国内股市回调。

我国债市在疫情冲击下的市场表现，与股市形成明显的跷跷板效应，市场预期

---

① 《新冠肺炎疫情：诺贝尔经济学奖得主罗伯特·席勒警告螺旋下行风险》，引自 2020 年 3 月 3 日《参考消息》，原文刊登于 2 月 28 日德国《商报》。

货币政策宽松,债市整体表现良好。具体而言,债市在 2 月大幅上升,其中以利率债的上升为主,信用债为辅,10 年国债收益率下降 26 个基点,中债财富总指数上升 1.23%,中债-1-30 年利率债指数上升 1.41%,中债信用债总财富指数上升 0.98%。债市的变化也可分为三个阶段,与股市不同的是,债券对货币政策更为敏感,需更多考虑货币政策的变化。首先,春节后债市开盘首日,央行开展了 1.2 万亿元逆回购操作,其中 7 天 9 000 亿元,14 天 3 000 亿元,中标利率分别为 2.40% 和 2.55%,较上一期下调 10 个基点,流动性的上升和资金成本的下降,引起债市快速上升;其次,由于利率的下降和流动性的释放不及预期,同时猪肉和石油化工产品价格的上升引起通货膨胀上涨预期,另外在债券投资者的担忧下,债市开始调整;最后,由于 2 月底对海外疫情的担忧上升,央行继续对宽松的货币政策进行引导,使得债市重新打开上升通道。

对于大宗商品而言,在疫情冲击下整体出现大幅度下滑。大宗市场总体受到经济环境和国际市场影响,国内商品市场指数风向标——南华综合指数在 2 月份下跌 7.62%;具有避险功能的贵金属市场表现出截然不同的运行态势,黄金在 2 月份上涨了 5.49%。其他大宗商品则有不同程度的较大跌幅,其中原油最为明显,4 月份更是创下负油价记录。除黄金外,其他大宗商品的走势与股市较为接近,但整体稍弱,月初受疫情影响,投资者对短期经济较为悲观,相应产品需求下降,并在 2 月初下跌明显,然后随着国内疫情得到控制和政府出台扶持政策,商品触底反弹,而之后由于复工复产不及预期,交通物流受阻,产成品销售堵塞,库存增加,使得大宗商品转而下跌。相比之下,黄金走势则与债券较为类似、与其他大宗商品相反,主要以避险逻辑为主线。

(三) 疫情对外汇市场的影响——维持人民币汇率稳定

在国内资本市场逐步开放的背景下,资金的流动较为便利,新冠肺炎疫情冲击下汇率的变化可以在很大程度上反映国际资金的流动和避险情绪。从美元指数的数据看,美元指数从 1 月底的 97.68 到 2 月底的 98.13,整体涨幅为 0.46%,其中走势主要分为上升和下降两个阶段:在上升阶段,美元主要体现了其避险属性,在疫情蔓延下,资金的大量涌入引起了美元上涨;而在下降阶段,主要是由美国国内疫情暴发引发投资者对美国经济基本面的担忧,同时投资者预期美联储为了对冲经济下行会进行降息,踩踏出逃进而导致美元下跌,如图 13-3(a)所示。

在新冠肺炎疫情影响下,2 月份人民币汇率随着全球风险情绪变化而出现阶段性波动,整体震荡于 6.95~7.05。但在基本面支撑下,整体波动幅度比较有限,并未出现明显贬值取向。尤其是 3 月份随着新冠肺炎疫情国际蔓延和美联储货币宽松政策实施,中国国内疫情防控稳步推进,实体经济复工复产进程加快,市场对中国经济基本面信心增强,人民币汇率出现明显的升值修复,如图 13-3(b)所示。

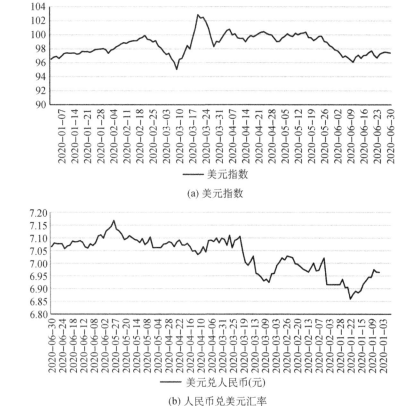

图 13-3 美元指数与人民币汇率(2020 年 1 月—2020 年 6 月)

资料来源:同花顺。

二、货币金融政策的应对与效果分析

在"后疫情时代",有必要有序推进逆周期货币金融政策组合,"先注重金融市场稳定,再实施货币政策宽松","先总量工具,后价格工具",发挥定向金融的结构性功能与创新资本市场融资工具等一揽子政策组合,有效恢复经济金融运行常态化。

(一)央行牵头建立金融联防机制与金融系统稳定机制,严守"不发生系统性金融风险的底线"

应对新冠肺炎疫情对金融体系的潜在影响与冲击,央行等部门及时建立金融联防机制与金融系统稳定机制,防范出现"多米诺骨牌"效应和金融体系的系统性风险。根据疫情发展的不确定性,央行使用动态优化逆周期货币金融政策组合对冲疫情负面冲击,联合各部门出台金融联防政策,在金融货币政策执行过程中基本遵循了"先注重金融市场稳定,再实施货币政策宽松"和"先总量工具,后价格工具"政策思路,落实金融联防和金融系统稳定机制。具体体现在以下三方面:第一,央行等五部门颁布《关于进一步强化金融支持防控新型冠状病毒感染肺炎疫情的通知》(即"金融30条"),强化金融支持疫情防控工作,传递强烈的政策信号,稳定市场与投资者信心。第二,通过货币宽松,加大金融体系流动性供给。第三,从降低资金成本和提高信贷可得性的角度,增加对受疫情影响较大企业的信贷支持;同时,加大资本市场直接融资的支持,通过"疫情防控债"等资本市场"绿色通道",增加对受疫情影响较大企业的融资支持。

(二)逆周期货币政策,释放金融体系流动性

针对本次新冠肺炎疫情对实体经济的影响,以及疫情发展的不确定性和存在疫情反复的可能性,央行在2020年1月份经济遭受负面冲击基础上动态评估疫情对未来整体经济的冲击状况,除了出台政策促进企业融资,还从保持整体宏观流动性水平合理充裕角度进行逆周期货币政策调节,对冲疫情影响。央行择机采取灵活的宽松政策并有序和稳步地实施,按照"先总量工具,后价格工具"政策导向,利用流动性工具,在总量控制金融体系流动性的前提下,通过逆回购、公开市场操作等方式为市场注入流动性。通过协调政策宽松的"度"与"弹性",及时回收流动性,达到了保持流动性充裕和避免"大水漫灌"与房地产价格反弹的效果。2月份,央行印发《2019年第四季度中国货币政策执行报告》,明确提出稳健把握逆周期调节力度,我国货币政策将保持金融体系合理流动性的操作,为实体经济与金融市场体系提供合理宽裕的流动性支持(见图13-4)。

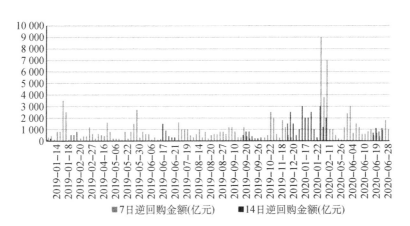

图13-4 流动性支持(2019年1月—2020年6月)

资料来源:同花顺。

(三)发挥LPR改革作用,实施市场化"降息"

央行在向市场注入流动性和降低金融市场利率之后,进一步推进LPR改革,继续释放金融机构降低贷款利率的潜力,促进贷款实际利率水平明显下降,确保解决

小微企业融资难、融资贵有明显进展。央行在《2019年第四季度中国货币政策执行报告》中，确定了未来货币政策边际宽松的大方向。在稳定投资者预期的前提下，2月20日，央行将1年期LPR下行10个基点至4.05％，5年期LPR下行5个基点至4.75％，并在3月1日将存量浮动利率贷款的定价基准转换为LPR。效率之高彰显了央行快速缓解实体经济资金压力的决心，LPR的下调将有助于降低信贷和债券等债务融资成本，提高企业财务稳健性（见图13-5）。

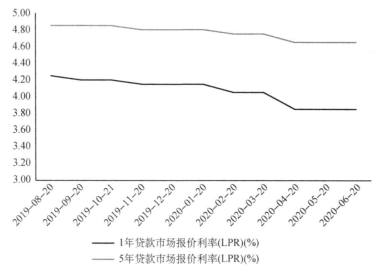

图13-5　我国LPR利率走势（2019年8月—2020年6月）

资料来源：同花顺。

（四）鼓励商业银行对实体经济的信贷供给

新冠肺炎疫情对商业银行信贷会造成脉冲式影响，若不采取有效措施进行政策干预，商业银行的信贷预计会"断崖式"下降，每年第一季度商业银行的信贷增额约占全年新增信贷总量的35％；而2—3月份银行信贷水平必须保持相对合理才能保障全年的经济运行平稳。为保证信贷量稳定，银保监会和央行等部门迅速采取措施，出台《关于加强银行业保险业金融服务、配合做好新型冠状病毒感染的肺炎疫情防控工作的通知》和《关于进一步强化金融支持防控新型冠状病毒感染肺炎疫情的通知》，加大对疫情防控相关领域的信贷支持力度，对受疫情影响较大的行业，以及有发展前景但受疫情影响暂遇困难的企业，指导银行不得盲目抽贷、断贷、压贷，并可予以展期或续贷，同时通过适当下调贷款利率、增加信用贷款和中长期贷款，严防造成实体企业倒闭现象。同时，央行发挥政策性金融机构的政策引导功能，出台《关于发放专项再贷款、支持防控新型冠状病毒感染的肺炎疫情有关事项的通知》，央行副行长在国务院应对新型冠状病毒感染的肺炎疫情联防联控机制举行的新闻发布会上的讲话进一步明确了该思路:首先,安排大额专项再贷款,增加商业银行的可贷资金量,进而提高企业融资水平;其次,通过名单制,向疫情防控企业实施低成本贷款利率政策,降低企业融资成本和现金流压力。

(五)注重财政金融政策有效搭配组合

为应对新冠肺炎疫情,财政部主要从两个角度积极发挥财政政策的逆周期经济稳定效应。第一,发挥财政政策与货币政策搭配组合效应,提高中央财政赤字容忍度,并且加大银行信贷的财政贴息;第二,在地方债务信用风险评估基础上,提高地方政府减税减费和融资担保的力度。通过财政货币政策组合搭配,出台《关于支持金融强化服务、做好新型冠状病毒感染肺炎疫情防控工作的通知》等政策,对新增的疫情防控重点保障企业贷款,在人民银行专项再贷款提供优惠利率信贷的基础上,按人民银行再贷款利率的50%给予贴息。鼓励金融机构对疫情防控重点保障企业和受疫情影响较大的小微企业提供信用贷款支持,提高各级政府性融资担保、再担保的业务办理效率。对于确无还款能力的小微企业,地方政府融资担保机构及时履行代偿义务,视疫情影响情况适当延长追偿时限,并可按规定核销代偿损失。采取提高定向贴息、各级政府对小微企业贷款给予担保、降低税费等多种方式协同货币政策支持中小企业。

(六)发挥定向金融政策优势,向特定地区、特定行业进行"定向输血"与"定向浇灌"

由于本次新冠肺炎疫情的影响具有地区性和局部性等特点,疫情造成的经济损失的结构性问题需要结构性化解,同时考虑到物价稳定与通胀预期管理难度,尽管目前疫情仍存在较大不确定性,但央行并未大规模地向实体经济注入流动性,而是主要发挥定向金融的"定向输血"与"定向浇灌"优势,针对湖北等严重受灾地区、特定服务性行业、小微企业和民营企业,综合运用结构性货币金融政策工具,如定向降准、专项贷款等进行定向金融支持,同时发挥企业与银行利息共担机制,有序恢复正常生产秩序和经济运行常态化。目前政策在避免"大水漫灌"的前提下取得了较好的效果,按照《关于进一步强化金融支持防控新型冠状病毒感染肺炎疫情的通知》《关于发放专项再贷款、支持防控新型冠状病毒感染的肺炎疫情有关事项的通知》的要求,信贷政策向受灾严重地区、特定服务性行业、小微企业和民营企业倾斜,在总量控制流动性的前提下,实现"结构性"货币政策效果。

(七)重视资本市场对经济受损的修复功能,对资本市场支持实体经济政策进行了及时调整

1. 重视资本市场的修复功能,有韧性的资本市场和经济体系相匹配

在疫情负面外生冲击的影响下,以资本市场为主的经济体与以银行为主的经济

体相比,具有更快的经济恢复能力和更强的恢复弹性,对宏观经济内生性稳定具有韧性作用。资本市场能够运用市场化手段对资源要素进行重新调配,引导资源流向代表经济发展方向的领域,有助于使要素分配效率最大化,增强经济韧性程度和提高经济复苏速度。大量学术研究已经证明了资本市场在经济复苏过程中的优越性。国际货币基金组织(IMF)经济学家 Allard 和 Blavy(2011)对经济合作与发展组织(OECD)不同金融体系的国家的研究发现,以资本市场为金融核心的经济体(market-based economies)的经济韧性较强,在受到外生冲击的情况下,修复能力将好于以银行为金融核心的经济体(bank-based economies),表明经济韧性与资本市场韧性的一致性。

在新冠肺炎疫情冲击下,我国金融决策部门在信贷、债券和股票市场三个方向皆出台了大量金融联防政策,促进企业融资,使得银行信贷部门与资本市场的作用相互叠加。这些政策在加大对市场微观主体保护作用的同时,增加了企业的融资选择,最大限度地提高了经济弹性和经济韧性。

2. 创新资本市场融资工具,开通债券"绿色通道",发行"疫情防控债",为实体经济提供高效率的融资支持

新冠肺炎疫情期间,监管部门出台《关于进一步做好债务融资工具市场服务疫情防控工作的通知》和《关于疫情防控期间做好企业债券工作的通知》等政策,通过资本市场"绿色通道",对企业部门或灾区地方政府的合理融资需求进行多渠道直接融资支持。针对不同实体经济主体的融资需求,鼓励具备条件的企业或地方政府发行"特种信用债券""定向专业债券",鼓励对小微企业发行"私募小微债";对于信用等级略差但风险可控的融资主体,发挥增信机构的信用支持保障。尤其是债市从发行"疫情防控债"、防范债券违约等多维度对企业提供支持。与此同时,监管部门还从简化注册发行业务流程角度为企业提供支持,包括提高审批速度和延长发债批文有效期。另外,还以允许到期债券借新还旧、展期和调整还本付息周期等方式,缓解相关企业的流动性困难,防范违约风险,降低市场影响。

3. 监管政策放松,上市公司再融资松绑,资管新规期限需进一步评估

与债务融资不同,股权融资可为企业提供长期无成本资金,股权融资政策与信贷和债券融资政策相搭配,可以提高政策的一致性与灵活性,从各个资金来源角度为企业对抗新冠肺炎疫情冲击提供帮助。2月14日,证监会发布了《关于修改〈上市公司证券发行管理办法〉的决定》《关于修改〈创业板上市公司证券发行管理暂行办法〉的决定》《关于修改〈上市公司非公开发行股票实施细则〉的决定》,再融资新规放宽了对主板、创业板上市的公司定向发行股票的限制,具体包括认购者限售期、定向发行对象人数、最高发行折价和定价基准日等方面的放松。再融资新规为深化金融供给侧结构性改革,完善再融资市场化约束机制,增强资本市场服务实体经济的能力,助力上市公司抗击疫情、增强资本和恢复生产有重要作用。

在新冠肺炎疫情冲击的背景下,央行副行长在国务院应对新型冠状病毒感染的

肺炎疫情联防联控机制举行的新闻发布会上表示,正在进行资管新规的技术评估,若发现金融机构难以完成处置,则存在延期的可能性。保持适度宽松的监管政策以防范疫情向金融体系扩散,对规避系统性风险有重要作用。一方面,目前处于经济周期下行阶段,企业盈利能力尚未修复,同时叠加资管新规等去杠杆政策,企业融资难度加大,资金流较为紧张,信用违约风险积聚,过于严格的监管政策容易导致企业现金流断裂,不利于阻断风险传染。另一方面,银行存量资产处置存在诸多难题,过渡期严格执行缺乏可操作性,强行处置资产造成的影响可能与疫情的影响相互叠加,造成风险扩大。

4. 汇率稳定政策机制成为保持人民汇率稳定的基本政策取向

防范新冠肺炎疫情影响,需重视外汇管理与汇市稳定。新冠肺炎疫情发生以来,国家外汇管理局发布《关于建立外汇政策绿色通道支持新型冠状病毒感染的肺炎疫情防控工作的通知》,从便利防疫物资进口和用汇需求两个角度协助抗击疫情,有效简化了防疫物资进口购付汇业务流程和外汇捐款入账结汇手续,放宽了疫情防控相关资本项目收入结汇支付的事前单证要求,便利了疫情防控相关跨境融资,保障了个人正常用汇需求,对抗击疫情提供了有效帮助。

三、总结与展望

本次新冠肺炎疫情对中国产业经济造成了巨大影响,复工复产的延迟令大部分企业无法创收,而工资与利息等刚性支出则使得企业面临现金流周转困难等问题,特别是轻资产轻资本的小微服务业企业,抵御外生不利冲击的能力较弱,不利的环境使这类企业出现很大困难。金融市场作为经济的晴雨表,可以迅速反映出经济所受到的影响,叠加负面投资者情绪,各市场出现交叉并相互传染,放大了基本面风险。

为对冲新冠肺炎疫情的负面影响,央行等五部门联合发布《关于进一步强化金融支持防控新型冠状病毒感染肺炎疫情的通知》(即"金融30条")率先确定了以货币金融宽松政策对抗疫情的基调,以逆周期货币政策在保证总量流动性充裕的前提下,下调政策利率,引领金融市场利率和企业融资成本下调,降低企业负担。在这一政策背景下,其他监管部门出台各项配套政策,从信贷、债券和股票等角度协同央行货币政策,以续贷、流动性支持、借新还旧和优惠利率等方式,有效降低了企业困难,与此同时,各监管部门强有力的政策配套使得金融市场在面临春节后开盘短暂冲击后得到迅速修复,彰显出较强的弹性。至2月底,疫情影响减弱,"金融战疫"取得了阶段性胜利。

考虑到海外疫情蔓延风险的不确定性,有必要警惕全球疫情的二次冲击,警惕境外输入性疫情打乱我国复工复产进程,同时也需防范投资者情绪相互感染而导致市场波动。货币政策稳健性尤其关键,及时灵活的货币金融政策对冲疫情冲击成为货币政策基本取向和选择。从短期看,最重要的是稳定预期,特别是利用货币政策进行逆周期调整,以稳定市场信心,防范金融市场异常波动与系统性金融风险。而从长期看,则需要分析债务风险问题,考虑到银行持有较多小微企业债权,银行业的不良贷款可能成为影响经济复苏的较大不确定性因素。由于受到疫情影响,预计银行业不良贷款率短期内会有所抬升,但不良贷款率上升幅度有限,即便稍有抬升,银行业抵御风险的能力仍较为充足。当前,银行业不良贷款规模近3万亿元,但拨备规模达6万亿元左右,为不良贷款规模的2倍;且银行业资本金高达23万亿元,抵御风险的"弹药"非常充足。接下来,监管部门也有必要考虑疫情客观影响,适当提高监管容忍度,为应对疫情"黑天鹅"事件冲击释放足够的政策空间。

对于新冠肺炎疫情可能的反复和未来可能出现的其他外生冲击,应主要从海外不确定性、构建金融风险防范体系视角防范系统性风险。一方面,针对疫情海外发展的不确定性,应预留货币金融政策空间。考虑到疫情全球性的扩散可能引发全球性的经济衰退,我国货币金融政策应充分预留政策空间应对不确定性冲击。由于新冠肺炎疫情在全球范围蔓延仍存在非常大的不确定性,对经济金融体系存在多期脉冲式冲击。在此建议:有必要对逆周期货币金融政策组合持续评估,并不断做好货币金融政策组合优化预案,既要保持经济金融运行常态化,又要防范疫情不稳定并严防下一次可能的大规模疫情对经济金融的冲击。另一方面,构建金融风险防范体系,保证金融体系安全。新冠肺炎疫情对2020年(尤其第一、二季度)宏观经济的负面影响相对明显,对实体经济与金融市场造成的影响仍难以评估。为此,有必要构建金融体系稳定机制,严防金融体系潜在风险演化为系统性金融风险,采取系列组合措施阻断"风险传染链条",防范国际金融市场波动对国内金融市场的溢出风险,严防"新冠肺炎疫情→经济疫情→金融风险"的传染链条导致不同金融市场之间风险"交叉传染"。

(张宗新,复旦大学经济学院教授)

参考文献

[1]《2019年第四季度中国货币政策执行报告》,中国人民银行网站,2020年2月19日:http://www.pbc.gov.cn/zhengcehuobisi/125207/125227/125957/3830536/3974306/index.html。

[2]《关于进一步强化金融支持防控新型冠状病毒感染肺炎疫情的通知》,中国人民银行网站,2020年1月31日:http://www.pbc.gov.cn/goutongjiaoliu/113456/113469/3965911/index.html。

[3] Allard, J., and Blavy, R., Market Phoenixes and Banking Ducks: Are Recoveries Faster in Market-Based Financial Systems? IMF Working Paper No.11(213), 2011.

[4] Allen, F., Gu, X., and Kowalewski, O., Financial Crisis, Structure and Reform, *Journal of Banking & Finance*, 2012, 36(11): 2960-2973.

[5] Federal Reserve, The Federal Open Market Committee Statement, 2020-03-03: https://www.federalreserve.gov/newsevents/pressreleases/monetary20200303a1.htm.

[6] Grjebine, T., Szczerbowicz, U., and Tripier, F., Corporate Debt Structure and Economic Recoveries, *European Economic Review*, 2018, 101: 77-100.

第 14 章　新冠肺炎疫情对保险市场的影响及应对

中国保险业近年来发展迅速,保费规模自 2000 年的 1 596 亿元提升至 2018 年的 3.8 万亿元,年复合增速达 19.26%。由于中国保险市场已经成为全球第二大保险市场,中国保险业不仅是国内金融版图的重要组成部分,其发展也影响着全球保险业的整体规模。我国目前保险资产超过 20 万亿元,保险资金的长期性使得保险资产成为我国资本市场的重要组成部分。2019 年,我国保费收入占 GDP 总量的 4.31%,保费增速达 12.17%,远高于 GDP 6.1%的增速[1],保险业成为中国经济发展的重要推动力。保险业的发展为中国提供了大量的就业岗位,截至 2018 年,中国保险业代理人存量规模跃至 764 万人,占全国城镇就业人口的 1.76%,保险业提供的数量庞大的就业岗位对于缓解我国就业压力有着重要意义。同时,保险业的本质是经营风险,为整个社会提供风险保障,中国保险业 2018 年的保险赔付达 12 297.87 亿元,为全社会提供风险保障 6 897.04 万亿元[2]。综上,保险业的稳定发展关乎国民经济发展、资本市场稳定、扩大就业、社会进步。主流的学术观点认为,保险的功能主要为三个方面:损失补偿、资金融通和社会管理(Skipper and Kwon, 2008; Mayers et. al., 2012; Rejda and McNamara, 2019)。随着现代经济的发展,保险通常被认为可以在改善风险分配状况、保护现有财富、累积资本、促进资金融通、提供管理建议和缓解财政压力等领域发挥作用(Zweifel and Eisen, 2012)。新冠肺炎疫情对各行各业的发展都造成了影响。保险业作为我国重要的金融产业,承载着上文所提及的重要作用。一个明显的问题是:新冠肺炎疫情对保险业造成了怎样的影响,相关影响是否会波及整体经济和社会发展?厘清这一影响不仅有助于帮助保险行业积极进行应对,同时也有助于从一个细分行业的角度评估新冠肺炎疫情对整个社会和国民经济的影响。

新冠肺炎疫情作为重大突发公共卫生事件,对整个社会安全和经济发展造成了很大的冲击。首当其冲的是交通运输业,2020 年 1—2 月,城市轨道交通领域收入锐减,疫情发展后期的运输压力增大(冯旭杰,2020)。银行业、餐饮业、旅游业等服务业在短期内都受到了较大的负面冲击(王国进,2020)。目前鲜有文章聚焦新冠肺炎

---

[1] 数据来源于国家统计局。
[2] 《2018 年中国保险行业赔付支出 1.2 万亿元》,中国新闻网,2019 年 3 月 14 日:https://baijiahao.baidu.com/s?id=1627989378901709978&wfr=spider&for=pc。

疫情对保险业的影响，但是2003年的非典疫情作为与新冠肺炎疫情类似的重大突发公共卫生事件，当时的研究仍然对当下有着重要的参考价值和借鉴意义。郑伟和孙祁祥(2003)对非典时期保险公司的行为做了系统的整理，并由此提出保险业应该从中汲取经验，做到财保平衡、产寿平衡。张响贤等(2003)认为，非典给保险行业同时带来了正面和负面的影响。正面影响包括健康险的加速发展、新险种开发和保险行业形象提升；负面影响包括寿险新单业务下降、营销队伍发展受阻和相关业务受到冲击。张响贤等(2003)的研究为分析重大突发公共卫生事件对保险业的影响提供了很好的分析框架和比较视角，但是由于我国保险业近年来取得了快速的发展，保险市场规模和抗风险能力也存在较大差异，2003年非典疫情和本次新冠肺炎疫情对保险业的影响可能存在差异。本章将着重分析新冠肺炎疫情对保险市场造成的长短期影响，并且思考保险行业的应对与未来发展建议，帮助保险业化危险为机遇，更好地为中国社会进步和经济发展保驾护航。

一、影响分析

（一）短期影响

1. 收入端

人身险的短期影响表现为健康与人寿保险需求上升，短期意外保险需求下降。新冠肺炎疫情的扩散激发居民对自身健康的保护意识和保险购买意识，短期将提升健康保险保费收入。人身险公司将产品责任扩展至新冠肺炎，与居民短期增量风险保障需求相契合，也将进一步刺激居民对健康保险需求的增加。差旅和出游计划的取消短期内将导致意外险销售下降，将意外险责任范围扩展至新冠肺炎有望冲淡这一负面影响。航空意外保险、火车意外保险、旅游意外保险等人身意外险多与被保险人的差旅和出游计划相关，随着疫情在全球蔓延，企业的差旅和散户的出游需求大大减少，从而压制意外险的保费收入增长。此外，由于意外险可以提前购买，疫情还将影响保险公司已售出的保单，恶化意外险短期退保率。由于我国意外险保费规模从2000年至今在整体寿险行业的占比持续稳定在3%～4%，因此新冠肺炎疫情给意外险短期带来的负面影响并不会给整体寿险业带来很大冲击。

财产险的短期影响表现为货物运输险和机动车险新单业务需求下降和企业营业中断保险需求的上升。出口贸易下滑、国内生产尚未全面复苏，导致短期货物运输险需求下降，但是货运险在全财产行业中的占比不高，2018年我国货运险保费收入为174.1亿元，仅占财产保险的1.6%，整体对我国财产保险影响较小。同时，机动车新车购置受限导致车险新单业务短期出现显著下滑。中国银保信数据显示，2020年1月23日—2月17日，全国车辆保险的累计投保的查询量2.25亿次，同比下降3.6%；累计签单量1 300万笔，同比下降34%。由于车险保费收入除新车购置产生的新单收入外,更大部分为存量保单的续单业务,受疫情影响,短期续单可能受限,但商业车险作为刚性需求只是延后至疫情结束再显露出来,因此影响整体可控。疫情发展和企业复工的潜在风险等因素将催生营业中断保险的相关需求。营业中断保险又称利润损失保险,是对因物质财产损失或第三者受灾原因导致被保险人营业受到干扰或暂时中断而遭受损失的风险进行保障的保险产品。营业中断保险在我国财险市场虽然占比不高,但增长空间广阔。营业中断保险是企业财产保险的附加险,2019 年企业财产保险原保费收入 464 亿元,仅占全年财产保险收入的 3.6%[1]。短期来看,一方面受制于疫情防控,旅游景点、游乐场、娱乐会所和餐馆等企业被迫关闭导致其遭受利润损失,若企业之前购买营业中断保险则能在本次疫情中获得赔付,减少强制关闭带来的收入损失;另一方面,为防止疫情二次蔓延,春节返工潮推迟导致开工日期不断延迟,重灾区员工无法返回导致对应岗位人员缺失,也相应会对企业造成间接损失,通过营业中断险也能获得保障。

2. 赔付端

由于本次疫情风险的赔付主要由国家医保和财政兜底承担,疫情短期对保险赔付的影响有限。对健康保险而言,新冠肺炎疫情和非典疫情的显著区别在于国家承担疑似和确诊患者所有的医疗费用而无需商业保险进行赔付,缓解了商业健康险的赔付压力;而患者在被确定为疑似和确诊患者之前的检测和药物费用则由医疗保险承担,赔付金额相对较低。对寿险而言,新冠肺炎疫情全国死亡率相对较低,定期寿险和终身寿险的增量赔付整体可控。湖北地区患者由于大量接触初代病毒,致病率和致死率较高,除湖北地区外,新冠肺炎的死亡率相对较低,为 2%~3%。结合全国范围寿险覆盖比例,身故责任的赔付增量影响较小。

保险业对警务人员和医护人员等群体的赠险将引发增量赔付,增加赔付端成本。截至 2020 年 3 月 3 日,已有 26 名医护工作者感染新冠肺炎去世[2];截至 2 月 24 日,已有 3 000 名医护人员感染新冠肺炎[3]。由于医护人员赠险由保险公司直接对接定点医院,几乎全覆盖,因此赠险可能引发增量赔付。据湖北省公安厅统计数据,截至 2 月 25 日,已有 404 名警员感染,4 名去世[4]。按每份赠险身故责任 40 万元,感染责任 20 万元测算,可能引发增量赔付 7.7 亿元,2019 年保险业原保险赔付支出为 1.3 万亿,增量占比约为 0.06%。

3. 投资端

保险公司的短期投资主要涉及权益类资产和固收类资产。在权益类资产方面,资

---

[1] 《财产保险公司经营情况表》,中国银行保险监督管理委员会网站,2020 年 1 月 22 日:http://www.cbirc.gov.cn/cn/view/pages/ItemDetail.html?docId=887994&itemId=954&generaltype=0。
[2] 《仁心赴国难 全国医护殉职已达 26 位》,财新网,2020 年 3 月 1 日:http://china.caixin.com/2020-03-01/101519796.html。
[3] 《中国—世界卫生组织新型冠状病毒肺炎联合专家考察组新闻发布会文字实录》,国家卫生健康委员会网站,2020 年 2 月 25 日:http://www.nhc.gov.cn/gjhzs/s3578/202002/1fa99f55972740f681d47cde0d1b2522.shtml。
[4] 《湖北 404 名民辅警感染新冠肺炎,派出所民警感染比例较高》,澎湃新闻,2020 年 2 月 26 日:https://www.thepaper.cn/newsDetail_forward_6171993。

本市场深化改革和IFRS9会计准则转换背景下,高股息权益资产是优质选择;固收类资产方面,疫情带来的经济压力会增大信用债的违约概率。宏观经济"弱企稳"和资本市场改革政策持续加码对于股权资产配置将是利好。我国宏观经济"弱企稳"指标逐步出现,2019年11月,中国制造业PMI为50.2[①],重回荣枯线以上,持续至2020年1月,由于受疫情影响2月份PMI下滑严重。我国宏观基本面的稳定利于权益市场的良好发展。同时,本轮新冠肺炎疫情控制较快,并且疫情作为外部事件冲击对我国经济多为短期影响,目前较为宽松的货币政策下对经济影响整体可控。多层次资本市场改革平稳推进,科创板注册制改革成功落地,创业板注册制改革稳步推行,权益资产吸引力逐渐增大。叠加IFRS9会计准则转换背景,高股息低估值的权益资产是险资配置的优质选择,能够在为险资提供可观收益率的同时提升投资收益率稳定性。

当然,保险公司投资端同样存在信用债违约率上升风险。新冠肺炎疫情加剧了全国经济压力,受灾较重的行业收入情况恶化严重,现金流原先就出现困难的中小企业和资金周转短期出现障碍的大型企业可能出现破产清算和债务违约的情况,进而引发信用债违约,增大爆雷风险。常规债市波动增大和利率持续下行的环境下,保险公司要积极拓展债券相关衍生品、大宗商品等另类资产,提高险资的配置范围,充分发挥险资的长期性优势。

(二) 长期影响

1. 商业逻辑

新冠肺炎疫情从长期来看将首先重构保险行业"开门红"的商业逻辑。"开门红"作为中国保险行业的特色由来已久,各大保险公司在每年的第一季度会推出相应的"开门红"产品来竞相争夺新一年的保费市场,运用好的发展态势来预示一年的"好彩头"。表14-1分析了我国保险行业近十年来的"开门红"现象,可以看出每年1月份的业绩在保险行业全年的业绩占比较大;另外,第一季度的原保费收入占全年保费收入基本高于30%,2016年以来更在40%左右。

表14-1 2010—2019年中国保险行业"开门红"现象

年份	1月保费收入(亿元)	第一季度保费收入(亿元)	全年保费收入(亿元)	1月保费占比(%)	第一季度占比(%)
2010	1 642.98	4 541.36	14 527.97	11.31	31.26
2011	1 716.89	4 517.16	14 339.25	11.97	31.50
2012	1 891.76	4 834.81	15 487.93	12.21	31.22
2013	2 011.87	5 150.59	17 222.24	11.68	29.91
2014	3 367.38	6 999.78	20 234.81	16.64	34.59

---

① 数据来源于Wind。

(续表)

年份	1月保费收入(亿元)	第一季度保费收入(亿元)	全年保费收入(亿元)	1月保费占比(%)	第一季度保费占比(%)
2015	4 005.56	8 425.37	24 282.52	16.50	34.70
2016	6 376.73	11 979.12	30 959.10	20.60	38.69
2017	8 553.40	15 866.02	36 851.01	23.21	43.05
2018	6 851.92	14 084.36	38 016.62	18.02	37.05
2019	8 500.00	16 322.00	42 645.00	19.93	38.27

资料来源：中国银行保险监督管理委员会。

显然新冠肺炎疫情对2020年中国保险行业的"开门红"有了明显的消极影响。以A股上市的保险公司为例，2020年1月，太保同比增长0.6%；而人保同比下滑6.78%，平安同比下滑13.74%[1]，非上市保险公司1月份的业绩普遍遭遇滑铁卢。从世界范围看，外国保险市场并不存在"开门红"的概念，保险公司的销售计划会在全年的不同时间有所不同和侧重。实际上，中国保险公司"开门红"的商业逻辑存在一定的弊端，比如保险公司将大量的经营压力集中于年初，短期内过大的压力不利于公司以及员工的持续发展，而与之配套的保险公司员工培训体系也以保险营销员的短期业务冲刺能力为目标和评价标准，忽视了其长期能力。本次新冠肺炎疫情使得保险行业的"开门红"遇冷，但是全年业绩的达成将使保险公司发现，不沿着"开门红"的商业逻辑保费增长更加健康和科学，长期可以帮助保险公司逐步脱离对"开门红"的依赖。

2. 产品创新

新冠肺炎疫情作为重大突发公共事件考验了保险公司快速产品创新和营销的能力，这一能力将有助于保险业未来更好地进行产品创新。为了使保险产品能更好地满足疫情期间社会的需求，保险公司在1个月的时间内对其产品进行了一系列的创新，涉及保险责任、风险群体、产品附加以及保险理赔等不同方面(见表14-2)。

表14-2 新冠肺炎疫情期间保险公司产品创新情况一览表

保险责任	风险群体	产品附加	保险理赔
保险产品将新冠肺炎纳入保险责任的范围之中	针对不同风险群体研发出差异化的保险产品，如小微企业复工险、出租车司机意外险、新冠肺炎药品开发责任险等	增加体检、口罩配送等新冠肺炎预防一类的保险附加服务	开通新冠肺炎专属绿色理赔通道

未来的产品创新将延续本次新冠肺炎相关保险开发所积累的宝贵经验。据此而言，以下经验可供未来的产品创新参考：在保险责任上灵活拓展了可保风险的范

---

[1] 吴敏：《五大上市险企首月揽5 284亿保费 开门红策略不同致保费增速三升两降》，华夏时报网，2020年2月25日：http://www.chinatimes.net.cn/article/94777.html。

围,使得我国保险产品日益具备对抗突发风险的应急能力;在风险群体上,进一步开发细分人群产品,推动我国保险产品的差异化发展,满足其个性化的风险保障需求;针对产品附加,提高服务的质量,使保险产品从关注事后赔偿进一步向关注事先风险管理转变;在保险理赔上,重视消费者的消费体验,提高理赔效率与质量,创新理赔方式和提高理赔速度。

3. 发展模式

新冠肺炎疫情之后,国家将进一步加大公共卫生体系建设。目前我国的公共卫生体系建设主要以社会保险为主,商业保险所发挥的作用有限。这一现状的弊端在于国家财政压力大、资金运用效率不高以及难以满足人们个性化需求等问题。新冠肺炎疫情期间,商业保险所发挥的积极作用十分明显,这将有助于进一步推动社会保险与商业保险的融合,提高商业保险在我国公共卫生体系中的作用,发挥政府引导下的商业保险机制优势,实现"大国家大保险"模式。

实际上,新冠肺炎疫情期间已经存在"大国家大保险"的雏形,即政府更多地借助商业保险来解决社会问题,发挥政府引导和参与下的保险功能。新冠肺炎疫情发生后,海南推出了"复工复产企业疫情防控综合保险",浙江宁波推出了"小微企业复工防疫保险"。前者是用以保障企业因政府疫情防控要求进行封闭或隔离所导致的在产品损失、员工工资及隔离费用方面的支出,保险责任限额200万元;后者则针对宁波市的小微企业,赔偿其因法定传染病导致企业停工停产所遭受的损失,保险责任限额10万元。这两个产品的共性在于保费由政府和个体联合承担,前者的保费政府承担70%、企业承担30%,后者的保费政府和企业各自分摊50%。这种模式也称为PPP模式(public-private partnership),即政府和私人部门合作,鼓励私营企业、民营资本与政府进行合作。新冠肺炎疫情期间的PPP模式创新,将有助于未来保险领域政府和私人部门合作的拓展与模式创新。

4. 保险科技

本次新冠肺炎疫情的冲击为新科技发展在保险行业的运用提供了很好的实验场所,也大大推动了保险科技的发展。在本次疫情中,保险公司通过线上展业工具、客户端App、微信、电话和内外部流量平台等进行获客展业,通过线上晨会、线上培训和钉钉外勤打卡等方式管理营销员,对中后台采用健康打卡、应急通知、防疫机器人等多种模式,使整个保险行业接受了一次保险科技的大教育,也让保险公司充分认识到保险科技带来的冲击和对未来将产生的重要影响。

新冠肺炎疫情期间,保险科技广泛应用于我国保险公司的展业、员工管理、理赔等各个方面,长期将推动保险行业加大保险科技的投入,有助于孵化和落地一大批新的保险科技应用技术以及保险创新产品,进一步推动我国保险产业的信息化和数字化改革。线上展业的销售形式在降低保险公司人力成本的同时,也进一步改变了传统以营销员为主导的销售体系,转而更多地通过应用互联网技术进行线上销售。保险业对于保险科技的巨大需求也增加了对保险科技相关人才的需求,倒逼学界和行业加强对保险科技人才的培养,为保险科技和保险业的深入发展提供充足的人才保障。

二、应对分析

(一) 机制与产品应对

1. 保障性产品开发

复盘非典时期保险业发展可以发现,公共卫生事件通过激发民众健康防范意识促进健康险保费收入增长。非典疫情推动健康险保费收入快速增长,2003年5—8月在非典疫情得到有效控制期间,健康险单月保费同比增速高达309%、265%、158%、131%,之后随着疫情的稳定逐步恢复正常增速水平。新冠肺炎疫情期间,从居民大量采购口罩、消毒液等健康保护用品可以发现公共卫生事件能够极大激发民众对于自身健康的保护意识,进一步加强健康风险长期保障意识,帮助提升健康险在我国的发展水平。目前我国健康险发展相对于整体经济发展水平和国外发达保险市场来说仍属于短板,增长空间十分充足。

与非典时期保险公司主张开发新产品不同,本次新冠肺炎疫情中保险公司重在培育消费者的长期健康风险保护意识。在银保监会对人身险公司严禁借疫情营销、不得以理赔具体案例为噱头的高度监管下,新冠肺炎疫情期间保险市场未出现以新冠肺炎疫情为主题的收费型保险,保险公司主要通过医疗保险责任拓展和新冠肺炎产品赠送两方面提供与新冠肺炎相关的增量风险保障。据《证券日报》报道,截至2月15日,已有56家保险公司将自身原有产品的产品责任拓展至新冠肺炎,并为患者打开绿色理赔通道。与开发收费型新产品不同,拓展已有产品责任能够强化消费者心中保险产品是长期风险保障的形象塑造,并且鼓励消费者通过购买商业健康保险为自身长期健康提供风险保障。

2. 融入医疗体制改革

以市场机制配置医疗资源,继续提高医疗服务供给水平,而保险机制是市场化医疗体系运转中极为重要的一环,保险业将在我国医疗体制市场化的大潮中取得进一步发展。保险已经在我国公共卫生体系的建设中发挥着重要作用。在社会基本医疗保险方面,参保人数持续增加,2018年参加基本医保的人数有134 459万人,参保率稳定在95%以上,基本实现全覆盖。目前,城镇职工医保和城镇居民医保政策范围内住院医疗费用基金支付比例已分别达到81.6%和65.6%,统筹基金最高支付限额已分别达到当地职工年平均工资和居民可支配收入的6倍;"新农合"政策范围内住院费用报销比例超过75%,门诊实际补偿比超过50%,县级大于60%,乡级接近80%。异地就医的报销政策是医疗资源均等化的重要保障。截至2018年年底,全国跨省(区、市)异地就医定点医疗机构1.5万家,跨省(区、市)住院患者超过500人次的定点医疗机构全部接入异地就医结算平台,县级行政区基本实现全覆盖。

2018年全国跨省（区、市）异地就医住院费用直接结算132万人次，是2017年的6.3倍。我国基本医疗保险制度的建设牵涉到千家万户的幸福安康，自建设以来，基本医疗保险制度在我国社会治理中发挥了重大作用。

商业健康保险作为我国多层次社会保障体系的第三支柱，未来能有效发挥对社会保险的补充作用，提高居民的医疗保障程度。随着我国人口增长和老龄化程度的加深，单纯依赖社会保险和企业补贴的社会保障体制所承受的压力不断增大。医疗费用的增长也使社会保险在医疗保障中的赔付比例相对有限，因病致贫的现象仍然存在。商业健康保险作为医疗体系市场化改革中的重要一环，能够在分担政府财政和企业压力的同时提升居民的医疗保障程度。一方面，重大疾病保险等商业健康保险险种能够在居民身患重大疾病时给予高额赔付，解决疾病治疗中的经济问题；另一方面，大力发展健康服务与健康保险相结合的产品形态能够提高医疗服务的可及性和治疗效率，优化居民的医疗服务体验。

3. 加快巨灾保险体系建设

新冠肺炎疫情作为典型的"黑天鹅"事件对我国宏观经济和中小企业的发展带来了巨大损失，有望提升地方政府对巨灾保险制度的建设意识。中小企业在宏观经济中同时扮演着消费者和供应者两大角色，同时，随着我国宏观经济发展逐渐转为创新主导，中小企业在我国经济中所扮演的角色的重要性正在不断加强。但中小企业在技术开发过程中受到盈利能力的限制，很难在遭受巨灾后快速恢复过来，租金、人力成本等固定成本可能导致中小企业在巨灾后发生破产。而巨灾保险能够帮助中小企业在灾后迅速恢复正常的经营过程。在本次新冠肺炎疫情中，部分地方政府已着手制定相关保险方案，帮助中小企业渡过本次难关。海南推出的"复工复产企业疫情防控综合保险"和浙江宁波推出的"小微企业复工防疫保险"，就是这方面很好的例子。

（二）"后疫情时代"风险管理

1. 系统性风险管理

本次疫情暴发所带来的系统性风险是指社会为有效应对疫情而"休克"式地暂停经济活动，若因疫情无法在短期内缓解而延长暂停时间，各行各业将面临不可分散的风险。原则上来说，保险业无法管理此类风险，但本次疫情所暴露出来的核心问题是医疗资源严重不足，若医疗资源更为充足，可能可以在一线更快地控制住疫情。在"后疫情时代"，保险业深度参与的我国医疗体系改革将有助于提高医疗资源供给水平。通过自身医疗渠道发展和与医保机构的合作，保险公司主要有三个渠道参与提高医疗资源供给水平。

一是保险业加强医保合作，促进多层次医疗体系建设。保险业能够积极配合国家医疗体系市场化改革，帮助商业保险与医保更加紧密结合，助力建成多层次医疗体系。提高基层医生收入，助力分级诊疗落实。例如，商业保险和社区全科医生合作,在被保险人患病时首先提供社区全科医生的诊疗结果,根据诊断为被保险人安排或推荐相应的医疗机构,实现分级诊疗的落实。

二是保险业加大投资医疗产业,如兴办医院、投资医疗器械公司等。根据《国务院关于促进健康服务业发展的若干意见》,国家鼓励和支持保险企业参与健康产业链的整合;保险业新"国十条"提出,在2020年建设保障全面、功能完善、安全稳健、诚信规范,具有较强服务能力、创新能力和国际竞争力,与我国经济社会发展需求相适应的现代保险服务业;2019年新修订的《健康保险管理办法》也明确指出鼓励保险企业将商业健康保险和健康服务相结合,提高与健康服务提供机构的合作程度。保险业作为多层次医疗保障体制的重要一部分,在医疗产业的整合过程中能够发挥举足轻重的作用,建设自有医疗渠道不仅能够加强保险企业自身健康保险的市场竞争力,也能加强宏观医疗资源供给能力,实现企业和国家的双赢局面。

三是保险业不断开发适用于医疗领域的险种,如加快落实医责险、开发创新药研发失败保险等。保险业最重要也是最基本的功能就是风险管理功能,对医疗行业特殊风险的保障是我国保险业的重要责任。医疗责任险作为解决医患矛盾的重要手段,同时也是加强保险企业和医疗机构合作的重要纽带。保险公司通过为医疗机构提供医疗责任险,在为医院提供风险保障的同时强化和目标医院的合作关系,为后续健康服务的开展打下有利基础。因此,保险业深度参与医疗体系市场化改革,通过长效机制加大医疗资源供给,是降低系统性风险危害的根本办法。

2. 巨灾风险管理

巨灾风险是本次疫情暴发的第二层次风险,对我国而言,主要指地方财政因大型灾害而剧烈波动,进一步影响经济发展。本次疫情暴发属于长尾风险,属于"小概率、高损失"事件,对应的风险管理产品为巨灾保险,而巨灾保险面临的主要问题是需求不足,这是由长尾风险发生概率较低而极易被人们忽略所决定的。当前我国正试点巨灾保险制度,各试点地方政府一般采用财政资金向共保体购买特定灾害的巨灾保险,如2019年湖北已经购买暴雨洪涝巨灾保险,但该巨灾保险并未涵盖传染病风险。巨灾保险需求一般在灾害后迅速提升,各地方政府应在"后疫情时代"加快巨灾保险试点并完善落实,加大对于巨灾保险的财政投入,扩大巨灾保险覆盖范围,学习试点地区的定价策略,进一步完善巨灾保险制度。考虑到本次疫情形势仍存在不确定性,可考虑鼓励保险公司或地方政府发行巨灾证券进行融资。

3. 常规风险管理

本次疫情暴发所引致的第三层次常规风险是指在疫情早期,居民无力负担诊疗费用,家庭支柱因疫情不幸去世而家庭收入锐减,以及企业被迫停工造成大量损失,此类风险可以用常规保险产品管理。在"后疫情时代",政府可进一步动用税收递延等政策鼓励居民购买保障型商业保险,尽快补足我国居民商业保险保障不足的短板,更有效率地发挥商业保险的风险保障作用。对于中小企业来说,参照发达国家经验,地方政府能够通过使用立法、贷款条件等手段要求企业购买企业财产保险,在条件允许的情况下覆盖利润损失责任,加强中小企业对类似巨灾的抵御能力。最后,本次疫情结束后,面对可能来临的失业潮,可鼓励保险公司加大保险代理人招收力度,鼓励保险公司开发符合市场需求的储蓄型保险,为社会提供"缓冲垫"。

三、总结

作为重大突发公共卫生事件,新冠肺炎疫情给社会经济带来巨大冲击,对保险业也产生了深远影响。保险业是我国社会风险管理体系的重要组成部分,本章通过对 2003 年非典疫情的复盘以及长短期分析,总结了新冠肺炎疫情对保险行业的影响。我们发现,有别于非典对我国保险业造成的影响,新冠肺炎疫情对保险业带来的积极影响与消极影响并存,但是消极影响小于非典时期。从短期影响来看,收入端人身险正面影响大于负面影响,财产险负面影响大但短期可控;赔付端和资产端的短期影响有限。从长期影响来看,新冠肺炎疫情将重构保险业重视"开门红"的商业逻辑,强化公私合作的保险发展模式,推动产品创新和保险科技运用。

人类发展的历史同时也是人类抗击各种风险的历史,预防与减少重大突发公共卫生事件的发生,避免此类事件对各行各业带来的负面冲击是一项长期的任务。本章以新冠肺炎疫情为例讨论了重大突发公共卫生事件对保险业的影响,这一研究是为了更好地以史为鉴,提高保险行业自身实力,进一步发挥其风险管理的作用,帮助和参与全社会抗疫防疫的工作。保险业未来应该结合自身的业务特征与能力,进一步探索将重大突发公共卫生事件风险纳入承保责任中,推动保险创新和管理水平提升,在重大突发公共卫生事件风险管理体系中发挥更加积极的作用。

(许闲,复旦大学经济学院教授)

参考文献

[1] 冯旭杰、王洋、刘书浩,等:《新冠肺炎疫情对城市轨道交通运营的影响》,《交通运输研究》,2020 年第 6 期。

[2] 王国进:《新冠肺炎影响全球资产定价,中国商业银行应该主动作为》,《中国银行保险报》,2020 年 2 月 13 日。

[3] 张响贤、陈凤、孟祥腾:《非典对保险业的影响及对策》,《保险研究》,2003 年第 6 期。

[4] 郑伟、孙祁祥:《"非典"保险冷思考》,《中国保险》,2003 年第 7 期。

[5] Harold, S., D., and Jean, W., K., *Risk Management and Insurance: Perspectives in a Global Economy*, Blackwell Publishing, 2008.

[6] Mayers, D., and Smith, C., W., Jr., Executive Compensation in the Life Insurance Industry, *Journal of Business*, 1982(55):281-296.

[7] Rejda, G., and McNamara, M., *Principles of Risk Management and Insurance*, Pearson Education, 2019.

[8] Zweifel, P., and Roland, E., *Insurance Economics*, Springer-Verlag, 2012.

第 4 部分

世界经济

第15章　新冠肺炎疫情对世界经济的影响和全球应对措施

第16章　新冠肺炎疫情对欧盟国家以及中欧经贸关系的
　　　　影响和应对

第17章　新冠肺炎疫情对供应链的冲击与应对

第 15 章　新冠肺炎疫情对世界经济的影响和全球应对措施

新冠肺炎疫情在 2020 年 2 月开始全球蔓延。为了控制疫情蔓延,各国政府纷纷出台"封城"、停学等措施。纵观中国与世界历史,疫情大规模暴发一定会深刻地影响社会进程和经济发展(郑洪,2020)。在西班牙和爱尔兰,黑死病瘟疫中断了开始于 1270 年的持续经济增长过程(Kelly,2001);1918 年大流感因战争从美国军营蔓延到欧洲大陆,造成近 5 000 万人死亡。新冠肺炎疫情暴发后,世界经济的需求端和供给端受到剧烈冲击,并深刻地影响到全球化发展态势。在面临国际突发公共卫生事件时,我们不得不在有限的时间内优化决策,不仅要对国内疫情防控和经济发展进行权衡决策,也要在国际范围内进行总体协调。

一、新冠肺炎疫情对世界经济的影响

2020 年 1 月和 2 月全球货物贸易总量下滑,货物入境和运输产能大幅度下降。2020 年 2 月 17 日世贸组织(WTO)发布的货物贸易晴雨表读数为 95.5,较 2019 年 11 月份的 96.6 降低 1.1。对新冠肺炎疫情控制的预期不确定,担心疫情影响全球经济的恐慌情绪,引发了全球资本市场剧烈波动。

(一)新冠肺炎疫情对世界经济需求端影响

新冠肺炎疫情暴发后,全球范围内医疗物资需求急速上升,口罩、消毒液、洗手液等严重短缺。各国因疫情采取的禁航限制使人员跨境流动成本提高[①],邮轮业、航运业和旅游业需求严重下降,进而引起全球范围内多家企业倒闭破产。

第一,口罩和消毒液等医疗物资价格暴涨。新冠肺炎疫情使美国口罩供不应求。2020 年 3 月 3 日,美国参议院健康委员会听证会表示,美国医务人员需要 35 亿只口罩,但仅能供给 3 500 万只。随着疫情在亚洲、欧美加速扩散,口罩、消毒液等医用防护品遭到抢购。0.4 欧元一只的口罩涨到 10 欧元(约合人民币 77.3 元),20 个一盒的 N95 口罩售价 387 美元(约合人民币 2 682 元),24 瓶包装的洗手液涨到

---

① 截至 2020 年 3 月 3 日有 87 个国家和地区对韩国实施入境管制,土耳其、阿富汗、巴基斯坦及亚美尼亚宜部关闭与伊朗边界,美国政府禁止过去 14 天有伊朗旅行史的外国人入境并对韩国和意大利特定区域的旅游预警提至最高级,澳大利亚提高前往日韩的警告等级。参见环球网、观察者网和人民网。

400美元。除家庭医疗物资紧缺外,各国一线医疗物资也出现紧缺。

2020年2月26日,韩国口罩销售商被要求禁止出口口罩;口罩生产商被限制出口量不超过当日产量的10%。2020年3月4日,法国政府发布政令,要求在5月31日前征用所有公共法人与私人所持有和生产的FFP2型(相当于国内N95型)呼吸防护面罩及医用一次性口罩。为了紧急应对口罩缺口,不少制造业企业转行生产口罩。在中国,广汽、比亚迪、长安、等多家车企宣布生产口罩;日本电器制造商夏普公司安排旗下的显示屏制造工厂生产医用外科口罩,成为日本第一家生产医用外科口罩的非医疗企业①。

第二,邮轮业损失惨重。截至2020年3月8日,停靠在日本横滨港的"钻石公主号"累计确诊696例新冠肺炎患者;停留在美国旧金山外海的"至尊公主号"邮轮有21人新冠肺炎病毒检测呈阳性;停靠在埃及尼罗河上的一艘邮轮有45例新冠肺炎确诊病例②。随着邮轮感染人数上升和各国采取禁航措施,市场对邮轮业的悲观和恐慌情绪上升,2020年1月21日—3月4日国际上三大邮轮公司股价均大幅下跌,嘉年华、皇家加勒比、诺唯真股价分别下跌39.7%、41%和44%。皇家加勒比取消了18个东南亚航程并调整数条航线,遭受1.36亿美元损失。2020年3月2日,日本神户夜光邮轮公司宣布破产。

第三,航空业客运量直线下降。随着新冠肺炎疫情在全球范围内不断扩散传播,对疫情国实施禁航限制成为常态,航空业客运量显著下降。2020年3月5日国际航空运输协会(IATA)估计2020年各大航空公司在全球客运量上会损失630亿~1 130亿美元收入③。金融市场对航空业反应强烈。2020年3月5日,美国航空公司股票下跌超过13%,创2013年与全美航空合并以来新低;自2月12日—3月5日,美国航空股价累计下跌46.25%,市值累计蒸发超过60.6亿美元。除美国航空外,达美航空、联合航空和西南航空等美国大型航空公司股价均出现大幅下跌。为了应对客流量下降和航空业不景气,美联航3月4日宣布4月起减少国际航班20%,减少美国国内航班10%。客运量下降和股价下跌成为压倒那些资金临近枯竭航空公司的最后一根稻草。2020年3月5日,英国支线航空公司Flybe宣布,因无法承受新冠肺炎疫情引发的航空旅行需求暴跌,进入破产接管程序。

第四,全球旅客数量锐减。联合国世界旅游组织(UNWTO)数据显示,2000年中国游客的海外消费达到100亿美元,2018年这一数字增长到2 770亿美元。因

---

① 参见2020年3月3日《金融时报》、2020年3月2日《日经亚洲评论》、2020年2月26日央视网。
② 钻石公主号邮轮与至尊公主号邮轮同属美国嘉年华集团的公主邮轮公司。2020年3月3日晚,一艘德国邮轮因船上有两名乘客一周前与确诊患者有过接触,在挪威海于格松港接受整船隔离,后来这两名乘客检查结果为阴性,该船按原计划继续行程。2020年2月28日,MSC地中海邮轮旗下"传奇号"超大型邮轮因有船员和乘客出现发热、咳嗽等症状,先后被牙买加、开曼群岛和墨西哥三个港口拒绝停靠,后在墨西哥总统干预下在港口靠岸,经检查船员和乘客的症状与新型冠状病毒无关,该邮轮随后中止后续航行提前回到母港迈阿密。参见2020年3月6日华尔街见闻和2020年3月7日21世纪经济报道。
③ IATA在世界各地共拥有290家成员航空公司,这些航司的定期国际航班客运量占全球的82%;IATA发布的数据是航空业界的重要指标。

2020年1月暴发新冠肺炎疫情,中国居民自觉居家隔离,取消了大部分春节国外旅行和海外消费计划;2月下旬随着疫情在意大利全面暴发,去欧洲旅游人数锐减。全球旅游组织估算2020年世界旅游业损失至少220亿美元,日本北海道上半年旅游业损失估计超过2 000亿日元(约合人民币131亿元),泰国政府估计旅游人数减少使泰国损失约110亿人民币。2019年入境旅游业收入占意大利GDP总量约13%,新冠肺炎疫情在意大利北部暴发后,2020年2月24日—2月29日访欧旅客数量同比下跌25.9%。因日本旅游业遭受重创,日本爱知县蒲郡市的老字号日式旅馆富士见庄2月中旬倒闭。

(二) 新冠肺炎疫情对世界经济供给端影响

根据Sea-Intelligence的数据统计,2020年1—2月,中国与美国之间至少有21次航行被取消,取消的货柜数量相当于19.85万个;亚欧贸易圈中有10次航行被取消,取消的货柜数量相当于15.15万个[1]。英国咨询公司德路里数据显示,2020年2月班轮公司取消了约105个从亚洲到北美以及欧洲/地中海地区的航次[2]。货物航运班次的大量取消提高了贸易运输成本,很多零部件和原材料无法及时交付。

第一,多国药物供给紧缺。2018年中国原料药出口到187个国家和地区,印度、美国、日本位列中国原料药出口国家前三名。2018年中国出口至美国的原料药42.67亿美元,在美国销售的150种药物产品中,约14%药物的关键成分在中国生产,约8%的现成药物在中国生产。美国不仅依赖中国原料药,还依赖中国制造生产原料药的化学原料,仅在湖北就有44家获得FDA或欧盟标准认可的制药厂为欧美提供产品原料。

新冠肺炎疫情暴发后药物生产停滞、空运减少,全球药品供应链被打乱。德国有近280种药品出现供应短缺,柏林多家药店心血管药品和止痛药稀缺。印度工业联合会在2020年2月16日警告称印度药企"濒临耗尽其原材料供应",正承受原料药价格大幅上涨压力[3]。美国食品药品监管局(FDA)局长史蒂夫·哈恩2020年2月25日表示:"我们正密切关注疫情爆发对美国医疗物资供应链造成的影响,……美国的关键医疗物资有可能被断供,甚至出现严重短缺。"

第二,汽车行业供应链断裂。新冠肺炎疫情蔓延和中国企业停工停产使其他国家企业原材料和零部件供应不足,全球汽车产业受到波及。新冠肺炎疫情发生以来,湖北省内的汽车零部件企业无法正常生产和及时复工。比如,中日合资企业东风本田连续四次推迟在武汉的工厂生产线复工复产时间。长时间停工停产使中国国内汽车零部件生产出现断供。为了防止零部件短缺,本田决定暂时削减日本埼玉

---

[1] 资料分别来自2020年1月23日《华尔街日报》。
[2] 资料分别来自2020年2月12日《中国水运报》和2020年3月3日海运网。
[3] 参见2020年3月5日21世纪经济报道《多国药物"告急"中国原料药厂积极复工保供全球产业链》。

市两座工厂的产量①。由于疫情蔓延,日产汽车于2020年2月14日暂停日本九州工厂两条生产线,2月17日暂停另一条出口汽车生产线②。

疫情防控对汽车零部件跨省市运输和出口造成了阻碍。新冠肺炎疫情暴发后,韩国五大整车制造企业(现代、起亚、韩国通用、双龙和雷诺三星)均在不同程度上遭遇了上游零部件供应不足、工厂停工问题,现代汽车被迫将位于韩国蔚山的5家工厂全线停产。2020年1月韩国汽车产量和出口数量分别同比下降28.99%和29.23%③。此外,菲亚特克莱斯勒(FCA)在塞尔维亚的工厂因来自中国的零部件短缺已暂时停产,成为欧洲首家为应对新冠肺炎疫情而停止生产的汽车制造商④(参见图15-1)。

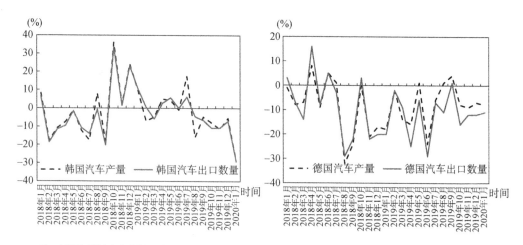

注:左图为韩国汽车产量和出口数量当月同比月度数据,右图为德国乘用车产量和出口数量当月同比月度数据。

图15-1 韩国与德国汽车产量和出口数量

资料来源:Wind。

第三,科技公司调整传统线下办公模式。疫情全球蔓延和美国本土疫情扩散使美国多家科技公司受到影响。微软公司西雅图工作区的两名员工确诊感染新冠肺炎,因此允许位于西雅图或旧金山的员工在3月9日前居家办公。Facebook因西雅

---

① 参见2020年3月3日搜狐网报道,中日合资企业东风本田已第四次推迟在武汉的工厂生产线复工复产时间至2020年3月11日;意味着本田武汉工厂将累计停产一个半月,整个2月份没有产出,预计将直接损失近10万辆汽车整车产量。
② 资料来自韩联社2020年2月18日报道和中国汽车网2020年2月11日报道。据第一财经网2020年3月2日报道,除日产汽车外,日本丰田汽车2月26日表示随着新冠肺炎疫情在全球加剧恶化,其日本工厂运营受到疫情全球扩散影响面临供应链中断。
③ 韩国三星电子位于龟尾市的智能手机工厂和恢复生产的现代汽车,皆因有工人确诊新冠肺炎而短期停工。参见2020年3月2日网易新闻。
④ 参见2020年2月4日的观察者网、2020年2月21日彭博社和2020年2月26日瞭望智库。2020年3月3日据路透社报道,韩国现代公司2月全球汽车销量为27.5万辆,较2019年同期下降13%,跌至近10年来的最低水平。为应对供应链危机,韩国政府计划简化中国零部件进口物流和通关流程,以便尽快恢复供货。

图一员工确诊感染新冠病毒将西雅图办事处关闭至3月9日,并鼓励员工在家中工作直至3月底。因瑞士分支机构的一名谷歌员工确认感染新冠肺炎病毒,3月3日谷歌公司美国总部禁止所有出差,且呼吁在美国境外的所有员工尽快回国。3月1日亚马逊米兰分公司两名员工感染新冠肺炎病毒,3月3日亚马逊西雅图总部一名员工感染新冠肺炎病毒,亚马逊要求所有员工停止非必要出差旅行,包括美国国内出差[①]。

(三) 全球资本市场震荡加剧

随着新冠肺炎疫情全球扩散,2020年2月下旬全球资本市场悲观情绪急剧上升,美国等重要国家的10年期国债收益率持续下降,股市波动剧烈。2020年2月12日—2020年3月9日,在避险资金推动下,美国中长期国债价格持续上涨,欧洲地区特别是德国长期债券价格刷新历史高点(参见图15-2)。2020年3月6日美国10年期国债收益率达到历史低位至0.768%,跌幅达为25.1%;10年期德国国债收益率在盘中创下历史新低,盘中达到-0.747%,30年期德国债收益率同样创下历史新低至-0.337%。

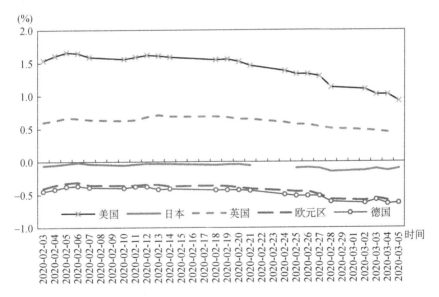

注:数据为2020年2月3日至2020年3月5日主要经济体10年期国债(公债)收益率,美国、日本和英国为10年期国债收益率日度数据,欧元区为10年期公债收益率日度数据。

图15-2 重要经济体10年期国债(公债)收益率

资料来源:Wind。

恐慌情绪使全球股市在持续下跌后呈现剧烈震荡(参见图15-3)。其中,美股标普500波动幅度最大,欧洲斯托克指数、英国富时100指数和德国DAX30指数走势

---

① 参见2020年3月4日和3月5日的新浪财经。

接近。2020年3月6日标普500指数收跌1.7%,衡量标准普尔500期权隐含波动率的VIX恐慌指数上升5.86%至41.94;德国DAX 30指数跌幅为3.37%,其中科技指数(TecDAX)跌3.00%;日经225指数收跌2.72%。

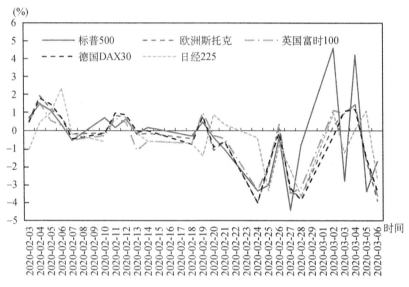

图15-3 全球主要股指涨跌幅

资料来源:Investing.com。

随着2020年3月市场对新冠肺炎疫情担忧加剧,资金从较高风险资产流入黄金等避险资产;2020年3月6日,现货黄金价格升高至1 676.65美元,iShares黄金信托于3月3日取得2011年金价创纪录以来的最大规模资金流入约2.15亿美元。

由于卖给西北欧炼油商的阿拉伯轻质原油折扣扩大到8美元每桶,售价低至10.25美元每桶,2020年3月9日(周一),纽约油价盘中跌幅超过33%,一度下探每桶27.34美元的低位;布伦特油价一度下跌超过30%,最低报价每桶31.02美元,创1991年1月美国在伊拉克发动战争以来的最大跌幅。北京时间3月9日,纽约及伦敦两大国际基准油价均下跌超过21%①。受原油价格暴跌影响,2020年3月9日(周一),道琼斯指数开盘大幅下挫,下跌超过1 800点,跌幅近7%;纳斯达克指数下跌近600点,跌幅为6.86%。标普500指数盘初下跌近7%,触发第一层熔断机制,暂停15分钟交易;熔断后恢复交易,标普500指数跌幅扩大到7.2%,道琼斯指数下跌超过2 000点。

---

① 2020年3月9日《上海证券报》。

二、全球应对新冠肺炎疫情扩散对经济影响的措施

为缓解疫情的经济冲击和市场悲观预期,世界各国采取了前所未有的补贴性财政政策和扩张性货币政策。随着新冠肺炎疫情蔓延扩散,各国中央银行几乎在同一时间开启了新一轮扩张性货币政策,以遏制金融风险和经济风险(参见表15-1)。由美国财政部长姆努钦和美联储主席鲍威尔牵头,七国集团(G7)财长和央行行长于2020年3月3日举行电话会议,商讨应对疫情及其经济影响的措施。

表15-1 2020年3月各国实施的扩张性货币政策

时间	国家或经济体	货币政策
2020年3月3日	澳大利亚	降息25个基点至0.5%,刷新了历史最低利率纪录
2020年3月3日	美国	基准利率下调50个基点,至1.00%~1.25%;超额准备金利率(IOER)下调50个基点至1.1%
2020年3月3日	马来西亚	隔夜政策利率(OPR)降低25个基点至2.50%
2020年3月3日	沙特	回购利率及逆回购利率均下调50个基点
2020年3月3日	阿联酋	降息50个基点
2020年3月3日	中国香港	下调基本利率50个基点至1.5%
2020年3月3日	中国澳门	下调基本利率50个基点至1.5%
2020年3月4日	加拿大	基准(prime)贷款利率下调50个基点至1.25%

说明:表格内容截至2020年3月6日。

(一)紧急实施扩张性货币政策

2020年3月3日,澳洲央行宣布将指标利率从0.75%下调至0.5%。同日,美联储宣布将基准利率下调50个基点至1.00%~1.25%;将超额准备金利率(IOER)下调50个基点至1.1%,这是2008年以来美联储首次在非议息会议上对货币政策进行调整。美联储紧急降息后,其他国家央行均同步下调利率。日本央行行长3月2日发布紧急声明:"日本央行将密切关注未来的进展,并将努力提供充足的流动性,通过市场操作和资产购买来确保金融市场稳定。"随后,英国央行称正与英国政府、金融监管机构及国际伙伴合作,"确保采取一切必要措施保护金融和货币稳定。"

(二)紧急财政拨款和实施补贴救助

除实施扩张性货币政策外,各国针对新冠疫情紧急迅速推出一系列财政拨款和补贴措施。2020年1月31日,意大利总理宣布进入国家紧急状态,拨款约500万欧元应对新冠肺炎疫情;2月14日,日本从2019年度预算预备费中拨款103亿日元

(约合6.5亿人民币),支援口罩增产以及加强边境检测等;2月18日,韩国政府拨款1 041亿韩元(约合6.1亿人民币)用于新冠肺炎疫情防控,同日新加坡公布一项8亿新加坡元(约合40亿人民币)医疗方案,并推出56亿新加坡元(约合280亿元人民币)两项计划;2月24日,意大利政府拨款20 000万欧元(约合1.5亿元人民币)应对疫情;2月27日,马来西亚政府推出一项200亿林吉特(约合47.3亿美元)的经济刺激计划,应对新冠肺炎疫情和全球经济放缓可能带来的经济影响;3月3日,日本内阁会议决定从本年度预算的预备费中支出22亿日元作为口罩购买费用。

三、政策建议

新冠肺炎疫情全球蔓延不仅对人类生命和社会生活产生了巨大影响,也对世界经济造成了冲击。疫情对世界经济的需求端产生了影响,口罩、消毒液等医疗物资,各国均出现居民疯抢和囤货现象。对疫情恐慌和禁航限制,居民旅游出行减少,邮轮业、航空业和旅行业遭受巨大损失。疫情对世界经济的供给端也产生了负面冲击。汽车等产业链较长行业因中国停工停产、交通运输成本上升和疫情全球蔓延出现了零部件供应不足等,众多汽车企业停产或减产。疫情在中国以外国家和地区的蔓延扩散,引起资本市场悲观预期笼罩,全球重要股市剧烈震荡;为了稳定金融市场和应对经济下行风险,各国中央银行紧急降息,各国财政部紧急安排财政拨款和救助补贴,新一轮扩张性财政政策和货币政策在全球范围内陆续推出。

在当前的超级全球化和价值链分工背景下,人口和商品大规模跨境跨国流动,病毒很容易跨越地理边界传播到世界各地,突发性全球公共卫生疫情在短期很难被有效控制在特定的地理边界范围内,很难靠个别国家单独解决。针对新冠肺炎疫情全球蔓延扩散条件下中国如何应对世界经济变化,我们提出以下三点建议。

第一,积极推动全球价值链协同复工。我们不但要实现中国企业尽快有序复工、复产,也要营造有助于中国经济复工、复产、复市的全球环境,实现中国企业和全球价值链相关企业及时、有序、安全、同步复工。我们需要提升疫情防控信心,多语种同时及时发布中国疫情防控最新进展,分享疫情防控经验,充分营造新冠肺炎疫情全球防控舆论。

第二,借力全球经济互联互通机制创新企业线上线下混合复工模式。杭州市政府和阿里巴巴合作,通过健康打卡和健康码追索每个人员的流动和安全系数,做到健康、有效复工。疫情期间线上教学、线上医疗、线上娱乐特别是线上办公得到了跳跃式发展。我们需要提升线上线下结合能效,充分利用云技术、大数据、网络联系、5G手段,提升全球价值链对突发疫情的免疫能力。我们可以鼓励由2020年中国入选世界500强的120多家跨国企业,摸索在全球范围内的线上线下生产办公模式和分享疫情防疫经验,引领和引导全球价值链同步复工、复产。数字化和智能化技术的发展不仅在短期有助于全球经济增长,避免因疫情诱发经济危机,对世界经济长期增长的推动和经济模式的转变也有重要作用。

第三,建立全球长效疫情防控体系,积极应对人类社会未来的公共卫生事件冲击。人类健康状况持续改善是全球经济稳定发展的基础,人类健康状况的持续改善离不开有效的国际协调,此次新冠肺炎疫情凸显了全球长期疫情防控体系和人类命运共同体建设的合理性、必要性以及迫切性。建立全球长期疫情防控体系的关键是,在疫情暴发时期,及时发布疫情和病毒信息,统筹全球疫情防控物资,包括临时组织生产调整;在无疫情时期,WHO等国际组织应增加贸易商品生态标准检测,协调各国建立和完善疾控体系,普及疾病防控知识。

WHO是联合国系统内卫生问题的指导和协调机构,旨在促进流行病和地方病的防治、提供和改进公共卫生等。截至2019年,世界卫生组织有194个成员国。但WHO只是协调机构,只能呼吁,不能强制要求各国执行。由于各主权国家之间存在一定的不信任,疫情防控能力不同,在面临国际突发公共卫生事件时,很多国家并不从WHO呼吁的全球协调角度进行决策,而是从本国自身利益出发进行选择。因此,建立协调疫情与经济发展的全球疫情防控体系十分必要。随着人类活动范围扩大,新的疫情还会出现,人类社会需要在全球范围内构建疫情防控长效体系,所有国家都要主动承担协调防控突发性国际公共卫生事件责任,维护人类社会安全,促进全球福利提升。

(田素华,复旦大学经济学院教授;李筱妍,复旦大学经济学院博士生)

参考文献

[1] 黄胜、孙虹:《2009甲型H1N1流感大流行初期世界各国口岸采取的公共卫生措施效果初探》,《中国国境卫生检疫杂志》,2010年第4期。
[2] 丹尼·罗德里克:《全球化的悖论》,廖丽华译,中国人民大学出版社,2011年。
[3] 隆·阿西莫格鲁、詹姆斯·A.罗宾逊:《国家为什么会失败》,李增刚译,湖南技术科学出版社,2015年。
[4] 郑洪:《中国历史上的防疫斗争》,《求是》,2020年第4期。
[5] Kelly, M., *A History of the Black Death in Ireland*, Tempus, 2001.

第16章　新冠肺炎疫情对欧盟国家以及中欧经贸关系的影响和应对

一、新冠肺炎疫情对欧盟国家的影响和应对

(一) 欧洲疫情的发展

作为典型的全球化时代的非传统威胁,新冠肺炎疫情发生以来,不仅严重荼毒武汉和中国其他地区,而且也在欧洲持续肆虐。从欧洲视角来看,对欧洲经济和中欧经贸关系的影响可以分成两个阶段。第一阶段,以1月23日武汉宣布"封城"为标志,欧洲国家主要是采取各种预防性举措,并因中国的超长春节假期和因抗疫停工停产,而相对间接感受到来自中国的供货延宕和对欧进口需求的下降。此后,随着欧洲疫情的不断蔓延,3月9日,意大利宣布全国"封城",疫情在欧洲全面暴发,疫情发展进入第二阶段。一方面,中国疫情逐步得到控制,武汉新增确诊病患下降到个位数,3月12日,国家卫健委宣布我国本轮疫情高峰已过;另一方面,在欧洲,自今年1月24日法国波尔多确诊欧洲范围内第一例新冠肺炎患者开始,疫情不断扩大,据《欧洲时报》网信息,截至巴黎时间3月16日14时,欧盟27个成员国均出现了新冠病毒确诊病例。其中,意大利、西班牙成为重灾区,一度先后宣布全国"封城"。3月16日,欧盟委员会主席冯德莱恩宣布欧盟考虑实施封闭边境30天的举措。经历数月抗击疫情的努力,4月以后疫情趋缓,逐渐解封。据《欧洲时报》统计,截至巴黎时间8月24日23时,欧洲地区累计报告新冠肺炎病毒感染病例3 665 960例,西班牙、英国、法国、意大利、德国确诊人数均超过20万。欧洲新冠肺炎疫情整体呈现"西重东轻"的特点。

(二) 欧盟成员国的应对

此次疫情暴发后,欧盟抗疫过程可谓事非经过不知难,前松后紧。经历认知和应对经历拖沓的过程,在3月意大利出现集中暴发后疫情始获重视。各国在应对模式呈现出明显的多样性。既有意大利式反应迅速,强调应检均检,正面"硬核"式应对的;也有德国式逐级响应,务实且量力而行的。防疫重点是平滑曲线、避免医疗体制瘫痪和医护力竭、资源告罄。

最早沦为重灾区的意大利,在1月30日首次出现确诊病例,此后疫情蔓延迅速,主要集中在北部伦巴第大区和威尼托大区,俨然是第二阶段的震中。平心而论,意

大利中央政府危机应对还是颇为积极的。1月22日就成立由卫生部部长领衔的新冠肺炎疫情应对小组。此后,建设相关网站、对武汉飞罗马旅客测体温、加强飞行管控等。在确诊首位患者后更是直接暂停了中、意间的直飞航班。30日宣布国家进入紧急状态,后又派机从武汉等接回意大利公民。2月22日,对伦巴第大区和威尼托大区的十几个市镇宣布"封城"。24日,意大利的帐篷医院一夜开张。3月4日,关闭全国学校,暂停所有教学活动。要求医疗机构加速释放重症监护床位,增加医护人员,以应对疫情和人手短缺;中、意两国医生还借助视频对话,交流经验。8日,意大利总理孔特宣布正式对包括米兰在内的伦巴第大区以及邻近的多个大区实施"封城",对全国1/4约1 000余万人口进行管控,并关闭全国的影剧院、博物馆等设施。9日,总理孔特宣布意大利全境"封城"。

在德国,政府主要强调适度、有序应对,逐次升级应对举措,紧盯硬核问题如防控疫物资设备的供应等。联邦层面专门成立了由卫生部和内政部组成的危机应对小组,根据德国疾控机构罗伯特—科赫研究所对病毒和疫情的分析评估,提高新冠肺炎疫情的风险等级到中等,并制定了多项防控举措,协同地方政府一同应对,包括优先考虑采购用于诊所、医院和联邦部门的防疫物资,禁止口罩等防疫物资设备出口;加强与各州的合作;调高邮轮旅行风险;在外德国人应遵守当地政府要求进行隔离等;严格入境申报;制定大型活动风险评估准则;地方部门在联邦政府建议下自行决定是否取消活动、关闭学校等。同时也不排除在极端情况下封锁城市和地区以切断病毒扩散链。总理默克尔在继3月1日德国新冠肺炎疫情发布会上警告60%～70%德国公民可能被感染之后,3月12日称,德国正处于一种任何意义上都比2008—2009年金融危机更加不寻常的局势之中(中国新闻网,2020年3月13日)。此后,德国开始管制其与邻国的边界。

再看法国,在强调不要过度反应的同时,2月4日马克龙宣布法令征用口罩等保证医护人员的需求。2月29日宣布进入阻止病毒扩散的第二阶段。3月3日,征用所有库存口罩和生产单位。总统马克龙3月12日发表电视讲话,宣布法国所有学校下周一停课,称新冠肺炎疫情是法国近一个世纪以来遭受的最严重的卫生危机(中国新闻网,2020年3月13日)。

(三)欧盟层面的作为

尽管从卫生领域总体来看,仍属于各成员国的主权范围,欧盟更多是起协调作用。但此次新冠肺炎疫情暴发后,欧盟层面相当重视。在代表各成员国利益、体现主权和反映各自主张的欧盟理事会层面,于2月13日召开了有关新冠肺炎疫情的、由全体成员国卫生部长参加的欧盟理事会紧急会议,商讨协调和应对,并出台结论性文件:敦促成员国和欧委会合作,共享信息和投资疫苗研发。要采取适度、适宜的防控措施,防止疫情蔓延。建议要统一入境规定,便于了解患者的踪迹,加强与世卫组织和疫情影响国家合作,避免疫情暴发期间出现药品和防护设备短缺的问题。除法、意等之外的20个成员国提出了联合购买个人防护设备的采购招标建议。随着疫情日趋严重,3月6日,欧盟理事会召开了第二次卫生部长会议,呼吁强化疫情遏制和信息交流的协调,提高公众对新冠肺炎疫情威胁的认识,改善舆论传导,遏制虚假消息传播,促进全球和跨行业协作,避免相关防护产品和设备的可能短缺,注意保护医护人员,以及将疫苗研制费用补贴追加到700万欧元。尽管成员国由于法国、德国、捷克等国限制相关防疫设备和药品的出口而致各国关系紧张,但据会后信息透露,各国有关防疫药品和设备的联合招标程序进展顺利(丁纯,2020)。3月16日,G7首脑和欧盟领导人视频会后考虑实施欧盟临时"非必要履行"禁令,开始封境。

在反映各国共同利益、作为跨国执行者的欧盟委员会层面,3月2日,欧洲疾控中心(ECDC)将欧洲新冠肺炎疫情风险从"低等到中等"调高到"中等到高等"。欧委会主席冯德莱恩宣布专门成立负责新冠肺炎疫情应对小组,统一协调欧盟下属相关机构的具体疫情应对实施。具体由欧委会中分别负责卫生和食品安全、危机管理、移民和民政事务、交通运输以及宏观经济事务的5位重磅欧盟委员牵头组成。小组具体在医疗、交通运输和经济三个领域与成员国合作,协调疫情防控。医疗领域:食品安全和卫生总司(小组)协同欧洲疾控中心及欧洲药品监管局(EMA)负责汇总各国每日疫情监控信息、制定医疗技规程指南、与世卫组织和中国合作以及加强抗病毒和疫苗的研发工作等交运领域:由交运总司(小组)根据疫情进展发布运输和旅行建议,并研判和调整申根区内部边境措施。经济领域:由宏观经济总司(小组)对旅游、运输、贸易、产业链和宏观经济等各方面进行深入调研评估并提出相应对策。此外,欧盟危机管理总司负责协调欧盟层面的危机管控行动。

(四)欧盟国家控疫的特点和效果

欧盟相关国家已沦为第二阶段新冠肺炎疫情的震中。具体国家疫情防控的效果,取决于领导层判断、民众习惯、社会共识、体制分权和医护资源以及政府执行力。

欧盟国家抗疫具有如下五个特点:(1)强调个人自由,偏重个人选择的权利和隐私保护等,政府更多呼吁而非强制施策,如德国总理和政府呼吁取消大规模集会,提议学校关闭等。硬核隔离举措不能直接实施。(2)决策者和一般民众都认为恐慌的损害大于新冠肺炎疫情扩散本身。防控策略是视疫情发展,依据专家建议,分阶段和逐级提高防控等级,直至"封城"等强制管制隔离举措。(3)民众理念和政府倡导均不主张过度防护,反对预防性戴口罩,主张将口罩留给病患和医护人员。(4)对本国医疗防控体系水准和专家造诣有较高的信任度。(5)在疫情防控和应对中,欧盟其或各国中央政府更多承担制定规则和组织协调的任务,地方政府拥有很大的自主权利。在意大利,中央政府许多决策难以在地方实际落地;在德国,总理和联邦政府更多只能呼吁各州采取行动。从迄今的执行效果来看,囿于盟情、国况、民俗、体制和执政经验,各国效率不同,结果不一。意大利在内的多国给人"起个大早,赶个晚集"之感。而德国则让人再次感受了其严谨和务实,总体呈现一枝独秀的抗疫效果。

二、新冠肺炎疫情对欧盟经济和中欧经贸关系的影响

第一阶段新冠肺炎疫情对欧盟国家经济的影响相对间接和较浅,主要通过贸易以及产业链等体现出来;第二阶段则随着新冠肺炎在欧洲以及全球的蔓延而对欧盟为主的欧洲国家的股市、经济,乃至全球经济产生更为深刻和长远的冲击。我们以欧盟以及中欧经贸关系的视角来粗略地划分,大体可归纳成以下两个方面。

(一) 对欧盟及其成员国经济的影响

1. 一度造成欧洲股市剧烈动荡

疫情在全球范围内的扩散,尤其是在欧洲和北美等地蔓延,与土耳其施压导致的难民冲击,还有沙特下调油价,对欧洲和世界的股市,造成了多年未遇的冲击震荡,还引发市场对全球经济衰退、流动性和偿付能力问题的担忧。欧洲多国股票市场一度呈现巨幅动荡,2020年3月上旬,欧洲股票市场上跌声一片:英国富时100指数3月首周周跌约11%,德国DAX 30指数3月首周周跌12.5%,法国CAC 40指数3月首周周跌近12%。据统计,该周欧洲股市值蒸发约1.5万亿美元,创2008年金融危机以来最差单周表现。至三月中旬,英法德意股市较年初一度跌超过30%。但随着欧盟疫情控制、欧盟及各成员国救市措施生效和欧盟层面措施的跟进,欧洲金融市场逐渐稳定,市场信心逐渐恢复。

2. 进一步恶化了欧盟国家原本乏力的经济复苏

2019年欧盟经济因受全球贸易保护主义、中美贸易摩擦等影响,复苏疲软、经济增长乏力,总体平均增速低于2018年,只有1.5%。欧元区仅为1.2%(见图16-1)。(1)从成员国来看,由于德国等欧盟国家经济是出口导向的外向型经济,在中美、欧美贸易摩擦背景下,受拖累严重。2019年,德国经济增速仅为0.5%,第二季度还出现负增长,此后经济差点陷入技术性衰退。欧债危机以来,一直被誉为欧盟和欧元区经济火车头的德国的经济明显失速。(2)就法国而言,一方面,此前马克龙宣布减税和活跃劳动力市场等举措,收到一定成效,而且法国经济对外依赖较轻,勉强达到了1.2%。另一方面,由于"黄马甲"等抗议浪潮对法国财政和经济增长带来明显的负面影响。(3)2020年1月底英国才正式脱欧,尽管正式脱欧给长达3年半的脱欧进程一个了结,给英国经济带来了正向趋稳的因素,但其与欧盟的未来经贸关系的谈判还未取得结果,脱欧后双方经济合作模式未定,能否在2020年底正式结束谈判以及英欧可能否继续维持较紧密的经贸联系,仍存在很大的不确定性。

在行业和企业层面,情况也不容乐观。(1)首当其冲的是航运、物流行业。数据显示在欧洲市场的多个主要客源地,前往欧洲的机票预订量均呈现至少两位数的下滑:来自亚太地区的预订量同比下降114.2%;来自美洲的预订量下降68.1%;来自非洲和中东地区的预订量则同比下降49.9%。(2)旅游业也是重灾区。对意大利、法

国这些旅游业占经济比重高的欧盟成员国来说,即使是在第一阶段疫情暴发所造成的旅游业收入损失就足够带来行业的寒冬,更遑论疫情发展到在欧洲扩散的第二阶段,意大利、西班牙等国被迫全境"封城"所造成的巨大负面影响。(3)疫情带来的展览延期、赛事取消、餐饮关停、休闲受限,令欧盟国家,尤其是旅游服务大国如意、法、西等的旅游、餐饮、住宿、奢侈品等行业在内的服务业整体深受重创。(4)对于其他行业,据英国《金融时报》报道,作为德国经济发动机的制造业,去年遭遇近10年来最差的状况,如奔驰公司这样的大公司也遭遇了10年来最差的业绩。经此疫情冲击,无疑是屋漏偏逢连夜雨(新浪财经2020年2月10日)。

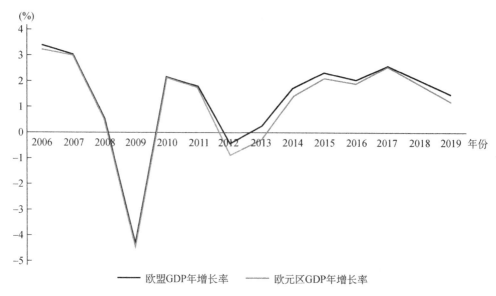

图 16-1　欧盟、欧元区 2006—2019 年 GDP 年增长率

资料来源:Eurostat。

3. 新冠肺炎疫情降低了欧盟及其成员国的经济发展预期

尽管包括世界银行、国际货币基金组织、欧盟及其成员国等均对中国应对疫情所采取的限制人员流动的果断举措表示赞扬和理解,并预判中国经济在疫情结束后会出现反弹,对中国经济长期增长保持乐观,但都对新冠肺炎疫情可能对世界经济带来的不确定性和对欧洲经济形成的冲击和影响感到忧虑。IMF总裁格奥尔基耶娃说:"就疫情对全球经济和价值链的影响方式,目前还不确定,但与2003年非典时期相比,中国经济对世界经济的意义要大得多。"欧央行行长拉加德2月6日就警告:"新冠肺炎疫情已经取代中美贸易摩擦,成为经济增长的主要风险。我们仍然很难确定其将对中国经济乃至全球经济产生的影响"。欧盟2月13日发布的《2020年冬季展望》指出:"新冠肺炎疫情可能会对外贸和供应链产生影响,而德国工业界对此的敞口较大。欧盟经济今年增长可能会慢于去年。特别是意大利,尽管是欧盟第三

大经济体,自欧债危机以来经济表现一直是个差等生。2019年意大利GDP增速只有0.2%,远远低于欧盟1.2%的整体水平。其GDP总量至今未恢复至2007年危机前的水平,整体失业率仍高达11%,青年失业率更居于欧洲前列,公共债务却是欧元区次高。此次疫情肆虐之地伦巴第大区、艾米利亚-罗马涅大区和威内托大区贡献了该国国民生产总值的三分之一和出口额的约二分之一,疫情无疑使原本脆弱的意大利经济更是雪上加霜。

4. 疫情造成欧盟和成员国财政支出增加,使意大利等重债国雪上加霜,增大了再次触发债务和金融等次生危机的风险

目前,不少欧盟(欧元区)国家财政状况不佳,2019年欧元区公共债务率位列前四位的国家希腊、意大利、葡萄牙和法国,累积公共债务均超过60%GDP的上限,欧元区平均也已近86.1%,远远超过60%GDP债务上限规定(见表16-1)。这一方面使得在控疫防疫中扩大财政支出,支持疫情防控和刺激经济的作用空间受限;另一方面,也加大了欧央行祭出宽松的货币政策的要求以救急、纾困。而欧央行因已实施了负利率政策,且2019年又重启了量化宽松政策,积极货币政策实施空间也有限。根据欧盟公布的数据,2020年第一季度,27个成员国中的24个政府债务占GDP比重上涨。最为令人担忧是,意大利这样的重债国,完全有可能因抗疫的财政支出扩大,而导致已严重超标的公共债务率更加高企,如处理不当,可能诱发债务危机,重蹈欧债危机的覆辙。

表16-1 欧元区19国2019年政府债务占GDP比重

	国家	2019年政府债务占GDP比重
1	希腊	178.2%
2	意大利	137.3%
3	葡萄牙	120.5%
4	法国	100.5%
5	西班牙	97.9%
6	塞浦路斯	97.0%
7	比利时	80.1%
8	奥地利	71.1%
9	斯洛文尼亚	68.1%
10	爱尔兰	62.6%
11	德国	61.2%
12	芬兰	59.4%

（续表）

	国家	2019年政府债务占GDP比重
13	荷兰	49.3%
14	斯洛伐克	48.4%
15	马耳他	48.1%
16	拉脱维亚	36.4%
17	立陶宛	35.9%
18	卢森堡	20.2%
19	爱沙尼亚	9.2%
	欧元区19国平均债务率	86.1%

资料来源：Eurostat。

（二）新冠肺炎疫情对中欧经贸关系等的影响

1. 疫情致使中欧贸易短期内陡降，损害双边经贸往来

欧债危机以来，欧盟作为中国第一大外贸伙伴，双边总进出口额总体是不断增长的（见图16-2）。新冠肺炎疫情暴发的第一阶段，在疫情以及超长春节假期的影响下，我国2020年1—2月份外贸进出口出现较大规模的下跌。据海关统计，以人民币计价核算，2020年前两个月货物贸易进出口比2019年同期下降9.6%。其中，2019年占我国外贸15.4%的第一大经贸伙伴——欧盟（不含英国），沦为第二大贸易伙伴。以人民币计价的进出口总额下降了14.2%，外贸占比跌至13.5%。其中，中国对欧出口和进口，分别下降17.1%和9.9%，我国对欧贸易顺差收窄34.1%（中国

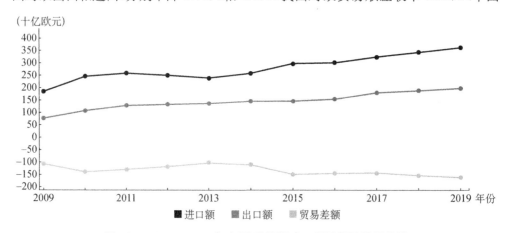

图16-2　2009—2019年中国-欧盟进出口贸易额及贸易差额

资料来源：Eurostat。

政府网,2020年3月7日)。整个上半年,中国对欧盟进出口1.99万亿元,比去年同期下降1.8%。

疫情在欧洲蔓延的第二阶段,随着欧盟国家如意大利、德国、法国、西班牙乃至已经脱欧的英国等经济实力和规模排名靠前的主要成员国陷入与疫情的缠斗中,中期会对中欧经贸往来造成很大的负面影响。其一,随着欧盟相关国家物理隔离举措的不断加强,如入境的限制以及航班的减少、暂停和中断,中欧间人员往来的密度和商品物流流动的速度的下降是大势所趋;其二,短期来看,随着"封城"等隔离举措的推行,除防疫物资和器具外,总体来讲,肯定会带来消费总量一定程度的下降,进口需求也会有所减缓,不利于我国对欧洲的出口;其三,中期来看,疫情导致的欧盟及相关国家的财政支出和赤字增加,经济受损,民众收入增长下降,需求减少,一方面导致欧方对华进口需求下降;另一方面,一定程度上也有令欧对华投资实力下降的可能。

2. 疫情通过产业链渠道,对相关企业运营产生负面影响

(1) 中国目前是全球100多个国家的最大贸易伙伴,是包括美国在内的65个国家的最大进口来源地,制造业在全球占比达25%。十多年来对世界经济增长的贡献超过30%。疫情导致包括欧盟有些国家在内的多国限制同我国的人员往来,持续停工则影响商品的流通和进出口,短期会减少我国出口,最为关键的是可能会影响全球产业链稳定,影响世界经济复苏。作为全球供应链的中间和关键环节,中国制造具有完整性、系统性和短期的不可替代性。以中国在欧盟成员国中最大的经贸伙伴德国为例,其对华经贸占了近1/3,且以制造业为主,在整个欧洲尤其是中欧、中东欧的产业链中影响巨大,产业链上与制造大国的中国联系紧密。而我国经济因疫情而受到的损失无疑会对德国及其他欧盟成员国经济产生严重影响。其中,作为支柱产业的汽车制造业和零部件供企业受影响颇为突出。被誉为德国"汽车教父"的杜伊斯堡-埃森大学教授杜登霍夫(Ferdinand Dudenhoeffer)称:德国汽车业已与中国高度交融,疫情同样给德国汽车业造成重创。根据他的汽车研究所的研究数据,德国汽车业每年可在中国获得1500亿欧元的销售额,相当于全德汽车业单年销售额的35%(中国新闻网,2020年2月24日)。作为重点疫区的湖北省,是中国四大汽车生产基地之一,武汉、十堰、襄阳、随州等城市形成了汽车产业基地群,标致雪铁龙、雷诺等外资品牌聚集,2019年年产量224万辆,占全国的8.8%(李晓红,2020)。除整车外,汽车零部件配套中外企业众多,有博世、法雷奥和德尔福等汽车零部件供应巨头,产业链完整。其停工停产对包括欧洲企业在内的全球汽车行业形成相当冲击。

(2) 欧盟及相关成员国如德国等长期以来一直是我国最大的高新技术来源地,其在中国高新技术进口以及产业链中的地位举足轻重。在产业链表现为我许多产品的中高端零部件来自上游的欧盟企业。还是以汽车为例,上汽大众的一些高档车型如辉腾等,部分零配件就来自德国、意大利,如疫情造成物流不畅或累及德意的相关制造和供应商,出现停工停产,中国车企将有面临"黑灯"状态的风险。这在中国相关的机械、电子、汽车等行业的企业中,还是有相当普遍性的,即技术含量高的零配件需要外供。

(3)此次疫情可能会导致中欧出现产业链的变化重组。通过此次疫情,美、欧发现,由于盈利和成本驱动的原因,除了少部分利润高的专利药等,大量仿制药、原料药的生产以及医护用品的制造主要在中国、印度等国,以致造成疫情来袭时,本国相关供应不足,各国纷纷颁布出口禁令,甚至截留外国的防疫物资(如德国扣押瑞士口罩)。不排除在疫后,甚至在抗疫防疫期间,就重建国内的相关产业链,或一定程度回撤在华生产能力。

3. 疫情可能对中欧经贸关系的深化形成双重影响

一方面,共同防疫,避免经济陷入衰退,需要中欧双边深化合作、协调立场;另一方面,欧方包括欧盟及其成员国的领导层和官员的精力将会被抗疫防疫所牵扯,无暇集中精力商讨协调对华合作,尤其是经贸谈判等。正如欧委会贸易委员霍根所称的,疫情导致中欧磋商被推迟。疫情还可能会致使中欧峰会、中国-中东欧会议延期,显然不利于增进中欧双边的协调与合作,在中美贸易摩擦和逆全球化浪潮背景下协调立场,深化合作,支持自由贸易和全球化。

三、欧盟及其成员国与中方相关的经济应对举措

(一)欧盟成员国应对新冠肺炎疫情对经济冲击的举措

在新冠肺炎疫情暴发的第一阶段,欧盟各国做法不一。既有像意大利这样,较为过度反应地迅速停飞中国和意大利之间的民航班机,并做出了从武汉撤侨等应对举措。更多的欧盟国家像德国,在撤侨的同时,明确表示不会做出过度的反应、停飞两国间的航班等。包括德国、法国、意大利等欧盟多国领导人均表示出对中国政府的"封城"等抗疫举措表示理解和支持,并承诺会做出力所能及的支持和援助,并捐助了一些防疫控疫物资。同时认为,疫情不会改变中国经济长期向好的趋势,希望中国能尽快得控制疫情,复工复产,直至达产。当疫情发展第二阶段,相关成员国各显神通,在颁布各种防控举措的同时,迅速出台了各种在疫情期间,促进经济发展,避免陷入衰退的大规模财政救助举措。

(1)意大利:面对疫情暴发的局面,意大利中央政府被迫在防控、救治的同时,出台相关经济举措,应对疫情带来的冲击。截至 2020 年 7 月,意大利已经出台 800 亿欧元紧急救助计划,陆续释放约 7 500 亿欧元流动性,并向困难企业提供贷款担保;发布出口振兴计划,为企业国际化提供资金。

(2)德国:在疫情兵临城下之际,德国政府在意识到可能会造成与欧债危机比肩的后果及其严重性后,以德国式的严谨务实,快速进行了应对,出台了一系列相关抗疫的措施及政策。作为欧盟和欧元区国家中经济实力最为雄厚,财政状况良好,不

仅财政常年维持平衡,甚至有些年度保有盈余的德国,本身一直追求量入为出。加入欧元区后,因担忧其他国家可能的道德风险,不遵守欧盟《稳定和增长公约》规定的财政赤字和公共债务标准,而最后让德国纳税人买单,特别强调财政纪律,并以身作则。现在,德国政府同意放弃其一贯坚持的平衡预算政策,不惜用赤字财政等财政刺激手段维持经济的正常运行。通过总额 1 300 亿欧元的经济刺激计划,配合此前已出台 7 500 亿欧元的一揽子经济纾困方案。运用分阶段逐级应对的策略,为企业提供无上限的贷款。德国经济部长阿尔特迈尔称:政府将视后续经济局势发展,在必要时,应考虑参股战略意义的重点企业,将其暂时国有化。财政部长兼副总理肖尔茨声称,因有足够的资金,政府并未对需要援助的企业设立优先遴选标准(新浪新闻,2020 年 3 月 1 日)。

(3) 法国:法国政府在防疫的同时,已出台了一些抗疫背景下的经济政策的应对举措,帮助法国企业降低成本、维持开工、渡过难关等,宣布向受疫情影响的公司和员工提供 450 亿欧元财政援助,并向企业银行贷款提供 3 000 亿欧元的国家担保;提出约 150 亿欧元的航空业救助计划。具体包括:对政府采购延迟交货豁免举措。法国财政部认定新冠肺炎疫情属于企业遭遇的不可抗力情形,允许相关企业,在完成政府采购合同过程,如出现企业延期交付,将不予处罚;法国政府还计划为企业分摊社会和税收负担,允许部分困难企业缓缴社保缴费。政府还将实施部分失业政策,暂时因疫情而面临经济困境的企业,可向政府相关部门申请事先的授权,企业获得政府授权后,可减少企业员工工作时间,补偿员工因为工作时间减少所导致的收入损失等(新华社,2020 年 3 月 12 日)。

(4) 西班牙:西班牙总理桑切斯宣布史无前例的 2 000 亿欧元经济援助计划,一半资金将用于为公司提供信用担保,保障社会公共服务的运行,还有部分将用于为弱势群体提供援助和贷款。

此外,葡萄牙、荷兰、克罗地亚、瑞典、挪威等其他欧盟成员国也出台规模不一的经济救助和刺激计划,以恢复经济、拉动增长。

(二) 欧盟应对疫情下经济挑战的举措

(1) 欧委会层面出台了一系列综合性经济应对举措,包括缓解欧洲地区失业风险而推出 1 000 亿欧元的 SURE 机制;保护中小企业计划;保护欧盟关键性技术与资产,出台外资审查紧急指南;临时取消从第三国进口医疗设备和防护设备进口关税和增值税;放松欧盟财政规则:欧盟委员会首次启动《稳定与增长公约》中的"一般免责条款",放松预算规则;以及备受各方关注、经过欧盟峰会连日讨论最终通过的复苏计划:下一代欧盟(Next Generation EU)——包含总计 7 500 亿欧元,包括 3 900 亿无偿拨款和 3 600 亿借贷的款项,无偿拨款大部分流向受疫情冲击严重的南欧国家,进入 2021 年开始的长期预算,以荷兰、奥地利为代表的节俭国家将获得一定数额的退款。

(2) 欧央行运用量化宽松等货币政策刺激和扶持成员国的经济。3月12日,欧洲央行在决定维持三大政策利率不变的同时,推出了一系列宽松货币政策,刺激需求,以缓解新冠肺炎疫情带来的经济冲击(新华网,2020年3月13日)。具体包括以下三个方面。

① 流动性措施。通过临时实施更多的长期再融资操作(LTROs),不搞"大水漫灌",而用"精准滴灌",为欧元区金融体系提供即时流动性支持。运用定向长期再融资(TLTROs)等方法,支持银行向受新冠肺炎疫情严重荼毒的企业,尤其是对中小企业提供贷款。

② 增强版量化宽松政策。在2020年底前,将增加1 200亿欧元的追净资产购买的临时上限,以确保私营部门购买计划的成功。这是对现有资产购买计划的积极扩张,每月可提供约120亿欧元的额外资金。加之已有的200亿欧元的资产购买计划(APP),这将在疫情严重时,为实体经济提供较为有利的融资条件。

③ 积极呼吁各国更多地利用扩张性财政政策来更有效、更加精准地扶持因疫情而受拖累的欧盟国家经济。不用降息而用此举,是因为目前已经是负利率了,再降息空间有限;同时允许成员国暂时突破"赤字率不得超过3％"的红线,利用积极的财政刺激政策稳经济、促增长。

(三) 中方应对新冠肺炎疫情对中欧经济影响的举措

1. 保持密切沟通,分享疫情信息和经验

新冠肺炎疫情发生以来,中欧在分享疫情信息、疫情防控措施等方面积极合作。习近平主席相继与德国总理默克尔、法国总统马克龙、英国首相约翰逊、意大利总理孔特等进行了电话沟通,李克强总理与欧委会主席冯德莱恩也进行了通话交流。中国积极向欧方提供疫情信息,协助部分欧盟国家撤侨活动,促进了疫情的控制与缓解,减轻了国际社会的担忧,为经济复苏提供了支持。中国驻欧使节也就中国抗击新冠肺炎疫情接受各国电视台专访和报刊媒体采访,促进欧洲对新冠疫情和中国防疫措施的了解,安抚和帮助当地华侨华人,促进当地经济社会秩序稳定。

2. 总结中国经验,帮助欧洲抗击疫情

新冠肺炎疫情是对全球的严峻挑战。中国在逐渐控制国内疫情的同时,也克服困难,向欧洲国家提供力所能及的抗疫帮助。中国国家卫健委、国家疾控中心同欧盟委员会健康总司、欧洲疾控中心专门成立了应对新冠肺炎疫情联合专家组,就欧洲各国和中国的疫情进展和措施进行交流、分享中方经验。在同成员国合作层面,中方还同意大利等国积极开展医疗卫生合作,派医疗团队赴意协助防控疫情,还通过远程形式同意开展了医疗领域对口交流。

3. 多措并举,推动包括在华欧洲企业在内的企业复工复产

全球化时代下中欧各国利益深度交融。应对疫情对经济生产、物资供应的不利影响,中国中央到地方各级政府多措并举,努力支持欧洲企业复工复产。其一,各级

政府加强财政金融支持、提供返岗就业保障、实施重点企业扶持,依法推动我国境内企业复工复产,努力保障供应链恢复。其二,我国继续推进高水平开放,努力做好稳外资稳外贸工作,帮助外资企业解决疫情造成的实际困难,特别是保障龙头企业复工复产。具体到欧洲有关企业,中国政府积极回应了欧盟在华企业通过商会反映的困难,努力为欧盟在华企业复工复产提供便利(中国驻欧盟使团,2020)。同时,中欧班列陆续恢复常态化运行。为保障中欧物流畅通,海关总署专门出台了支持中欧版列发展的措施(新华社,2020年3月2日)。据国家铁路集团有限公司数据,今年上半年,共开行中欧班列5 122列,同比增长了36.5%,据海关统计,上半年中欧班列运输进出口货物510.5万吨,同比增长30.9%,成为疫情中中欧关系的一大亮点。

(丁纯,复旦大学经济学院教授)

参考文献

[1]《财经观察:欧洲多项财金举措应对疫情冲击》,新华社,2020年3月12日。

[2]《德国制造业"十年来最差",欧洲央行行长"预警"》,新浪财经,2020年2月10日。

[3] 丁纯:《南财快评之全球疫情观察:欧洲防疫效果如何?COVID-19疫情再审视》,21世纪经济报道,2020年3月9日。

[4]《法国确诊病例上升至2 876例 马克龙宣布关闭全法所有学校》,中国新闻网,2020年3月13日。

[5]《海关总署解读前2个月我国外贸》,中国政府网,2020年3月7日。

[6]《海关总署:出台支持中欧班列发展的10条措施 全力保障其正常有序运行》,新华社,2020年3月2日。

[7]《海外看战"疫":德国"汽车教父"称疫情对中国汽车业和中国经济都只是"阵痛"》,中国新闻网,2020年2月24日。

[8] 李晓红:《疫情笼罩下的湖北车企:产需两端休克、复工时间待定……》,《中国汽车报》,2020年2月。

[9]《默克尔称局势特殊性甚于金融危机》,中国新闻网,2020年3月13日。

[10]《欧盟计划设立250亿欧元基金应对疫情》,参考消息网,2020年3月12日。

[11]《欧洲央行采取一揽子措施应对疫情影响》,新华网,2020年3月13日。

[12]《西班牙宣布一揽子计划应对疫情封锁4座城镇》,人民日报海外网,2020年3月13日。

[13]《疫情下的德国:经济,德国政府采取了哪些措施?》,新浪新闻,2020年3月14日。

[14]《意政府斥资250亿欧元纾困》,《欧洲时报》,2020年3月12日。

[15] 招商证券:《宏观报告—欧元区:欧洲央行公布刺激方案应对新冠肺炎疫情》,新浪财经,2020年3月13日。

[16] 中华人民共和国驻欧盟使团:《张明大使听取中国欧盟商会企业家代表在当前疫情下的重点关切》,外交部网站,2020年3月4日。

[17] Ding C., *EU-China-US Trilateral Relations*, in *The Evolving Relationship between China, the EU and the USA*, Routledge, 2020.

[18] Mari T., Ding C., and Zhang X., *Deepening the EU-China Partnership*, Routledge, 2018.

第17章 新冠肺炎疫情对供应链的冲击与应对

中国是"世界工厂",也是全球价值链的亚洲中心。新冠肺炎疫情发生以来,由于一些企业不能按时交货,与中国存在供应链关系的国家和地区相继受到影响。这一状况引起针对中国供应链安全的担心,并在学界和业界产生热议。本章以此为背景做几点思考,文章的结构安排如下:第一部分是新冠肺炎疫情对供应链冲击的背景;第二部分是新冠肺炎疫情对供应链冲击的评估和判断;第三部分是多管齐下修复中国的供应链;第四部分是改善营商环境提升中国的供应链地位。

一、新冠肺炎疫情对供应链冲击的背景

湖北省尤其是武汉市是新冠肺炎疫情的重灾区。武汉是所谓的"九省通衢"之地,这不仅表现在交通领域的枢纽地位上,也体现在它与其他地区的经济关联上。以武汉为中心的湖北,是电子信息、智能制造、汽车等产业的上游供应链大省。除此之外,它也是数字产业、生物产业、康养产业、新能源与新材料产业、航空航天产业的重要集聚地。截至2019年9月,武汉年度实际利用外资超过100亿美元,居副省级城市前列,累计设立外资企业突破7 200家,在汉世界500强企业数增长到近300家(《长江日报》,2019年9月25日)。

由于产能不足、运输不畅和复工推迟等原因,由武汉市到湖北省再到整个中国,疫情对供应链的冲击被不断放大,并传递到东亚地区乃至整个世界。富士康在武汉设有生产基地,员工两万余人,主要为惠普、戴尔等企业代工电脑台式机。富士康在郑州和深圳两地的厂区各有20多万名员工,其复工情况关系到苹果整个供应链(周源和陈潇潇,2020)。2月4日,现代汽车宣布,由于在中国采购的零部件出现了短缺,其在韩国本土的工厂将停工。2月6日,菲亚特克莱斯勒首席执行官表示,如果零部件供应进一步恶化,一家欧洲装配厂的生产可能在2月底或3月初停产。德国汽车研究中心的数据显示,中国延迟一天开工,德国汽车工业每日损失7 200万欧元(刘俊卿,2020)。硅谷大型科技公司正在开发中的一些电子产品,也因为中国供应商停止工作,需要延迟发布。根据集邦咨询的预测,2020年1—3月将生产2.75亿部智能手机,较2019年同期下降12%,其中苹果的产量将下降10%(资料来源:https://www.infoxmation.com/article/9847)。

疫情是一场灾难,也是一面镜子,它对供应链的冲击折射出中国制造在全球的地位。于中国而言,这既是"资产",体现了中国制造对全球经济的重要性;也是"负债",反映了中国制造对全球经济所担负的契约责任。如果中国希望继续扛起这个责任,那就要求我们在包括产品生产、疾病防控、产业修复等在内的国家能力上有与之相适应的水平。

二、新冠肺炎疫情对供应链冲击的评估和判断

在这一部分,我们结合最新的资讯,就新冠肺炎疫情对供应链的冲击做出一些评估和判断,尤其是,我们试图澄清一些似是而非的观点。

(一)供应链的调整和转移并不是疫情发生之后才出现的事儿

疫情对供应链的冲击,让国人再次关注起产业的跨国转移。然而,需要澄清的是,产业转移并不是疫情发生之后才出现的事儿。与新冠肺炎疫情造成的影响相比,特朗普政府所发起的中美贸易摩擦,才是引起产业外移的最大的外部冲击。根据李文龙和张世明(2020)最近的研究,贸易摩擦所触发的供应链调整已初现端倪。

以东亚地区与美国的贸易为例。在汽车方面,韩国对美国的出口增长最快,并开始部分取代中国的份额。在机电设备方面,中国是美国最主要的供应国,但后者明显放慢了从中国的进口步伐,从马来西亚的进口在加速,显示这方面的供应链有向东盟转移的迹象;在手机及通信设备方面,中国是全球最大的手机制造基地,尤其是苹果手机最重要的生产基地,中国目前仍然是美国最主要及稳定的手机供应国,但不排除未来发生变化。

李文龙和张世明(2020)的研究表明,2019年以来,美国经济的增长并未带动中国商品的同步增长,美国对中国商品的依赖减少。从2019年10月开始,美国从全球进口的增速开始好转,但从中国的进口并没有改善。相对来说,美国与加拿大、越南、韩国等形成了更密切的贸易关系。

在疫情对供应链造成的冲击面前,我们对产业外移的担忧是自然的。但需要清醒的是,更大的外生冲击是中美之间的贸易摩擦。只要这一外部环境不发生根本性变化,供应链调整的趋势会继续,疫情只是"催化剂"而已。

(二)美国"趁火打劫"加剧了对中国供应链安全的担忧

在中国应对新冠肺炎疫情的同时,很多国家和国际组织给予了支持和帮助,但美国政界的一些人却在"趁火打劫",扮演了不光彩的角色,这引起了国人的警觉。

2020年1月15日,中美有关贸易谈判的第一阶段协议的签署。这一协议为2018年3月以来持续升级的贸易摩擦按下暂停键,也暂时缓和了中美之间紧张的地缘政治关系。然而,第一阶段协议的落实以及第二阶段贸易谈判的启动,都是悬在

头上的"一盆水",美方可以找到多个理由重启加征关税,这是 2020 年中国外贸发展最大的不确定性。新冠肺炎疫情在一定程度上缓解了美方对中国咄咄逼人的态势,但是不会改变中美在贸易领域的博弈格局。就在中国举倾国之力防控疫情之际,美国政界的一些人和部分媒体却不加遮掩地展现出其真实的"嘴脸"。1 月 30 日,美国商务部部长罗斯直言,发生在中国的疫情对美国是好事儿,将加速工作机会回流至北美(白紫文,2020)。2 月 3 日,《华尔街日报》以"中国是真正的东亚病夫"为题,借新冠肺炎疫情对中国进行种族主义色彩的攻击(李小华,2020)。2 月初,美国国务卿在访问东欧以及中亚期间,几乎每一站都不忘记对中国进行攻击(杨进,2020)。2 月 14 日,美国众议院议长佩罗西在慕尼黑安全会议上再次借华为攻击中国(李姚,2020)。2 月 18 日,美国国务院把新华社、中国国际广播电台、中国国际电视台、《中国日报》和《人民日报》等五家新闻机构在美国的分支列为外国外交使团,而非独立新闻媒体(杨一帆,2020)。

在中国进行疫情防控期间,美国部分政界人士和媒体并没有减轻对中国的攻击,这显示美国对中国的打压不会因为疫情而减弱。与此同时,我们也注意到,即使像新加坡这样的亚洲近邻,其贸工部长陈振声最近也声称,疫情提醒新加坡要注意供应链多元化,避免过度依赖中国(《联合早报》,2020 年 2 月 17 日)。这些言论加剧了我们对于疫情背景下产业外流和供应链重组的担忧。

(三)供应链调整和产业跨国转移有内在规律,也并非不可逆转

对于产业外移,我们要保持警惕。与此同时,我们也要理性地看待这一现象。过去 150 年以来,产业的跨国转移,大体上还是符合经济学规律的。根据规模报酬不变的经济地理学理论(Findlay,1995),工业最开始都布局在原材料的富集地,如英国的伯明翰、美国的底特律、德国的鲁尔等。随着运输成本的降低,这一分工格局发生逆转,那些资源稀缺的国家反过来成为工业化的先锋,如日本。而基于规模报酬递增的经济地理学理论(Krugman,1991),那些初始条件下工业规模比较大的国家成为工业发达的中心国家,其他则成为外围国家。随着运输成本和劳动力成本的变化,这一分工格局会再次逆转,外围国家也可能成为新的工业基地。

这些理论能够解释资源稀缺的日本何以成为工业高度发达的国家,也可以解释中国何以成为工业文明的后起之秀。然而,没有什么是一成不变的,就像这些理论所呈现的,分工的格局是有可能发生逆转的。特别地,对于美国出现的制造业回流,我们需要理性地加以分析。尽管 2019 年第二季度美国制造业增加值占 GDP 的比重创历史新低的水平,为 11%(财联社,2019),而根据快易数据,实际上在 2016 年和奥巴马卸任的 2017 年,这一比重已经分别是 11.12% 和 11.15%,制造业比重下滑的速度被遏制住了。在这背后,反映了美国国内一些基础性条件的变化对制造业的吸引力。首先,页岩气的发现,改变了美国能源的供需格局。能源成为美国竞争力优势的来源之一。其次,特朗普上任以后所采取的减税政策。目前,美国公司所得税平均税率是21%,中国是25%;美国个人所得税平均税率是37%,中国是45%。最后,美国对来自中国的产品加征关税,一定程度上也对美国的制造业形成了保护。

产业的跨国转移和供应链的调整有内在的规律,没有一个国家能长时间保持一成不变的优势地位,国际分工的格局是可以逆转的。中国产业外移以及美国制造业的回流,有这些规律在起作用,也反映了各国比较优势的动态变化。对此,我们需要清醒,也需要理性。

(四)中国的供应链地位日益取决于自身的规模经济和本地市场效应

中国供应链的基础地位,源自中国产业链的"全"和"长"。但是中国供应链真正显示它的"威力",是在1978年改革开放以来。工业化和城市化让农业部门转移出来的剩余劳动力,与齐全的产业链相结合所形成的生产能力和竞争力,在全球化的过程中借助出口得以充分体现出来。简单地说,1978年以来,特别是2001年中国加入WTO以来,中国供应链发展的逻辑就是,"齐全的产业门类+工业化/城市化(劳动力流动)+全球化=世界工厂",在这个逻辑里,中国产业链主要服务于生产,造就了"世界工厂"的地位,通过出口服务于国际市场,尤其是美国市场。

2008年全球金融危机爆发,特别是在特朗普当选美国总统并在2018年正式挑起针对中国的贸易摩擦之后,这一逻辑难以为继。不论是否愿意,我们都必须开始转型。需要清醒的是,这一转型的物质基础已经具备,并会逐渐显示出中国供应链新的竞争力,其逻辑就是"先进的产业门类+现代化(需求升级)+规模经济=世界工厂+世界市场"。在这个阶段,中国的优势越来越依赖于自身的规模经济,也就是所谓的"本地市场效应"(Krugman,1980)。2019年,中国的人均GDP已经超过1万美元,它所产生的规模经济是其他国家所难以复制的(《中华人民共和国2019年国民经济和社会发展统计公报》)。在这个逻辑之下,中国不再只是世界工厂,还是世界市场。中国是供给方,但更是需求方,萨伊的"供给创造需求"的故事在这里可以得到充分的演绎(萨伊,1998)。

在这次疫情中,很多人担心外资企业会离开中国。而按照上述逻辑,这种担心是站不住脚的。越来越多的外资企业,不再把中国视为"出口加工"的平台,它们进入中国的主要目的就是直接服务于中国市场(《麦肯锡2019中国报告》)。以苏州松下电器为例,它主要服务于中国市场,仅有部分产能是服务于日本。如果是这样的话,一次外生性的疫情,当然不会让它们离开中国。对此,我们要有信心。

三、改善营商环境提升中国的供应链地位[①]

新冠肺炎疫情目前在全球正处在胶着状态,不可放松警惕。与此同时,眼下又

[①] 这一部分的部分内容,请参见2020年2月28日作者发表在澎湃新闻上以《营商环境视角下的新冠疫情冲击与应对》为题的文章。

是传统企业复工的关键时点,劳动力流动蓄势待发。从国家大局来看,只顾一端并不可取。科学的态度应该是,在周密安排之下,在继续强化疫情防治的情况下,逐步有序的恢复生产。从营商环境入手,更充分地思考新冠肺炎疫情的冲击与应对。

(一) 新冠肺炎疫情对经济基本面的冲击与修复

对于中国这样一个处在"爬坡上坎"阶段的国家而言,经济基本面是决定营商环境的最重要的因素,正所谓"基础不牢,地动山摇"。需要准确把握疫情对经济基本面的冲击,并思考应对之策。

1. 新冠肺炎疫情对经济基本面的冲击

新冠肺炎疫情对中国经济基本面的冲击体现在三个方面(智艳和罗长远,2020)。一是从区域来看,疫情冲击了"中国经济地理中心"——武汉。这是一座"九省通衢"的城市,其承东接西、通北达南的角色不仅体现在交通枢纽上,也体现在经济关联上。受湖北疫情影响,周边的湖南、安徽、河南、江西,以及浙江和广东,劳动力的外流均受到影响。这与非典期间不同,当时受影响的主要是广东和北京。二是从产业来看,疫情冲击了中国产业发展的龙头——服务业。疫情暴发在农历岁末年初,恰值春节,交通运输业,住宿和餐饮业,文化、体育和娱乐业,房地产业等受到严重的冲击。根据最新的数据,2019年服务业增加值占到整个GDP的53.9%,而在非典暴发的2003年,服务业的占比是42.03%(见图17-1)。由于在整个经济中已经占据过半的份额,服务业受到冲击,势必对整个经济产生更大的负面影响。三是从企业来看,疫情冲击了中国经济的微观基石——中小企业(《经济日报》,2020年2月12日)。服务业集中了大量的中小企业,它们抗风险能力最弱,但受疫情的冲击最重。根据统计,在中国,中小企业贡献了50%以上的税收、60%以上的GDP、70%以

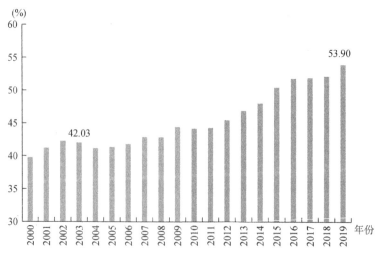

图17-1 服务业占GDP的比重(2000—2019年)

资料来源:国家统计局。

上的技术创新、80%以上的城镇劳动就业和90%以上的企业数量(唐伟,2020)。中小企业受到冲击,会更强烈地影响到整个经济体。

2. 经济基本面和营商环境的修复

为了稳定中国的营商环境,修复经济基本面是疫情完全缓解之后的第一要务。对此,我们有三方面的政策建议。一是呼吁中央把2020年定位为经济建设年。眼下,中国外有贸易摩擦阴云,内有新冠肺炎疫情添乱。同时,2020年又是收入倍增的兑现年,也是脱贫攻坚的收官年,更是"十三五"规划的最后一年,经济工作的压力非常大。尤其是,蓬佩奥、罗斯等美国政客正指望中国经济从此一蹶不振,偏离"以经济建设为中心"正中他们的下怀。把2020年定位为经济建设年,力戒官僚主义、形式主义和本本主义,激励各地和各部门积极地投入到疫后经济的恢复中去。二是建议实施宽松的宏观经济政策。在这一个特殊的时期,也是在这一个特殊的年份,为了提振预期和市场信心,有必要实施更为积极的财政政策和宽松的货币政策。在GDP的"三驾马车"中,消费是大头,其占比接近60%,这次受疫情的冲击也最大(见图17-2)。在短期内,出口难以很快恢复。在此情况下,一方面要尽可能压缩行政经费和不必要的开支;另一方面,要适当扩大政府支出增加投资,向包括医疗在内的社会性基础设施建设倾斜,进一步夯实中国经济高质量和可持续发展的基础,有必要为财政赤字占比突破3%做好预案。很多企业尤其是中小企业,缺少基本的营运资金,流动性缺口很大,有必要实施更为宽松的货币政策。就中美贸易摩擦和中美利差的现状来看,眼下也是实施宽松货币政策的机会窗口。三是针对特殊区域、产业和企业实施定向支持。与普遍性的适度宽松的宏观经济政策相比,更应该针对湖北及关联地区、服务业以及中小企业,实施定向扶持,尤其是信贷政策和税收政策。

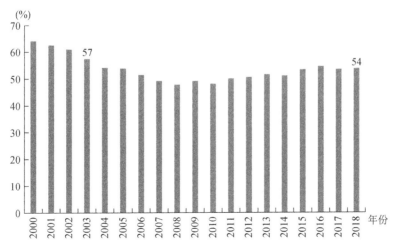

图 17-2 最终消费支出占 GDP 的比重(2000—2018 年)

资料来源:国家统计局。

(二) 提升在全球的营商环境地位,为供应链创造良好的外部条件

1. 提升中国大陆在全球的营商环境地位

通过经济基本面的恢复,以及政府与市场关系的修复,努力提升中国的营商环境,对冲新冠肺炎疫情对经济的危害。根据最新的营商环境报告显示,中国排名位列第 31,比上一次前进 15 位,但落后于亚洲经济圈的新加坡(第 2 位)、韩国(第 5 位)、马来西亚(第 12 位)、泰国(第 21 位)和日本(第 29 位),中国也还落后于 G20 中的美国(第 6 位)、英国(第 8 位)、澳大利亚(第 14 位)、德国(第 22 位)、加拿大(第 23 位)、俄罗斯(第 28 位)、西班牙(第 30 位)。中国要以这些经济体为参照,在行政管理、市场准入、产权保护、信贷安排、法制环境等方面,有更大的进步。

2. 继续降费减税,保持税收的国际竞争力

根据 Trading Economics 提供的数据,在企业所得税方面,中国(25%)比美国(21%)高,与亚洲的印度(25.17%)、韩国(25%)、印度尼西亚(25%)相当,比马来西亚(24%)、泰国(20%)、越南(20%)、新加坡(17%)高,也比土耳其(22%)、俄罗斯(20%)高。

在个人所得税方面,中国(45%)比美国(37%)高,也比亚洲的韩国(42%)、印度(35.88%)、菲律宾(35%)、泰国(35%)、越南(35%)、印度尼西亚(30%)、马来西亚(28%)、新加坡(22%)高,也比墨西哥(35%)、土耳其(35%)、巴西(27.5%)、俄罗斯(13%)高。

在销售税方面,中国(13%)比亚洲的菲律宾(12%)、印度尼西亚(10%)、马来西亚(10%)、韩国(10%)、越南(10%)、新加坡(7%)、泰国(7%)高。可以看得出来,在税收方面,中国与有参考价值的经济体相比,还有很大的压缩空间。

3. 确保能源供应安全,消减在能源成本上的不利地位

继续强化与俄罗斯的友好关系,加快与海合会的自贸区谈判,确保中国的能源供应安全,消减在能源成本上的不利地位。

4. 加快各类贸易谈判,为中国供应链创造低关税的国际贸易环境

继续推进中美贸易第二阶段谈判。在中日韩三国政治关系趋暖的背景下,加快中日韩自贸区谈判进程。在 2020 年内,最终签署地区综合性贸易协定(RCEP)。通过双边、多边和区域性的贸易谈判,努力为中国供应链创造低关税的国际贸易环境。

(罗长远,复旦大学经济学院教授;樊海潮,复旦大学经济学院教授)

参考文献

[1] 白紫文:《值此关头,美商务部长罗斯称"疫情有助工作回流美国"》,观察者网,2020 年 1 月 31 日。
[2] 《陈振声:为疫情结束做准备 企业应确保资源供应多元化》,《联合早报》,2020 年 2 月 17 日。

[3] 国家统计局:《中华人民共和国2019年国民经济和社会发展统计公报》,2020年2月28日。

[4] 李文龙、张世明:《从中美经贸摩擦到新冠肺炎疫情 中国外贸与供应链将受到何种影响》,《第一财经》,2020年2月17日。

[5] 李小华:《被指"亚洲病夫",中国反应过度了吗?》,中国日报网,2020年2月26日。

[6] 李姚:《佩洛西一定没想到,她在慕尼黑会碰到这位中国铁娘子》,环球网,2020年2月15日。

[7] 刘俊卿:《缺了中国产业链后的世界》,瞭望智库,2020年2月15日。

[8] 罗长远:《营商环境视角下的新冠疫情冲击与应对》,澎湃新闻,2020年2月28日。

[9] 麦肯锡全球研究院:《麦肯锡2019中国报告》,2020年1月6日。

[10] 《美国制造业占GDP比重降至72年新低》,财联社,2019年10月30日。

[11] 让·巴蒂斯特·萨伊:《政治经济学概论》,陈福生、陈振骅译,商务印书馆,1998年。

[12] 唐伟:《共同抗疫,应有更多的同理心》,《光明日报》,2020年3月5日。

[13] 杨进:《警惕!美国正在我邻国扶植专门反华的NGO》,《环球时报》,2020年3月7日。

[14] 杨一帆:《特朗普再对中国下手!被认定为"外交使团",这五家中国媒体将得到什么"待遇"?》,《新民晚报》,2020年2月20日。

[15] 《疫情当前,全球电子行业影响情况》,掌工知,2020年2月20日。

[16] 《疫情对中国经济的影响究竟有多大?》,《经济日报》,2020年2月12日。

[17] 《在汉落户世界500强已达294家 今年有望突破300家》,《长江日报》,2019年9月25日。

[18] 智艳、罗长远:《新冠肺炎疫情对中国经济的影响及其思考》,《学习与探索》,2020年第3期。

[19] 周源、陈潇潇:《疫情带来六大影响,中国芯片和消费电子行业积极自救》,《财经》,2020年第4期。

[20] Findlay, R., *Factor Proportions, Trade, and Growth*, Cambridge, Mass.: MIT Press, 1995.

[21] Krugman, P., *Geography and Trade*, Cambridge, Mass.: MIT Press, 1991.

[22] Krugman, P., Scale Economies, Product Differentiation, and the Pattern of Trade, *America Economic Review*, 1980, 70(5): 950-959.

[23] World Bank, *Doing Business 2019*, World Bank Group, Washington, DC 20433, USA, 2019.

[24] World Bank, *Doing Business 2020*, World Bank Group, Washington, DC 20433, USA, 2020.

第5部分

公共治理

第18章 "后疫情时代"医疗卫生体系面临的挑战与应对措施

第19章 以"绿"战"疫":新冠肺炎疫情下绿色发展的挑战与对策

第20章 "后疫情时代"的城市现代化治理

第21章 新冠肺炎疫情对政府治理体系的反思与建议

第22章 化危为机,行以致远:"后疫情时代"企业的战略发展之道

第23章 新冠肺炎疫情对城市公共服务的影响与应对

第 18 章 "后疫情时代"医疗卫生体系面临的挑战与应对措施

此次新冠肺炎疫情暴发并流行对各国医疗体系都是严峻挑战,各国医疗卫生体系在疫情面前大多表现出措手不及,我国医疗卫生体系面对疫情暴露出的短板并不少于 2003 年非典疫情引发的危机。事实上,2003 年之后,我国政府高度重视医疗卫生领域的投入与改革。公共财政对医疗卫生投入大幅增长,医疗卫生支出从 2003 年的 778 亿元增加到 2009 年的 3 394 亿元,2019 年达到 16 797 亿元,17 年中年均增长速度为 19.8%;占公共财政支出的比重从 2003 年的 3.2%,增加到 2009 年的 5.2% 和 2019 年的 7.0%。卫生总费用(包含政府支出、医保支出和个人支出)占 GDP 的比重从 2003 年的 4.8% 上涨到 2018 年的 6.4%,与日本、韩国等工业化国家的差距已经大为缩小。

与此同时,2003 年后我国医疗卫生体制改革进入新阶段。在公共卫生应急措施方面,中央和地方加大力度建设疾病预防控制中心(CDC),形成了拥有 3 500 个各级疾控中心、19 万人员的四级疾控体系。在医疗保障制度建设方面,2003 年推出了新型农村合作医疗制度试点,2007 年推出城镇居民医疗保险制度试点,加上 1998 年开始的城镇职工医疗保险制度改革,我国社会医疗保险已经基本实现全覆盖,2019 年参保人数超过 13.5 亿,覆盖率高达 96%。在医疗改革方面,2009 年 4 月 6 日,新华社受权发布《中共中央 国务院关于深化医药卫生体制改革的意见》,标志着新医改转入施行阶段。改革的基本路线图包括实现全民医保、初步建立国家基本药物制度、健全基层医疗服务体系、促进基本公共卫生服务均等化及推进公立医院改革试点。2010 年 5 月,在全国深化医药卫生体制改革工作会议上,李克强总理提出要将"保基本、强基层、建机制"作为医改工作的重心。"保基本"指医疗保险广覆盖,保障基本医疗需求;"强基层"指将更多人财物投入到基层医疗机构;"建机制"指建设医药卫生体系规范有效运转的各种机制。在卫生立法方面,2004 年和 2013 年全国人民代表大会常务委员会两次修订了《中华人民共和国传染病防治法》,明确了各类传染病的预防和分类治疗与管理。

2016 年 10 月,党中央、国务院印发了《"健康中国 2030"规划纲要》,提出"到 2020 年,建立覆盖城乡居民的中国特色基本医疗卫生制度,健康素养水平持续提高,健康服务体系完善高效,人人享有基本医疗卫生服务和基本体育健身服务,基本形成内涵丰富、结构合理的健康产业体系,主要健康指标居于中高收入国家前列"的战略目标。我国居民预期寿命不断延长,出生时预期寿命从 2000 年的 71.4 岁增加到 2018 年的 77 岁,按照世界卫生组织的排名,列于全球第 53 位。但尽管如此,我国慢性病发生率一直在增加,且健康管理较为落后,高血压患病率高达 44.7%,与美国 45.5% 的患病率相近,但我国只有 7.2% 的高血压控制率,远低于美国的 43.5%;我国糖尿病患病率约为 10.9%,也与美国 10.8% 的患病率水平相近,但我国仅有 32% 的糖尿病患者在接受治疗,而美国只有 1.2% 的患者未治疗(Yip et al.,2019)。值得重视的是传染病患病率也在增加,2004—2014 年共报告传染疾病 54 984 661 例,年发病率为 417.98/10 万,传染病发病率平均每年增加 5.9%,2009 年之后增长速度有所减慢①。

本次疫情发生在我国医疗卫生投入和改革都较 2003 年非典时期有了大幅提升的背景下,但面对来势凶猛的病毒,我国医疗卫生体系仍未能做好准备。本章第一部分分析疫情对医疗资源供需、社区卫生服务、公共卫生和互联网医疗的影响;第二部分比较本次疫情期间医疗卫生领域采取的应对措施,并和非典期间的措施相比较,剖析我国医疗卫生体系存在的隐患,在此基础上提出进一步改革思路;最后是总结。

一、影响分析

新冠肺炎疫情来势凶猛,迅速蔓延。到 2020 年 3 月 9 日,全国确诊 80 904 例,治愈 58 684 例,死亡 3 123 例(图 18-1、图 18-2)。面对此次疫情,医疗卫生体系受到严峻考验。

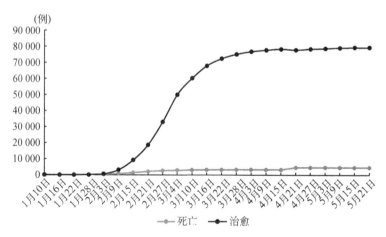

图 18-1　累计死亡和治愈人数(2020 年 1 月 10 日—2020 年 5 月 21 日)

---

① 《最新数据出炉啦!十年间传染病发病率到底有多高?》,《医师报》,2017 年 4 月 25 日:https://www.sohu.com/a/136217101_374890。

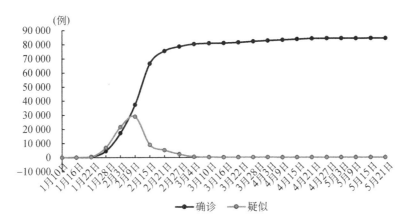

图 18-2 累计确诊和疑似人数（2020 年 1 月 10 日—2020 年 5 月 21 日）

资料来源：阿里健康。

（一）对医疗资源的挤兑

"医疗资源挤兑"是这次疫情中出现的新名词。疫情中民众集中到医院就诊造成的排队现象和恐慌心理就和银行被挤兑类似。疫情大规模迅速暴发对武汉和湖北的医疗体系影响十分巨大。出于恐惧，很多一般性感冒发烧咳嗽的患者蜂拥至医院，真正的肺炎病人反而没有机会得到及时有效治疗。病人情绪失控，医生护士极度疲劳。

这一现象对治疗和防疫带来十分不利的影响。根据国家卫健委数据，在这次疫情暴发初期，90％以上的发热病人并不是新冠肺炎患者，这些病人直接前往医院，带来不少问题：其一，等待时间长，容易引发交叉感染，加重病情；其二，占用了有限资源，使得一些真正需要及时治疗的患者因拖延加重病情；其三，因为预期到"看病难"，有些患者不去及时就诊，不能及时隔离，成为传染源；其四，医生负荷过重，造成医生自身感染概率上升，免疫力下降，这次疫情中，武汉部分医护人员感染新冠肺炎与此有很大关系。

（二）对基层医疗服务机构的压力

长期以来，我国基层卫生服务不尽如人意，患者集中在三级医院就诊。一些或强制或通过价格引导的做法，比如强制居民在社区首诊，均收效甚微。基层医疗卫生机构医疗服务能力不足，基层医疗卫生机构发展参差不齐，基层医疗设备配备不足，基层医务人员严重不足（申曙光、张勃，2016）。

本次疫情使得薄弱的基层医疗体系开始承担更多责任。《国家卫生健康委办公厅关于基层医疗卫生机构在新冠肺炎疫情防控中分类精准做好工作的通知》要求，指导各地基层卫生机构强化工作责任，统筹做好疫情防控和日常诊疗、慢性病管理、健康指导等工作，确保城乡居民及时、就近获得基本卫生健康服务。国家卫健委 1 月 27 日提出"县级医疗机构要设立发热门诊，方便就医"。2 月 18—19 日，中国医学科学院医学信息研究所依托基层医疗卫生机构"优质服务基层行"活动申报信息系统,通过微信调查问卷系统针对基层医疗卫生机构运营与医疗服务开展情况进行了调查①。调查发现开设发热门诊的机构数占调查机构总数的51.0%,很多基层医疗机构无权或无法开设发热门诊。在武汉疫情开始时期,社区卫生服务中心并无发热门诊,导致很多患者涌向大医院。

经过十几年的探索与实践,我国分级诊疗进展并不顺利。然而,这次在武汉市,受新冠肺炎疫情的影响在短短一个月内初步实现了基层首诊、双向转诊、急慢分治和上下联动②。上述调查涉及湖北省117家基层医疗卫生机构,其中正常开展医疗服务的机构有104家,占比88.9%。开设发热门诊的机构有97家,占比82.9%。与疫情开始时相比,社区医疗卫生体系的应对能力有明显提升。

(三) 对公共卫生体系的考验

在此次疫情防控中,各级疾控中心的人员参与了流行病学调查、疫源地及污染区消毒、病毒采样及送样、对密切接触者追踪等应急工作。但疾控中心却陷入争议漩涡,甚至遭遇信任危机。此次疫情防控过程中暴露出我国在重大疫情防控体制机制等方面的一些短板,疾控中心的特殊地位没有得到足够的重视③。在国内,疾控中心是社会服务组织、事业机关,是实施政府疾控服务的部门,在执行隔离和统筹传染病控制等政府职能方面,效率相对低下。同时中国疾控中心的预算与人员相较于美国疾控中心差距极大,基层疾控中心缺乏专业人才。另外国家疾控中心对于地方疾控中心只有业务指导的权威,其他方面则属于地方卫健委的管控范围,这在疫情中造成了政策步调不一致等协调上的困难④。

(四) 互联网医疗的崛起

我国互联网医疗自2014年开始发展,互联网巨头如百度公司、阿里巴巴集团、腾讯公司、小米集团都涉足互联网医疗。在"互联网+"背景下,2018年4月25日,国务院办公厅印发了《关于促进"互联网+医疗健康"发展的意见》,提出鼓励医疗机构应用互联网等信息技术拓展医疗服务空间和内容。我国移动医疗健康市场用户规模2015年为3.8亿人,2018年超过4亿人。国内互联网医疗领域发生的投融资和并购事件到2017年底共有221起,2018年161起(孙陈敏、田侃,2019)。2019年8月,国

---

① 本次调查覆盖全国31个省区市和新疆生产建设兵团,涉及335个地市、1 698个县(区)的3 562家基层医疗卫生机构(其中社区卫生服务中心576个,乡镇卫生院2 986个),占全国社区卫生服务中心和乡镇卫生院总数的7.8%(其中社区卫生服务中心占比6.2%,乡镇卫生院占比8.2%)。
② 《武汉1个月内实现分级诊疗,这个医改难题竟因疫情找到了关键》,搜狐网,2020年2月7日:https://www.sohu.com/a/376320865_467288。
③ 《疫情防控面对面:钟南山最新表态传递大量信息》,人民网,2020年2月9日:http://yuqing.people.com.cn/n1/2020/0229/c209043-31610440.html。
④ 《对话陈茁:疾控系统失语,疫情结束后应向何处去?》,"丁香园"公众号,2020年3月9日。

家医保局发布了《关于完善"互联网+"医疗服务价格和医保支付政策的指导意见》,互联网医疗服务项目正式纳入医保支付范畴。在北京,二级以上医院80%有互联网相关业务;广州要求2019年三甲医院50%及以上要开通互联网医院。但疫情之前互联网医疗用户发展放缓,一是业务供给能力不足,二是同质化严重,现有产品与服务难以带来更多用户(于保荣等,2019)。

疫情使互联网医疗需求大增。疫情下,民众希望在安全无接触状态下问诊,互联网医疗无须面对面的在线咨询问诊,使得互联网医疗在这场抗击疫情的战役中异军突起。疫情发生后,京东及百度成立医疗健康事业部,阿里巴巴集团通过收购改造阿里健康,腾讯发布"新冠肺炎疫情服务平台",丁香园、好大夫、春雨医生、微医等一批互联网医疗公司等纷纷发起远程线上问诊。截至2020年1月31日,广东、山东、浙江、江苏、上海等省区市开设在线义诊平台的公立医院数量已经达到166家[①]。

二、应对分析

(一) 面对疫情的应急措施

1. 医疗服务体系的应对

为解决武汉和湖北其他城市医疗资源极度紧缺的状况,全国各地卫健委组建了医疗队支援武汉,到2020年3月8日已经有346支医疗队抵达武汉和湖北其他城市,与当地医疗人员并肩作战,支援武汉和湖北其他城市的医疗队已达到4.26万人。截至3月4日规模最大的5支援医疗队是:解放军医疗队(4 000人)、江苏医疗队(2 757人)、广东医疗队(2 452人)、辽宁医疗队(2 045人)和浙江医疗队(1 985人)。这一规模史无前例。

为解决"人等床"难题,武汉参照非典时期北京小汤山医院模式建设了武汉火神山医院和雷神山医院,两座医院建成历时仅十余天。火神山医院位于武汉市蔡甸区。1月24日,火神山医院相关设计方案完成,在2月2日正式交付投入使用,2月3日正式收治病人。雷神山医院位于武汉市江夏区黄家湖区域。1月25日,武汉市决定建造雷神山医院,2月8日,雷神山医院正式交付投入使用,当晚正式收治病人。

随后根据新冠病毒感染人群的特点,湖北对大量轻症患者采用了方舱医院的模式。武汉市将一批体育场馆、会展中心逐步改造为方舱医院,总共建立了16家方舱医院,从2月5日开始后运行的35天,共收治新冠肺炎轻症患者12 000多人。到3月9日,因为大量患者出院,新增患者大幅减少,其中11家休舱,3月10日16家方舱医院全部休舱。这种应对方式也是我国医疗卫生史上首次。

---

① 《疫情之下 互联网医疗成为抗疫先锋》,前瞻网,2020年2月27日:https://www.qianzhan.com/analyst/detail/220/200227-5c8d7f09.html。

2. 医疗保险体系的应对

为应对疫情,国家医保局连续推出医保支持措施,减轻医疗费用负担,方便异地就医和互联网医疗(表 18-1)。

表 18-1 疫情期间国家医保局推出的保障措施

时间	文件	主要内容
2020年1月23日	《国家医疗保障局、财政部关于做好新型冠状病毒感染的肺炎疫情医疗保障的通知》	(1) 对于确诊患者发生的医疗费用,在基本医保、大病保险、医疗救助等按规定支付后,个人负担部分由财政给予补助 (2) 对于确诊的异地就医患者,先救治后结算,报销不执行异地转外就医支付比例调减规定 (3) 确诊患者使用的药品和医疗服务项目,可临时性纳入医保基金支付范围 (4) 对收治患者较多的医疗机构,医保经办机构可预付部分资金
2020年1月27日	《国家医疗保障局办公室、财政部办公厅、国家卫生健康委办公厅关于做好新型冠状病毒感染的肺炎疫情医疗保障工作的补充通知》	(1) 对于新冠肺炎诊疗方案确定的疑似患者医疗费用,在基本医保、大病保险、医疗救助等按规定支付后,个人负担部分由就医地制定财政补助政策并安排资金,实施综合保障,中央财政视情给予适当补助 (2) 异地就医医保支付的费用由就医地医保部门先行垫付,要做好异地就医参保患者信息记录和医疗费用记账,疫情结束后全国统一组织清算 (3) 对纳入疑似新冠肺炎诊疗方案和诊疗服务项目,可临时性及时纳入医保基金支付范围
2020年2月13日	《关于新型冠状病毒感染肺炎疫情防控有关经费保障政策的通知》	对于确诊患者发生的医疗费用,在基本医保、大病保险、医疗救助等按规定支付后,个人负担部分由财政给予补助。所需资金由地方财政先行支付,中央财政对地方财政按实际发生费用的 60% 予以补助
2020年3月2日	《国家医保局 国家卫生健康委关于推进新冠肺炎疫情防控期间开展"互联网+"医保服务的指导意见》	经卫生健康行政部门批准设置互联网医院或批准开展互联网诊疗活动的医疗保障定点医疗机构,按照自愿原则,与统筹地区医保经办机构签订补充协议后,其为参保人员提供的常见病、慢性病"互联网+"复诊服务可纳入医保基金支付范围

对照 2003 年非典期间的医保政策,这次的力度无疑更大,体现出非典以来医保"广覆盖"的成效。具体而言,第一,此次新冠肺炎时期对于确诊和疑似病例都不需要个人承担医疗费用,而非典时期的医保政策将病例分类,而且未参加医保的个人医疗费负担较重。第二,此次新冠肺炎时期的医保政策着重强调了确诊和疑似病例的异地就医问题,这是我国医保改革重要的突破。第三,中央对地方财政救助费用补贴力度更大。此次新冠肺炎时期,对于确诊患者发生的医疗费用,在基本医保、大病保险、医疗救助等按规定支付后,个人负担部分由财政给予补助。所需资金由地方财政先行支付,中央财政对地方财政按实际发生费用的 60% 予以补助。非典时

期,中央财政对中西部困难地区政府负担的救治费用,原则上按50%给予补助。第四,此次新冠肺炎疫情中,为参保人员提供的常见病、慢性病"互联网+"复诊服务可纳入医保基金支付范围。

3. 公共卫生体系的应对

各级疾控中心主要作为技术指导的身份存在,随着疫情中问题的演变,疾控中心所承担的责任也在变化。《新型冠状病毒感染的肺炎防控方案》(以下简称《防控方案》)(第二版)要求各级疾控机构负责开展监测工作的组织、协调、督导和评估,进行监测资料的收集、分析、上报和反馈;开展现场调查、实验室检测和专业技术培训;开展对公众的健康教育与风险沟通。《防控方案》(第三版)额外要求各级疾控中心指导做好公众和特定人群的个人防护,指导开展特定场所的消毒。《防控方案》(第六版)强化了中国疾控中心技术指导作用,指出防控方案中涉及的新冠肺炎流行病学调查指南、密切接触者调查与管理指南、实验室检测技术指南、特定场所消毒技术指南和特定人群个人防护指南由中国疾控中心统一制定,要求中国疾控中心加强对全国防控工作的技术指导。

(二) 对医疗卫生体系新一轮改革的思考

上述在新冠肺炎疫情中推出的应对措施展现了众志成城抗击疫情的决心,对及时医治患者、减轻患者医疗负担、控制疫情进一步蔓延无疑起到了非常积极的作用。但也应该看到,此次抗疫的成本也相当高。这种成本不仅仅是病毒造成的疾病负担和经济损失,更高的成本在于这些措施对社会经济活动的影响,包括"封城"对物资和人员流动的影响、医护人员以生命为代价的付出、全国资源向湖北省调集的成本等。因而,上述应对措施终究是一时的应急措施,而且恰恰暴露出我国医疗服务体系的短板。从提升我国医疗卫生体系应对重大公共卫生风险能力、满足基本医疗需求出发,疫情过后,新一轮医改势在必行。

1. 健全公共卫生应急管理体系

从2003年的非典到本次的新冠肺炎疫情,中国公共卫生体系的短板始终没有很好补上,整个公共卫生系统在人员、技术、设备各方面都远远落后,是导致我们缺乏防控大疫能力的根本性原因(黄奇帆,2020)。

事实上,我国已经采取了多方面措施减少公共卫生体系。2003年,国务院批准了《突发公共卫生事件医疗救治体系建设规划》,指出在2004年以建设全国疾病预防控制体系和突发公共卫生事件医疗救治体系为重点,加快公共卫生事业发展。2006年3月,国家疾病预防控制局、卫生监督局成立,中央、省级、市级、县级四级的疾病预防控制体系和卫生监督体系基本建立。2009年,中共中央、国务院《关于深化医药卫生体制改革的意见》提出:建设覆盖城乡居民的公共卫生服务体系、医疗服务体系、医疗保障体系、药品供应保障体系,形成四位一体的基本医疗卫生制度。但就此次疫情的应对来看,实际情况距离上述改革目标仍具明显差距,需要在以下四个方面深化改革。

一是增加公共卫生投入。尽管2003年以来我国政府医疗卫生支出年均上涨19.8%,但从医疗卫生支出结构看,公共卫生支出占比最近几年有所下降,从2010年的14.3%下降到2018年的13%,公共卫生投入自2014年开始一直低于财政对公立医院的支出,重治疗轻预防的状况在财政支出结构中也有所体现(图18-3)。占财政医疗卫生支出比例最高的是各级财政对医疗保险基金的补贴,我国城乡居民医疗保险缴费中有70%左右来自财政补贴,对财政造成的压力在一定程度上挤出了对其他医疗卫生项目的支出。

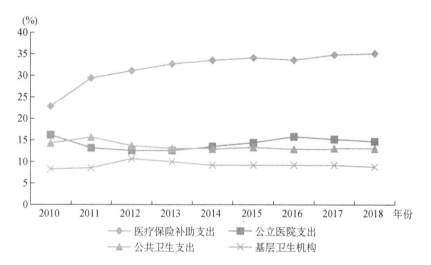

图18-3 公共卫生支出占财政医疗卫生支出比

资料来源:财政部历年公共财政决算报告。

二是吸引人才从事公共卫生专业。公共卫生机构属于公益性事业单位,公益类事业单位改革后公共卫生机构人员收入水平普遍下降,造成人员流失严重。今后需提高公共卫生人才工资待遇,吸引更多优秀人才进入公共卫生专业,鼓励更多高校成立公共卫生学院。我国目前3 000多所高校中,有公共卫生学院的只有80多家。

三是提高信息化程度。2003年出台了《2003—2010年全国卫生信息化发展纲要》,这一纲要给公共卫生信息化提供了规划和指导;非典发生后各地建立非典疫情的直报系统,全国31个省区市建立11 157个非典疫情直报机构,初步建立了公共卫生的网络化机构。但信息化建设公共资金投入不足,人才缺乏。未来需要增加资金投入渠道,吸引具有医学、公共卫生和信息学等多重背景的复合型卫生信息化人才(王坤等,2019)。

四是提升行政赋权。我国疾控中心缺乏行政权力,与美国疾控中心地位相差很多。美国疾控系统是直属总统管理的,直接向总统的卫生安全委员会汇报并报给总

第18章 "后疫情时代"医疗卫生体系面临的挑战与应对措施

统。中国也需要建立一套完善的社会应急组织体系(黄奇帆,2020)。

2. 均衡医疗资源配置

长期以来,我国居民习惯去大医院就诊,小病轻症占用了大量用于治疗专科疾病的医疗资源。一方面,大医院人满为患,真正需要医疗资源的患者需求无法满足;另一方面,基层医疗机构作用难以发挥,加剧医疗资源错配。

我国医疗资源配置向三级医院聚集[①]。三级医院拥有的医师和设备数量无论在水平还是增长速度上都远超基层医疗机构,近65%的执业医生在前者,只有30%的执业医师在社区卫生服务中心等基层机构。2017年三级医院就诊人数增长幅度为6.06%,基础医疗机构就诊人数只增加了1.43%。与此同时,三级医院门诊次均费用为二级医院的1.5倍,是一级医院的2倍。虽然其医疗质量高于二级或一级医院,但并不意味着所有患者都需要利用三级医院的资源。

患者随着资源配置也向三级医院聚集,我国医疗机构就诊人次增长趋势放缓和经济增长放缓、财政收入增长放缓几乎同时出现于2012年,但三级医院就诊人次的增长速度多年来一直大幅领先于二级医院和基层医疗机构,三级医院就诊人数占患者总数从2005年的29%持续上升到2018年的52%(图18-4)。我国医疗体系中资源配置、服务供给和患者选择都向高层级医院倾斜,形成强者愈强的"马太效应"。

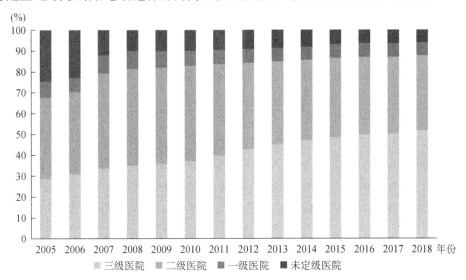

图18-4 各级医疗机构门诊人次占比

资料来源:《中国卫生统计年鉴》《中国卫生和计划生育统计年鉴》。

---

① 我国根据医疗机构的技术水平和规模等将医疗供给方分为不同级别的医院,三级医院提供专科医疗服务,解决危重疑难病症,同时是科研和教学中心;二级医院是跨几个社区提供医疗卫生服务的机构;一级医院是直接为社区提供医疗、预防、康复、保健综合服务的基层医院。分级诊疗旨在根据疾病的轻重缓急和治疗的难易程度,由不同级别的医疗机构承担不同疾病的治疗,在我国概括为"基层首诊、双向转诊、急慢分治、上下联动"十六个字。尽管如此,大多数人还是更愿意到三级医院看病,上述十六个字的目标并未能落实。

未来还会有其他各种类型的公共卫生事件发生,不应每次都采取临时应急措施,而是需要真正认识到医疗体系分工合作的必要性,通过"建机制"完善医疗资源配置,从而逐步改变群众的就医观念,通过日常健康维护化解不可预测的公共卫生事件可能带来的危害。2015 年发布的《国务院办公厅关于推进分级诊疗制度建设的指导意见》首次提出要建设"基层首诊、双向转诊、急慢分治、上下联动"的分级诊疗模式,说明政策层已经意识到我国医疗资源下沉的必要性。在我国业已形成的大医院和基层医疗机构资源和能力严重不平衡的状态下,重新配置医疗资源的措施无法照搬其他国家模式。结合现有的实践,在我国三级医院独大的局面下,建立医疗联合体是目前我国正在尝试的措施,其优劣之处也逐渐显现。

为贯彻落实《国务院办公厅关于推进医疗联合体建设和发展的指导意见》(国办发〔2017〕32 号),2019 年国家卫生健康委、国家中医药局决定开展城市医疗联合体(简称"医联体")建设试点工作。医联体是指不同级别、类别医疗机构之间,通过纵向或横向医疗资源整合所形成的医疗机构联合机构①。基层医院缺乏好医生,医疗质量不可靠,民众不愿意去,这是基层机构面临的最大困境。短期内要实现一定程度的医疗资源下沉,医疗联合体制度可能是一个值得尝试的办法。

医联体的目标主要有两方面:一是加强基层医疗服务能力;二是形成医疗机构之间的分工协作机制。其实现途径主要有以下三点:第一,在我国医院由行政评审形成等级,是中国医院声誉的重要组成部分。基层机构通过与三级医院联合可以享受到与三级医院联合带来的声誉,提升吸引力。第二,患者选择三级医院的最主要原因是"技术高",三级医院派医生专家坐诊,提升基层医院医疗质量。第三,当基层医院拥有了更多市场份额后,整体上降低运营成本。

3. 建立健康守门人制度

本次疫情中,患有基础疾病的老人更容易感染,更容易发展成为重症,病死率高,新冠肺炎死亡病例中,60 岁以上的老人占了 80%,他们大多有一种或一种以上的基础疾病②。中国疾控中心的一项针对中国 7 万多名新冠肺炎患者病例的分析发现,在新冠肺炎死亡病例中,新冠肺炎总体死亡率为 2.3%,患有基础疾病的患者病死率明显更高,患有心血管病的病死率为 15%,患有糖尿病的病死率为 7.3%,患有高血压的病死率为 6%(中国疾病预防控制中心新型冠状病毒肺炎应急响应机制流行病学组,2020)。我国患有慢性病等基础疾病的人数不断增加,最近的数据显示,中国高血压人口有 1.6 亿~1.7 亿人,糖尿病患者达到 9 240 万人,其中大多数为老

---

① 目前,医联体主要有四种组织模式。(1)医联体(即医疗联合体)。这是城市开展医联体建设的主要模式。以 1 家三级医院为牵头单位,联合若干城市二级医院、康复医院、护理医院以及社区卫生服务中心,构建"1+X"医联体。(2)医共体(即医疗共同体)。这是农村开展医联体建设的主要模式。(3)专科联盟。这是医疗机构之间以专科协作为纽带形成的联合体。(4)远程医疗协作网。由牵头单位与基层、偏远和欠发达地区医疗机构建立远程医疗服务网络。

② 《疫情中,为什么死亡的大多是那些老人?》,京东互医,2020 年 3 月 2 日:https://www.cn-healthcare.com/articlewm/20200302/wap-content-1091880.html。

人。此次疫情对老年健康管理敲响警钟。

从其他国家医疗体系和健康之间的经验关系看,建立有家庭医生"守门人"制度的国家,其人均寿命更长,医疗服务费用更低(Dusheiko et al.,2006;Dolton,2016)。大部分发达国家均十分重视基层医疗机构建设,如英国1948年就建立了家庭医生制度,强制家庭医生首诊,家庭医生是全科医生,处理患者在所有年龄阶段的健康问题,极大地促进了健康公平性。美国从1965年开始建设社区卫生服务中心(community healthcare service,CHC),到2008年总共建成8 000个社区卫生服务中心,主要为老人和低收入群体服务,对这一制度的评价表明,社区卫生中心建立十年后,当地50岁以上居民的死亡率降低了7%~13%,同时在社区卫生服务中心建立地区,拥有固定检查习惯的老人比例提高了23%,药费降至之前的1/3(Bailey et al.,2015)。

中国在这方面也正在逐步开始探索,最近两年国家层面对于家庭医生制度建设十分重视①。上海在全国较早试行家庭医生制度,2011年启动家庭医生签约试点,2015年起,进一步推行了以家庭医生为基础的"1+1+1"医疗机构组合签约,除了可以和家庭医生签约,还可以再选一家区级医院和一家市级医院签约。遇到家庭医生无法确诊的病例,签约居民可以优先预约大医院的专家就诊。这项改革取得了一些初步成效,针对上海市长宁区的家庭医生签约服务的调查结果发现,签约人群集中分布在老年人和慢性病人群中,签约的慢性病患者在社区就诊、慢性病防治以及慢性病费用控制方面都要优于非签约的慢性病患者(芦炜等,2016)。

提高全科医生待遇,让有能力的医生愿意在基层医疗机构提供服务,这是我国医改长期面临的难点。从英国、美国、日本等国家的经验看,这并非不可能,全科医生完全可以是高收入和高社会地位的群体。在这些国家,成为全科医生的成长路径基本一样:通过执业医生考试后,医生在医院工作一段时间,之后凭借技术和声誉自办诊所,给社区居民看病。这些国家80%以上的门急诊由社区诊所完成。从收入看,2015年英国、加拿大和德国的全科医生工资为社会平均工资的4倍左右,而我国全科医生工资仅与社会平均工资相当。从人数看,我国全科医生占医生总数比例为6%,远低于美国的12%、英国的28%、德国的42%和加拿大的48%。改善培养全科医生的环境任重道远,涉及人事制度改革(朱恒鹏、林绮晴,2015)、医疗市场化改革、医保支付方式改革等,虽然复杂,但可能是解决我国医疗体系资源错配问题的必由之路。

4. 发挥医保支付方式的激励作用

本次疫情期间,医保对确诊和疑似患者的医疗费用做了兜底性保障,在危难时刻表现出强有力的支持。根据医保部门估计,疫情对医保基金的影响有限。虽然新冠肺炎患者治疗费用增加,但由于疫情,其他疾病就诊量同比大幅下降,虽然疫情过

---

① 参见《关于印发推进家庭医生签约服务指导意见的通知》(国医改办发〔2016〕1号)和《关于做实做好2017年家庭医生签约服务工作的通知》(国卫基层函〔2017〕164号)。

后会有补偿性就诊,但依然影响不大①。我国医疗保险制度在过去20年中发展迅速,基本实现了全覆盖。但同时,医保基金在满足民众需求和维持医保基金可持续运行的权衡方面,面临极大挑战。而且,医保基金作为支付方在对医院和患者行为控制方面具有独特的功能(封进、余央央,2008),在我国医改中,需要医疗保险设计激励机制,以期达到促进分级诊疗、提升基础医疗机构质量、控制医疗费用等效果②。

一是让大医院有激励进行分工合作。通过医保支付方式改革,改变医院的激励,是一种值得进一步探索的做法。具体而言,医保对于大医院接受的非转诊病人给予较低的报销比例,或者按照社区医疗机构的费用支付给医院,同时对初级医疗服务的支付进行限制,甚至医保不付这部分支出,使得大医院和基层医疗机构之间形成合作关系,而非竞争关系。

二是通过医保支付方式改革,提高优秀的全科医生工资待遇。对于负责社区医疗卫生服务和居民健康管理的全科医生,医保可采用按人头付费的方式,这也是很多国家采用的模式。按人头付费是指定点医疗机构按照承担服务的医疗保险对象的人数和每个人的偿付定额标准,并明确其承担的医疗服务项目内容,由医疗保险经办机构按照协议规定向定点医疗机构支付固定费用。由此激励医疗机构做好日常健康管理,有效控制医疗费用。在此基础上,医疗机构采用全科医生签约制度,按照签约人数支付全科医生工资,并加强全科医生之间的竞争,使得优秀人才可以得到较高回报。

三是通过医保支付方式改革,降低医疗费用。传统上,医保主要通过设定报销比率、起付线、封顶线等对医保可能带来的过度消费进行控制。但由于医疗服务市场信息不对称,医院和医生通常在医疗支出中有较多的决定权,因而美国从20世纪80年代开始,将医保控费的重点转移到对医疗供给方行为的引导上,"按病种付费""总额预付""按人头付费"等形式的预付制已经被世界各国广泛采用。医保机构通过支付方式改革,改变对医生的激励,医生从有激励多支出转到有激励节约医疗支出,可以在一定程度上控制医疗费用。我国近年来医保支付方式改革进程加快,推行以按病种付费为主的多元复合支付方式是我国医保支付改革的目标。

三、结语

近20年来,我国医疗卫生体制经历了多次改革,但面对此次疫情仍然暴露出诸多短板。公共财政医疗卫生投入增长幅度不可谓不大,但医疗资源仍遭挤兑。三级

---

① 2月21日,国家医疗保障局有关负责人答记者问时表示,疫情相关支出对医保基金影响有限。由于非疫情相关的患者就诊意愿下降,医疗机构门诊和住院服务较去年同期明显下降,降幅在20%左右。
② 2017年6月国务院办公厅颁布了《关于进一步深化基本医疗保险支付方式改革的指导意见》,明确医保支付方式改革的主要目标是:2017年起进一步加强医保基金预算管理,全面推行以按病种付费为主的多元复合支付方式。

医疗体系虽然长期存在,但基层医疗机构能力薄弱。四级公共卫生管理体系业已设立,却遭遇信任危机。新一轮医疗卫生体制改革势在必行。

新一轮医改需要直面医疗卫生体制中的基础性问题和根本性问题。多年来,我国医改始终提出要坚持"保基本、强基层、建机制"的指导思想,但"强基层""建机制"一直未能有所起色。今后需要从健全公共卫生应急管理体系、均衡医疗资源配置、建立健康守门人制度、发挥医保支付方式的激励作用等几方面深化改革,形成公共卫生服务、医疗服务、医疗保障、药品供应四位一体,相互兼容,相互激励的医疗卫生体系。

深化医疗卫生体制改革也将促进我国经济健康成长,成为新的增长点。政府财政把原有投向基础设施的资金,转移一部分到公共卫生等公共设施领域里来,提高公共卫生领域的供给质量,而这一政府消费可促进中国经济的可持续、高质量发展(黄奇帆,2020)。建立完善的可持续的医疗卫生体制将成为推动我国社会经济发展的重要引擎。

(封进,复旦大学经济学院教授)

参考文献

[1] 封进、余央央:《医疗卫生体制改革:市场化、激励机制与政府的作用》,《世界经济文汇》,2008年第1期。

[2] 黄奇帆:《疫情下对中国公共卫生防疫体系改革的建议》,新浪财经,2020年2月11日:http://finance.sina.com.cn/review/jcgc/2020-02-11/doc-iimxxstf0635530.shtml。

[3] 芦炜、张宜民、梁鸿,等:《基于需方的家庭医生签约服务实施效果评价——以慢性病为重点》,《中国卫生政策研究》,2016年第8期。

[4] 申曙光、张勃:《分级诊疗、基层首诊与基层医疗卫生机构建设》,《学海》,2016年第2期。

[5] 孙陈敏、田侃:《"互联网+"背景下移动医疗发展现状研究》,《卫生经济研究》,2019年第8期。

[6] 王坤、毛阿燕、孟月莉,等:《我国公共卫生体系建设发展历程、现状、问题与策略》,《中国公共卫生》,2019年第7期。

[7] 于保荣、杨瑾、宫习飞,等:《中国互联网医疗的发展历程、商业模式及宏观影响因素》,《山东大学学报(医学版)》,2019年第8期。

[8] 中国疾病预防控制中心新型冠状病毒肺炎应急响应机制流行病学组:《新型冠状病毒肺炎流行病学特征分析》,《中华流行病学杂志》,2020年第2期。

[9] 朱恒鹏、林绮晴:《改革人事薪酬制度建立有效分级诊疗体系》,《中国财政》,2015年第8期。

[10] Bailey, M. J, and Goodman-Bacon A., The War on Poverty's Experiment in Public Medicine: Community Health Centers and the Mortality of Older Americans, *American Economic Review*, 2015, 105(3): 1067-1104.

[11] Dolton, P., and Pathania V., Can Increased Primary Care Access Reduce Demand for Emergency Care? Evidence from England's 7-day GP Opening, *Journal of Health Economics*, 2016(49): 193-208.

[12] Dusheiko, M., Gravelle H., and Jacobs R., et al., The Effect of Financial Incentives on Gatekeeping Doctors: Evidence from a Natural Experiment, *Journal of Health Economics*, 2006, 25(3): 449-478.

[13] Yip, W., Fu, H., and Chen, A., et al., 10 Years of Health-Care Reform in China: Progress and Gaps in Universal Health Coverage, *The Lancet*, 2019(394): 1192-1204.

第19章 以"绿"战"疫":新冠肺炎疫情下绿色发展的挑战与对策

新冠肺炎疫情发生以来,包括环境保护与经济发展两方面在内的绿色发展深受影响,同时环境与经济之间又相互产生作用,这对既定的生态文明建设步骤和绿色发展战略提出挑战。短期内,在疫情防控压倒一切的大局面前,绿色发展必须服从防疫的需要,及时调整和加大相关领域的工作力度。特别是在经济受疫情影响而出现波动的关键时期,绿色发展应有所为有所不为,要全力助力减缓疫情的经济冲击,要为经济雪中送炭,坚决遏制"经济疫情"的蔓延和扩散,防止经济领域的"疫情化"。此外,从应对的角度看,我们也不能让疫情牵着鼻子走,任由疫情影响环境保护和经济发展,要在中长期继续坚定生态文明建设和绿色发展的方向,坚持打赢"污染防治攻坚战",注重解决环保与经济之间的不平衡、不充分矛盾,实现两者间的有机平衡关系。

疫情期间,中共中央办公厅、国务院办公厅于3月3日印发了《关于构建现代环境治理体系的指导意见》,其中专门强调要"牢固树立绿色发展理念",并围绕"环境治理领导责任体系""环境治理企业责任体系""环境治理全民行动体系""环境治理监管体系""环境治理市场体系""环境治理信用体系""环境治理法律法规政策体系"做了细致的规划和部署。可以说,这个指导意见在疫情防控期间构成了绿色发展的一道亮丽风景线,对于在中长期预防疫情等公共环境卫生事件的再度发生有着积极作用。

在地方层面,包括上海、江苏、浙江、山东等地也都围绕绿色发展出台并实施了相关举措。就总体而言,地方层面的举措大都着眼于疫情防控的根本需要,并通过各种绿色发展措施积极应对疫情所造成的影响,服务并助力于社会经济的稳定发展。

一、新冠肺炎疫情对绿色发展的影响分析

(一)新冠肺炎疫情与忽视绿色发展的内在关系

新冠肺炎疫情的发生带给我们很多反思,尤其是对发展模式的反思。在现有经济发展模式中,最值得反思的是究竟应该如何协调生态环境与经济发展的关系,也就是绿色发展(广义而言就是可持续发展)的问题。在本次疫情中,我们至少从几个

方面看到或者追溯到忽视绿色发展与疫情之间的关联关系,疫情的发生以残酷的事实表明,之前还是大大"低估"了绿色发展的重要性。

第一,生态失衡问题。野生动物是不是本次疫情的罪魁祸首,目前还有待科学的最后论证(根据医学专家们提供的信息,"越来越多的科学证据提示,此次新型冠状病毒起源于蝙蝠"①),但在野生动物物种内部,在野生动物物种与人类之间,必然存在一种相生相克的平衡关系,这就是生态平衡的本质。疫情的发生,以及病的大规模传播等事实至少从某种程度上说明,这个平衡关系已经被打破。究其实质,就是在发展过程中,过于功利地过度利用野生动物等构成的生态系统,造成生物种群及其多样性的严重下滑。这是有科学证据的:"就生物多样性而言,物种内部、物种和生态系统之间的多样性快速下降。在有详细评估记录的 21 个国家的动植物种群中,平均约 25% 的物种受到威胁,驯化动植物的品种多样性下降,特有物种的多样性和功能丧失,陆基栖息地的本地物种平均丰度下降了至少 20%,入侵外来物种数量增加了大约 70%。"②。就此而言,当前出台最为严格的野生动物保护法律法规,其实是在还过去保护不力的旧账。

第二,环境质量恶化问题。生态与环境构成一个整体,前者强调生态系统、生物多样性等,后者则更为强调大气、水、土壤等自然环境。受过度发展的影响,工业生产、消费排放了太多的污染物,给自然环境造成太大的负担,乃至于超过了它本身的承载力,结果是环境质量恶化、退化,污水横流,雾霾满天,土壤变坏等,这些变化看起来与疫情没关系,但其实相互之间是有影响的,恶化的环境其实是给病毒传播一个很好的"温床",比如空气中灰尘多了,病毒就可以依附在灰尘上四处"飘荡",造成传播。有研究证明,"空气中细颗粒物浓度的增加会使得流感的发病数增加,加重流行性感冒的传播"③。

第三,气候变化问题。气候变化是人类面临的最新环境挑战,温室气体看似无毒无害,但其造成的全球变暖对人类却是一种致命性的威胁。根据联合国政府间气候变化专门委员会(IPCC)的研究,气候变化将会增强对人类和生态系统造成严重、普遍和不可逆转影响的可能性④。全球变暖可造成海平面上升等十余种主要变化,其中就包括释放致命性的"远古时代"病菌。最近有一个未经证实的报道说,南极地下出现诡异"血水",而科学研究发现在这个"血水"中竟然存在细菌,这些细菌依靠硫和铁的化合物生活,如果受气候变化影响,冰雪融化后这些细菌被释放出来的话,可能就会威胁到人类。又比如,2016 年在北极圈内的亚马尔半岛上,曾有一名 12 岁

---

① 《关于新型肺炎,来自中国医学科学院专家组的 9 个回答》,中青在线,2020 年 1 月 27 日:http://news.cyol.com/app/2020-01/27/content_18341684.htm。
② 侯焱臻、赵文武、刘焱序:《自然衰退"史无前例",物种灭绝率"加速"——IPBES 全球评估报告简述》,《生态学报》,2019 年第 18 期。
③ 王璐璐、张娟:《雾霾对流感传播影响的动力学建模与分析》,《重庆理工大学学报(自然科学)》,2018 年第 4 期。
④ 联合国政府间气候变化专门委员会(IPCC):《IPCC 第五次评估报告》,2014 年 11 月 2 日。

的男孩因感染炭疽死亡,至少有20人也因此住院治疗,而此次炭疽疫情正是来源于数十年前一头死于炭疽感染的驯鹿,其尸体被封存在"永久冻土"表层下,直到2016年夏天永久冻土的解冻使其暴露出来,并将具有传染性的炭疽菌释放到附近的水体和土壤中,然后进入食物供应链,最终导致部分人类感染[1]。除此之外,研究表明全球气候持续变暖还将改变人类和动植物的生存环境,从而加速人们和野生动植物的迁徙,这将使人类和野生动物的接触越来越频繁,从而大大增加动物疾病蔓延到人类的风险,并直接或间接影响许多传染病的传播范围。

第四,除了以上这些方面,环境经济学家还对生态环境灾难做了统计学意义上的研究,结果表明,随着人类社会发展的加速,这些灾难的发生存在明显的厚尾效应(或称"肥尾效应")[2],也就是"黑天鹅"事件发生的概率在加大,而即便发生巨灾(如本次疫情)的概率仍然很低,但一旦发生,就会对业已成熟的社会经济发展造成非常严重的打击。

事实上,这些年,人类对绿色发展的重视程度是前所未有的。但是,从国际社会盛行的可持续发展运动,到国内近年来以非常规化手段采取的绿色发展战略,这些举措仍然没有挡住新冠肺炎疫情这样的公共卫生事件。这深刻地告诉我们,人类社会对绿色发展重要性、紧迫性仍然存在严重的估计不足。为了预防这样的危机,人类的确需要提前付出巨大的成本,但现在看起来,与疫情等危机发生后所产生的高额代价相比,这样的提前付出无疑仍然是值得的。

(二)新冠肺炎疫情对绿色发展的影响和挑战

新冠肺炎疫情发生以来,大部分研究的视角都集中在对疫情的经济影响的分析上,甚少有人关注到与绿色发展相关的领域,包括生态环境保护和资源能源利用等。但实际上,受疫情影响,绿色发展也遭受各种冲击,有的冲击是与疫情直接相关,比如疫情及其防治所带来的各种医疗废物和废水等环境污染物的增加,还有的冲击是与疫情间接相关,比如疫情对经济部门产生影响,进而波及绿色发展领域。根据目前的发展态势,我们分析认为,新冠肺炎疫情将在生态环境治理、消费和生产排放以及能源资源利用等方面对绿色发展产生影响和挑战[3]。

第一,疫情对生态环境治理的影响。基于疫情防控的需要,口罩、防护服等医疗防护用品使用量激增,随之将直接产生相应的大量医疗垃圾,有预测估计2020年全年全国新增废弃口罩达16.2万吨[4]。这无疑对垃圾分类、处理和相关的环境保护提出额外的需求,特别是在部分疫情严重的重点地区,无论是地方相关环保部门,还是

---

[1] 《BBC Future 关于北极冰川融化的意外影响的报道》,BBC Future,2017年5月4日。
[2] Wagner, G., and Weitzman, M. L., *Climate Shock: The Economic Consequences of a Hotter Planet*, Princeton University Press, 2015.
[3] 李志青:《从环境经济角度看疫情防控》,《中国环境报》,2020年2月17日。
[4] 金叶子:《用过的口罩去哪儿了?医废处理市场两年后将破85亿元》,《第一财经日报》,2020年2月28日。

相关行业和单位,短期内都将在生态环境保护上面临较大压力。

例如,根据生态环境部有关全国医疗废物、医疗废水处理处置环境监管情况的通报,"截至2020年3月3日,全国医疗废物处置能力为5 948.5吨/天,相比疫情前的4 902.8吨/天,增加了1 045.7吨/天。其中,湖北省能力从疫情前的180吨/天提高到了663.7吨/天,武汉市能力从疫情前的50吨/天提高到了261.7吨/天。自1月20日以来,全国累计处置医疗废物12.3万吨"①。从中可以看出,疫情影响下的医疗废物和废水排放都在短期内有较大幅度的上升,这对生态环境治理能力而言,无疑是一个很大的挑战。

同时,受疫情影响,由于大部分企业停工停产,生态环境保护治理项目的实施将受到一定冲击,进而波及生态环境治理的能力。包括大气治理、水污染治理、工业固废治理、土壤修复等领域在内,疫情将造成项目的延期或停工等情况,虽然短期内不会出现类似小微企业现金流中断、企业倒闭等问题,但由于疫情蔓延引发的项目暂停、招标延迟、限制开工、人员不足、固定成本负担过重、供应链中断,以及进而可能带来的信用和债务风险,都将给环保类企业带来非常严重的冲击和影响②。

第二,疫情对消费排放的影响。为了防控疫情,2月份全国基本关闭了餐饮(堂吃)、娱乐等集聚型的第三产业经营场所,其结果是除造成经济产出的直接影响外,还将改变消费模式:一是向居家消费转变,二是向在线消费转变,三是消费变得更为分散和碎片化。这些变化在环境上产生的影响在于,社区和家庭的消费排放将激增,从而使得生活污水排放、用电用能、生活垃圾等方面的排放出现快速增长,进而对相关环境处理造成压力。

比如,疫情期间,受"宅"经济影响,各类商品销量猛增。据美团发布的《2020春节宅经济大数据》报告,酵母类商品销量增长近40倍,而根据苏宁大数据报告,消毒洗手液、理发器、按摩椅等商品的销量分别猛增2 315%、731%、436%。此外,为了统筹推进疫情防控和经济社会发展,很多商区推出餐饮"外卖安心送"服务,并开启"线上云购物",使得各类网络销售热火朝天。其结果是,大量快递包装废弃物造成生活垃圾排放剧增。

第三,疫情对生产排放的影响。短期而言,疫情将产生三方面影响:一是受疫情影响,部分制造业企业停工停产,各种交通出行的频次下降,大大减轻了排放对环境的压力,这是好的一面;二是为了疫情防控的需要,防护用品企业开足马力加班加点恢复和扩大生产,随着疫情持续时间的加长,这部分企业的污染排放还将与日俱增,将增加相应地区完成环境保护指标的压力;三是随着疫情的持续,部分城市(特别是大城市)将大量发展居家经济(包括居家办公、居家教育、居家服务等),从而加大家

---

① 《生态环境部通报全国医疗废物、医疗废水处置和环境监测情况》,生态环境部网站,2020年3月9日:http://www.mee.gov.cn/xxgk2018/xxgk/xxgk15/202003/t20200306_767526.html。
② 林容珍:《疫情对我国环保产业的影响和未来产业发展趋势分析》,"清华大学互联网产业研究院"公众号,2020年3月3日。

庭和社区的固废排放。长期而言,当疫情过后,如果生产投资和消费双双出现"恢复性"(甚至"报复性")增长,将造成排放的"大幅反弹",届时将大大增加环境保护压力。

以碳排放为例,有分析显示,控制疫情的措施已经导致主要工业部门的产量减少了15%~40%,由此可能导致二氧化碳排放量减少2亿吨,也意味着全球总排放量下降了6%。同时,全球范围内各个国家为控制疫情而采取的措施对航空运输量也产生了巨大影响。同时有分析指出,与1月20日开始的一周相比,3月6日之前的两周中国国内出发的国际航线运力减少了50%~90%,国内航班的运力减少了60%~70%,这意味着在这两周内,航班停飞和取消已将全球客运航班的二氧化碳排放量减少了约11%[①]。此外,国际能源署(IEA)和石油输出国组织(OPEC)的初步分析表明,疫情的影响可能使2020年1—9月全球石油需求减少0.5%,并由此减少相应的碳排放。

第四,疫情对能源资源利用的影响。疫情发生之后,生产消费出现短暂停顿,相比往常,第一季度的资源整体利用水平将明显下滑,包括用能用电用水、交通运输等等,这对缓解资源利用的压力是有好处的。

比如,从短期来看,疫情导致人们大幅度减少户外活动,部分城市"封城"、公共交通停运、禁止旅游出行和聚会。对娱乐、餐饮、零售、旅游这些行业的用电量将造成较大影响。其次是疫情导致企业复工推迟,对工业用电量产生影响。而相关人力资源密集型企业,如纺织行业、电力电子代工企业等用电量将出现大幅下滑。

根据相关统计,2020年春节假期以后的电力煤耗和工业产出(14天平均)远低于历年通常水平,其中包括:发电厂的煤炭消耗量下降36%,主要钢铁企业的开工率下降15%以上,最大煤炭港口的煤炭吞吐量下降29%,焦化厂利用率下降23%,基于卫星观测的NO_2水平降低37%,炼油能力利用率下降34%[②]。

然而,疫情也将对资源利用产生"副作用",主要体现为:当疫情过后,为了经济增长的需要,生产和消费必然双双出现"恢复性"(甚至"报复性")增长,这将会加剧资源供需的矛盾,引发能源资源利用的紧张局面。尤其值得关注的是,受疫情影响,经济上的困难可能会转化为产业和企业的经营困难,进而刺激传统高耗能行业规模的扩张[③]。

二、以"绿"战"疫":新冠肺炎疫情的绿色发展应对之策

就短期而言,绿色发展要全面服从疫情防治的大局和工作需要,将污染防治与疫情防治相结合,因应和配合疫情防治,做到"防疫"和"防污"两不误。

---

① Osaka, S., Coronavirus: The Worst Way to Drive Down Emissions, 2020-03-05: https://www.nationalobserver.com/2020/03/05/news/coronavirus-worst-way-drive-down-emissions.
② 《疫情对中国能源消费和碳排放影响几何》,"国际能源小数据"微信公众号,2020年3月6日。
③ 章轲:《"十四五"美丽中国建设路线图:这些环境经济政策将落地》,《第一财经》,2020年3月11日。

(一) 绿色发展的短期应对

短期内,绿色发展应全力助力抗疫工作,直接加入疫情防控大军,同时协助改善城乡卫生,做好环卫整治,并全力助力经济恢复常态化。

第一,绿色发展的工作重点要及时向疫情防控相关领域转移,预防疫情防控所产生的医疗固废垃圾、废水等污染的大范围扩散,防止"疫情"向生态环境领域的延伸。继续全面贯彻实施垃圾分类制度,严格执行医疗垃圾的科学分类,并开展爱国卫生运动,从源头和末端斩断疫情的"生产链",坚决遏制"二次疫情"的发生。

围绕以上领域,各级政府出台了相应政策,并形成相关法律规章等制度。

一是在医疗固废垃圾、废水等污染防治方面,生态环境部印发的《关于统筹做好疫情防控和经济社会发展生态环保工作的指导意见》做了周密部署,明确"以全国所有医疗机构及设施环境监管和服务100%全覆盖,医疗废物、废水及时有效收集转运和处理处置100%全落实为主要目标,全力以赴做好疫情防控相关环保工作"。一是严格做到医疗废物废水应收尽收和应处尽处。以定点医疗场所为重点,全面摸清各地疫情医疗废物、医疗废水产生、收集、转运、贮存和处理处置情况,确保应收尽收和应处尽处。二是以湖北省为重点,武汉市为重中之重,加快补齐医疗废物、危险废物收集转运和处理处置设施短板,做好区域协同、医疗废物与危险废物协同、固定设施处置与移动设备处置协同,科学调配应急处置能力。全力做好北京疫情防控环保工作。推动医疗机构源头分类收集疫情医疗废物,督促处置单位优先收运和处置疫情医疗废物,保障集中处置设施稳定运行。三是持续加强医疗废水和城镇污水收集、处理、消毒等关键环节的监督管理,严禁排放未经消毒处理的医疗废水。

二是在野生动物保护立法方面,2月24日,第十三届全国人民代表大会常务委员会第十六次会议表决通过《全国人民代表大会常务委员会关于全面禁止非法野生动物交易、革除滥食野生动物陋习、切实保障人民群众生命健康安全的决定》。《决定》在野生动物保护法的基础上,以全面禁止食用野生动物为导向,扩大法律调整范围,确立了全面禁食野生动物的制度,规定全面禁食国家保护的"有重要生态、科学、社会价值的陆生野生动物"以及其他陆生野生动物,包括人工繁育、人工饲养的陆生野生动物;同时还明确,对违反现行法律规定的,在现行法律基础上加重处罚;对本《决定》增加的违法行为,参照适用现行法律有关规定处罚,以体现更加严格的管理和严厉打击。

三是在医疗废物分类方面,生态环境部印发了《新型冠状病毒感染的肺炎疫情医疗废物应急处置管理与技术指南(试行)》,指导各地及时、有序、高效、无害化处置肺炎疫情医疗废物,规范肺炎疫情医疗废物应急处置的管理与技术要求。江苏省紧急下拨两亿元用于支持各地医疗废物处置工作。上海市制定并启动疫情医疗废物收运处置方案,确保定点医院和设立发热门诊的医疗机构医疗废物日产日收日处置。辽宁省沈阳市建立全市4 842家医疗机构台账,梳理医疗废物收运处置链条各环节风险点,确保涉疫情医疗废物全过程封闭管理。同时,针对防疫过程中产生的大量口罩,部分地区在投、收、运、处四个环节都做了科学有效的防控措施。其一,宣传教育,用过的口罩要单独投放,用小塑料袋包裹严密投放;其二,改造口罩专用收集桶,给垃圾桶上锁,设置较小的投放口,丢弃后的口罩不宜简单取出来,有效防止翻捡污染,控制了污染口罩的病毒传播;其三,采用专车运输口罩,日产日清,不与其他垃圾交叉污染;其四,在焚烧厂开设口罩接收专区,不混入垃圾池待烧垃圾中,到场即入炉,无害化处置①。

四是在爱国卫生运动方面,2月23日,全国爱卫办印发《关于深入开展爱国卫生运动　做好新冠肺炎疫情防控工作的通知》,要求各地进一步结合本地疫情形势,针对复工复产后的生产、生活、购物、交通及居家等环境,采取网格化管理、包片包干、分区域分时段推进等方式,既要避免开展人群聚集式活动,又要充分发挥爱国卫生运动的统筹协调作用,广泛动员各部门、各单位和广大人民群众深入持久地参与爱国卫生运动。

《通知》提出,各地要通过开展企事业单位工作环境整洁行动、社区环境清理行动、市场环境综合整治行动、其他重点场所环境清洁行动、家庭环境大扫除活动和科普宣传活动,针对不同场所的特点落实好环境卫生整治、病媒生物防制和科学消毒等工作,做好健康知识普及。《通知》还强调各地爱卫办要充分发挥统筹协调作用,会同卫生健康、民政、住房城乡建设、交通运输、农业农村、市场监管等相关部门和单位,依托各级爱国卫生工作网络,在发动群众上持续发力,让群众主动参与到防控工作中,构筑群防群控、联防联控的严密防线。

可以说,上述这些举措都较好地从绿色发展角度出发,在生态环境卫生等第一线充分发挥了有效防控疫情的积极作用。

第二,绿色发展要兼顾疫情防控的生产需要,尤其是兼顾战略性防护物资生产、运输等方面的需要,围绕战"疫"的紧迫需要,分步骤、有选择地实施临时环境保护标准和措施,在确保安全和法定环境标准的前提下,对特殊地区、特殊行业和特殊企业、单位给予一定的"环境豁免",特事特办,在战"疫"期间实行"有弹性"的灵活的环境管理制度。

围绕疫情防控相关的产业发展,生态环境部在《关于统筹做好疫情防控和经济社会发展生态环保工作的指导意见》中制定两张正面清单,采取相应"环境豁免"措施。

一是制定实施环评审批正面清单,便利项目开工建设,豁免部分项目环评手续办理。继续落实好已出台的新冠肺炎疫情防控期间急需的医疗卫生、物资生产、研究试验等三类建设项目环评应急服务保障政策。加强与排污许可制衔接,对照《建

---

① 赵海涛:《疫情防控、垃圾分类一个都不能落下》,2020年2月14日,https://www.cn-hw.net/news/202002/14/70654.html。

设项目环境影响评价分类管理名录》(以下简称《名录》),对关系民生且纳入《固定污染源排污许可分类管理名录(2019年版)》实施排污许可登记管理的相关行业,以及社会事业与服务业,不涉及有毒、有害及危险品的仓储、物流配送业等10大类30小类行业的项目,不再填报环境影响登记表。同时,拓展环评告知承诺制审批改革试点。将环境影响总体可控、受疫情影响较大、就业密集型等民生相关的部分行业纳入环评告知承诺制审批改革试点,包括工程建设、社会事业与服务业、制造业、畜牧业、交通运输业等多个领域,共涉及《名录》中17大类44小类行业。此外,还强化项目环评审批服务。动态更新国家层面、地方层面和利用外资层面重大项目环评审批服务"三本台账",提前介入,开辟绿色通道,提高审批效率。对复工复产重点项目、生猪规模化养殖等项目,采取拉条挂账方式,主动做好环评审批服务。创新环评管理方式,公开环境基础数据,优化管理流程,实现"不见面"审批。

二是制定实施监督执法正面清单,发挥激励导向作用。具体措施包括:首先,免除部分企业现场执法检查。对与疫情防控物资生产和民生保障密切相关的,污染排放量小、吸纳就业能力强的,涉及重大工程和重点领域的管理规范、环境绩效水平高的企业,不进行现场执法检查。其次,推行非现场监管方式。充分利用遥感、无人机巡查、在线监控、视频监控、用能监控、大数据分析等科技手段开展非现场检查,及时提醒复工复产企业正常运行治污设施。再次,落实"双随机、一公开"监管。规范行使行政处罚自由裁量权,严格依照法定权限和程序执法,审慎采取查封、扣押和限制生产、停产整治措施。对因受疫情防控直接影响,环境违法行为轻微并及时纠正且未造成环境危害后果的,可以不予处罚,督促尽快整改。对因受疫情防控直接影响而未能按期完成整改的,可以酌情延长整改期限。最后,对偷排偷放、恶意排污、监测数据弄虚作假,以及涉疫情医疗废物、医疗废水,侵害群众健康、群众反映强烈、严重污染环境的环境违法犯罪行为,要坚决依法查处。

第三,绿色发展要加大资源投入。疫情防控之中及之后,生态环境保护都必将是关涉全局安危的重要工作,随着全社会环境卫生意识的进一步提高,相关环卫用品将很有可能是继防疫物资之后出现供应紧张的下一种物资。对此,有必要提前布局,通过财税、金融、科创等方面政策,鼓励更多资本和企业加入生态环境保护产业中,因应环保发展的需要。

如何服务生态环境卫生等特殊领域的产业需求,在生态环境部上述《指导意见》中也有重要体现。

一是明确加大技术帮扶,协助企业解决治污难题。利用国家生态环境科技成果转化综合服务平台,做好环境污染治理方案和技术的需求方和供给方对接,为企业免费提供技术咨询服务。引导鼓励工业园区和企业推进第三方治理,推广环境医院、环保管家、环境顾问等服务模式。做好"结对定点帮扶""送政策送技术送服务"等活动。

二是明确积极推动和配合落实相关政策,缓解企业资金困难。充分发挥国家绿色发展基金作用,鼓励有条件的地方、金融机构和社会资本设立区域性绿色发展基金。加强污染防治资金项目管理,向受疫情影响较重的地区和疫情防控重点工作倾斜。对受疫情影响严重且符合污染治理条件的复工复产企业,依法核准延期缴纳环境保护税。推动金融机构加大绿色信贷实施力度。

第四,绿色发展要注重经济发展的高质量发展需要,充分考虑疫情防控期间的特殊性,努力实现环境与经济的平衡发展。一是要继续为经济高质量发展创造有利条件,因地制宜开展环境保护工作。二是要继续关注各类生产主体尤其是中小企业复工复产的环保诉求,在环保手续、环保监督等方面进一步提高效率,减轻企业负担,服务好企业发展的迫切需要。三是在环境经济领域,大力开展"减负"和"增利"行动,最大程度降低环境税、排污权交易等环境经济政策工具的"定价"水平,降低环保经济成本,同时通过绿色金融手段加大环保投资的支持力度,刺激和引导经济全面复苏。

以江苏省为例,全省致力统筹做好疫情防控和经济社会发展的绿色发展工作。2月26日,江苏省生态环境厅视频工作会议强调:"生态环境系统要扎实做好服务保障工作,推动企业复工复产。当好疫情防控'后卫'和服务高质量发展两手都要抓,两手都要硬,两手都要赢。"其中特别指出:"各地要针对不同区域,不同人群,不同行业,不同企业,分类指导,层层推进。要深入企业了解需求,依法依规监管的同时,有力有效做好服务,大力推动企业复工复产,加快重大项目建设,不折不扣抓好安全生产,有针对性解决好企业特别是中小微企业的困难,做到目标、对策、实施精准。"

为此,江苏省生态环境厅专门为全省企业"定制"了一份"绿色发展服务包",一共包括18项举措,共分为6个方面[①],非常具有代表性。

一是开通绿色审批通道。具体有:推行"不见面"环保审批,各类环保行政许可均可采取网上办、掌上办、预约办、邮寄送达等方式,环评报告书(表)实行线上受理,开通线上环保咨询服务。对防疫急需的医疗卫生、物资生产、研究试验等建设项目,实施环评应急服务保障措施,临时性建设使用、改扩建或转产的,可以豁免环评手续。对防疫急需增加的医疗诊断设备豁免办理环评、辐射安全许可和同位素转让审批手续;疫情期间,许可证到期、尚未开展现场核查的,可以自动顺延。对新建的医疗废物处置设施达到运营条件、未取得危险废物经营许可证的,在保障环境安全前提下,可以允许先开展应急处置再核发许可证;疫情期间许可证到期、尚未开展现场核查的,可以向地方政府申请应急处置至疫情结束。指导危废处置企业逐步有序恢复生产,对处置危废存在困难的企业,协调接收单位按照就近原则规范利用处置。对医疗单位无法妥善保管的放射源,协调安排就近源库临时规范暂存。

二是优化环境监督管理。具体有:将国家和地方党委政府认定的疫情防控相关

---

① 《服务省内企业 江苏省生态环境厅多举措打造"综合服务包"》,新华网,2020年3月10日:http://www.js.xinhuanet.com/2020-02/20/c_1125602080.htm。

企业列入环境监管正面清单,减少检查频次,实施停产限产等豁免,保障其正常生产。制定企业复工复产环保服务简明手册,在线向企业推送有关信息,指导帮助企业开展环境安全隐患排查、做好污染治理工作,确保达标排放。充分发挥污染防治攻坚战综合监管平台和生态环境大数据平台作用,疫情防控期间更多采用"非现场"监测、"不接触"执法、"信息化"监管等方式,提高环境管理的规范化精准化水平。精简涉企的环境统计类报表,无特殊情况一律采取网上、电子化报送方式,切实减轻基层负担。

三是深化信任保护原则。具体有:对受疫情影响延误工期的环境基础设施建设项目或环境治理工程,参照不可抗力有关法定免责条款,允许适当合理延长合同工期。对因受疫情影响不能按原计划完成整改任务或提标改造任务的企业,根据实际情形留出一定的时间窗口,指导企业整改或改造到位。实施包容审慎监管,对无主观故意、首次轻微违法并及时纠正的企业,可以免于行政处罚。对受疫情影响造成环保信用评价失分的企业,视情况采取减免信用惩戒措施。依法保护企业合法产权,审慎采取查封、扣押、冻结等强制措施,维护企业合法权益。

四是加强财税金融支持。具体有:协商税务部门,对受疫情影响严重、生产经营困难且符合条件的复工复产企业,优先核准延期缴纳环境税;积极推动落实环境保护专用设备企业所得税、第三方治理企业所得税、污水垃圾与污泥处理及再生水产品增值税返还等优惠政策。对受疫情影响严重、申购排污权但暂时资金困难的企业,允许撤回申购、延期或分期缴纳排污权有偿使用费。协调金融机构,对受疫情影响严重、"环保贷"到期还款困难的企业,不盲目抽贷、断贷、压贷,提供展期或续贷,并在展期或续贷利息上给予适当减免。提高"环保贷"总规模和覆盖面,加大对中小企业环保融资的支持力度。

五是精准调配要素资源。具体有:省级环保引导资金重点向受疫情影响严重、环境治理任务重的地区和企业倾斜。统筹排污总量指标,优先保障重大项目、民生工程以及疫情防控等重点企业的需求,地方指标确有困难的,省级协调解决。加快实施年度省重大环境治理项目、民生领域生态环保补短板项目,引导更多社会资本进入生态环境领域。

六是主动做好帮扶服务。具体有:坚持"企业环保接待日"制度,深入开展"千名环保干部与企业结对帮扶",通过电话走访、视频连线、网上会办、远程服务等方式,帮助企业及时解决治污难题。充分发挥"金环对话"机制、环境治理供需平台等作用,及时征集企业在环境治理方面的需求,高效提供链接服务,促进政银企精准对接、供需方深度合作。

(二)绿色发展的长期应对

在长期,需要加大绿色发展力度,发展绿色金融等工具,全面遏制疫情等公共卫生事件的再次发生。

第一,坚持人与自然和谐发展的理念。现有科学研究表明,疫情与"自然""生态"有着莫大的关联,归根到底在于过度强调唯物质增长的经济发展模式,忽视了经济与环境、人与自然之间的有机、和谐、共生关系。此次疫情的发生再次给我们敲响警钟。疫情过后,必须深刻反思当前的发展模式和发展理念,彻底扭转不尊重自然、轻视生态环境保护的制度、政策和做法,有必要对现有生态环境保护相关制度进行全面系统梳理,尤其是在野生动物保护方面,要在制度的系统性、合理性、科学性以及操作性等层面进行完善和调整,将生态文明发展理念真正地落实到社会经济发展的各个领域,真正地与现有的各项法律制度相衔接。

第二,推动重大生态环境保护和管理措施的"前置化"。本次疫情给我们带来惨痛教训,其中之一便是新冠病毒竟然"穿过"了层层封锁,凸显出将某些生态环境卫生保护和管理环节"前置化"的必要性。事实上,在生态环境卫生等公共领域,过度强调"事中"或"事后"的保护和管理措施对于有效避免疫情等事件的发生是非常不利的。现实表明,一旦疫情等重大事件发生并发酵,就会造成大量的"既定"社会经济损失,这些损失是无法在"事中"或"事后"的管控中进行消化的。我们有必要在生态环境卫生等领域全面梳理"事中"或"事后"政策措施,及时对其中关涉到公共安全的管理环节进行调整,实现"前置化"。

第三,开展全国性的生态环境风险压力测试,形成有效机制。从经济金融领域对本次疫情的反应来看,有很多值得反思的地方,主要表现在经济金融领域并没有形成足够的风险意识,不仅在事前没有有效地协助生态环境卫生等相关部门做出预警,而且在事后也没有及时做出反应以最大程度减少疫情造成的经济影响。造成这一结果的主要原因在于,经济金融领域在全国性的风险事件方面缺乏必要的"彩排"——风险压力测试。尽管此次疫情并不归在生态环境领域,但如果在生态环境领域有相应的风险防范机制,并且经济金融监管部门提前介入生态环境领域的风险管理过程,则完全可以大大提高全社会风险警示和预警能力,预防疫情的发生或降低疫情的影响程度。由此,我们认为,中长期有必要在经济金融领域形成定期开展生态环境风险压力测试的有效机制,并大力推动经济金融监管部门的生态环境风险管理能力建设。

第四,有必要进一步强化生态环境金融(绿色金融)的发展,推动金融与生态环境保护的激励相容,发挥金融在发现、识别、预防、监督和应对生态环境卫生风险方面的积极作用。比如,实行强制性的绿色保险制度,在农业、畜牧业大力推广绿色保险等新险种,实现政府和市场对重大生态环境卫生事件的双重预警和干预。又如,在气候变化应对等生态环境保护领域,积极开展投融资建设,导入各方社会资本,以强化生态环境保护和气候变化应对,从生态环境的源头阻遏各类卫生疫情的发生。

第五,政府应尽快适应"绿色"导向的现代化治理模式。"治理能力和治理体系的现代化",应该面对"生态治理失衡"这一命题。作为具有宏观调控能力的公共性组织,在营造绿色生产生活中,政府承担着不可替代的作用,着重表现在对各级地方政府和主要领导政绩的考核,加大对绿色指标和管理方式的考核。要充分发挥企业的活力和创造力,在绿色技术和绿色产品的研发上不断努力,发展绿色产业;新闻媒体应大力宣传绿色生活方式的必要性和重要性,定期向公众公开绿色环保的相关信息,包括新出台的政策法规、资金投入情况、环境保护报告、绿色产业发展情况等,让政府定期自查,及时纠正不足。择机把生态系统治理纳入政府工作的优先议程。

三、总结与展望

针对疫情防治,绿色发展应当发挥重要作用。一是新冠肺炎疫情将对绿色发展领域产生比较深刻的影响,包括废水废弃物的排放、生产和消费的绿色发展以及生态环境保护和资源能源利用等方面,总体上,绿色发展短期以"利"为主,但长期压力趋紧。二是疫情对绿色发展的影响有"危"又有"机",挑战很大,但也可能是一个真正彻底转变经济增长发展方式的机会。

短期来说,疫情对经济产生的冲击较大,实现防控疫情和社会经济发展的统筹协调两手抓是最重要的,全力防疫的同时要做好防护品废弃物的处置,改善城乡环境;同时,绿色发展应全力助力经济的发展,协助复工复产复市,打造生态环境服务的绿色通道。为此,建议政府部门做好生态环境和资源能源服务的"店小二",把握住这个契机,梳理传统绿色发展领域,解决公共服务领域的障碍并弥补不足,更好地实现政府职能的转换和绿色发展变革。

长期而言,应通过绿色发展来遏制疫情相关的环境卫生公共事件的发生。一是改变发展理念,实现人与自然的和谐共生发展。建议有效管理野生动物,把生态安全、资源安全和生物安全等安全观念融合起来。二是转变发展方式,包括绿色生产方式、绿色消费方式。三是创新发展工具,特别是绿色金融工具。将大数据、区块链等技术与绿色发展结合起来,构建绿色发展和绿色金融的科技体系。四是形成绿色发展的制度体系,形成包括法律、行政法规、经济激励和宣传教育等在内的有机系统。

(李志青,复旦大学经济学院副教授)

第 20 章 "后疫情时代"的城市现代化治理

本章主要从城市治理角度讨论"后疫情时代"的经济发展。毫无疑问,新冠肺炎引发的震动远超出我们对公共安全危机的认知。新冠肺炎疫情的暴发和蔓延打破了很多人对 2003 年非典以来建立的中国公共卫生体系的信心。这次疫情凸显出中国城市的现代化治理水平和应对突发公共卫生事件的能力的短板。面对疫情的跨地域快速扩散,中国正在动员全国力量与新冠肺炎疫情紧张作战,并和国际社会有效协同,以保护更多人的健康。近年来,中国在很多领域进行了治理现代化的探索,并深入推进到具体工作中。这些工作在现阶段疫情防控中发挥了一定作用。但相对于暴露出来的问题,显然我们各级政府在治理能力方面需要提升的空间很大,需要吸取的教训很多。继续提高疫情防控工作透明度和有效性,对增强国民的安全感和对未来的看好预期、稳固全球投资人对中国未来发展前景的信心非常重要。

在政治学范畴内,城市治理主要是指通过一系列包容性战略来整合资源以实现集体性目标。在本章中,我们将城市现代化治理定义为需要在最大化经济和社会发展机会的同时最小化环境和社会整合带来的风险。疫情防控需要应急管理,但内在关联着城市现代化治理的整个体制性建设。这样的建设不仅关系到城市社会的各个主体,还涉及制度性建设和社会秩序的重塑。人类历史上每次大规模疫情的暴发都对推动人类文明进程产生深刻且全面的影响。我们一方面要从解读疫情对城市治理的影响入手,另一方面也要紧贴中国社会发展的制度和文化现实,就提升城市现代化治理水平的可能性和路径展开思考和探讨。

本章以下内容包括三部分。

第一部分讨论了本次新冠肺炎疫情对城市治理的影响。城市治理是一个系统性的综合体系,包括公共卫生健康治理、城市空间治理、城市间和城乡间协同等。就产生的影响、暴露出来的问题和全社会付出的代价来说,这次新冠肺炎的发生和防控一定是城市治理的典型案例。其对中国城市治理的影响一定非常深远,包括中国公共卫生体系、城市间公共健康治理协同、城市空间治理方式和城市户籍政策管理和流动人口落户城市等。

第二部分探讨提升治理水平的措施。针对新冠肺炎疫情暴露出来的问题和教训,我们提出中国城市由传统治理向现代化治理转变需要明确的三个认知,即中国社会的城市化趋势、空间网络化趋势和智慧化城市趋势。在此基础上,我们构建应对"后疫情时代"的城市现代化治理的措施,包括提升市民的社会资本力

(social capital)、促进社会组织融入社区治理、选拔具有较高执政能力的城市主政官员等。

本章最后一部分是结语。

一、影响

新冠肺炎疫情对城市治理的影响表现在以下四个方面。

（一）城市公共卫生体系的治理水平亟须提升

新冠肺炎疫情暴露了中国在城市治理方面有诸多提升空间，尤其是疫情暴露出中国离符合现代化要求的公共卫生体系还有一段很长的路。现代化的公共卫生体系建立的目标：一方面要改善城市居住环境，尽可能减少传染病的发生；另一方面是防止传染病的扩散，防止人传人，做到从传染源、传播途径、易感人群和医疗保障等全方位的防控。相比于战争、革命或者暴动，传染病的大流行对人类文明产生的影响更加剧烈。就中国而言，2003年非典席卷了中国很多城市，触发了中国公共应急治理体制的改革，也唤醒了中国人的公共卫生意识。这几年中国更是将国家治理现代化融入经济、政治、文化、社会以及生态文明建设中，在现阶段对新冠肺炎疫情的防治中发挥了相当作用。譬如，大数据技术和民间NGO团体解决了地方政府统筹救援物质方面短板问题。但是，从长远来看，中国的公共卫生体系还存在诸多短板。

从人类抗击传染性疾病的过程来看，传染病在全球的流行也推动了防御方法和医学技术的进步，尤其是公共卫生体系的建立和应对不同感染病的疫苗的研发。"预防胜过医治"，很多发达国家和地区在遭遇过大的疫情并付出巨大代价后，这一理念上升为疫情防控的国家政策。譬如，发生在1854年8月的伦敦霍乱，直接原因就是位于"宽街"（Broad Street）的水泵被污染。该街区的人口密度非常高，达到每英亩432人，且居住者多为工人阶层，属于当年伦敦比较破旧的街区，所以容易触发新传染病的出现（Ambrus et al., 2020）。霍乱后的英国采取很多措施如住房改革来推动城市公共卫生革命，使得曾经拥挤不堪的城市成为卫生而健康、适宜人居的场所，大大提高了城市居民的寿命。借鉴英国的经验，很多欧洲国家在此之后都建立了类似的公共卫生体系。经济史的研究表明，这种政策对欧洲国家的经济发展和军事扩张贡献很大，是这些国家综合国力增加的重要要素之一。美国的公共卫生系统正是在经历1918年流感的惨痛代价后建立起来的。拿最近的例子来说，我国香港也是在2003年非典后建立了应对突发公共卫生事件的卫生体系。在非典期间香港的淘大花园因为污水系统不通畅，病毒通过首个感染者的粪便传染给了小区数百人，使得疫情在整个小区蔓延并成为全球范围内短时暴发非典疫情最集中的重灾区。吸取了非典的教训，在这次疫情暴发初期香港就启动了公共卫生体系应急响应，成功地管住了输入性的传染源头，避免了类似非典疫情的再次暴发。

(二)城市间公共健康治理的协同能力亟须强化

在人类文明进程中,疾病或者传染病大流行如影随行。有位全球知名的病理学家讲过:"人类的历史就是疾病的历史。"相比于先前的传染病局限于某个地区,20世纪以后传染病的流行和现代交通工具普及很有关系。随着现代交通工具的普及,国际贸易变得频繁,人员在不同区域间高速流动,不同类型食品在不同地区间周转迅速。在全球化背景下,影响疾病传播的不再是城市与城市之间的物理距离,而是人类携带病毒的旅行方式。高度互联的城市,往往是大多数旅行人员和货物运输的切入点,也成为促进疾病传播的重要枢纽。截至2020年3月11日,全球有110个国家有新冠肺炎确诊病例。随着世界上越来越多的国家的人口被感染,WHO宣布新冠肺炎疫情具有全球大流行的特征。所以,在全球化和区域一体化程度不断提高的今天,每个城市都是全球网络的一分子,光提高一个城市治理的水平还不行,更需要加强不同城市间公众健康治理的协同。

千禧年以来发生的其他感染性疾病基本也遵循了同样的全球传播路径,证实了不同城市间公众健康治理协同的重要性。2000年以来在全球范围内发生的大规模流行的传染病疫情,包括席卷全球的非典(严重急性呼吸综合征,SARS)、中东呼吸综合征(MERS)和正在蔓延的新冠肺炎,以及前两年暴发并影响很多西非国家的埃博拉(Ebola)疫情。从这些传染病的暴发和蔓延成大规模的流行病或者潜在流行病的过程来看,如果我们不能很快找到对付病毒的办法,源于一个地方的传染病很容易经过人员流动扩散成大范围的传染病。而在以前,这样的传播可能需要好几代人才会在不同地区、不同社会或者不同民族内发生。

(三)城市空间治理方式亟须转向

新冠肺炎暴发揭示了中国城市治理还停留在传统管控阶段,没有达到现代化的系统性管理水平。城市化水平提高不光是进入城市部门的人口规模上升,更重要的是城市空间发展的均衡和可持续,包括对城市空间品质的要求。城市的人口集聚和风险集聚是并存的。流行病学和经济学的研究表明,流行病和人类的城市化进程紧密同行。经济学家们将城市解读为人口和经济活动在一定地理空间上的高度集聚。城市和其产生的集聚经济是经济增长的重要来源。城市规模每增加10%,城市的生产率水平可以提高0.3%~0.8%(Rosenthal and Strange,2004)。中国改革开放40年的实践也证实一个地区的城市化率越高,经济发展水平越高(吴建峰,2018)。但是,城市的高密度和人员的高流动性容易滋生传染性疾病。在农业文明时期,人们居住相对分散,生活区域相对独立,传染性疾病发生的风险相对小一些。当人类进入城市化时代,人口越发聚集在有限空间里,为疾病滋生提供了良好的空间。学者们发现人口的高密度和人与人的密切接触使得城市成为这些传染病毒迅速传播的潜在热点。人口密度高,共享空间的扩大加剧了人们被流感、麻疹和结核分枝杆菌等流行性疾病感染的风险。考证过14世纪欧洲瘟疫的医学史家们认为城市是疾病的滋生地。现有文献发现,在巴基斯坦卡拉奇的城市地区,10万人中肺结核的患病者为329人,远高于全国平均的每10万人患病171人的水平(Aliro et al.,2011)。另外,城市特有的空间结构使得一些地方也容易滋生病菌,如公共厕所、装配空调系统的房间等。尽管城市公共卫生革命催生了一大批现代公共卫生基础设施建设和管理机构,并使得人们认识到公共卫生责任的重要性,然而一旦某个环节发生问题,传染性疾病在城市滋生的风险就大大增加。

就空间治理方式而言,我们要充分认识城市密集度带来的传染性疾病传播的风险。首先,城市密度越高,人与人之间接触频率越高,这有助于病原体更快传播。以最近流行的寨卡病毒为例。在过去数十年时间里,寨卡病毒主要在动物之间感染。当其来到美洲城市,通过城市中的埃及伊蚊叮咬人类,实现了更大范围且更快速的传播。其次,在更密集的人群中,病原体持续传播时间会更长。城市人群对社交的依赖,也会使得传染病防治措施失效,使得病原体更容易传播。在防控新冠肺炎疫情的过程中,不少城市出现了聚集性病例,就是很好的证明。最后,城市的人口密度过高还可能使病原体的致死率变强。在大部分情况下,随着病原体传播,病原体的致死性会下降。但是,在人口密度过高的情况下,病原体的致死率会在传播中增强。这次新冠肺炎的无症状患者携带更多病毒,使得致死性病原体通过空气或者人际接触得以传播,不断感染新的受害者。

城市空间治理,不仅仅包括公共健康,还包括水资源和水环境等公共卫生设施的治理、住房环境、土地有序开发等诸多内容。不少研究论文的证据表明这次全球大流行的新冠肺炎极大可能也来自某动物宿主。在城市治理方面,通过有效空间治理手段如阻止城市无限制向外扩张等来减少和野生动物接触,是降低传染性疾病滋生和传播的风险的重要途径。城市空间如果无序向外扩张,增加了人类和野生动植物近距离接触的机会,为诱发人畜共患病创造了聚合点,容易形成具有全球影响的传染病疫情。Hassell等(2017)研究了城市和疾病产生的关系。他们回顾了城市中新出现的源自野生动物的病原体和导致人畜共患病的驱动因素,提供了流行病学的最新科学证据:大城市郊区的住房可能是创造人畜共患病的绝佳场所;与家养动物的接触或者寻找并乱吃野生动物都增加了传染病病原体从动物宿主转移到人类的危险性;在城市化增长比较快的地方,由于森林砍伐和农地转变成城市用地,人类和蝙蝠甚至灵长类动物联系变得越发紧密,受到这些动物身上的病毒的感染的可能性相对较高。相关研究表明,由于城市化进程的加速,人类和动物栖息地产生交集,不少病毒的适应性在人类身上增强,产生变异,导致新发传染病的出现。根据统计,在1940—2004年全球范围内已经确认的新发传染病中,60%以上是人畜共患病(Jones等,2008)。

(四)城市流动人口和落户政策亟须改革

在中国,很多城市一直依赖着外来人口在本地就业但无法在本地落户和享受本地公共服务的"红利"。但这次发生的重大疫情使得中国的城市为这样滞后的落户政策付出了巨大的成本。出于疫情防控的需要,全国大部分城市对人口流动实行了管制,城市流动性放缓,这项政策现在看来对疾病的控制是有效的,但是对国民经济的影响深远,付出的社会成本巨大。例如,管制后,物资供应变得紧张,生活成本上升;大量服务型中小企业用工危机变得十分严重;还有很多人生了其他病也难以及时去医院治疗等。如果我们城市有了更好的落户政策,春节前的返乡和春节后的复工引起城乡之间人口的流动规模要小很多,社会压力也不会这么大。

从全球的经验来看,减少人口流动还有利于减少传染病的发生和传播。一方面,城乡之间的流动人口可能为来自农村的病毒的传播提供了空间,将局限于农村地区的传染病变成城市性传染病,进而出现更大范围和更快速的传播。最近几年,在南美很多城市流行的血吸虫病就是一个很好的例子。这些血吸虫病就是通过来自农村的人口带入到城市的。另一方面,从农村流入城市的居民也促进了城市中已经存在的疾病传播。最近的一个例子就是在刚果民主共和国首都金沙萨,来自该国其他地方的流离失所者感染了非洲锥虫病,导致报告的病例数增加了数十倍(Alirol et al., 2011)。

二、应对

(一) 城市的现代化治理:三个认知

城市治理属于城市政治学研究的基本内容。城市治理主要是指通过一系列包容性战略来整合资源以实现集体性目标。就城市现代化治理来说,我们将其定义为需要在最大化经济和社会发展机会的同时最小化环境和社会整合带来的风险。在当下中国,要提升城市的现代化治理水平,需要对中国社会发展趋势有足够认知,包括对城市化社会趋势、城市网络化趋势和智慧城市化趋势的认知。

首先,要认识到当今中国城市化社会趋势。改革开放之初,中国的城市化水平不足20%。从2012年开始,中国城市化水平迈过50%大关。2019年中国的城市水平已超过60%。这意味着在现在的中国,我们有近2/3的人口从事与城市部门相关的工作。根据《联合国全球化城市化展望》预测,中国城市化进程将继续推进,在2050年达到75.8%,实现完全城市化。所以,我们今后面对的是一个城市化的中国社会。城市不仅仅是更多人居住的地方。相对于传统社会,城市化社会更复杂。首先,城市社会更加多样化,有着多样化的种族,有着多样的文化和饮食以及着装风格,也有着多样的生活方式。越大的城市,多样化程度越高。譬如,在上海,随便在哪个街道上走走,一般人有大概率可以接触到来自世界各地的不同文化,可以品尝来自世界各地的食物,还可以参观不同风格的博物馆或者在不同剧院欣赏不同地方的舞台剧。城市社会还是技术的集中地。特别大的城市往往聚集很多高教育和高技能水平的人,从事着具有创造力的知识经济活动。城市社会为他们提供了彼此互动和彼此学习的平台,也为他们提供了更多高技能的工作机会,使得城市更具活力。城市社会更具包容性,各种先验性政策和措施的试验场。城市社会孕育出创造和遵守规则的中产阶级。他们的信息识别和自主治理能力能够帮助识别城市政策的合理性,推动城市的进步。

其次,要认识到当今中国城市彼此间互联互通的程度很高,由此形成城市的网络化趋势。随着近年来交通基础设施的大规模建设,中国区域一体化进程深化,城市的互联互通程度大幅提高,形成了以城市群为特征的城市网络结构。不同城市之间频繁的资本和人员流动,甚至人带畜的空间流动,使得城市治理要适应这样的网络化趋势。城市间的互联互通还形成了具有很高节点位置的核心城市。譬如武汉,最近几年利用人力资本积累和要素成本较低的优势,很快融入全球高新技术产业链,在全球城市网络中的节点位置不断提高,和全球一些中心城市保持了高度的经济和贸易联系。认识到城市网络化结构的发展趋势,我们就要意识到未来的重点不是要提升单个城市的治理水平,而是要求提升所有城市的治理水平。否则,任何一个城市因为治理能力差而引发危机,无论是经济的还是公共卫生方面的,都很容易波及网络结构中的其他城市。

最后,由于大数据的普及,中国很多城市进行了智慧城市的探索且成为发展趋势。从远程医疗到智慧交通,从智慧物流到在线办公,智慧城市可以更加有力应对公共事件处理。中国的智慧城市建设虽然起步晚,但在各级政府的支持下,很多企业投资参与,智慧城市建设取得了很大进展。智慧城市的主要特征表现为数字化、网络化、信息化、智能化和绿色化。在智慧化城市时代,城市治理显然要更符合数据和信息流动的需求:一方面,城市内部的系统和数据资源要实现整合;另一方面,城市需要实现与各级管理部门协同配合,打通条块系统和信息资源壁垒,聚焦设施互联、资源共享、系统互通,实现垂直型"条"与水平型"块"互融互通和协同运作。

(二)"后疫情时代"的城市现代化治理:应对措施

控制疾病传播和保障人们的健康是社会的愿望,也是政府的基本责任之一。就中国而言,能不能发展出一套能够随时应付突发公共卫生事件的现代化治理体系,不但关系本国人的健康、本国的经济发展和国民福祉,而且会影响国际关系。如前所述,中国现在已经是一个城市化主导、保持高度对外开放的社会,在全球产业链和经济体中的分量十分重要,和世界紧密相连。依靠"封城"、禁止出行、集全国之力来防控传染病的动员方式效果明显,但付出的代价实在巨大。对付新发传染病,城市治理体系必须要有全球化的视野、精细化的信息管理和广泛参与的危机处理能力。一个行之有效的城市现代化治理体系需要围绕市民、社区和官员三个层次的主体展开。

1. 提升市民社会资本力

在城市治理中,守规则和有契约精神的市民是真正的主体。人与人之间的信任和互助精神,是连接中国传统熟人社会的基本纽带,也是普通老百姓判断社会是否太平的重要标志。当这种信任机制破坏了,人们就失去了在社会中拥有的安全感。但是,在城市化时代,尤其像已经拥有数亿中产阶级的城市社会,更需要培育市民社会的契约精神。人与人之间的关系若建立在契约合作基础上,既能减少因为基于熟人社会的"面孔"带来的人情成本,还适应于在流动社会空间里随时可以完善的公共秩序。作为一种结构社会的思想原理,契约精神在中国是缺少公共基础的。譬如说,媒体经常讨论的在公共空间里排队等候问题,在公共交通如地铁或者公共汽车上让座问题,还有在公共场合抽烟问题等,都说明我们的社会并不能适应这样基于契约的合作关系。所以,对于城市现代化治理来说,我们需要在基于契约的制度安排和抽象程序中,找到与中国传统文化价值的结合,内化个人行为的外部性,提升市民的社会资本力。以公共卫生理念来说,我们需要从普及关于人与人、人和动物、人与环境的尊重和平等的基本常识入手,培养市民的个人卫生习惯,改变一些不符合现代生活理念的饮食行为,包括杜绝人们吃野生动物的陋习。在中国,上海市民常常被认为是最具有契约精神的,注重公德的风气在居民中普遍流行。这和上海的国际化程度和市民相对较高的教育素质密不可分。自新冠肺炎疫情暴发以来,正是因为具有良好的应急素养和较高的公共卫生素质的市民支持,上海的疫情防控始终走在全国前列。

尽管城市化增速很快,但是中国还是一个城乡二元的社会。提升城市市民的社会资本力还要尽快落实外来城市的落户政策,推动外来人口的市民化。从政策取舍来说,应该推动人口流入的城市放开或者放宽人口落户的限制,让更多的外来人口真正融入城市中来,成为当地市民社会中的一员。根据麦肯锡的预测,在接下来的10年里,来自农村的移民是中国很多城市人口增长的主要来源[1]。这就意味着外来人口也是中国未来城市治理的重要主体,他们社会资本力的积累对治理水平的进步至关重要。户籍制度改革的滞后,很多外来人口因为被排斥在本地公共服务体系之外,成为当地的弱势群体,常常遭受不公正待遇,这使得他们更加依赖传统社会的道德价值,而比较少能够获得遵守规则的社会回报。譬如,某些媒体常常会报道进城务工人员无视排队秩序,拼命挤车,且到车上抢座位等行为。一些城市居民常常对此有微词。但是,这正是我们城市治理长期排斥外来人口的结果。没有正常融入城市的机会,进城务工人员们这些稍显鲁莽的破坏秩序的行为,恰恰源自他们自我保护的本能。所以,让更多外来务工人口融入城市是提升中国整体社会资本力的重要内容。他们能否按照契约精神转变为守规则和具有高社会资本力的市民是衡量中国城市治理是否达到现代化标准的重要尺度。

2. 促进社会组织融入社区治理

从社会管理角度来说,社区是国家治理、社会治理和城市治理能够落地的最微

---

[1] McKinsey Global Institute (MGI), Preparing for China's Urban Billion. Research Report, 2009.

观尺度。在城市化的中国,社区已经替代计划经济时代的单位家属院和传统的独门独院,成为城市的载体,社区治理水平的高低是决定城市治理是否达到现代化的风向标。

以这次新冠肺炎疫情为例,疫情凸显了中国城市中自下而上的社区治理能力的欠缺。一方面是居委会的角色错位问题,即其本身是居民自治组织却担负着诸多行政性职能;另一方面是指政府取代居民成为社区的主体,失去了社区作为社会组织的现实基础。这两种困境造就了中国的社区治理的无序格局,横向的社会协调和合作关系发育不足,纵向的行政化力量过强,无法形成真正意义上的制度化的社会组织机制。在这次疫情中,我们发现当社区的行政力量因为形式主义等具体措施被弱化,社区居民自救互救能力得到发挥,反而在某种程度上端正了社区治理的角色,达到了政府和民间自治力量的平衡,为后期的疫情防控起了重要作用。

因此,培育和鼓励社会组织融入社区治理,是"后疫情时代"提升城市现代化治理水平的重要方向。社区组织成为社区治理的结构性和功能性要素,有利于破解上述两大困境,实现社区治理能力的全面提升。一方面,作为社区治理的基本要素,社会组织参与能够更好地连接社区组织成员,增加他们彼此的信任和互助,形成参与的社会网络,最大程度发挥个人行动力的外溢,增进社区社会资本的积累;而且社会组织的力量一旦进入社区层面,就能真正形成集体表达共同利益诉求的意愿,为政府决策提供正确信息,同时也能形成居民对政府的有效监督。因此,从这个角度来说,社会组织融入社区治理,通过自下而上的组织重新塑造国家和社会之间的关系,破解基层治理的"行政化困境"。另一方面,社会组织的发展有助于形成社区自治管理的协调性规范和社会秩序。鼓励社会组织,尤其是培育具有倡导性和公益性的社会组织,社区内部自身的社会力量就会变得强大,在一定地域范围内形成群体共同的价值观和行为规范,促进社区回归"共同体"的属性。自新冠肺炎疫情暴发以来,武汉很多志愿者自发组织起来,参与到疫情防控中,并发挥了不可小觑的作用。如来自民间的蓝天救援队,在武汉"封城"后,参与了各类应急物资和设备的运送工作,在阻击疫情中发挥了重要作用。

在过去几年里,很多城市政府也在积极探索社会组织融入社区治理的模式,如"三社联动"模式,即社区、社会组织和社会工作三者联动,和社区"协同治理"模式,即社区居民意愿集结、邻里互助、纠纷调解、专业性服务等社区公共事务上发挥协同作用,形成对政府管理的补充。但总体而言,由于行政力量过于强大,社会组织的作用还是在相当程度上被压抑。在"后疫情时代",我们应该鼓励社区力量的发展,释放出一种自下而上的治理通道,塑造有韧性的都市社区,夯实城市现代化治理的基础。

3. 选拔具有较高执政能力的城市主政官员

有专业性素养的官员主政地方也是提升政府现代化治理水平的关键。在现代社会,公共政策的执行在不同层级展开。公共政策与企业、市民、大学和非政府组织都需要产生很多互动。这使得城市的现代化治理呈现多部门和多渠道协同作战的"网络化"模式,由此产生能够协同作战的机构安排。一个具有专业素养的城市主政官员能否参与这样的网络化管理模式是提升城市治理水平的关键。他们形成的公信力、战略远见和高效执行力更容易赢得市场的认可,也能够更好地化解城市发展背后的环境、公共卫生和社会融合风险。

在中国现行体制下,政府官员的人选都是经过一系列选拔机制重重筛选出来的。Xi 等(2018)认为,中国官员的选拔机制具有强烈的精英政治色彩,其优点在于通过考察官员在不同职位上的执政表现,较高能力者能够脱颖而出,从而提高了政策制定的效率,避免政策民粹化。但是,在上级物色地方官员的时候,通常会有不同选择。譬如,上述研究者发现,官员的选择也容易被短期的机会主义行为所干扰,从而使得地方经济发展政策比较短视,忽视长期可持续发展目标。另外,选拔制官员容易造成单一化,不利于有创造力的官员脱颖而出。这次疫情暴发后,某些地方官员暴露出来的应对突发公共卫生事件的专业化能力不足及缺乏循证决策能力的短板,是这一选拔制度弊端的明证。这些都反映出我国在通过官员选拔制来实现国家治理上还有诸多提升空间。

在此次疫情中,上海、河南和浙江的地方官员应对公共卫生危机的表现则比较亮眼,体现了较强的治理能力。这说明,除了具备担当能力外,城市主政官员的学历水平、是否是专业科班出身、是否具有国际视野和基层历练经验等十分重要。因此,在"后疫情时代"的干部选拔中,用人部门要避免任人唯亲和论资排辈等不公正现象,建立一套能充分调动官员工作热情和积极性,能够甄别选拔出素质高和对城市认知能力强的主政官的干部任用机制。

三、结语

新冠肺炎疫情终究会过去。这次疫情是对中国城市化和全球化加速的一次考验,这场疫情留给我们的教训和经验,对反思和提升我国城市治理的现代化水平特别重要。疫情发生后,全国很多地方和各行各业都通过"急刹车"的方式来阻断病毒传播渠道,并成功阻止了疫情在国内的进一步蔓延。接下来,各城市面临复工复产的考验。能否在防控新的疫情的同时,有序统筹好复工复产,取决于各城市政府能否以此次疫情为教训,化"危"为"机"。各级地方政府要在疫情防控过程中积极改善市场环境、政治环境和法治环境,积极鼓励推动市民社会建设,重塑社区基层治理力量,在信息管理上和现代化相配合,全面提升城市治理能力。这次疫情防控中,人口数据开发应用发挥了重大作用。但是,在使用大数据过程中,要充分平衡个人隐私信息和公共防疫需求,防止在网络上不正当披露和滥用个人信息。这也是现代城市治理的新要求。另外,随着疫情在世界范围内蔓延,我们更需要加强和全球各国在健康治理方面的协作,推动地区和全球的联防联控,努力阻止疫情扩散蔓延。这也是提升城市治理能力的新考验。

(吴建峰,复旦大学经济学院副教授;敬乂嘉,复旦大学国际关系与公共事务学院教授)

参考文献

[1] 丁蕾、蔡伟、丁健青,等:《新型冠状病毒感染疫情下的思考》,《中国科学》,2020年第3期。

[2] 丁学良:《人类文明进程中的传染病肆虐与征服》,澎湃新闻,2020年2月21日:https://www.thepaper.cn/newsDetail_forward_5705378。

[3] 高红、杨秀勇:《社会组织融入社区治理:理论、实践与路径》,《新视野》,2018年第1期。

[4] 吴建峰:《中国城市化40年:增长、集聚和不均衡》,载于张军、王永钦主编:《大转型:中国经济改革的过去、现在与未来》,格致出版社,2019年。

[5] Alirol, E., Getaz L., and Stoll B., et al., Urbanization and Infectious Diseases in a Globalized World, *The Lancet*, 2011, 11(2): 131-141.

[6] Ambrus, A., Field E., and Gonzalez R., Loss in the Time of Cholera: Long-run Impact of a Disease Epidemic on the Urban Landscape, *American Economic Review*, 2020, 110(2): 475-525.

[7] Hassell, J. M., Michael, B., and Melissa, J. W., et al., Urbanization and Disease Emergence: Dynamics at the Wildlife-livestock-human Interface, *Trends in Ecology & Evolution*, 2017, 32(1): 55-67.

[8] Jones, K. E., Patel, N.G., and Levy, M. A., et al., Global Trends in Emerging Infectious Diseases, *Nature*, 2008, 451: 990-993.

[9] Rosenthal, S. S., and Strange, W. C., Evidence on the Nature and Sources of Agglomeration Economies, In: Henderson, J. Vernon, Jacque-Francois Thisse (Eds.), *Handbook of Urban and Regional Economics*, Elsevier, 2004.

[10] Xi, T., Yao, Y., and Zhang, M., Capability and Opportunism: Evidence from City Officials in China, *Journal of Comparative Economics*, 2018, 46(4): 1046-1061.

第 21 章 新冠肺炎疫情对政府治理体系的反思与建议

新冠肺炎疫情全球大流行后抗击疫情已经不再局限于某一地区、某一国家,而是全人类的公共卫生事件,低估病毒的传播能力将是政府不负责的体现。

在疫情对经济的冲击下,政府应当主动承担起宏观调控的职能,缓解市场机制失灵的困局,促进经济的复苏与发展。人工智能(AI)+大数据+5G+区块链的结合形成的强大算法优化系统,在 2020 年亦会引领多个行业革命式的发展,提升整个社会的运营效率。而在疫情的影响下,政府应当适时转变自身职能,助力传统企业的转型和新兴产业发展。

《孙子兵法》有云:"故兵无常势,水无常形,能因敌而获胜者,谓之神。"变化是社会的必然状态,也是产业发展的必然走向。可以预见的是电商、短视频、虚拟游戏、线上教育、知识付费等已然存在的线上项目将迎来新一波的发展,而无人零售、无人餐饮、无人机配送等高科技行业也将进一步研发拓展,线上服务业的繁荣也将是产业发展的新动力。因此,如何在下一步经济和社会治理方面进行优化和改革是本章关注的重点,需要重视对全民统一休假模式的反思,做好大规模人员流动的风险防范,鼓励灵活的远程办公模式,促进新兴产业与传统产业的融合发展,引导国家有序、健康、持续发展。

一、新冠肺炎疫情引发的中国政府治理体系问题反思

(一) 政府治理模式的问题

1. 公共医疗卫生领域政府治理模式的影响

鉴于新冠肺炎疫情的严重性,政府开启了紧急管理模式。从中央到地方上下协同、一竿子插到底的防控指挥体系,在中央层面成立中央应对疫情工作领导小组,并建立了国务院联防联控机制,同时各级地方政府精准施策。疫病防控工作属于中央和地方共同事权,但从目前新冠肺炎疫情防控的成果看来,地方事权偏小,难以满足履行事权的需要,政府在公共事业发展和监管方面的主导作用严重缺位、错位、越位,尤其是财政事权和支出责任划分。体现在:第一,中央与地方事权与责任划分法律依据不足、划分不合理,法治化、规范化程度不足以满足社会治理的需要;第二,条块治理结构导致大量的请示汇报造成行政效能的低下,地方没有负担起相应的责

任,使得决策者与信息制造者之间产生隔膜,进而影响决策的科学性;第三,中央和地方政府在发展公共事业方面财权划分严重不清,疫情对政府财政健康运行造成了一系列负面影响,尤其是第一季度的财政收入受到了阶段性影响。概括起来有两个方面:疫情防控、治疗、救助方面的支出增加,以及停工停产和居家防疫带来的税源枯竭,减收影响还将持续并有待评估①。

2. 公共医疗卫生体系的预防性不足

本次疫情与2003年非典疫情相比来势更凶猛扩散速度更快,疫情受到国家的高度重视后,各级政府以雷霆之势积极应对,值得肯定的是,中央与地方政府在疫情控制上的决心和果断,但是初期的预防是政府在面对疫情时的短板之处。在这个风险高发的时代,风险预防是民众对政府治理体系和治理能力最基本的要求。

中国疾控中心原副主任杨功焕在接受《经济观察报》采访时提出,中国在经历2003年非典疫情之后花重金建立了中国传染病与突发公共卫生事件监测信息系统。这套网络直报系统并不是逐级报告,而是只要医院在网络系统中点击报告了病例,中国疾控中心就应该第一时间收到②。但是直到1月20日国务院将新型冠状病毒肺炎作为乙类传染病按甲类管理后,才纳入网络直报系统。这是因为一种全新的并未纳入传染性疾病报告目录的病毒,网络直报系统并不能发挥出应有的防范效果,事先预防的功能也就无法发挥。此外,一些医疗机构网络直报工作队伍专业知识不足,各地区之间工作人员的专业素质也不一样,甚至还存在少数医疗机构缺乏专门从事传染病网络直报工作人员的地区,这些对网络直报意识缺乏重视的地方也对我国的传染病预防造成阻碍。

此外,医疗物资的战略储备不足,也是造成本次疫情期间医疗物资匮乏的重要原因,为了节省医院的成本,多数医院的防护物资储备量不会超过一个月,甚至有的医院储备量为零。"兵马未动粮草先行"的理念被忽视,近年来我国未发生过大规模的公共卫生事件,使得医院、红十字会、政府都未重视医疗防护用品的储备问题。

(二)集体休假模式的困局

中国的国家法定节假日采取的是14亿人同时休假的模式,从国家对节假日人口流动的统计来看,中国式的集体停工、休假带来的是"黄金周集体堵高速"的尴尬境况,"长期停摆、集体度假"的模式在企业的运行中也是一种困局。近几年国务院拟定了新的"节假改革方案",内容上是大同小异的,基本上仍然是在集中假期的死胡同打转。值得重视的是在本次疫情传播过程中大规模的迁徙活动也起到了加速的作用,这对旅游相关的酒店、客运行业的打击也是致命的。在1月23日武汉"封城"

---

① 李景友:《疫情应对的财政三策》,中南财经政法大学网站,2020年3月6日:http://www.zuel.edu.cn/2020/0306/c1236a239520/page.htm。
② 杨功焕:《SARS之后国家重金打造的传染病网络直报系统,为何并未及时启动》,经济观察网,2020年2月3日:http://m.eeo.com.cn/2020/0203/375484.shtml。

之前,已有500万人离开武汉,因此,这500万人的去向和构成,备受关注。据《经济观察报》1月28日的一篇文章报道,70%左右的人流向了武汉周边的湖北省内各城市,其次是相邻省市,包括河南、湖南、安徽、重庆、江西等;从人员构成来看,绝大部分是务工返乡人流①。因此,如何设定休假模式才能契合未来社会发展的需求?

长假模式源于20世纪90年代朱镕基总理提出的,国庆和春节7天长假旨在提高福利让人民群众有更多的休息机会,还可增加消费、旅游、服务业等第三产业占GDP比重。随着中国收入水平的提高,集中假日对全球的旅游市场和设施都是一种短期集中而又昂贵的消费。现在公众的观念已经改变,设立"黄金周""小长假"这样的调休休假方式的基础需求也发生了变化,休假模式也应当跟随时代的需求改变。

此外,在疫情期间,政府鼓励企业采取智能化的线上办公,有条件的企业在平等、自愿的基础上与员工进行民主协商,就轮岗调薪、工时、待岗、休假等达成协议。智能化办公取代传统工作模式,"朝九晚五"式的工作制也逐渐向"完成定量工作任务"的标准转变,如此一来弹性工作制的存在是否会成为常态和必要将是未来劳动关系要考量的重点。互联网经济下的智能化办公若成为常态,不仅会带来相关的视频会议设备普及、办公软件升级、终端数据储存完善等智能化经济的发展,在法律领域也将发生较大的转变,《劳动法》作为一部公私兼备的社会法,平衡的是企业与劳动者双方的权利与义务,在本次疫情下,双方利益的平衡将被打破。面对这样的法律关系改变趋势,法律所调整的权益将发生怎样的变化?立法上应当如何重视这种新式的劳动关系调整,才能既平衡企业发展的需求,又满足员工权益的保障,进而从法治的角度规范智能化办公这一新趋势?

(三)健康的生活方式尚未形成

1. 公共设施卫生

商场、宾馆、影院、博物馆、候机(车)室、办公楼等人员密集场所的公共设备往往隐藏着巨大的卫生安全隐患,尤其是在认识到新冠病毒可以在无生命物体上生存,后期疫情信息整理证实该病毒的感染者更多的源自公共场所,因此在落菌密度大的场所对传播媒介及时消毒非常有必要。2020年1月30日,国务院应对新型冠状病毒感染的肺炎疫情联防联控机制印发《公共场所新型冠状病毒感染的肺炎卫生防护指南》,适用于疫情流行期间,针对正常使用的宾馆、商场、影院、游泳馆、博物馆、候车(机)室、办公楼等人群经常聚集活动的公共场所和工作场所的卫生防护,包括场所卫生操作指南和个人防护指南。

现行《动物防疫法》中防疫责任的主体是政府兽医主管部门,并没有打通整个养殖、运输、屠宰加工、经营等环节。此次疫情的传播与冷链加工有一定联系。

---

① 张蔚文:《疫情遇上春运:高质量实现1亿人落户迫在眉睫》,澎湃新闻,2020年2月13日。

2. 不分餐的饮食习惯

餐饮业受本次疫情的影响非常大,疫情持续时间越长,餐饮业重新洗牌的可能性越大。疫情过后人们的餐饮习惯也将发生改变,消费者对饮食安全防护的重视也将提升,分餐制将是未来餐饮业发展的新方向。饮食不分餐,极易导致幽门螺杆菌、传染病病原体、呼吸道疾病的传播,每年因为口腔细菌传染导致的肝癌、胃癌等疾病并不比新冠肺炎带来的影响小。虽然分餐制目前在欧美等西方国家比较普遍,但分餐制并非舶来品,从现在的考古发掘来看,食案最先出现于战国时期,云南江川李家山战国墓就发现了铜食案;在汉代《宴饮百戏图》《夫妻宴享图》等壁画和《史记·项羽本纪》中,可以窥见古人食案而坐、分食飨宴的状态①。直到唐代合餐制才开始出现,在餐具演变、食材丰富、烹饪多样化等条件的基础上分餐制才逐步被合餐制所取代,随后受西方文明和流行病突袭的冲击,"公筷"的概念又再度兴起。受制于产生隔阂感、影响家庭和谐等因素,即使是"公筷"也没有真正在中国推行开,然而有很多人已经接受分餐制,只是碍于面子在聚餐时难以提出或提出受阻不便坚持己见而放弃。非典之后流行的分餐制共识没有被固化下来,此次的疫情应成为中国餐饮行业改革的诱因,分餐制全面推行的契机已经到来。

(四)疫情期间对经济的影响

1. 以人工智能为代表的新经济行业

(1) 智能经济。行业的人工智能化一直是趋势,智能经济集中分布在服务机器人、AI 识别、无人零售、无人机、大数据等领域,这次疫情加速了人工智能的发展进程。初创智能企业常常处于现金储备通常不足、经营成本高、过度依赖融资等状态,为了缓解疫情给经济带来的矛盾,各地政府相继出台相关的政策,通过降低税收、租金等一系列措施缓解企业的生存压力。智能成果的创新性不足、研发系统布局的单一性、人工智能尖端人才远远不能满足需求以及政策法规和标准体系欠缺,是困扰我国人工智能发展的难题。

(2) 新零售行和现代物流行业为代表的服务业。在新零售行业,线上销售模式的转变为销售行业带来新的红利,但是由于疫情的影响导致各地交通管制较为严格,除了日常生活必需的产品外,其他产品都受制于物流和配送的影响而无法实现即时的交付。同时,零接触生活模式也越来越受到人们的重视,尤其是物流行业的无人配送,在本次疫情期间发挥了重要作用。而受这些因素的影响,经营成本不断升高,相关企业的现金流也会发生不同程度的中断,因而造成中小企业的生存困难。但输血不如造血,显然,现在的政府措施着重于给企业进行输血,这可以在短时间内起到较好的效果,也仍需要进一步的造血机制供企业转型升级。

(3) 健康产业。从美国的大健康产业结构来看,分为四大块。家庭及社区保健

---

① 高科佳:《中国餐制的演变》,《艺术科技》,2018 年第 7 期。

服务约占50%，医院医疗服务占比19%，医疗商品占比14%，健康风险管理占比11%，总体来看美国在健康保健和服务方面发展较为成熟。而我国的健康产业多以传统医疗行业为主、部分医疗商品等组成，与成熟的健康产业的差距较大，缺乏完善的健康产业，疫情后人们将更重视个人的身体健康，因而健康产业在中国市场的壮大是必然的趋势。

2. 影视行业发展的现状

在春节档电影全面撤档后，徐峥与字节跳动签约开启线上投放未上架电影，实现了制片方与App运营方的双向盈利，它意味着一种全新的线上影院的放映模式，可以说电影线上首发的蝴蝶已经振翅，疫情将推动网络电影这一新商业模式的延展和成熟。影视行业收入来源单一化的弊端在此次疫情的冲击下更为凸显，尤其是中国电影90%以上收入来自影院，这对我国电影的多元化发展尤为不利。虽然近几年国家对版权的重视程度越来越高，但"枪版"影视的流出时有发生，加之电影发行的线上与线下的空窗期的影响，线下影院后期的盈利更为薄弱。目前网络影视行业已经形成"付费点播+广告收入+会员付费+电商"等多元的盈利模式，随着网络院线发行能力的增强，线下影院与线上影院的同步上映或将成为影视行业发展的趋势。

4K高清与5G共同加载下的智能经济发展的新格局，传统线下影院若不能及时适应时代潮流，其发展可能越来越被动，这次事件也为线下影院敲响转型升级的警钟，必须全面提升线下影院的观影体验。而电影的线上首发作为新的商业模式，在市场竞争的冲击下，其行业发展和行业规范也处于萌芽时期，需要适时地加以引导。

3. 网络教育的发展现状

早在2010年，我国在教育改革的相关纲要中，就对教育网络化及信息化发展提出了相关的要求以及期望。2020年1月29日，教育部为防控新冠肺炎疫情在学校蔓延，决定采取延期开学这一重要举措。与此同时，各地教育部门通过网络视频教学等手段达到中小学校"停课不停教、不停学"的目的。如此大规模的网络教学对传统的教育培训既是一次冲击，也是一次发展机遇，它所体现的成本与效率、私人收益、社会收益等都优于传统教育模式，也能解决教育资源分配不公的问题，因此，远程教育的财政补贴、经济资助体系等问题都有待进一步解决。从网络教育延伸到知识付费领域，我们可以看到自2018年起，与知识付费相关的几个App在本次疫情期间播放量、打赏金额以及粉丝数都有了较大的增长，此类技能、知识普及型的企业迎来新的发展机遇，目前该领域不需要政府过多的宏观调控，良性的市场竞争就是企业发展的沃土。

4. 远程医疗的智能化发展现状

美国首例新冠肺炎的医治就采取了智能机器人提供诊断和服务的举措。远程医疗是5G技术在物联网应用中一个十分重要的场景，基于5G通信的远程医疗，在传统医疗的基础上融合了在多种模式下的小设备无线通信技术及高速移动通信技术，可以实现远程外科手术的操作、无线远程会诊、患者监护和实时随访、突发救援事件的指挥和决策等。远程医疗逐渐智能化,虚拟医疗将实现医疗领域的公平,2019年我国智慧医疗建设行业规模超880亿元,预计2020年这一数字将超1 000亿元。

远程医疗作为医疗的一种新模式,其发展得到了国务院的支持,包括硬件技术上支持高速宽带网络覆盖城乡医疗机构,建立互联网专线保障远程医疗需要,还有补贴资金向该类民生建设的倾斜。但实践中,基层卫生人力资源的匮乏制约着远程医疗服务的普遍开展和将远程医疗服务延伸到村级(社区);远程医疗认知不足、远程医疗监管无体系等问题未得到妥善解决。

二、加强宏观治理和政策支持的几条建议

(一) 完善政府治理模式

1. 政府治理模式

中国各级政府的功能改革亟待推进,法治化、规范化的社会治理要求倒逼政府职能的完善。首先,在依法执政的大背景下,要逐步推进中央与地方事权与财权责任立法上的划分,适度调控中央的财政事权的行使以不损伤地方政府的活跃性,要逐步将与当地居民密切相关的部分基本公共服务确定为地方的财政事权,在法律的框架内形成中央与地方财政事权责任划分。地方政府要正确履行财政事权,减少不必要的汇报环节,克服地方政府在适用法律上的"教条主义",提高政府的行政效能。其次,消除决策者和信息之间的隔膜。本次疫情反映出信息披露不及时、各级地方政府治理水平的差距、政府不作为、以红十字会为代表的社会组织不透明和低效率等问题,究其原因还是权力的过度行使问题。要提高权力的公共属性,坚定不移地在法治和宪制中保障权力的产生、运行,让权力进入到制度的笼子里,通过民主机制、监督机制、第三方机构等方式,实现权力的正当运行。最后,财政投入和支出结构的合理,保障财政的稳健运行,具体到卫生健康领域还要做好细化。转变财政使用观念,适当实行跨年预算,保证财政供给民生所需。中央财政下拨地方给予地方积极的支持和激励,要注重财政使用透明公开,发挥公众监管的责任,形成监管合力。

2. 公共医疗卫生体系的预防原则

突发公共卫生事件的预防,是预在前防在后,事前的防范准备考验着政府对卫生事件的侦查和应急能力,对政府治理能力提出更高的要求。凡事预则立,在突发事件事前预防中也不例外。一件件具体的救治、防控工作看似只是"专业性""技术性"的工作,背后却都凝结着各个层级的政治制度架构的领导、组织、协调、运转力量。传统的事后危险消除必须由事前的风险预防所取代,"风险预防原则"是国际上在面对环境问题时提出的一项基本原则,从危害的防治到风险即潜在的损害的预防,将成为公共卫生安全制度调试的重点。《国家突发公共卫生事件应急预案》中强调要坚持预防为主、常备不懈,做好应对突发公共卫生事件的各项准备工作。尤其

是国家疾控中心的疫情直报体系，不能因为是新型病毒就无法上报，对于未知的病毒更应该适用风险预防，将可能发生的疫情扼杀在萌芽的初期，同时对疾控中心相关工作人员传染性疾病知识的普及也尤为重要，工作人员只有用专业的知识去面对疫情才能实现疫情的早发现、早隔离、早消除。

法律的生命在于实施，此次疫情后政府应当加强突发公共卫生事件的应急管理机构的整顿，采取多种措施提升专业技术团队的应急处理能力，全面培训疾控人员的传染病甄别知识、平衡各地区的专业队伍，对可能发生的突发事件做出科学、及时的预警反馈，将风险控制在传播的初期，进而达到迅速控制疫情的传播和蔓延的效果。

3. 完善应急管理机制

城市公共安全应急处理机制，是现代城市治理中不可缺少的一部分，直到2018年我国才建立应急管理部，设立专门的应急管理机构负责对公共安全类、自然灾害类等事件应急救援；而美国在"大萧条"后，联邦政府为预防风险事件的再度发生后无应急措施，于1933年建立了美国联邦紧急救助署，对城市风险事件进行调配管理。应急管理机制涉及多部门、多层级、多环节要素，要发挥应急管理机制的作用，需要统一目标管理、确保责任落实，通过预防、预警、决策的程序控制突发风险事件，以保障城市功能的正常运行。

本次疫情也暴露出中国在面对突发公共卫生事件时应急物资储备相关信息和应急物资综合管理信息的缺乏，在储备和调用应急物资时未进行科学合理的规划。因此，政府应当发挥行政指导的职能，指导建立应急物资储备的信息库和应急物资综合管理信息库，依据科学的应急物资储备目录储备医疗物资，根据物资的周转期限及时更新储备额度，为更好地应对突发公共卫生事件提供物质保障。

应急物资采购属于公共采购，目前法律适用层面《政府采购法》《招标投标法》规定都将应急物资采购排除在其法律规制之外，这意味着应急物资采购不受严格的采购审批程序约束，而非政府无权进行统一采购与配置。值得注意的是，特殊时期政府被赋予更多的事权，行政权力的行使更应当注重对私权力的保护，即应急物资采购应当防范行政机关及其相关工作人员对行政相对人合法权益的侵害。因此，政府应当从采购依据、采购方式、采购路径、供应商数据库、响应速度、市场价格等方面完善我国的应急物资采购管理体系。

第一，采购依据。《宪法》作为根本大法，规定了国家为公共利益的需求享有征收与征用的权力，应急物资采购并无违法性问题。只是在具体采购过程中没有针对性法律的指引，只能参照适用紧急状态时相关法律，本次疫情结束后如有必要，政府应当制定专门的应急物资采购法。第二，采购方式。在大数据时代，智能化的采购方式能极大地提高采购的效率，满足应急物资采购"急"的需求。利用"互联网+供应链"的形式，全面掌握线上与线下供应链，同时国内与国外采购同步进行，整合零碎资源，开放国外物资接收通道。第三，建立供应商数据库。有效利用和管理供应商离不开供应商数据库的搭建,通过选、用、育、留的管控方式,将优良供应商在紧急事前筛选出,就能达到及时的响应效果,同时通过阶段性与定期的集中评估确保供应商数据库的有效性。第四,响应速度。应急物资采购可采取服务外包的形式将权力分拨给大型网购平台,利用这些平台相对完善的数据服务体系,最大限度地实现全球直采。第五,采购价格。应急物资采购应当以合同的形式与行政相对人进行协商,以保障行政相对人的合法权益,确无协商时间时,政府应在强制采购后,均衡市场反映的成本与利润进行定价,并保留行政相对人对行政行为异议的权利。

(二) 改革法定节假日休假模式

英美的休假制度相似,法定假日较少,更加重视员工福利带薪休假。以英国为例,英国每年只有7个法定假日,甚至圣诞节的假期都只有两天。英国的员工一般可以享受25天左右的带薪年假,向公司报备后一年中随时可以休。夏天和圣诞节都是休假的高峰期。大多数的欧洲人都会选择在圣诞节前后休两周的长假,回家陪伴家人。不庆祝圣诞节的非基督教徒一般都会选择在这段时间坚守岗位,把年假用在一年中的其他时间。当然,也有不少小公司在圣诞节和新年这段时间选择关门休息。比如12月27—30日如果是工作日,有些小公司就会强制放假,这几天也会从年假的额度里扣除。

日本在公休日与节假日上与我国的休假方式有相似之处,但日本采取的是三连休的"振替休日"[①],在假日与周休重合时采取三连休,并且研究结果也表明,三天的假期在促进旅游经济发展上更有助益。

为了避免集中式假日,减少休闲旅游的集中度,建议政府在疫情结束后在立法中借鉴他国的假日制度改革我国的假日设置,休假改革应当人性化设计,在符合我国经济发展整体趋势的基础上适当增加假期的天数,并由政府保障休假制度的落实。

首先,可以将假日设置权力下放至地方,在不改变现有假期总体数量的基础上,地方根据本地传统习俗设置地方特色假日,实现假期政策的创新的同时还可以展现地方特色,促进旅游事业的发展。其次,将法定假日总数折算给个人,可以保留强制性连续休假两周,但是具体的休假时间在不影响企业正常运行的基础上由劳动者与企业自主协商。再次,增加三连休的休假模式,引导新的工作方式和思维方式,以分散式休假调解共时化的矛盾,三连休的模式相较于二连休的模式更利于劳动者走出去享受假日时光,这将推动休闲旅游的发展,刺激消费经济的增长。最后,改变法定节假日后,假期必须强制性执行,以保障劳动者的休息权,严格限定用人单位以支付津贴方式取代职工休假以及职工自愿放弃休假的做法;对于企业违反休假规定的,要采取投诉、仲裁等必要的法定救济措施以保障劳动者的合法权益。

此外,智能化办公后更应当保障劳动者的合法权益不受侵害,若形势发生变化,

---

① 董隽然、张峰:《中国法定假日制度的优化研究》,《海外英语》,2015年第21期。

政府应当及时出台相应政策加以规制,目前虽无法明确具体的利益划分,但可以肯定的是政策的调整更多的是倾向于私权保护。此外,政府鼓励智能化办公的同时,可以对智能办公室服务公司、智能家具产品公司提供相应的扶持,以推进智能科技的研发和智能产业的发展。

(三)疫情后恢复经济繁荣的重大举措

随着新冠肺炎疫情逐步得到控制,政府在法治化框架内加大财税、信贷、融资担保、贷款贴息等资金支持,采取减免企业房屋租金、适当下调职工医保费率、返还实缴失业保险费等政策支持,以财税经费的重点保障和相关政策的精准支持帮助企业做好疫情防控工作、实现稳健有序的复产复工等。线上服务业的繁荣成为产业发展的趋势,为提高经济活力,建议政府在以下方面发挥主观能动作用。

1. 以人工智能为代表的新经济产业发展的措施

(1)创新是我国的国家战略。"提高创新能力""建设创新性国家""创新驱动"等一项项政策支撑企业的发展,创新是研发的血液,一套成熟的、系统的、高效率的研发管理解决方案,是当前美国创新型企业应用最广的研发管理模式。政府通过公共平台向科技型企业输出系统性研发管理模式,搭建企业交流共享平台,避免人工智能产业布局的同质化,真正实现智能经济的创新发展。在创新型项目申报方面,政府层面针对新型科技研发型企业做出一些政策性调整,通过投资、补贴和减税的方式进行资金的倾斜,同时在智慧政府项目上实现企业与政府的互通。

(2)人工智能人才缺口依然存在。各行各业对于通信基础设施的要求持续升级,人工智能、大数据和云计算等提升行业效率的技术应用服务受到更多关注,未来成长可期[1]。政府应引导行业组织与国际国内一流大学组建全球人工智能学术联盟,加强技术交流的同时还可以加快中国智能产品走出去的步伐,向"卖全球"的目标迈进。鼓励智能企业为高校学生提供更多的专业实习岗位,实现产学研的同步发展,增强高校学生实践能力的基础上,实时调整教学方向,持续地对人才进行培训,才能更好地适应可能面对的新的问题。

(3)参与行业标准制定,对接国际规则。智能产品走向国际必须进行国际的政策协调,尤其是行业标准的契合,以避免国际贸易壁垒给国内智能产品带来的冲击。正如习近平主席指出:"规则应该由国际社会共同制定,而不是谁的胳膊粗、气力大谁就说了算,更不能搞实用主义、双重标准,合则用、不合则弃。"无论是从国际责任还是国家利益的角度,我国政府都应该为参与国际行业标准制定而努力。

(4)引导健康产业发展。根据我国传统的健康管理体系,结合"互联网+健康管理"的模式,在我国推出"医养结合"的健康产业是产业发展的主要方向。随着健康产业的发展,一些新技术、新业态也成为产业扶持的重点领域,如云计算和大数据等

---

[1] 管锡清:《新冠肺炎疫情对上海市开发区经济发展的影响分析》,礼森园区智库,2020年3月3日。

驱动下的健康管理的新服务模式等。反之,健康管理数据资源也将形成国家健康数据资源,反向推动数据分析的发展。目前,健康产业还处于发展的初期,政府应尽快规范健康管理服务行业标准,以规范化、制度化、程序化、科学化的准入规则管理该产业,以保证健康管理产业的发展;同时,进一步在税收、土地、财政等方面优化促进健康管理服务产业发展的优惠产业政策。

2. 影视行业发展的应对之策

第一,成熟的影视行业发展离不开政府的大力支持,加强影视行业法律法规的立法建设,明确政府的职责,为影视行业的发展营造良好的制度环境。尤其是在行业变革时期,更应发挥好法治的手段来规范各类影视主体的经营行为,调整线上影院建设所涉及的法律关系等。第二,充分发挥行业自律功能,构建良好的市场竞争秩序,维护影视行业各方的合法利益,进一步推动行业健康发展,实现经济效益与社会效益的统一。在简政放权的大背景下,充分发挥行业协会的优势,完成政府职能的转化以实现政府的监管职责。第三,引导影院行业成立行业抗疫基金,利用行业基金扶持困难个体、企业,更好助力国家政策的实施。向受疫情重创的影院以无息贷款或资助新产品开发等方式提供援助,共享影视行业在政策、管理、营销等方面的支持,为行业可持续发展输血。第四,引导产业链聚合,搭建上游创作到下游宣发、放映等全链路的融合。鼓励数字时代的创新,以此次线上首发为契机,整合松散的电影行业,除了对产业的激励性政策外,还要加强对线上影视的引导,更多地扶持中小微影视公司,这样才能促进市场的繁荣。第五,为优秀影视资源的输出搭建平台支持,搭上"一带一路"的文化交流快车,以政府购买服务的方式从电影产业链条的上游介入,助推电影产业走向成熟。

3. 促进网络教育发展的对策

第一,强化政府补贴在促进网络教育中的关键作用。制定和管理网络教育相关技术领域精细补贴政策,有针对性地推动网络教育的发展,优先实现基础教育的公平;对于成人教育、技能教育等类型的网络教育要依据政府补贴政策,合理确定补贴水平。第二,确保政府补贴资金申请、审核、发放、使用、核查等流程的规范管理和实施,提高政府补贴的质量和效率,真正实现网络教育的价值。网络教育补贴政策对教育行业的扶持在质不在量,要加强对优质课程的补贴、扩大有效供给,借此推动教育事业的稳定发展。第三,为了促进网络教育的发展,不能单纯只提供资金支持,还应该在政府的支持下搭建国家网络教育平台,促进公共资源的开放共享,推动优质教学资源共享。依托国家网络平台,实现学历的认证,以此创新教育服务业态,实现数字教育资源共建共享机制效果的转化。第四,将 5G 技术融入教育资源以及教育设备中,通过研究工作对智能化技术与教育工作进行全新的理解以及分析,将两者放到一个平衡状态,以此推动教育工作的稳定发展。[①]

---

① 王晓晨:《5G 技术在网络教育中的应用》,《电子技术与软件工程》,2019 年第 24 期。

4. 推进远程医疗发展的措施

首先,人才的培育是远程医疗的基础。增加定向医疗卫生人才培训是推动远程医疗的基石,政府应当制定相关的医疗卫生人才培养训的制度;同时,为将远程医疗向村(社区)普及,应制定医疗卫生人才到基层工作的政策倾斜。通过住房补贴、提高薪资待遇、优化基层生活条件等多种措施,向基层医疗卫生机构引入高素质的工作人员,实现医疗资源的优化配置,为更好地开展远程医疗服务提供人才保障[①]。其次,卫生部门应加大对远程医疗服务的宣传力度,宣传远程医疗服务的优势,使广大医护人员主动接受远程医疗服务的新型医疗模式。同时,由于患者对于远程医疗的效果尚未建立足够的信赖,加上患者申请远程医疗服务还需要当地医院医生的配合,申请过程烦琐,就使得在基层医院就诊的患者更需要了解远程医疗服务的作用和优势,以提高他们对远程医疗的接受程度。最后,鉴于远程医疗的广泛性和自由性,必须调整现有的医疗法律体系,适时地调控远程医疗的相关政策,建立远程医疗法律体系。其内容包括对远程执业医生及医疗机构的合法资格、合法的服务范围、隐私保护、知情同意、规范的操作流程等做出明确的规定。在政府开放资源的基础上建立电子健康创新伙伴项目,促使远程医疗事业不断发展。

三、结语

疫情防控阻击战是对我国政府治理体系和治理能力考验的时刻,通过政治制度、经济制度以及社会治理等多方面的深化改革,实现国家治理的制度化、程序化、规范化、法治化,发挥制度优势,推动国家的治理体系和治理能力的完善。加强和创新社会治理,一手抓确保战胜疫情,一手抓确保完成经济社会发展任务,准确分析把握疫情和经济社会发展形势,提高应对重大突发公共卫生事件的能力和水平、强化经济发展的法治保障、推行科学合理的休假模式、引领健康的生活习惯,依托信息技术和数字化等智能产业的发展,支撑产业和政府治理的数字化、智能化升级发展,实现政府负责、社会协同、公众参与、法治保障、科技支撑的社会治理体系。

(李清娟,复旦大学泛海国际金融学院研究员;孔雪,上海华夏经济发展研究院青年研究员)

参考文献

[1] 陈春花:《疫情对经济的影响和企业对策建议》,"春暖花开"公众号,2020年2月1日。
[2] 陈尚营:《"例行拥堵"呼唤假日制度改革》,《中华工商时报》,2015年10月9日。
[3] 董隽然、张峰:《中国法定假日制度的优化研究》,《海外英语》,2015年第21期。
[4] 高科佳:《中国餐制的演变》,《艺术科技》,2018年第7期。

---

① 牧剑波、翟运开、蔡垚,等:《我国远程医疗系统持续运行模式的探讨》,《中国卫生事业管理》,2014年第12期。

第 21 章　新冠肺炎疫情对政府治理体系的反思与建议

［5］管锡清：《新冠疫情对上海市开发区经济发展的影响分析》，"礼森园区智库"公众号，2020年3月3日。
［6］郭娟、崔桂友：《公筷公勺制对公众健康隐患的防御及推广措施》，《南宁职业技术学院学报》，2019年第3期。
［7］罗知、盛寒枝：《疫情中湖北企业经营分析报告》，武汉大学经济管理学院，2020年2月29日：http://ems.whu.edu.cn/info/1587/16075.htm。
［8］牧剑波、翟运开、蔡垚，等：《我国远程医疗系统持续运行模式的探讨》，《中国卫生事业管理》，2014年第12期。
［9］同心：《疫情防控是对我国治理体系和治理能力的一次大考》，《求是》，2020年第5期。
［10］王薇：《动物疫情公共危机政府防控能力建设初探》，《当代畜牧》，2016年第21期。
［11］王晓晨：《5G技术在网络教育中的应用》，《电子技术与软件工程》，2019年第24期。
［12］杨功焕：《SARS之后国家重金建立传染病网络直报系统 应关注其在这次疫情中如何运行》，《经济观察报》，2020年1月30日。
［13］张蔚文：《疫情遇上春运：高质量实现1亿人落户迫在眉睫》，澎湃新闻，2020年2月13日：https://www.thepaper.cn/newsDetail_forward_5934978。
［14］赵建武、郑国忠：《2020年春节期间国内外宏观经济形势变化分析》，"博瞻智库"公众号，2020年2月2日。

第 22 章 化危为机，行以致远："后疫情时代"企业的战略发展之道

新冠肺炎疫情发生以来，多个省区市宣布启动重大突发公共卫生事件一级响应，全国经济运行遭受到迅猛且深远的冲击和影响。

为了降低新冠肺炎疫情对我国企业的不利影响，国家和地方政府出台了一系列扶持举措，有效缓解了企业经营困境。在新冠肺炎疫情全球大流行的情境下，疫情对企业发展的空间时间、路径机制和范围边界的影响都发生了质的转变，客观研判疫情的影响，并从全球竞争和战略发展视角提出我国企业化危为机、持续发展的对策建议就具有战略意义。基于以上背景，本章将从长期、短期两个时间维度，揭示新冠肺炎疫情对我国企业的影响，然后分析当前我国政策的效应，从政府、企业等多个层面提出应对方案，以期提高中国企业应对重大生存环境突变的适应能力，把握"后疫情时代"的新机，推动中国形成一批持续发展的百年企业。

一、新冠肺炎疫情对企业的影响解析

作为一个突发公共卫生事件，新冠肺炎疫情具有来源复杂、影响面广、破坏性强、持续时间长等特点，不仅对企业短期生产经营带来重大影响，而且会影响企业的发展远景和战略定位；不仅会影响企业的资源能力与竞争优势，而且会系统性改变企业生境、全球产业链与宏观环境。

（一）疫情对企业短期生产经营的挑战与机遇

1. 疫情对企业短期生产经营的挑战

（1）分行业看疫情对企业短期生产经营的挑战。新冠肺炎疫情对不同企业的冲击点和影响力有所差异。能源、供水供热、大型生活用品生产基地、定点供应超市等关系国计民生的重点企业一直持续营业，市场需求饱满，产品交付有保障，受疫情防控的影响较小。但是，线下偏消费型、需要到店的服务企业都受到了影响，尤其是线下的零售、餐饮、旅游以及交通运输企业的生产经营活动全面遭受冲击，营业收入大幅减少。由此给其产业链上下游企业也带来订单减少、需求萎缩，导致产品积压、营收下降。在销售无法实现的情况下，这些行业的企业却面临着租金、人工成本、资金成本等刚性支出无法减少，甚至部分成本大幅增加的境况。根据中国

第 22 章　化危为机,行以致远:"后疫情时代"企业的战略发展之道

中小商业企业协会与百度 2020 年 2 月对中小企业的调研:疫情暴发之后,68.28%的企业表示企业成本会上升 10%以上,其中 31.96%表示将上升 50%以上(图 22-1)。造成企业成本上升的主要原因是"企业防控疫情成本较高"以及"人力成本上涨"。75.92%的企业预估疫情对企业造成 30%以上的损失;43.26%的企业预估疫情对企业造成 50%以上的损失(图 22-2)。其中"员工成本"以及"空置的房租成本"是造成损失的主要原因[1]。

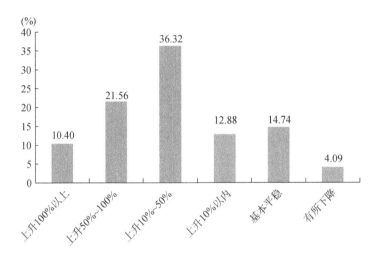

图 22-1　疫情对企业成本的影响

资料来源:中国中小商业企业协会。

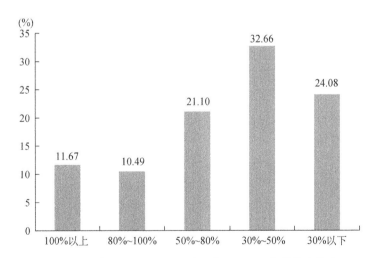

图 22-2　疫情对企业造成的损失预估(以 2019 年营收为基准)

资料来源:中国中小商业企业协会。

---

[1] 中国中小商业企业协会:《看 7 290 份调研数据,读懂疫情下的中小企业》,中国中小商业企业协会网站,2020 年 2 月 22 日。

总的来看，新冠肺炎疫情将整体弱化这些企业的盈利能力、偿债能力。部分企业的现金流将遭到严峻挑战，一批资质偏弱的企业将加速出清，面临倒闭。

（2）分企业特征来看对疫情对企业短期生产经营的挑战。新冠肺炎疫情影响下，虽然不同行业、不同规模的企业都有危机爆发，但是，我们可发现具备某些特质的企业在疫情下表现出更强的适应性。

首先，从企业规模来看，具有规模优势的行业龙头企业在危机发生时的抵抗力更强。行业龙头企业信用等级高，在疫情持续期，具有获得银行贷款的抵押物，也能拿到更低利率的银行贷款；行业龙头企业面对上、下游合作伙伴有更强的议价能力，疫情发生阶段，能在采购环节适当延期付款，销售环节做到款到发货；具有规模优势的行业龙头企业发出的理性呼吁，更容易得到各方重视。

其次，从产业链完整性来看，产业链一体化企业的抗风险能力更强。虽然疫情将弱化不同类型企业的盈利能力和偿债能力，但是产业链完整的企业，表现出更强的抗风险能力。比如，受疫情影响，整体经济下滑，阿里巴巴、拼多多、京东等电商巨头的业绩都有所冲击。但是，数据显示，京东上半年营收 2 010.5 亿元（人民币，下同），同比增长 33.8%，归属于普通股股东的净利润 59 亿元，同比增长 66.1%。京东业绩快速增长的一个关键就在于其拥有自建物流。这个模式的主要特点是交易成本低、对物流环节控制力高，同时投资大、员工成本高。新冠肺炎疫情期间，京东物流可以要求雇佣的员工继续服务顾客。而"三通一达"都出现了停工、服务效率降低等问题①。因此，在新冠肺炎疫情下，京东的产业链一体化经营模式表现出比市场交易模式更强的服务能力与抗风险能力。

再次，从财务模式来看，财务稳健企业的抗风险能力要强于财务冒进的企业。财务稳健的企业，整体财务杠杆水平较低，账面资金较充裕，在疫情来临时，抗风险能力更强。比如，酒店类企业中龙头企业锦江国际货币资金充裕，即便受疫情冲击的影响，仍能保持较强的偿债能力，但部分民营企业本身盈利及获现能力偏弱，短期内面临较大偿债压力，同时受限资产规模及对外担保金额较大，在本次疫情的影响下，偿债能力将进一步恶化，信用风险较大。

从次，从商业模式来看，偏商业模式创新的企业的抗风险能力将弱于传统线下偏现金流的企业。比如，餐饮企业中，一些依靠商业模式创新发展起来的头部茶饮品牌，由于其发展依赖于一级市场不断的股权融资，面对疫情，其抗风险能力将弱于传统线下的餐饮企业。因为，传统线下餐饮行业的现金流更好，即使受到疫情冲击，还是可以维持短期或中期运营。但是，头部茶饮品牌如果不能获得新的融资，在没有任何营业收入的情况下，将面临迅速经营困境。

最后，从企业的市场反应能力来看，市场反应能力强的企业受到的冲击将更小。

---

① 国家邮政局的数据显示，我国绝大部分快递企业都在2月8日之后才开始复工。如中通、申通、韵达等复工时间甚至推迟到了2月10日。至于复工后还需隔离14天才能正式返岗的快递员更是不计其数。在这种情况下，自带物流的京东就显出了远超同行的抗压能力。

第22章 化危为机,行以致远:"后疫情时代"企业的战略发展之道

一些企业快速采用智能办公、远程办公、自动化生产等方式复工复产,也有不少企业迅速开拓新市场、发展新的业务模式,表现出很强的市场反应能力。比如,很多线下教育机构,在疫情期间,迅速组织员工编排、录制在线课程,将线下教育内容转到线上,输送线上课程,顺利地应对了疫情危机。

(3) 分地区来看疫情对企业短期经营的挑战。疫情期间,各个地方政府的治理能力也将在很大程度上影响企业经营。

首先,疫情期间的管控措施对企业短期经营的挑战。在疫情发生前期,部分地区对疫情的传播、输入、扩散,缺少专业认知和科学预判,防控准备不够充分,对"联防联控"反应迟缓。在疫情持续期,部分地区超标、过度、静态、僵化执行防疫防控措施,使得当地企业的经营受到严重影响。相反,部分地区则体现出更高的治理能力:有的政府部门采用应急举措,在保证防疫防控效果前提下,努力维持企业正常生产经营。比如,税务部门取消退税事项办理期限规定,海关开辟农产品通关绿色通道。有的政府部门创新防控方式,降低疫情对企业生产经营的影响。比如,发动基层社区,开展联合防控;运用大数据手段,精准分析疫情,智能高效防控等。

其次,疫情后期的政府的不同措施对企业短期经营的影响。部分地方政府简单化地通过设置审批条件、提高开复工门槛等办法,来达到防控目的,严重延缓了复工的时间节点。而有的地方政府则努力提高防控工作中政策措施的科学性,针对不同区域的实际情况,制定和完善分级分区的差异化防控策略,在防控形势向好的情况下统筹防疫和复工复产,出台激励、帮助员工返程,鼓励复工复产的政策,帮助企业尽快恢复生产经营。

2. 疫情对企业短期生产经营的机遇

显而易见,疫情给医疗救助保障性企业带来了新的市场机遇。除此之外,疫情给互联网企业带来了巨大需求。疫情防控期间,居民生活、教育、政务、商务办公等各类活动都严重依赖于互联网。因此,疫情防控给互联网平台与电商、办公软件等互联网企业带来了庞大的需求。根据百度数据,在线教育、在线医疗、在线娱乐和生鲜电商,其百度指数在2020年3月6日前一个月都增长了100%以上(图22-3)[①]。

以生鲜电商为例,疫情期间,包括盒马鲜生、美团买菜、每日优鲜和京东到家等在内的生鲜配送平台的交易规模大幅增加,日均订单量增长了2~3倍。就连为超市提供配送服务的京东到家,都在疫情期间呈现暴发式增长,成交额同比往年更是暴增超374%[②]。

[①] 钛媒体:《疫情下的搜索大数据洞察,哪些行业会起飞》,新浪财经,2020年3月9日。
[②] 全小景:《疫情之下,一个50 000亿的庞大市场,正在巨变》,全景财经,2020年2月10日。

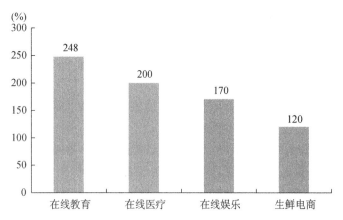

图 22-3 各行业的百度搜索指数

资料来源：新浪财经。

（二）疫情对企业长期经营发展的影响

1. 民众认知和消费习惯的变化将带来新的商业机会

一是"非接触式消费"将迎来大发展。新冠肺炎疫情使得一批消费场景被迫转移至线上，并且将持续 3～5 个月的时间，无形中培养了民众以"非接触式消费"为核心的新型消费习惯，为消费行业带来了新的发展空间。一些传统行业如百货零售、广告、印刷、劳务输出、线下培训等将面临需求萎缩的危险，而无人零售、无人餐厅、无人机配送、在线医疗、在线教育、生鲜电商等企业将获得巨大的市场机遇，并将带动互联网产业链企业的快速发展。

二是健康生活产品将获得消费者更多认可。新冠肺炎疫情后，减少疾病、满足营养需求的商品将获得消费者的长期关注，包括具备消毒免疫属性的医疗用品、低密度和通风性更佳的住宅、可提高人体免疫力的健康食品等。此外，冷鲜畜禽肉可能会成为未来禽肉消费的主流。疫情期间，各地区纷纷关闭活禽交易市场，这一趋势在疫情后也将得到延续。因此，干净、卫生的冷鲜市场也有望成为未来禽肉供应的主流方式。

2. 国家对卫生防疫的重视将给相关企业带来快速成长机会

国家未来将扩大公共卫生设施投资，提高供给质量，建立健全国家公共卫生应急管理体系。这将给医疗卫生基础设施建设、医疗信息化与互联网（如电子病历系统、手术麻醉管理系统、ICU 信息系统、远程诊疗系统建设等相关企业）、医疗卫生用品生产、医护人员培训、医疗卫生体系构建咨询服务等领域的企业带来大量市场需求，促使其快速成长。

3. 企业经营理念和认知有望发生重大变化

一是企业稳健经营理念将得到重视。新冠肺炎疫情对中国企业的抗风险能力进行了一次极限压力测试,高杠杆、现金流不足的企业不仅遭遇到了生存危机,而且失去了疫情之后的并购机会。因此,稳健经营在未来将被很多企业视为一种重要的经营理念。

二是对不确定性风险应对能力的认知。突如其来的疫情再次证明企业的发展环境存在巨大的不确定性,系统性风险的客观存在不以人的意志而转移。加强不确定性环境及极端事件下的企业战略管理研判,合理储备资源能力,提高不确定风险应对能力将成为企业持续发展的关键。

三是产业链一体化经营有望取代战略联盟等中间组织形式。面对高不确定性,交易成本高低已经不再重要,原材料有无供应、产品能否送达客户或消费者已经成为首要考虑的因素。疫情暴发期间,产业链一体化经营更能保障原材料供应以及产品的外输,因此,向上游控制供应链、向下游控制物流有望重新成为企业未来的一种主流经营模式,战略联盟、股权合作等经营模式将有所削弱。

四是对企业经营道德和社会责任的重视。疫情发生期间,很多企业积极承担社会责任,履行了企业经营道德。社会公众等利益相关者已经将企业的经营道德和社会责任作为优秀企业和合规企业的一种应有之义。未来,体现社会公平和社会责任的企业有利于在能力上、道德上和认知上获得合理性地位和社会资源,会更易被社会所接受和支持,从而获得组织合法性(Meyer and Rowan,1997),缓解外部压力,维系企业生存与发展。

二、应对新冠肺炎疫情的战略策略分析

(一) 当前"抗疫"的经济政策及其完善

新冠肺炎疫情发生以来,国家各个部委和地方政府出台了一系列降低疫情对企业生产经营影响的经济政策。

一是以降低企业成本为核心的政策。主要包括:第一,为企业提供各种税费减免,包括增值税减免、所得税减免、捐赠免税、费用减免、亏损最长结转年限延长、贷款财政贴息等。第二,减少企业运营成本。主要政策包括:降低企业社保费率,推迟社保缴费;为承租的中小企业减免租金的创业园等各类载体,优先予以政策扶持[①];央企对房屋租赁用户普遍实施租金减免政策;减免收取容(需)量电费[②];全国收费公路免收车辆通行费等。

二是以稳定要素供应的政策。主要包括:第一,稳定人力资源供给。包括发放

[①] 比如,山东对在疫情期间为承租的中小企业减免租金的省级创业孵化示范基地、示范园、省级人力资源服务产业园区,给予最长3个月的运营补贴,补贴标准为减免租金的30%,最高50万元。

[②] 《国家发展改革委办公厅关于疫情防控期间采取支持性两部制电价政策 降低企业用电成本的通知》(发改办价格〔2020〕110号)。

稳岗补贴、提供一次性吸纳就业补贴、实施培训费补贴政策、阶段性延长社保补贴和岗位补贴期限[1]、加强就业岗位开发储备、确保失业保险金发放、个人所得税减免、个人创业担保贷款展期还款等。第二，提供金融支持。人民银行和国家发改委等机构出台文件，加大对疫情防控相关领域的信贷支持力度，为受疫情影响较大的地区、行业和企业提供差异化优惠的金融服务，支持开发性、政策性银行加大信贷支持力度，加强制造业、小微企业、民营企业等重点领域信贷支持，支持疫情地区和疫情防控企业的债券融资需求，等等。

总的来看，当前"抗疫"的经济政策对减缓疫情对企业的冲击起到了较好效果，但在以下方面仍有待优化：一是对企业的扶持，可以更加定向、更加聚焦。建立分类制度扶持好企业，进行精准救治，同时防止救助资源的错配和低效。二是加强"后疫情时代"的政策研究。随着疫情逐步得到控制，"后疫情时代"企业战略转型、产业链重构、社会风险防范体系建设等领域的问题应成为政策着力的重点。

（二）"后疫情时代"支撑企业持续发展的政策建议

一是政府部门"前瞻指挥"，充分发挥先导作用。各级政府需要组织专业力量，加强对新兴重大突变事件发生的概率、对微观经济组织的影响及其应对方略开展研究。一般来说，突发事件根据其影响类型可分为自然灾害、事故灾难、公共卫生事件、社会安全事件等。在"后疫情时代"，中国企业面临的重大生存环境突变的范围将更为广泛。目前，国家对于应对一些新兴的突发事件，对于应对突发事件对微观经济组织的影响等方面仍存在短板。因此，政府部门要积极组织专业力量，一方面要扩大对突发事件的应对范围，加大对新兴重大突发事件（如国家间经贸冲突、高新技术争夺）的研究与应对；另一方面要重视重大突变事件对微观经济组织的影响，以及对冲经济政策、新兴技术应对重大突变事件的作用等问题。

二是多主体分工协同，建立支撑企业防范重大生存环境突变风险的网络体系。从企业种群、企业群落两个维度出发，建议行业协会、地方政府以产业集群、产业链为切入点，深入开展特定产业集群、产业链对重大生存环境突变风险的敏感性、影响路径与防范对策，提高风险防范举措的针对性、经济性和有效性。此外，建议地方政府与企业、行业协会、非政府组织（Non-Government Organizations，NGO）等主体之间通过制定法规或协议等方式，明确特定事件发生情况下的职责分工，注重发挥社会各界的主观能动性，充分调动社会各方资源，提高企业应对重大生存环境突变的适应能力。

三是培育公众风险意识，夯实企业应对重大生存环境突变的能力源泉。多年来，我国经济快速增长、社会国泰民安、综合国力稳步提升，很多经济主体都忽视了

---

[1] 比如，山东鼓励企业吸纳就业困难人员、离校未就业毕业生，对受疫情影响坚持不裁员且正常发放工资的企业，享受社会保险补贴、岗位补贴。2月4日后到期的，阶段性延长至2020年6月30日。

身边如影随形的风险。在中美贸易摩擦后,此次新冠肺炎疫情无疑是对我们敲响的又一次警钟。因此,加强对公众危机意识、务实与稳健作风的宣传教育,培育风险意识,让风险防范融于广大官员、企业家和社会公众的内心,是我国各类企业应对重大生存环境突变的能力源泉。

四是加快生态文明建设步伐和相关立法建设。生态文明的实质是人与自然的和谐发展。恩格斯早就警告过:"我们不要过分陶醉于我们人类对自然界的胜利。对于每一次这样的胜利,自然界都对我们进行报复。"[1]新冠肺炎疫情的暴发说明加快推进生态文明建设的极端重要性和紧迫性。"后疫情时代",我国需要加快培育民众的生态文明价值观,加大自然生态系统和环境保护力度,完善生态文明建设的相关立法,促进人与自然和谐发展。

五是加快应对突发公共事件配套法律体系建设和完善。作为现代法治社会的一个重要特征,法治也是社会治理的基石,无论是政府行为还是企业行为皆需有法律依据,法治环境本身也构成企业生存环境的重要组成部分,因此以当前之机,加快建设和完善应对突发公共事件法律体系,也应是落实和实施全面依法治国战略的重要举措。

(三)"后疫情时代"企业的适应能力发展策略

一是提高企业家对重大生存环境突变的敬畏性、敏锐性与预见性。企业家是一个企业的大脑。熊彼特认为,冒险精神是企业家精神的重要内涵。而德鲁克和西蒙都认为,企业家并不是冒险家,企业家应该本能地去减少风险。我们认为,企业家在保持战略进取的同时,应充分敬畏发展中的环境不确定性。在各种投资中能保持平和的心态,能够做到科学地"冒险",知道取得什么样的业绩该冒什么样的风险,尽量避免毁灭性的风险。"后疫情时代",中国企业家要全面深刻认识"世界百年未有之大变局"的丰富内涵,对世界在政治、经济、社会、文化等领域可能发生的重大变化保持充分的敬畏性、敏锐性与预见性,在组织战略、结构、资源与能力等多方面提前做好布局。

二是多方面增强企业的战略适应性。"后疫情时代",我国企业应开展情景规划,增强企业的战略适应性。面对"世界百年未有之大变局",我国企业要在战略上预设不同的情景,尤其是环境重大变量发生深刻变化的极端情景,制定应对方案。当生存环境发生重大变化时,企业就可以迅速调整战略,及时"换档"。

此外,中国企业还应该在快速反应、多样化、供应链等方面做出积极改变。在多样化方面,中国企业应在业务分布、区域布局、利益相关者等方面提高多样化程度,降低对特定业务、地理区域、利益相关者的依赖度。供应链方面,中国企业应该利用信息技术、联盟等多种方式,增强与供应链成员在品类、价格、数量等方面的适应性

---

[1] 《马克思、恩格斯选集》(第3卷),人民出版社,2012年,第998页。

与可调整性。

三是合理确定企业的财务柔性。"后疫情时代",面对"世界百年未有之大变局",以及中国经济新常态和供给侧改革环境,中国企业要分析行业存在的增长机会,以及企业把握机会的程度与获利大小,然后分析企业持有现金的成本、在把握增长机会时外部融资的成本,以及调整资产负债率的难易程度,在经济性和进取性之间达成平衡,合理确定企业的财务柔性。

四是着力提升企业的人力资源柔性。一方面,增强员工的技能柔性,即在招聘、培训等人力资源实践中,注重员工的多样化技能和多任务适应能力,使得具备不同技能的员工能根据组织要求而被灵活安排。另一方面,增强人力资源实践柔性,即提高人力资源实践根据不同情况做出改变的程度与速度,包括员工人数管理方式、工作时间、薪酬以及工作方式等。

五是提高生产系统的适应性。首先,应优化生产系统的组织设计,推广模块化的产品设计和制造方式;其次,加大工业互联网在制造业的应用,连接产业链全要素,通过供应、生产、市场等信息的实时同步,加快生产线在不同标准产品间切换速度,实现产能优化配置、智能优化排产等功能。

当然,不同企业面对重大生存环境突变冲击的影响面、影响力会存在不同,各类企业应对重大生存环境突变的能力发展理应具有趋异性。比如,制造企业比服务企业需要更注重发展生产系统的适应性;大企业由于管理层级多,企业家离市场一线较远,需要更加注重培养并保持对重大生存环境突变的敏锐性与预见性。中国企业应结合行业特征、企业资源与能力等因素,培育自身应对重大生存环境突变的适应能力。

(四)"后疫情时代"企业把握大变局战略机遇的策略

一是把握战略转型的机遇。第一,向新技术转型。企业家要把握云计算、5G、大数据、物联网、移动互联网、人工智能、区块链等新技术发展与应用所带来的产品创新、市场开发以及管理变革的机会,善于化危为机,推动企业进入新的成长轨道。第二,向生态发展转型。有担当的企业家在确定企业发展使命、宗旨的顶层设计时,要体现围绕消费者利益、生态文明和人类进步的理念,推动企业向生态发展转型,努力成为生态文明价值观的践行者和展示者。第三,向道德经营转型。致力于持续发展的企业可以通过优良的品质、善意的公民行为和良好的品牌形象来获得消费者的认可和信任,从而塑造企业品牌的良好道德形象。

二是把握新冠肺炎疫情带来的产业价值链变化机会。第一,把握"非接触式消费"和健康生活产品需求增加的商业机会。第二,把握医疗卫生产业链的发展机会。新冠肺炎疫情全球大流行后,一些事关国家卫生安全(如医护用品、抗生素、基因药物)的产业将成为战略性产业,从而产生大量进口替代的机会,这将给医疗卫生基础设施建设、医疗信息化与互联网、医护用品等相关产业带来大的发展机会。第三,把握"新基建"等产业发展机会与深远影响。为了对冲新冠肺炎疫情对经济的负面影响,预计国家会出台针对新能源汽车和手机产业链等行业的消费刺激政策,并大力推动"新基建"。与一般经济刺激政策相比,"新基建"是更为长期的产业发展机会,对企业生产经营的影响也更为深远。企业不仅需要把握"新基建"等产业发展机会,而且要深入分析"新基建"相关产业发展对企业价值链的影响,寻求价值活动低成本、差异化的新机会,从而在竞争中获得新的优势。

三、总结

一场突如其来的新冠肺炎疫情就像一只扇动翅膀的蝴蝶,不仅对企业的生产经营带来短期影响,而且在深层次改变了企业发展的环境因素,为企业转型发展和战略变革孕育了新机。在战"疫"仍未结束之际,展望"后疫情时代"企业的发展,政府要透过新冠肺炎疫情,把握建立新时代中国的"新机",以推动中国企业持续发展为抓手,完善"后疫情时代"政策。中国企业则要加快培育适应各种突变环境的能力,把握大变局的战略机遇,早日屹立在世界强企之林!

(黄明,复旦大学经济学院副研究员)

参考文献

[1] 马克斯·韦伯:《经济与社会》,商务印书馆,1997年。
[2] 鲍威尔、迪马吉奥:《组织分析的新制度主义》,姚伟译,上海人民出版社,2008年。
[3] 迈克尔·汉南:《组织生态学》,彭璧玉、李熙译,科学出版社,2014年。
[4] 全小景:《疫情之下,一个50 000亿的庞大市场,正在巨变》,全景财经,2020年2月10日:http://www.p5w.net/weyt/202002/t20200211_2376915.htm。
[5] 孙奇茹:《保民生 促复工 北京电商巨头科技"战疫"》,新华网,2020年3月4日:http://www.xinhuanet.com/tech/2020-03/04/c_1125659880.htm。
[6] 钛媒体:《疫情下的搜索大数据洞察,哪些行业会起飞》,新浪科技,2020年3月9日:https://tech.sina.com.cn/roll/2020-03-09/doc-iimxxstf7500560.shtml。
[7] 魏泽龙:《商业模式设计与企业绩效:战略柔性的调节作用》,《管理评论》,2019年第11期。
[8] 中国中小商业企业协会:《看7 290份调研数据,读懂疫情下的中小企业》,中国日报网,2020年2月21日:http://cn.chinadaily.com.cn/a/202002/21/WS5e4f6c2da3107bb6b57a1572.html。
[9] Meyer, J. W., and Rowan, B., Institutionalized Organizations: Formal Structure as Myth and Ceremony. *American Journal of Sociology*, 1997(83): 340-363.
[10] Simon, H. A., and March, J., Organizations, *Administrative Science Quarterly*, 1959(4):129-131.

第 23 章 新冠肺炎疫情对城市公共服务的影响与应对

新冠肺炎疫情发生以来,全国多座城市医疗资源一度稀缺,而为快速切断感染源,各地迅速采取"封城"措施,直接导致交通停滞、学校停课、生产停工,居民"禁足",口罩、消毒水等抢售一空,超市内的蔬菜肉蛋一度十分紧缺,社会氛围弥漫"恐慌"。突如其来的疫情,对城市的诸多公共服务产生了强烈"冲击"。如何应对特大灾害,保证社会有序不乱,充分发挥公共服务职能,是本次疫情对城市公共服务提供的重大命题。本章结合新冠肺炎疫情暴发以来对城市公共服务的影响,通过理论阐释和案例剖析,总结分析本次疫情中城市公共服务的经验教训,并结合国家、省市的一系列反应,归纳科学高效的应对措施,为后续完善城市公共服务进行了展望。

一、何谓"城市公共服务"

所谓城市的公共服务体系,包括城市设施建设服务、为企事业发展的综合服务、对居民生活综合服务和城市科学文化普及教育服务等四部分。在此基础上,为更好服务城市弱势群体和抵御公共灾害,又增加了城市弱势群体服务和公共灾害抵御服务两大内容。具体内容可概括为八大类:学校、医院、体育设施、社会福利和保障设施与服务、商业设施与服务、居住区公共设施与服务、其他服务(如道路交通、给排水设施、通信设施、广电设施、燃气设施、消防设施、环卫设施等)。

2018 年,中国社会科学院马克思主义研究院发布《中国城市基本公共服务力评价(2017)》,对全国 38 个主要城市的基本公共服务能力进行全面评价和深入研究,发现公共交通、医疗卫生和公共住房是近年来人民群众最关注的民生问题。公共服务是维护社会基本公平的基础,通常发挥着社会矛盾的"缓冲器"作用。因此,强化公共服务职能,有利于缓解我国当前经济社会中所面临的各种突出矛盾,有利于应对城市化进程中的重大挑战。

二、城市公共服务的难点在于应对"公共危机"

荷兰学者乌里尔·罗森塔尔认为,危机是"一种严重威胁社会系统的基本机构或者基本价值规范的形势,在这种形势中,决策集团必须在很短的时间内、在极不确定的情况下做出正确的决策"。针对危机的应对过程,罗伯特·希斯提出了危机管理的概念,即危机管理需要包括危机事件的全流程管理,具体体现在预备(readiness)、反应(response)与恢复(recovery)上,管理者对危机类型及影响的分析有利于更好地处理危机。薛澜等人是国内较早系统提出公共危机管理理论的学者,基于对国外研究的经验总结,他们认为,危机发展演变的过程主要包括四个阶段,分别是前兆阶段、紧急阶段、持久阶段和解决阶段,政府由此需要针对不同的危机状态调整政府行为以减少甚至避免损害。在本次疫情中,随着小区封闭式管理、公共区域管控、应急交通管制等防疫措施落地,群众日常生活诉求激增,一系列正常的民生需求与有限的城市服务功能交织碰撞,一场传染病疫情逐渐扩大为"城市公共危机"。

三、疫情对城市公共服务的影响分析

(一)基本生活物资影响

生活物资包括疫情防控期间市场需要重点保供的粮食等重要生活必需品以及蔬菜种苗等农用物资。居民宁愿选择相信生活物资即将"短缺",引发抢购潮,进一步导致市场需求的短期激增。在医疗物资方面,由于春节期间工厂停产,口罩、消毒液等防疫物资奇缺,各大药店也早就被市民"抢购一空"。在疫情重点地区,地方政府的防疫储备无法满足巨大的日常消耗量,导致一些不良业主囤积了大量防疫物资,出现了哄抬口罩价格、销售假口罩等违法现象。特别是医护人员每天需要的高级别防护口罩N95、防疫级防护服等,常常处在"只够1~2天"的使用量;社区居民的普通医用口罩更是难求。由疫情导致的,防护感冒、发烧等药品也被囤积,城市的物资平衡,一度依靠社区内部、村镇内部进行调配。

上述问题的产生,一方面由于政府机构对于应急物资的储备和短期平衡能力不足,尚未构建有效应对突发状况的"战时"体系;另一方面,对于媒体宣传、信息公开透明不够及时,造成基层群众不能了解最新情况,需要组建信息传达的媒体应急团队。

(二)医疗卫生服务的影响

首先,应急医疗服务提供方面,传染病医院缺乏综合医疗服务。科室设置缺乏包括外科、产科、儿科、预防等多个综合功能科室建设,导致医务人员对多人群、多症状、复杂疾病的临床诊断和综合治疗能力较低。这主要是由于我国现有医学培养体系中,专、精的专科化人才占据主导地位,而全科人才相对不足。

其次,面对烈性传染病,没有及时启动医疗机构分区分级诊疗体系,造成确诊与疑似病例隔离、轻症和重症隔离的举措乏力。以武汉市为例,户籍人口及常住人口共1400万,而专门的传染病医院仅金银潭医院和肺科医院两所,床位共900余张,

0.64床/万人,远低于我国传染病医院床位数按城市非农业人口1.2～1.5床/万人设置的标准。

第三,在技术应急方面,病毒的检测与分离环节也暴露出诸多问题。虽然医疗技术能够确保在最短时间研发出病毒检测试剂盒,但在疫情突发时,如何启动应急程序,在确保检测质量及生物安全的前提下以最快速度将检测权限下放到有资质的医疗机构成为疫情防控的核心问题之一。

总结上述问题,提醒我们需要进一步加大医疗卫生服务的投入。自2003年"非典"事件以来,我国加大了公共卫生占全部财政支出的比重,从2003年的3.2%升至2018年的7.1%,但2014年开始,由于政府财政收入增速逐年放缓,医疗卫生领域支出占比增幅也相应趋缓。在支出结构上,据国家卫健委的统计,2018年,政府卫生支出、社会卫生支出、个人支出占我国卫生总费用的比重分别为27.7%、43.7%、28.6%。与发达国家相比,我国个人卫生支出的比重较高。根据WHO的数据,2017年,美国卫生费用结构中,政府支出占比51.3%、社会支出41.6%、个人支出7.1%;英国则为80.7%、10.7%、8.6%;日本为54.8%、37%、8.2%;新加坡则为45.6%、36.2%、18.2%。对此,中国国际经济交流中心副理事长黄奇帆建议在"十四五",加大资金投入2 000亿～3 000亿元,补上公共卫生系统的短板。

(三) 交通运输影响

为控制疫情,各地不同程度采取了出行管控措施,各地采取了"非必需不出行、急需少动、必需自驾"的措施。在客运方面,2020年春运呈现"返乡规模减小,返程周期拉长,峰值低于往年"的特征。据报道,随着疫情形势发展,特别是1月20日明确"人传人"以来,部分临近春节才返乡或旅游的公众取消出行计划,导致返乡客流规模有所减少。从交通运输部公布的春运数据看,2020年春运的前22天(1月10日至31日),全社会营业性客运量比去年春运同期下降20.6%,特别是1月28日至31日(正月初四至初七)客运量同比下降82.9%,相比之下,春运初期的前6天(1月10日至15日)客运量同比增长2.7%。在货运方面,全国高速公路1月21日至30日货车流量环比下降80%左右。

(四) 用电供水用气影响

疫情发生后,城市的正常运转需要保障"水电气"基本民生需求不断档。为此,各部委相继出台了"保民生"的政策文件。

在供水安全方面,生态环境部于2月相继发布《关于做好新型冠状病毒感染的肺炎疫情医疗污水和城镇污水监管工作的通知》和《新型冠状病毒污染的医疗污水应急处理技术方案(试行)》,指导各地以定点医院、接收定点医院污水的城镇污水处理厂以及集中隔离场所为重点,把握污水处理设施运行与末端消毒措施落实两大环节,将病毒残留作为核心指标。

在用电保障方面,疫情导致人们大幅度减少户外活动,改为居家活动,虽然公共交通、娱乐业、餐饮、零售、旅游等行业的用电量减少,但家庭用电增加,同时而疫情结束后,会出现部分企业会压缩周末休息时间抢生产,导致用电量二季度后持续回升。从地区来看,疫情较重的中东部的用电量增速将大幅下滑。全年的用电量增速将会达到4.5%左右。湖北电力亦对全省2 400万居民用电客户采取欠费不停电措施。湖北电力第一时间启动一级响应,保障了"火神山医院"5天通电;"雷神山医院"3天通电;"方舱医院"3小时通电。

在城市能源方面,国家发改委紧急加强煤电油气监测协调。一是印发《关于建立重点电厂存煤情况监测机制的通知》,建立日监测制度,要求各省区市经济运行部门,每日报送重点电厂存煤情况,保障疫情防控期间煤炭稳定供应。对电煤库存低于10天的电厂,安排专人对接企业协调解决电煤资源和调运问题,保障库存提高到合理水平。二是推进停产煤矿复工复产。有序推进重点煤矿在做好安全防疫措施的前提下复工复产,与煤矿复工率低的省份加强沟通衔接,推动复工率稳步提高。三是协调保障煤炭公路运输。

四、城市公共服务应对疫情策略分析

(一) 针对公共医疗资源不足,快速启动"方舱医院"

由于重症病患暴涨超出承载范围,以及针对传染病的分级诊疗要求,战时状态使用的"方舱医院"发挥了十分有效的应急作用。这是一种以医疗方舱为载体,医疗与医技保障功能综合集成的可快速部署的成套野外移动医疗平台。"方舱医院"一般由医疗功能单元、病房单元、技术保障单元等部分构成,是一种模块化卫生装备,具有紧急救治、外科处置、临床检验等多方面功能。由于它机动性好,展开部署快速,环境适应性强等诸多优点而能够适应突发的应急医学救援任务。虽然截至2018年,我国的卫生机构已经突破100万大关,其中医院有3.2万个,全国医疗卫生机构床位有1 000万张左右,但面对烈性传染病的分级诊疗能力依然不足,"方舱医院"的成立能够很好缓解应急状态下的床位问题。2020年2月,国家卫健委及相关单位在武汉建立了武汉火神山医院、武汉雷神山医院,以及13所"方舱医院"。"方舱医院"模式的引入,扭转了"人等床"的被动局面,增强了患者的信心,迅速缓解了武汉市轻症转化为重症的趋势。

(二) 针对生活资料需求,启动"网上预约+社区配送"体系

为满足"困在家中"的居民日常生活物资需求,社区服务利用"电商""微商""拼团""熟人经济"等形成社区团购模式,集中收集需求,定点联系超市菜场,集中配送物资,送货进小区。具体见图23-1。

图 23-1　网上购物模式

疫情状态下,为避免人与人之间接触,社区均采用"无接触配送",即供应商将商品放置到指定位置,如小区门口、家门口,通过微信确定时间地点,减少面对面接触,住户和配送员在上门服务环节不接触。门店送货上门亦可采用无接触配送模式。同时,对于空巢老人、孕产妇、残疾人、慢性病患者等特殊群体,社区干部和下沉干部,责任到人,分头包干,上门服务,解决了特殊群体的后顾之忧。

(三) 针对口罩、消毒液等需求,推动相关企业复工复产

国家发改委全力协调推动急需医疗物资生产企业的复工复产。通过与地方和企业一一对接,详细了解医用防护服生产企业情况,协调企业抓紧复工复产,加班加点,尽快释放产能。同时,协调出口转供国内,促进大型代工企业转供国内紧急医用,鼓励有能力的企业生产医用 N95 口罩和国标防护服。国家发改委 2 月底,与重点省份和企业对接,帮助 13 家生产企业提出扩产能需求,合计扩产能 5 万件/日。为了保证医疗物资生产原料供应不断,国家发改委联系苏浙粤鲁豫津皖 7 省(市),对复合膜无纺布、复合透气膜等防护服原材料企业生产情况和存在问题进行摸查和协调,重点协调大型企业恢复生产。同时协调用工难和资金难问题。积极了解企业招工用工存在的困难,摸查出 14 家生产企业招工需求 1 200 人,会同有关部门迅速落实到位,持续与地方和企业对接,梳理出七批企业共需资金 250 多亿元并紧急落实。

(四) 针对复工复产,构建联防联控模式

疫情趋缓后,各地陆续迎来复工复产,人流集聚现象出现。如何做好地方的疫情防控,合理协调疫情防控和经济社会发展,成为各地公共服务的难点。为解决该难题,各地纷纷采用"健康码"手段,管理追踪人群的健康情况。上海"一网通办"依托移动端"随申办",为上海市民打造"随申码",作为上海市民的生活服务码,方便市民工作、生活、出行等需要。同时"随申码"已开放给微信、支付宝、钉钉等平台。"随申码"采用"绿码、黄码、红码"三色动态管理,依托上海市大数据资源平台汇聚的国家及本市公共管理机构数据,经过数据建模,分析评估后测算出红色、黄色、绿色三种风险状态供各场景参考。具体见图 23-2 所示。

红色:显示红色说明是未解除医学管理措施、确诊未出院、疑似未排除等人员。建议隔离。
黄色:显示黄色说明是重点地区来沪未满 14 天的人员。建议观察。
绿色:显示绿色说明是未见异常或已解除医学管理措施的人员。可以通行。

图 23-2　"随申码"的健康评估分类

(五) 针对公共交通人群密集,灵活采取城市交通管理方案

春节假期后,根据国务院疫情防控指挥部的要求,中低风险地区可有序复工复产。如何安全出行便成为各地面临的重要议题。综合北京、上海等特大城市出台的城市交通运行管理条例,总结交通应对策略见表23-1。

表23-1 疫情期的公共交通管理策略

序号	策略步骤	具体措施
1	制定车内安全标准	与公共卫生部门合作,研究疫情传播风险和口罩防护措施下的公共交通工具内的乘客安全间距,制定相应的车厢通风、消毒措施
2	错峰出行调控需求	鼓励企事业单位近期居家工作,通过远程办公、视频会议解决工作需要,或采取弹性工作时间,提前或推后上下班时间,降低通勤高峰时段内公交客流压力
3	控制车内乘客密度	根据下车乘客人数和地铁车型及编组情况,在各地铁站站厅层执行限流措施,控制进入站台的客流规模和地铁各车厢内的安全客流密度;控制普通公交车的乘客人数
4	高峰时段适当加大公交运力投放	加大通勤高峰时的公交车配车数量、缩短地铁发车间隔,在大幅降低每辆车的载客数量的同时,保持基本的公交车和地铁运力配备
5	预约出行精准应对	加强互联网的预约出行,针对出行时间和出行线路较为固定的乘客,在矛盾较为突出的通勤通道和公交线路上投放更多的定制公交车
6	强化公交防疫宣传	通过各种手段加强乘客乘坐公共交通的防疫安全知识宣传普及,让乘客理解并配合相关的管理工作

资料来源:作者整理。

(六) 大力开展"云上政务服务"

在"政务服务"方面,大力推行"不见面服务"。各地政府借助阿里云、腾讯云、UCloud等各大云服务平台快速搭建了疫情信息管理系统、公安数据安全共享系统和口罩预约系统等平台,利用云计算、大数据和人工智能等技术高效进行疫情防控,企业和群众在网上就能解决日常问题。具体案例见图23-3。

> 青岛市政府于1月23日以来依托"政务云"(全称"政务大数据和云计算中心"),做好疫情防控中信息化保障,"政务云"是本次疫情防控的信息化中枢。青岛10个区市56个市级单位524个系统2 294台服务器实现了"上云",有效地破除了部门间的"网络不连通、信息难交换"的技术壁垒。青岛市人社部门依托政务云在全国率先建立了退休待遇资格大数据认证"青岛模式",通过对退休待遇领取人员医保、交通、银行、公安等信息全方位行为轨迹分析,确定待遇领取资格,92.6%老年人不用到服务窗口"跑腿",实现"不见面、零打扰"的静默认证;民政部门依托政务云共享政务信息资源,提高了社会救助对象的准确性和救助资金的有效性;不动产登记部门依托政务云实现了"综合受理、一窗办结",案卷办理过程由40—50分钟缩减为10—20分钟。

图23-3 青岛市的"云上政务服务"

五、"后疫情时代"的城市现代化治理思考

"后疫情时代"的城市现代化治理,需要面向"应急服务、快速恢复"的"韧性城市"主题展开,因此,在进行城市规划、公共服务设施建设等方面,均需采用"压力测试",即应从最极端的局面"倒推"现有基础设施能否承担压力,基于评估结果再进行物资储备、应急避难场所、医疗场所等服务的规模决策和布局选址。

(一)关于"低密度城市"与"韧性城市"建设

在此次肺炎疫情下,人流聚集成为紧凑城市的最大挑战。疫情结束后,在继续坚持紧凑城市建设的基础上,做好人流集聚和疏散的各级预案。在未来的人居环境改良方面,应力求人员密度尽量低,各小区内应有一定的生活空间。在此次疫情中,居民都没办法走出楼栋,逼仄的生活空间让人的生活格外压抑,如果不用离开小区,就能看到山景水色将会对情绪有很好的疏解功能。新冠疫情发生以来暴露的城市治理问题,为城市管理者、规划者、设计者、建设者以及参与者提供了从风险到韧性思维的转换契机,建立城市灾害场景重构与推演平台,提升应急准备能力。

(二)关于如何加强公共卫生医疗体系建设

一是加强公共卫生医疗体系建设。完善公共卫生医疗服务资源区域布局,建立传染病救治国家和区域医疗中心;加大对传染病医院的投入,改善诊疗条件,加强综合能力建设,提高疑难重症传染病疾病的诊疗能力;加强人才队伍和学科建设,完善综合医院感染性疾病科建设,提高诊疗能力,提高传染病相关医务人员待遇;加强院前急救体系建设,完善网络布局,完善急救车辆(包括负压救护车)配备;健全科学研究、疾病控制、临床治疗的有效协同机制。

二是持续加强分级诊疗等制度建设。加快推进城市医疗集团和县域医共体网格化布局建设,推动医联体内落实'总额付费、结余留用、合理超支分担'的政策,引导医联体内形成顺畅的转诊机制,推动公共卫生服务与医疗服务高效协同、无缝衔接,建立健全分级、分层、分流的传染病等重大疫情救治机制。

三是完善基层医疗卫生机构运行机制。健全基层医疗卫生服务体系特别是公共卫生服务体系建设。加强基础设施建设和物资配备,加强基层医疗卫生队伍建设,满足重大疫情防控要求;促进基层医疗卫生机构逐步建立'公益一类保障与公益二类激励相结合'的运行新机制,在提供基本医疗服务方面发挥更大作用。

四是各城市在规划期储备应急空间。在应对重大疫情冲击时,应考虑应急医疗空间,以便隔离观察、分级分类诊疗,例如本次疫情中快速将大型体育场馆、会展建筑、工业仓库、学校宿舍等作为可改造为"方舱医院"的场所,极大缓解了就医资源不足的问题。

(三) 关于社区的"智慧治理"模式构建

通过精细化布置城市社区单元,将就学、休憩、求医、购物、健身、养老等生活基本功能围绕社区,更好保障紧急状态下的社区正常有序,可以考虑从四个方面强化整合已有的信息设施。

第一,借助"大数据+云计算"技术,快速建立"社区单元"的城市医疗资源调配系统。可以依托专业化物流企业,对各医院物资使用及需求情况进行数据采集分析,实现智能化的物资调配,通过大数据分析预判未来的物资需求,以防出现物资告急的现象。

第二,尽快建立疫情上报及收诊系统。利用大数据采集分析城市患病人数及救治情况,并根据各医院床位数、试剂盒等医疗资源情况,智能指派就诊医院,简化收诊程序,以最大化利用各地的医疗资源,减少不必要的中间投入。

第三,在公共交通方面,各地政府部门联合民航、铁路、通信等部门,构建疫情人员追踪系统。部门间最大程度实现协同,完善信息采集工作,推进资源的整合共享,快速定位疑似病例或密切接触者。

第四,开发基层服务信息平台,建立便民服务体系。通过居民在线填报方法进行疫情信息的采集,合理安排口罩、消毒液等急需产品的购买,并利用基层服务平台及时发布人民群众关心的疫情、食品价格、健康安全知识等信息,减少居民的恐慌情绪。

(刘瀚斌,上海市发展改革委员会)

参考文献

[1] 曹惠民:《治理现代化视角下的城市公共安全风险治理研究》,《湖北大学学报(哲学社会科学版)》,2020年第1期。

[2] 钟君、刘志昌:《公共服务蓝皮书:中国城市基本公共服务力评价(2017)》,社会科学文献出版社,2017年。

[3] 乌里尔·罗森塔尔、迈克尔·查尔斯、保罗·特哈特:《应对危机:灾难、暴乱和恐怖行为管理》,赵凤萍译,河南人民出版社,2014年。

[4] 罗伯特·希斯:《危机管理》,王成、宋炳辉、金瑛译,中信出版社,2001年。

[5] 薛澜:《全球公共治理:中国公共管理未来30年研究的重要议题》,《公共行政评论》,2012年第1期。

[6]《新冠肺炎疫情对交通运输业影响分析和应对策略》,中国交通新闻网,2020年2月11日:http://www.zgjtb.com/2020-02/11/content_235077.htm。

[7] 刘俊峰、翟晓辉、向准等:《应对新型冠状病毒肺炎疫情的方舱医院建设管理探讨》,《中国医院管理》,2020年第3期。

[8]《疫情期间看城市交通:逻辑、对策和新趋势》,澎湃网,2020年2月28日:https://www.thepaper.cn/newsDetail_forward_6217561。

[9] 师满、江曹琦:《城乡规划视角下韧性理论研究进展及提升措施》,《西部人居环境学刊》,2019年第6期。

[10] 尚晓鹏、徐校平、叶驰宇等:《二级及以上公立综合医疗机构公共卫生任务评估指标体系构建》,《中国医

院》,2018年第4期。

[11]《黄奇帆:疫情之后中国公共卫生系统要花两三千亿补短板》,新浪财经,2020年2月21日:https://finance.sina.com.cn/wm/2020-02-18/doc-iimxyqvz3955605.shtml。

[12] 刘泉:《技术产品应用视角下智慧社区分类及综合发展》,《国际城市规划》,2020年第1期。

[13]《专家线上圆桌——疫情是对城市基础设施建设的一次"大考"》,新京报,2020年2月17日:https://www.bjnews.com.cn/feature/2020/02/17/690618.html。

第6部分

地区经济

第24章 新冠肺炎疫情对江苏经济影响的特点、风险及政策建议

第25章 新冠肺炎疫情对浙江经济冲击的整体态势、影响及应对

第26章 新冠肺炎疫情对安徽经济的影响及对策

第27章 新冠肺炎疫情对湖北经济的影响与应对

第28章 新冠肺炎疫情对上海经济的影响和对策

第 24 章 新冠肺炎疫情对江苏经济影响的特点、风险及政策建议

新冠肺炎疫情发生后,江苏采取积极有力的措施应对疫情扩散,全力驰援湖北打赢疫情防控阻击战,为全国疫情防控起到了重要的稳定作用。为有效防止疫情扩散和蔓延,江苏自 2020 年 1 月 24 日 24 时起,启动突发公共卫生事件一级响应,实行最严格的科学防控措施。随后,全省 13 个市陆续跟进启动一级响应,各地各相关部门采取更加严格、更有针对性的举措,落实早发现、早报告、早隔离、早治疗和集中救治措施,全力做好防控工作,坚决遏制疫情扩散势头。截至 2020 年 3 月 3 日,江苏无新增新冠肺炎确诊病例,且连续 14 天无新增,顺利清零高风险地区。

随着疫情在江苏省内得到阶段性控制,在巩固疫情防控成效的基础上实现"稳增长"就列入了政府工作的重要议事日程。江苏省政府指出四个"决不能"和四个"尽可能"的政策:决不能因为防护物资保障不到位而影响企业复产和项目复工,决不能因为过度防控而影响企业的正常用工、物流供应,决不能因为国际疫情蔓延扩散而影响外商朋友的正常出入境,决不能因为处于疫情防控特殊时期而影响外资项目的正常审批落地;尽可能协调推动跨区域的配套企业同步复工,尽可能组织全省乃至更大范围的产业供需对接,尽可能帮助企业降低进出口环节成本,尽可能创造条件推动返岗、组织招工,特别是满足企业对高技能人才的需求。江苏是产业大省,在"后疫情时代"稳增长的核心是稳产业、稳企业。一方面,疫情的防控状态直接决定了全年经济的走势,疫情的防控状态是影响今年全年经济情况的主要变量;另一方面,经济稳定增长是我们抵御各种风险的最大保障,只有实现稳定的增长,才能保证短期的疫情冲击不会演化成引致经济衰退的因素。

一、影响分析:新冠肺炎疫情影响江苏产业经济的若干判断

(一) 总体判断:疫情对总体经济是短期脉动式冲击

2020 年 1 月底,世界卫生组织宣布将新型冠状病毒感染的肺炎疫情列为国际公共卫生紧急事件(PHEIC),要求先观察 3 个月,3 个月内若疫情消失便会自动解除警报。这次疫情导致全国春节假期之后生产生活恢复延期,外资和外商在华业务将会有所停滞,一些国际经济活动交流都将被迫中断。这对嵌入经济全球化程度很深、

又正在经历经济下行压力的中国经济,无疑会产生较大的负面冲击。

江苏嵌入经济全球化程度很深,苏州、无锡等地跨国公司聚集,国际交往广泛,同时吸纳外来务工人员较多。但是国外有一些说法称,新冠肺炎疫情会导致外资企业加速撤离,加速工作职位回流美国等国家,认为列为 PHEIC 等同于一次国际经济制裁,甚至认为其副作用比贸易摩擦还要厉害。这些看法是不全面的,也是错误的。我们在 40 多年改革开放中形成了产业国际竞争力和深度嵌入全球价值链的状态,我们对中国和江苏在改革开放过程中形成的厚重的产业基础,具有充分的信心。

一是这次疫情对经济的影响其实是一个短期的脉动式冲击。习近平总书记 2 月 23 日在统筹推进新冠肺炎疫情防控和经济社会发展工作部署会议上指出:"新冠肺炎疫情不可避免会对经济社会造成较大冲击。越是在这个时候,越要用全面、辩证、长远的眼光看待我国发展,越要增强信心、坚定信心。综合起来看,我国经济长期向好的基本面没有改变,疫情的冲击是短期的、总体上是可控的。"疫情和列为 PHEIC 对中国经济的影响,最终还是取决于此次疫情在国内外蔓延的程度以及持续的时间。各个地区被广泛动员起来,各项防控措施真正被有效执行,除了武汉之外没有出现新的疫情中心。在疫情出现拐点之后,生产和消费活动将逐渐恢复,有的部门恢复还会加快。因此它对中国经济的影响将是短期的,并非是中长期的、全方位的深度的影响。

二是列为 PHEIC 与国际经济制裁、贸易摩擦根本不同,新冠肺炎是不分地区、不分人种迅速流行扩散的,因而其严重后果也不是谁可以自我控制的。在开放经济条件下,疫情不能靠一个国家自我控制。新冠肺炎疫情已经引起全球各国高度重视,必须动员各方面的力量一起进行协同控防,从而最大限度地减少流动中的传染,在信息和运作的开放、透明、协调中,最快地控制住疫情的全球蔓延。目前,全球已经联手行动起来,尤其是中国与日韩等邻国形成共同防范疫情的良好机制,加强关于抗击疫情的合作,对控制疫情的影响至关重要。显然,全球协调防控疫情,实际上有利于中国经济迅速恢复增长动能。

三是短期事件不可能从根本上动摇中国产业供应链的真正竞争力。说列为 PHEIC 会加速外资企业撤离,加速工作职位回流美国等国家,是一种比较短视的看法。目前世界上还没有一个发达经济体可以真正离开中国在 40 多年改革开放中形成的现代产业体系和完整的高性价比的供应链。新冠肺炎疫情只是可能暂时打乱了这种供应链的运作体系,并没有摧毁它的需求结构,也没有毁坏它的潜在供应能力和长期积累的人力资本、技术资本。从实践来看,我们实施的防控措施已经产生了显著的作用,随着疫情拐点的到来,不让病毒多次交叉感染人群,生产很快就会恢复,中国现代产业链的竞争力依然坚如磐石。

当前疫情对中国经济的影响虽然是短期的、局部的,我们不需要过度悲观,但是我们也不能盲目乐观。疫情将对产业供给与需求形成双向压缩,导致产业供给成本急速上升、供给效率下降、部分企业的现金流压力较大、中小企业破产倒闭风险增加和由此带来的失业冲击等。目前我们需要重视的主要风险包括以下三点。

第一，疫情的蔓延越是严重和复工复产越是延迟，对服务业打击越大，越会助推经济增长下行。过去我们主动延长国庆、元旦小长假，是在宏观供求失衡背景下的自主决策，不仅有利于压缩产能过剩的供给面，也可以人为地创造巨大的需求，带来服务业的高速增长。而这次疫情发生期间，商品和服务供给方的存量发生停摆，增量基本消失，同时需求方被压缩在维持生存需要的水平。

第二，疫情的蔓延越是严重和复工复产越是延迟，越将可能导致大批中小企业退出市场，进一步增加大企业的市场控制力量，各行业的产业集中度将进一步提升。中小企业虽然灵活，但是难以抗击风浪。现在有一些中小企业的现金流已经出现风险，一些暂时无法复工的企业的收支情况发生恶化。没有经营收入，但防护费用、隔离费用、工资、社保、房租、贷款利息等刚性支出照旧，加上可能被传染导致全面停工停产的风险，将对这些企业能否继续经营形成重大挑战。与此不同的是，大企业、国有企业的担心和忧虑要小得多。

第三，疫情的蔓延越是严重和复工复产越是延迟，打乱全球供应链秩序的可能性越大，中国制造企业越有可能与全球价值链脱钩。中国深度嵌入全球价值链的现状使中国的疫情对全球经济的影响远超自身体量。这一影响体现在中国是全球价值链的核心节点。根据"世界综合贸易解决方案"（WITS）数据库，全球近200个经济体从中国进口商品，中间品在全部进口中的占比平均达到21.7%（中位数），也就是说，中国已经成为全球供应链网络的中心，中间品进出口占相当高的比重，中国供应链的暂时停摆或疫情期延长，将重挫世界经济。为了供应链的安全自主可控，疫情发生后，各国自己重建供应链的可能性极大。最近美加墨新贸易协定（USMCA）的一个主要内容，就是试图通过税收优惠等措施，把三国制造的汽车零部件比例提高到75%，这将导致在中国的汽车产业零部件供应链回撤。

（二）江苏尤其要防范疫情对制造业的负面影响

突如其来的新冠肺炎疫情，将对我国产业经济运行态势、产业组织方式和产业结构带来较大的影响。这种影响虽然从总体上、在长期中不会改变中国经济运行的总趋势，但是却会因产业、地区、企业的不同而在影响的性质和程度上有所差异。对江苏来说，制造业是其在全国的鲜明特色和优势。截至2018年，江苏制造业的规模连续8年保持全国第一，第二产业增加值超过4.12万亿元，占全国比重超过13%，高于广东、浙江。当前江苏正在重点培育13个先进制造业集群，从兼顾传统产业和新兴产业的角度，遴选出新型电力（新能源）装备、工程机械、物联网、前沿新材料、生物医药和新型医疗器械、高端纺织、集成电路、海工装备和高技术船舶、高端装备、节能环保、核心信息技术、汽车及零部件、新型显示等13个基础较好的先进制造业集群作为重点培育对象。中国制造深度融入全球价值链，对于江苏这样以制造业见长的省份来说，疫情对我们"世界工厂"地位和现代产业链的负面效应，在"后疫情时代"

将更加明显地显现出来。

疫情对江苏制造业的影响可能要更大于服务业。疫情对于制造业的主要影响在于疫情流行中的劳动供给不足,以及由此带来的对产业体系、分工体系的扰乱和现代产业链可能产生的暂时性断裂。对中国这个"世界工厂"来说,由于制造业占比要远远高于发达国家和其他发展中国家,而且劳动密集的中小企业和出口企业众多,因此我们判断,新冠肺炎疫情对制造业的影响可能还要大于对服务业的影响。

其中的主要原因,一是服务业尤其是消费性服务的刚需,决定了疫情并不能影响我国超大规模的市场需求基数,只是降低了一些需求弹性比较大的服务需求,如社交礼仪性服务、娱乐、旅游等,企业停工影响的是生产性服务业需求;二是从关联性反应看,服务业的产业链普遍要比制造业短,服务业最终需求的收缩变化,通过内生反应带给国民经济的负面影响,比现代制造业产业链中某些环节的收缩的影响要小得多。在产品内分工的条件下,根据供应链运作的基本规律,制造业供应链中某些环节的停摆,将出现"长鞭效应"现象,即供应链上游面临的需求波动,往往要大于供应链下游面临的需求波动,需求信号在向供应链上游不断传递的过程中,其波动有被不断放大的倾向和趋势。这种现象会在宏观经济层面上导致形成经济萧条或繁荣的周期。因此,制造业产业链可能产生的暂时性断裂,在疫情控制周期拖延的情况下,将可能重创中国经济的基本面,这是本次疫情的负面经济效应中最令人担忧的地方。

尤其是对深度嵌入全球价值链分工的中国制造来说,疫情最大的影响,实际上是可能会打乱中国在国内外建立的长期的供应链生态。疫情期间,一是处于供应链中的中国零部件供货企业,因为劳动供给不足而会普遍出现不能及时生产交货或交货不足的现象;二是因经济系统停摆或混乱,会导致某些企业的供给成本急剧上升,这时产业链上游的企业可能就会把订单转向东南亚、中南美国家的企业,或者自己出面重新建设供应链,那么中国企业在全球价值链中的地位就可能发生动摇。我们必须采取措施坚决制止这种现象发生和蔓延。

江苏是中国制造业大省,实体经济占比超80%,"江苏制造"享誉全球,制造业总产值约占全国的1/8、全球的3%,全国超过1/5的高新技术产品出口来自"江苏制造"。习近平总书记在视察江苏时指出:"必须始终高度重视发展壮大实体经济,抓实体经济一定要抓好制造业。"此次新冠肺炎疫情暴发后,以徐工机械、海澜之家、亨通集团、格兰斯柯等为代表的一批江苏制造企业活跃在抗击疫情的第一线。在"后疫情时代",作为全国制造业高质量发展的主阵地,江苏有更大的责任和使命,当好经济恢复的"先锋兵",一方面力争疫情防控和复工复产"两手抓""两手硬",充分保障国内物资供应;另一方面,着力稳定外需,加强国际产能合作,力争保障全球供应链稳定。

总体上看,为实现经济有序稳妥恢复,江苏采取制造业规模以上企业率先复工的策略,但也存在规模以上企业达产难、中小企业复工难的问题。根据江苏省工信厅资料,截至2020年2月28日,江苏规模以上工业企业复工率98.7%,企业人员返岗率74.5%。但即使人员返岗率最高的无锡市(89.5%),高压工业用电企业中(有部分规模以下工业企业)实现基本复产的才达到六成,规模以上工业企业复工不达产是一个问题。受原材料、零配件的供应、客户提货速度等因素影响,规模以上企业复工复产的可持续性也可能成问题。如果中小微企业迟迟不复工,大企业复工达产就不可持续。在经济全球化时代,由于生产过程的网络化、链条化,为提高效率,很多企业按照现代管理理念把不是体现企业核心能力的部分产品与服务外包,推崇即时生产、零库存模式,导致在目前疫情下,无法找到替代企业。这样,产业链、供应链上的每个企业实际上成了同等重要,无论是大企业还是小企业,无论是核心零部件还是技术含量一般的零部件,在这个时刻都变得不可或缺,甚至是一个小配件也会让整个产品完不了工、下不了线。韩国汽车产品所采用的线束87%以上来自中国,2月初,由于疫情期间供应中断导致现代、起亚、双龙及外资雷诺汽车生产线大面积停产就是典型案例。所以,大企业复工达产的可持续性有待于与其配套的中小微企业的后续复工达产。

工业和信息化部副部长张克俭披露,截至2月26日全国制造业中小企业的复工率43.1%,这远低于规模以上工业企业。此外,很多中小微企业迟迟不复工面临着订单流失、合同违约风险,其中对外贸企业影响尤为严重。

中小企业复工复产面临的主要困难有以下3个。第一是缺工。企业的不少员工来自外地,特别是东南沿海发达地区的企业。员工来企业后,都要实行隔离14天措施,有的市还规定要去指定医院的传染科隔离,员工担心隔离反而带来感染,不愿意过来;有的省市少数地区防疫措施层层加码,甚至还不允许出村。第二是物流。东南沿海地区的很多的司机来自外省(区、市),不能到岗,物流公司及企业运输人手不足。部分省际、市际的交通还没有完全通畅,或者因为隔离要求司机不愿意去,造成运费大涨,有的高达之前的4倍。第三是审批。中小企业有的买不足口罩、消毒水、体温仪等防疫物资,有的没有足够给员工防控疫情的空间;有的地方的审批比较复杂,要求比较高,通过难度大。

二、应对分析:短期精准施策帮扶企业与中长期产业政策优化

在"后疫情时代",在巩固防疫成效的基础上尽快实现经济恢复成为矛盾的主要方面,既要立足当前落实帮助制造业企业尤其是中小企业尽快复工复产的优惠政策,保企业生存、保企业现金流,做好就业稳定工作;又要立足中长期,善于转危为机,确保完成"十三五"收官任务和为"十四五"工作打好基础。

(一)江苏分类指导精准施策帮扶企业

在"后疫情时代",各行各业、各种不同类型的企业面临困难的侧重点有所不同,

需要政策来分类指导、精准施策,切实帮助企业克服困难,确保经济平稳运行。

江苏省政府出台包含12大类50条的《关于应对新型冠状病毒肺炎疫情影响推动经济循环畅通和稳定持续发展的若干政策措施》推动经济恢复,南京、苏州等地出台多项政策支持企业共渡难关。

1. 为复产复工创造条件

在落实疫情防控责任和措施的基础上,积极帮助企业解决复工面临的困难,推动生产经营恢复正常。

对于企业普遍面临的缺工问题,指导企业与劳务输出地加强沟通安排,运用智能化、网络化手段,畅通运行网络求职招聘服务平台,扩大信息推送覆盖面,建立返乡务工人员滞留就业应对机制,充分用好本地用工资源,促进用工需求有效对接。加快推动重点园区、重点出口企业、重点骨干企业、重点外资企业和产业链重要环节复工复产,减少审批流程和缩短时限,不得另设门槛。

对于复工企业面临的供应链货源组织难题,对获批复工的中小微企业,凭复工证明,各有关部门为其开辟绿色通道,帮助解决物流运输等问题,所需物流车辆在符合防疫要求的前提下,建立生产经营企业、物流企业和交通卡口联动机制。对生产、采购、进口防疫产品的重点企业,分时段给予奖补,建立和完善应急保障产品本地供应机制。

2. 对受影响较大的企业实行特殊的降成本政策

对于餐饮、娱乐、旅游、电影、会展等服务业,以及疫情严重地区的短期无法复工的企业,关键是要保企业生存,核心是保企业现金流。

在降低企业资金成本方面,协调省级层面各银行机构对小微企业新增贷款规模不得低于2019年同期水平,其中国有大型银行普惠型小微企业贷款增速不低于20%。扩大贷款市场报价利率(LPR)定价基准的运用,力争2020年普惠小微企业贷款综合融资成本降低0.5个百分点左右。对于还本续贷政策落实成效明显的金融机构,省财政普惠金融发展专项资金给予奖励。充分发挥省现代服务业风险准备金作用,为省内中小型现代服务业企业提供融资增信,督促合作银行加大信贷投放力度,提供不低于10倍、不超过20倍的授信额度,对发生的风险损失可由准备金优先予以代偿。南京财政整合调剂各类专项资金5亿元,对小微企业和疫情防控重点保障企业新增流动资金贷款贴息3个月。苏州提出鼓励各银行机构通过压降成本费率,加大对小微企业的支持力度,特别是"三必须一重要"重点领域和资金困难的中小企业,在原有贷款利率水平上下浮10%以上,确保2020年小微企业融资成本不高于2019年同期融资成本。发挥各政策性银行"国家队"作用,落实国家开发银行苏州分行首批20亿元紧急融资额度,推动市内的苏州银行、苏州农商行发放专项项目贷款,降低利率水平,确保贷款利率低于同期贷款市场报价利率水平,纳入工信等相关部门重点企业名单的,在此基础上下浮30%以上。

在妥善处理疫情期间的用工方面,充分发挥省级调剂金作用,对批发零售、住宿餐饮、物流运输、文化旅游等受疫情影响较重的服务业企业,坚持不裁员或少裁员的,可参照困难企业标准给予1~3个月的失业保险稳岗返还补贴,其中苏州出台规定,对不裁员或少裁员的参保企业,可返还其上年度实际缴纳失业保险费的50%。阶段性降低失业保险费率、工伤保险费率政策,实施期限延长至2021年4月30日。允许职工医保统筹基金累计结余可支付月数超过15个月的设区市,年内阶段性降低职工医保费率0.5~1个百分点,同时不提高个人缴费费率。疫情防控期间,允许企业申请延期办理职工参保登记和"五险一金"等缴费业务。符合条件的可缓缴养老保险、失业保险、工伤保险费和住房公积金,缓缴期最长6个月,缓缴期间免收滞纳金,不影响企业信用和职工个人权益记录。

在降低企业租金费用方面,对承租国有经营性房产的中小企业和个体工商户,可以减免或减半征收1~3个月的房租;资金支付困难的,可以延期收取租金。对租用其他经营用房的,支持地方研究制定鼓励业主(房东)减免租户租金的奖励办法。

在重点保障"三必须"企业方面,江苏对列入全国性名单的疫情防控重点保障企业2020年新增贷款,积极争取人民银行专项再贷款优惠资金及中央财政贴息支持。对支持疫情防控工作作用突出的其他卫生防疫、医药产品、医用器材等企业,经省财政厅会同有关部门审核确认后给予一定的贴息支持。南京对中小微企业疫情期间就近采购技改设备补助比例由10%提高到15%;对涉及疫情防控重点物资生产的科技型中小微企业,根据其研发投入实际,给予每家最高不超过20万元的研发奖补。

(二)从疫情防控看产业发展政策优化

这里主要想就本次疫情防控过程中影响我国产业和经济的某些实际问题,提出一些较为长远的考虑和建议。

第一,建议以此次新冠肺炎疫情防控为起点,大力发展现代公共服务业尤其是卫生医疗服务业,立即着手规划建设重大医疗卫生基础设施,在全国建立若干个重特大突发公共卫生事件应急储备基地。这样,在可能的下一次类似事件中,所有的病人就能得到最快的隔离治疗,医护人员和志愿者的生活就能得到较好的保障,使疫情在短期内得到有效控制。建设超大规模卫生储备基地也体现出我国巨大的体制机制优势,可以向世界展现中国之治的鲜明特色。

第二,调整新型基建、大项目建设的结构和方向,以稳增长、调结构为指向,重点推动整个社会的信息化系统的发展水平,进一步发展线上交易和机器换人产业。2003年非典之后,中国互联网企业迎来了重要的发展阶段。在当前的5G阶段,此次新冠肺炎疫情客观上可能催生我国企业信息化、互联网化、自动化和智能化的新一轮发展,从而出现新型的产业门类、服务模式和新经济增长点。对此建议:一是政府加大对5G、机器人等产业的相关投资,对冲经济下行压力,为信息化、自动化创造基础设施条件。二是提倡互联网巨头运用云计算等信息技术,为中小企业免费或低价提供在线办公、在线学习等工具,提高中小企业在疫情阶段灵活工作的效率。

第三,进一步反思和解决我国超大规模市场建设中地方经济碎片化的问题,以及相关的政企关系蜕化问题。超大规模市场是中国未来经济发展的比较优势甚至是绝对优势。但是在这次疫情防控中,一些地方政府各自为政、擅自封锁交通道路、阻断物流人流等一系列令行禁不止、反市场一体化的匪夷所思的行为,极大地影响了全国复工复产进程和经济复苏。少数地方政府机构官员缺少应有的担当和作为,给企业复工复产设置了许多互相矛盾、烦琐复杂的前置性条件,审批盖章之多进一步影响了健康的政企关系。

第四,要预先防止疫情过后可能掀起的对中小企业的兼并收购浪潮及其对政治经济的副作用,稳定全社会就业,维护中小企业生存的社会条件、法律保障和经济安全性。可以预计,这次疫情结束后,将有一批原本财务和经营处于"紧运行"状态的中小企业死亡退出,由此也会波及产业链上的原本健康运行的企业,影响就业稳定和社会稳定。如果这时政府被迫号召大企业尤其是国有大企业去救助,肯定也是不合适的,但是如果放任后者去大量地兼并收购中小企业,就会给本来就甚嚣尘上的所谓"国进民退"的议论以口实。为解决这一难题,建议政府要对那些原本企业管理规范、产品有市场需求但因为受疫情拖累而发生困难的中小企业,想方设法运用各种财政金融手段进行非兼并式救助,以防止产业组织过度集中化和国有化。

第五,要预防疫情过后可能出现的逆全球化趋势,重塑中国全球价值链和国内价值链。这次疫情也暴露了当前经济全球化中的产品内分工体系的脆弱性。可以预判,某些发达国家甚至发展中国家会想办法重建原本因缺乏比较优势而放弃的产业环节和门类。这将重挫经济全球化进程,并极大地影响中国在全球价值链中的地位。继续加强和巩固与"一带一路"沿线各经济体的密切联系是一个化解办法,争取中日韩自由贸易协定的尽早签署,也是一个有效的对冲措施。此外,进一步加强我国沿海地区与东北经济圈、中西部地区的国内价值链的建设,以超大规模市场中国内经济循环适度替代全球价值链的作用,也是防止全球经济风险传递并影响我国经济发展的重大战略决策。

(刘志彪,南京大学商学院教授;陈柳,南京大学长江产业经济研究院研究员)

参考文献

[1] 刘志彪:《疫情对产业影响的特点、风险及政策建议》,光明网,2020年2月25日。
[2] 刘志彪:《中国现代产业链的竞争力依然过硬》,《光明日报》,2020年2月2日。
[3] 刘志彪、陈柳:《协调好疫情防控与经济增长的关系》,《群众》,2020年第3期。
[4] 张二震、杨继军、倪海清:《把应对短期经济冲击作为政策着力点》,《新华日报》,2020年3月3日。

第25章 新冠肺炎疫情对浙江经济冲击的整体态势、影响及应对

随着新冠肺炎疫情防控阻击战进入复工复产阶段,中央及地方各级政府联防联控力度强、覆盖广、速度快、举措准、保障全,取得了明显实效。但由于此次疫情传染性强、影响力深,再叠加春节时点因素,对浙江经济运行产生了较大冲击。本章对疫情冲击浙江经济的发展态势、影响效应和应对举措进行分析,预计新冠肺炎疫情对浙江宏观经济的影响总体表现为短期冲击明显、中长期将趋稳,具体影响程度取决于疫情持续时间和政策对冲效果。在此基础上,对浙江进一步加强疫情防控和经济发展两手抓、两手硬提出政策建议。

一、整体态势:把握"三个事实"和"三个没有变"的辩证逻辑

(一)宏观层面:疫情导致浙江经济增长趋势下行是大概率事实,但浙江经济长期向好的基本面没有变

面对全球经济放缓、中美经贸摩擦、人口老龄化加重、房地产均值回归等综合因素,浙江经济下行压力较大。在受到新冠肺炎疫情冲击后,伴随着为防止疫情扩散采取的交通管控、人员限流、全民居家、延长春节假期等措施,依托"面对面""链接链"的市场交易和订单出现断崖式"归零",大部分生产、经营、投资、消费等经济活动处于停摆状态。现阶段研判浙江经济形势,不应只考虑增长多少的问题,更要考虑疫情影响经济下行的幅度和速度。浙江省具有较为完备的产业链、供应链、服务链和价值链,加上政府采取一系列行之有效的政策组合,将为浙江省长期稳增长、调结构、保就业、惠民生提供强大的制度保证和政策保障。

(二)行业层面:疫情导致对第三产业的负向冲击是确定性事实,但服务内容和供给方式的革新趋势没有变

新冠肺炎疫情在覆盖面、影响力、持续时间等方面较2003年非典表现出更强的破坏性,在当前经济增长趋缓、产业结构服务化、债务风险突出、国际环境严峻等约束性条件下,疫情对浙江省服务业和最终消费的冲击将不亚于非典时期,特别是对零售业、餐饮业、酒店业、旅游业、物流业、航空业等影响较大。但随着消费者购买方

式和生产者供应方式逐渐调整,衍生出的无人零售、在线医疗、互联网娱乐等新业态将面临新增长点。在市场消费需求总体平衡条件下,浙江受影响的第三产业将逐渐回暖。

(三)微观层面:疫情导致企业生产经营压力增大是客观性事实,但政府帮扶受损企业减负降本的决心没有变

问卷调查结果显示,浙江省小微企业和个体经济普遍反映在现金流、租金、订单、物流等方面压力感较大,大中型企业较多反映在招工用工、社保税费等方面存在实际困难。面对疫情给企业带来的负面影响,中央各部门和浙江省、市(县、区)各级政府通过在房产税、城镇土地使用税及部分行政事业性收费减免,推进灵活的稳岗补贴和用工政策,提供信贷、资金、担保等资金支持,评估疫情扩散风险,恢复物流通道等方面制定针对性政策为企业减负降本,均体现出中央和浙江省委省政府帮扶企业应对疫情的决心和力度。

二、影响效应:基于问卷调查和未来机遇的若干判断

(一)对小微企业和个体经营户的影响

为了解本次新冠肺炎疫情对小微企业和个体经营户的影响,我们利用蚂蚁金服对网商银行和支付宝体系的小微企业和个体经营户的问卷调查结果,判断疫情对小微企业和个体经营户的影响如下。

1. 超七成小微企业和个体经营户受疫情影响严重

72.7%的小微经营户表示受疫情的负面影响很大,无法正常运营或被迫停工;7.8%受影响程度一般,可通过外卖等方式维持销售;仅有19.5%未受到影响或影响较小,仍能正常运营或处于正常放假停工(见图25-1)。分行业来看,住宿餐饮业、批

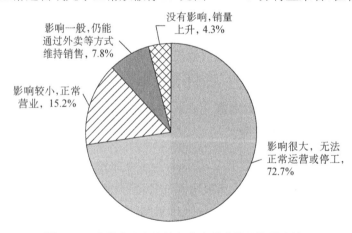

图 25-1 小微企业和个体经营户受疫情总体影响情况

发零售业和文教娱乐业受疫情影响最大,农林牧渔业受影响相对较小。规模越小的经营户受疫情影响导致无法正常运营的可能性越高。雇员 20 人以下的小微经营户受到疫情影响很大的占比在 70% 以上。

2. 小微企业和个体经营户第一季度营收预期降幅较大

31.6% 的小微经营户认为 2020 年第一季度营收同比下降 80% 以上;54.4% 认为下降 50% 以上;70.1% 认为下降 30% 以上;仅有 14.5% 认为第一季度营收不会受疫情影响而下降。从分行业来看,服务业第一季度营收下降幅度较大,住宿餐饮业、文教娱乐业和批发零售业中分别有 66.2%、61.6% 和 56.9% 的小微经营户认为第一季度营收同比将下降 50% 以上(见图 25-2)。规模越小的经营户受影响越大。近半(46.4%)营收在 10 万元以下的小微经营户预计第一季度营收同比下降 80% 以上。

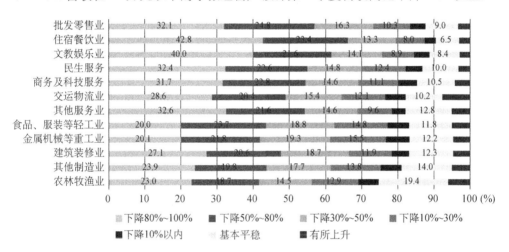

图 25-2 不同行业小微企业和个体经营户预计第一季度营收同比变化幅度

3. 小微企业和个体经营户普遍无法正常开工

22.4% 的小微经营户原计划春节不停工,32.2% 原计划正月初七复工,超七成小微经营户原计划在正月十五之前复工。但是,仅 7.7% 的小微经营户未停工或按计划正常开工,72.2% 将开工时间推迟到 2 月 10 日以后,27.8% 推迟至 2 月 20 日以后,还有 6.0% 的小微经营户无法恢复正常运营(见图 25-3)。并且,营收规模越小的经营户开工时间受疫情影响越大。年营收低于 10 万元的小微经营户中有 31.5% 开工推迟至 2 月 20 日以后,还有 12.2% 无法恢复正常运营。关于不能按时开工的原因,47.0% 的小微经营户是担心疫情扩散,33.9% 是出于相关部门的要求,6.9% 是由于员工无法按时返岗,6.2% 是由于原材料和上游供应出了问题。

4. 未正常开工小微企业和个体经营户亏损严重

在未正常开工的小微经营户中,72.9% 日亏损在 1 万元以内,11.9% 日亏损 1 万~10 万元,2.8% 日亏损 10 万元以上,仅有 12.5% 没有亏损(见图 25-4)。分行业来看,农林牧渔业亏损比例最低,服务业亏损比例最高,但日均亏损额度较小。制

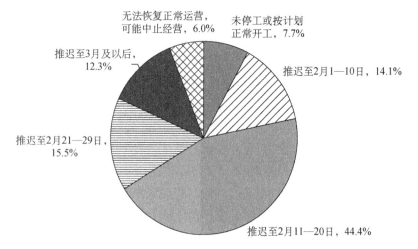

图 25-3　小微企业和个体经营户复工时间分析

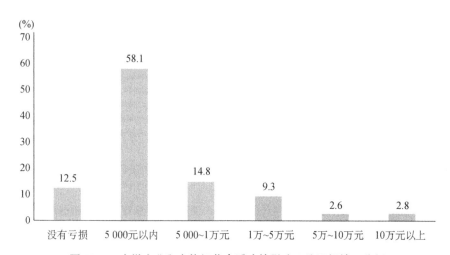

图 25-4　小微企业和个体经营户受疫情影响日均亏损情况分析

造业日均亏损5万元以上的小微经营户占比最高,亏损原因包括疫情期间依然需要支付各类运营成本(48.6%),如租金、员工薪酬、贷款利息和税费等。住宿餐饮业和文教娱乐业属于春节期间原计划不停工的行业,运营成本及停工压力较大。农林牧渔业、交运物流业和批发零售业受物流限制影响造成损失的比例显著高于其他行业。

5. 超八成小微企业和个体经营户面临资金缺口,其中七成表示获得融资可渡过难关

81.9%的小微经营户因疫情影响面临资金缺口,46.2%缺口在1万～10万元,25.2%缺口在10万～100万元,2.9%缺口在100万元以上。制造业、农林牧渔业及服务业中的文教娱乐业、商务及科技服务业资金缺口较大。这些行业中三至五成的小微

经营户资金缺口在 10 万元以上(见图 25-5)。超过七成(71.0%)的小微经营户表示获得融资可渡过难关。

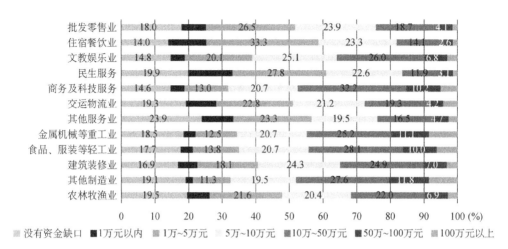

图 25-5　不同行业小微企业和个体经营户资金缺口对比分析

6. 多数小微企业和个体经营户计划向银行借款

融资渠道方面,54.2%的小微经营户会选择向互联网银行借款,28.5%会选择向传统银行借款,29.5%会选择向亲朋好友借款,13.3%没有明确融资渠道(见图25-6)。值得注意的是,35.1%的小微经营户表示以前没有向银行申请过贷款,现在是首次尝试。分行业来看,农林牧渔业和制造业向传统银行贷款的比例显著高于服务业。而受疫情影响较大的服务业主要依靠互联网银行贷款、向亲朋好友借款,且服务业中有较高比例没有融资渠道。

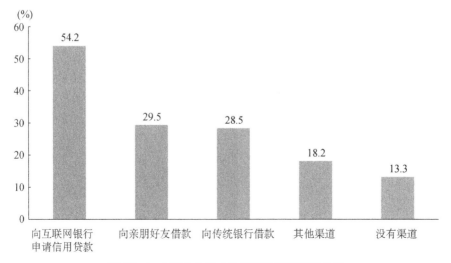

图 25-6　小微企业和个体经营户融资渠道分布

7. 借贷和线上化是小微企业和个体经营户应对疫情主要措施

小微经营户为应对疫情损失已采取或计划采取的措施包括：36.2%会借款或向银行贷款来补充运营资金；29.4%会转型线上运营或远程办公；10.6%会推出创新产品或服务；8.2%会申请补贴或纾困资金；6.4%会降薪或裁员；3.7%将退出运营以止损（见图25-7）。另外，20.1%不会采取任何措施。四成餐饮零售行业的小微经营户会通过外卖应对疫情。

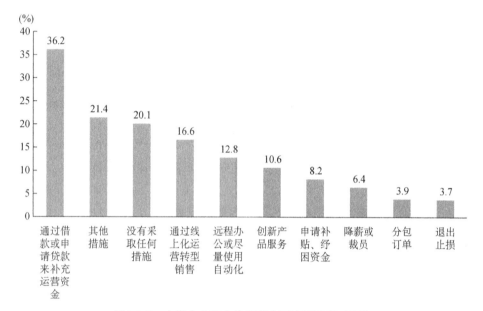

图25-7　小微企业和个体经营户对疫情的应对措施

8. 大多数小微企业和个体经营户对未来发展有信心

95.0%的小微经营户对未来发展有信心，其中39.0%非常有信心，仅5.0%对未来持悲观态度（见图25-8）。并且，规模越大的小微经营户对未来发展越有信心。在

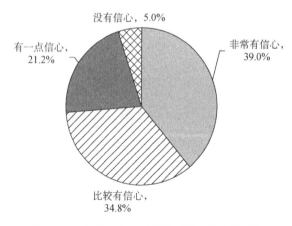

图25-8　小微经营者对疫情后的发展预期分析

用工方面,近九成小微经营户表示2020年不会减少用工,未退出止损的小微经营户中,38.7%会增加用工人数,只有1.5%的小微经营户表示在2020年会大幅减少用工。在对经营预期方面,一半以上小微经营户预计2020年营业收入增加,未退出止损的小微经营户中,超一半(52.7%)预计2020年营业收入会超过2019年,仅有10.2%预计2020年营业收入将大幅下降。

(二)疫情可能带来的发展机遇

疫情是危机,也是行业格局重组的机会。虽然疫情对大多数行业产生了严重负面影响,但随着互联网+、人工智能、大数据等产业发展壮大,消费习惯、消费观念、消费场景的变革也对部分疫情低渗透率行业的转型、整合和升级带来了发展机遇,使互联网医疗、在线教育、远程办公、生鲜电商、线上娱乐等"黑马"行业面临较好发展前景。

1. 线上场景对线下场景的加速迭代

疫情对消费行为和市场供应方式产生了影响,也必将影响商业模式和行业发展趋势。随着4K高清和5G时代的到来,大量传统线下行为将逐渐被"线上化",人们的饮食消费、社交方式、康养保健也将实现线上替代,"线上下单、无接触配送""生鲜电商、冷链宅配"等成为安全、便捷、广泛的商业发展模式。

2. 人工智能对人工服务的加速迭代

为防止疫情蔓延和降低肺炎感染率,人工智能支持的技术应用对人工服务的替代将成为疫情加速产业形态变迁的重要标识。例如,自动化机器人替代传统清洁工在隔离病房进行消毒、打扫和看护;语音机器人5分钟呼叫200个电话收集身份信息、健康状况、日常行踪等数据;人工智能系统在火车站和机场负责体温测量以提高效率。这些都表明,人工智能正成为赋能抗疫的载体,未来将在重大应急事件的发现、预警、防控等领域发挥更大作用。

3. 现代治理对传统治理的加速迭代

此次疫情联防联控将实现由治理升级带动产业升级,从动员全产业链、全供应链、全要素链建成"两山"医院等创造性工程可看出,中国目前在灾备、防控、救灾、抢险、应急等领域正凸显强大的产业链优势和治理机制优势。一是在治理模式上实现了对传统治理方式的数字化改造,表现为大规模推进的智慧城市、智能交通、数字物流、云监工等;二是在治理优势上实现了单一治理向综合治理转型,更全面、更及时、更安全的现代治理不仅要求治理节点序时"补位",更注重治理元素超前"站位"。

三、疫情应对:抵御疫情冲击的浙江方案

新冠肺炎疫情发生以来,浙江省委、省政府率先启动重大公共突发卫生事件一级响应,防控工作进入量化细化闭环管控的新阶段。具体来说,就是用"一图、一码、

一指数"精密智控筑牢生命防护网,用"四个平衡"弹性组合提升社会治理效能。

(一)精密智控,用大数据为疫情防控把脉问诊

1. "一图"即疫情图,主要是以县(市、区)域为单元,确定不同县(市、区)域风险等级,分区分级制定差异化防控策略

根据全省各县(市、区)疫情风险状况,用红、橙、黄、蓝、绿五种颜色进行风险等级区分。对疫情高风险和较高风险的县(市、区),要求不折不扣把疫情防控作为头等大事,严格落实"八大管控机制",坚决遏制疫情发展势头;对疫情中风险的县(市、区),要求坚持疫情防控优先,安全有序推进复工复产;对疫情较低风险和低风险的县(市、区),要求在做好疫情防控工作前提下,全力推进各类企业复工复产。

2. "一码"即健康码,主要是以大数据为支撑的个人健康凭证,分绿码、黄码、红码三种,实行居民健康监测分类管理

健康码以真实数据为基础,由本地居民或返工返岗人员自行申报,经后台审核生成属于个人的二维码。其中,红码赋予确诊病人、疑似病人、密切接触者或医学观察人员,以及来自省外重点地区和省内外其他高风险地区的人员;黄码赋予有发热、呼吸道症状的人员,以及来自省内外较高风险地区的人员;除此之外的被赋予绿码,可谓经过大数据监测的普通健康人群。健康码的实质是精准管控,除了对红码、黄码人员采取必要隔离措施外,让拥有绿码的绝大多数人能自由流动。

3. "一指数"即精密智控指数,主要由管控指数和畅通指数构成,各占50%权重,能反映疫情管控和复工复产即时趋势

精密智控指数是一种机制,将对各地疫情防控和复工复产起统筹牵引作用。该指数由管控指数和畅通指数构成,意味着既要将重点区域、重点人员、重点场所管得更严密,又要把事关百姓生活、企业生产、社会秩序的人流、物流、商流搞得更畅通。管控指数有新型病例管控、外省(区、市)输入病例管控、主动发现病例、聚集性疫情管控、管控有效性5个一级指标,畅通指数有健康码畅通度、公共交通开通率、高速国省干线公路开放率、农村公路县道开放率、货运企业开工率、生活服务畅通度、邮政快递畅通度7个一级指标。管住控住是基础,在管好控好的前提下,让人流、物流、商流顺畅起来,对全省的发展和稳定将越来越重要。

(二)弹性组合,用"四个平衡"提升社会治理效能

1. 注重平衡从严管控和大胆纠偏之间的关系

在武汉2月10日宣布全市城市公交、地铁、轮渡、长途客运暂停运营后,浙江基于大数据分析,对相关风险进行全面研判,率先启动重大公共突发卫生事件一级响应,并整体推出"十个最"的防控举措,构建了一整套具有鲜明浙江特色的量化细化、闭环管控机制。但是,后来发现部分地区在防控过程中出现不少层层加码的做法,

第25章 新冠肺炎疫情对浙江经济冲击的整体态势、影响及应对

人为制造并激化了社会矛盾。2月9日上午,省疫情防控工作领导小组发布了只有5句话、299字的《浙江省疫情防控责任令(第2号)》,对各地在居民出行、连锁门店、便利店、快递、外卖等方面的管理提出3个"不得随意"。可见,浙江省全面严格管控的"严",是讲求精准性、科学性的"严",而不是简单粗暴一刀切,以致在基层末端失去应有的分寸。

2. 注重平衡内防集聚和外防输入之间的关系

随着"三返"高峰到来,疫情输入性风险持续增加。省内疫情虽然不断得到有效控制,但境外疫情开始呈现多点蔓延态势,尤其是浙江对外开放程度较高,必须高度警惕输入性疫情的严重威胁。在这种形势下,浙江进一步提高管控的精准性、缜密性和智能性,实施"管住重点人、放开健康人"的管控标准。一是管住重点人,侧重强化重点人员清单动态管理,严格落实入浙首站负责制和属地责任制,完善失管漏管脱管快速自查机制。对必须纳入管控的涉疫人员,确保应查尽查、应核尽核、应隔尽隔、应收尽收。二是放开健康人,通过推动健康码广泛应用,让身体健康的人在省内无论工作、生活都出行顺畅,同时方便身体条件符合要求的省外务工人员及时返浙、快捷复工。尤其是在应急响应级别下调后,启动"点穴"式精密智控提高防控精准性,围绕防输入管好"中门""小门",不允许各地管控搞条块分隔一刀切,阻断正常人流、物流、商流。

3. 注重平衡疫情防控和复工复产之间的关系

2月中上旬,在"三返"大背景下,浙江快马加鞭地出台实招,在全国领先一步推动复工复产。第一,为破解外来务工人员返岗难等问题,全省开展了"十省百市千县"省际劳务合作,以搭建省际劳务合作对接平台、成立企业员工返岗专班、组织企业员工安全有序返岗等方式帮助外来务工人员返岗。第二,开展千家人力资源服务机构服务企业复工复产,按每推荐一人就业,给予民办人力资源服务机构500元的服务补贴标准,最高补贴可达10万元。第三,基于全面复工复产的实际,建立驻企健康指导及应急响应机制,保证个别企业一旦发生疫情,能够在第一时间得到专业化处置,切实将风险装在机制的笼子里。第四,出台社保减免政策减轻企业负担,预计可为全省企业减负600多亿元。总体而言,浙江以系统思维算大账、算动态账、算长远账,在精密智控中找到了疫情防控和复工复产的平衡点。

4. 注重平衡重点领域和小微企业之间的关系

在推进复工复产过程中,浙江企业面临复工难复产、复产难续产、续产难高产等问题。小微企业是产业链循环过程中的重要组成部分,没有小微企业的全面复工复产,大中企业的产能也无法达到合理较高水平。在这种形势下,浙江先后出台了"1+X"系列惠企政策。"1"就是2月10日省委、省政府制定的《关于坚决打赢新冠肺炎疫情防控阻击战 全力稳企业稳经济稳发展的若干意见》,"X"就是针对某一领域或者某一类企业的具体政策。具体来看,省级惠企政策共有32项,其中财税补贴及减免类8项、金融支持类9项、稳岗补助类5项、降本减负类9项、土地等要素保障类

1项。3月10日,浙江省发布《关于进一步支持小微企业渡过难关的意见》,为小微企业实现复工、复产、续产、高产奠定了完备的政策基础。

四、政策建议:全力保障疫情防控与经济发展行稳致远

当前,疫情防控正处于关键时期,疫情防控得好不好,改革发展稳定抓得到不到位,将关系到能不能很好地实现人民群众对美好生活的向往。为防止疫情对浙江经济形成蔓延式冲击,必须一手抓疫情防控,一手抓经济发展,以"进、防、稳、补、改"做到两手发力、两手都硬。

(一)立足"进"字根本,以科学化布局实现年度目标任务

继续深化"五张清单、九项举措、五个一机制"工作体系,按照重点工作清单式管理、项目化推进的要求,认真贯彻落实中央、省委经济工作会议精神和省政府工作报告部署,认真谋划2020年度稳企业防风险重点工作任务,层层分解落实关键性量化指标,逐项明确"时间表""措施表""责任表",实行挂图作战。要针对各地现存问题分项拟定策略,降低主体性风险发生概率。对疫情防控和经济发展过程中暴露的风险问题,加快拟定应对调整策略,重点关注登记失业率、债务融资工具违约率、交易所市场公司债违约率、不良贷款率、关注类贷款率等核心风险监控指标,敦促各部门各地区尽早处理化解;对部分关注问题较多、经济发展落后的城市,加大扶持力度,强化省市县、政银企多层次联动机制,规划风险化解阶段性目标,序时推进工作进度。

(二)坚守"防"字底线,以网格化动员确保疫情能控能防

要想方设法切断疫情传染源,千方百计控制疫情扩散蔓延。有条件的地区要加快建立数字化人口流动追踪系统,根据采集到的流量数据、接触数据、购票数据、交通数据等,合理预判集聚高峰地点和重点时间段。要加强社区管理防控力度,建立网格化、便捷化的社区疫情防控体系,鼓励居民采取远程医疗、微信服务、网络热线等方式接受非接触医疗服务,积极运用传统媒体和新兴媒体做好信息采集、社区管理、组织动员等工作。要加强应急医疗体系建设,在临床救护、流行病学、疾病控制等方面加大人才、资金、设备支持力度。集中科研力量开展联合攻关,强化对病理机制、传播路径、损情评估等方面的系统研究,提高治愈率、降低病亡率、减小损失率。加快建立分级诊疗制度,推进医共体建设,实现医疗诊断数据化、健康档案云端化、远程医疗升级化、医疗看护品质化。

(三)突出"稳"字当先,以精细化举措推进企业减税降费

要避免大水漫灌式刺激性政策,适时适度运用积极的财政政策和稳健的货币政策,考虑突破财政赤字率3%的限制,结合降准、降息、公开市场操作等方式创造市场需求。制定"一企一策""一地多策"措施帮扶市场主体特别是中小企业和个体经营户恢复生产经营。尤其是对受疫情影响严重的行业,通过减税降费、信贷纾困、发行债券、缓缴社会保险费等方式降低企业负担。疫情结束后,要进一步落实带薪休假制度,强化特定信贷支持和应急周转资金管理,促进消费类企业经营回暖,坚决防止企业因负担过重出现复工后大幅裁员现象。要优化财政支出结构,健全金融服务体系,通过提供央行再贷款、发行小微企业专项债券或银行间资产证券化产品,定向支持互联网银行、农商行等金融机构加大对小微企业和个体经营户贷款力度。

(四)强化"补"字定盘,以多元化供给赋能市场经济肌体

通过政府管控、市场运作、社会动员等方式补齐产业链、打通供应链、创造价值链,严防因物流中断和防控措施引发的产业链、供应链中断或转移风险。更加注重涉及国家战略安全的物资管理和应急领域人才队伍培育,建立能牵引全局的救援体系、供应体系、风控体系、调度体系、合作体系、补给体系。要合理评估疫情扩散风险,对不同风险的城市、行业、企业制定差异化、阶梯性复工方案,准许小风险企业提前复工,全力保障企业恢复生产经营。要加快推进以技术和数据为核心的"新支柱"产业培育和"新基建"产业建设,推动教育、医疗、养老等服务性行业向民间资本开放,加快发展自动化办公、智慧医疗、线上教育等新商业体系,积极适应5G应用、自动驾驶汽车、量子通信等产业需求。扩大网络消费覆盖比例,全面推进批发零售、市场租赁、餐饮服务等行业智能化改造。加快恢复保障物流畅通,落实物流业补贴和税费减免政策,多措并举降低物流成本。

(五)抓紧"改"字谋新,以数字化变革提高政府治理效能

疫情防控中出现的典型问题,将有效倒逼政府治理能力和治理体系数字化转型。要以开展"三服务"为抓手,通过打造智慧政府,加大对网络化、数据化基础设施的投入、应用和普及,提高政府职能与信息科技耦合发展,提高政府网格化治理的精度、细度和准度。尤其要提升对数据的认知、获取、转化、分析的能力和要求,做到问题识别精准、信息传达精准、政策制定精准、矛盾攻坚精准。不断探索、建立和完善重大事件、重点问题、重要风险的分级联动机制,依托大数据科学应对、依法应对,坚决防止出现类似"填表抗疫""一刀切防疫"等形式主义、官僚主义行为,严格做到平战结合、挂图作战、心中有"数"。要加强行政人员队伍建设,对公职人员的舆论引导及控制、信息公开及判断、数据把握及应用的标准"硬度"、流程"亮度"、权限"尺度"、处理"力度"进行科学评估和调整,提高公共服务的质量和效率。

五、总结:以"两手硬"确保"两战赢"是民之所向

当前浙江疫情形势持续明显向好,经济社会发展逐步恢复,在实现疫情精准智

控和经济高质量发展过程中,要进一步坚持问题导向、需求导向、效果导向,用活用好政策资源,确保落实落细落地。对各地企业面临的共性问题,要全面落实一批管用的硬措施,形成政策叠加效应,让企业真正感到特殊时期特别管用、特别解渴、特别提气、特别给力。供需对接要更精准,摸清底数、掌握需求,以绣花功夫实施好差异化细分服务。帮扶纾困要更给力,深入开展"三服务"活动,发挥部门优势精准帮扶、共渡难关。服务方式要更便捷,深化"最多跑一次"改革,线上线下相结合,优化服务体验、提升服务质效。同时,要深化实施融资畅通工程,为企业特别是量大面广的中小微企业提供更好的金融服务。通过"进、防、稳、补、改",合力把疫情影响降到最低,尽快让经济运行回归正常轨道。

(黄先海,浙江大学经济学院教授;王煌,浙江大学经济学院博士研究生)

参考文献

[1] 陈广胜:《严格管控的"严",是讲求精准性、科学性的"严"》,"佳桐频道"公众号,2020年2月12日。
[2] 陈广胜:《疫情防控是对浙江非常大的压力测试》,"佳桐频道"公众号,2020年3月14日。
[3] 黄先海:《疫情冲击下的中国经济如何破解困局》,浙江大学经济学院网站,2020年3月11日。
[4] 裘一佼:《浙江面对疫情的三个关键决策,亲历者首次揭秘》,浙江新闻,2020年3月4日。

第 26 章　新冠肺炎疫情对安徽经济的影响及对策*

新冠肺炎疫情的发生,对中国经济造成了较大冲击。安徽是长三角"三省一市"一体化发展的主体省份,也属于中部地区省份,与这次疫情最为严重的湖北比邻。疫情暴发后,安徽省委省政府高度重视,于 2020 年 1 月 24 日启动安徽省重大公共卫生事件一级响应,到 2 月 25 日 12 时起调整为二级响应,历时一个多月。截至 2020 年 3 月 8 日确诊人数达到 990 人,在全国排第六位。安徽经济发展受到这次疫情的短期冲击影响也十分明显,安徽省委省政府和各市为应对疫情对经济的影响出台了多项政策措施。本章就安徽经济发展现状、疫情演化及其对安徽经济的影响进行梳理和分析,并为下一步发展提出了若干政策建议。

一、安徽经济及新冠肺炎疫情概述

安徽是个新兴的发展中省份,"十三五"以来在经济发展、社会进步和基础设施建设等方面成绩显著,同时,在传统经济发展尚不充足的情况下,又面临着推进新经济发展的艰巨任务;在工业化任务尚未完成的情况下,又迎头遇到了数字化、网络化、智能化的新任务;在承接产业转移如火如荼开展之时,供给侧结构性过剩随之到来;在资本、劳动力和土地要素驱动经济发展尚不充分的情况下,又需要转换动能实现创新驱动发展。2018 年底,中央支持长江三角洲区域一体化发展并上升为国家战略,安徽作为长三角一体化发展的一个主体省份,深入推进一体化发展并取得了明显成效。正在安徽奋力推进扶贫攻坚战和高质量发展的关键当口,突如其来的新冠肺炎疫情,对势头良好的安徽经济发展造成了冲击性影响。

(一) 安徽经济发展概况

自党的十八大以来,安徽经济呈现出高于全国经济增长速度的发展态势(表 26-1)。初步核算 2019 年全省生产总值 37 114 亿元,按可比价格计算,比上年增长 7.5%,其中,第一产业增加值 2 915.7 亿元,同比增长 3.2%;第二产业增加值

---

* 本研究受到安徽省哲学社会科学基金重点项目(AHSKZ2019D005)"安徽制造业关键技术突破与高质量发展研究"资助。

15 337.9 亿元,同比增长 8%;第三产业增加值 18 860.4 亿元,同比增长 7.7%。人均 GDP 达 58 496 元,折合 8 480 美元。经济总量在全国排第 11 位,人均 GDP 排第 13 位。

表 26-1　全国 GDP 增速和安徽 GDP 增速(2012—2019 年)

	2012年	2013年	2014年	2015年	2016年	2017年	2018年	2019年
全国 GDP 增速(%)	7.9	7.8	7.3	6.9	6.7	6.8	6.6	6.1
安徽 GDP 增速(%)	12.1	10.4	9.2	8.7	8.7	8.5	8.0	7.5

资料来源:统计年鉴和国家统计局网站。

安徽有一个特殊情况:第四次全国经济普查后,国家统计局和各省(区、市)统计局共同对 2018 年各地区生产总值进行了修订;修订后安徽省生产总值为 34 010.9 亿元,比初步核算数增加 4 004.1 亿元,增幅为 13.3%。其中,安徽省第一产业增加值 2 638 亿元,与初步核算数持平;第二产业增加值 14 094.4 亿元,增加 252.4 亿元;第三产业增加值 17 278.5 亿元,增加 3 751.7 亿元。第一产业增加值占 GDP 比重为 7.8%,比初步核算数降低 1 个百分点;第二产业增加值比重为 41.4%,降低 4.7 个百分点;第三产业增加值比重为 50.8%,比初步核算数提高 5.7 个百分点。三次产业结构发生了变化,第三产业超过了半数。

安徽省统计局数据显示,2018 年年末,全省共有从事第二产业和第三产业活动的法人单位 81.33 万个,比 2013 年年末(2013 年是第三次全国经济普查年份,下同)增加 46 万个,增长 130.3%;产业活动单位 94.45 万个,增加 49.95 万个,增长 112.2%;个体经营户 378.82 万个,增长 39.3%。安徽全省规模以下单位数(年主营业务收入 2 000 万元以下的工业法人单位、年主营业务收入 2 000 万元以下的批发业法人单位及年主营业务收入 500 万元以下的零售业法人单位等)增加较多,其中规模以下小微企业数量比第三次全国经济普查时增长了 1.8 倍、个体户数量增长 39.3%,增速明显高于全国水平,而规模以下单位占比较高的批发零售、住宿餐饮、交通运输等三个行业增加值增长较多,这充分反映了安徽省投资环境有较大的改善,创新创业环境得到了进一步的优化,落实国家"大众创业,万众创新"的政策对经济发展起到了较为明显的促进作用。

2005 年安徽省人均 GDP 居全国第 28 位,到 2019 年,人均 GDP 居全国的第 13 位;2005 年安徽省会城市合肥的 GDP 总量才过千亿,经过 14 年发展现已基本进入"万亿元俱乐部",排在全国省会城市第八位。这说明安徽经济在这 14 年里获得了实实在在的发展,发展潜力也是巨大的。

安徽经济基础总体上比较薄弱的现实还没有彻底改变,受到苏浙沪的"极化效应"影响还比较大。安徽要进一步发挥好自身优势,以开放进取的心态和创新创业精神,以"真干实干加巧干"的劲头和办法,继续推进经济向前发展。

(二)安徽新冠肺炎疫情及防疫概况

截至2020年3月8日24时,安徽全省累计确诊新冠肺炎病例990例,累计治愈984例,治愈率99.4%,实现在院确诊病例治愈"清零"。安徽省委省政府高度重视并积极开展防疫工作,自2020年1月17日召开安徽省专项工作视频会议开始布置新冠肺炎疫情防疫工作以来,始终把"联防联控"作为疫情时期的重要工作,同时针对疫情发展的不同阶段"对症下药",积极防疫并有序推进复工复产。长三角三省一市也积极发挥合作精神,协同应对疫情并推出各项经济发展具体措施,以期取得"共赢"效果。

二、新冠肺炎疫情对安徽经济的影响分析

目前,尚缺乏来自统计部门的权威数据来确定疫情对全国经济产生的影响,只能够凭借疫情防控和复工复产相关报道,来研判已经产生的冲击性影响。从安徽来看,3月2日《人民日报》报道了全国各地推动企业复工复产的情况,截至2月29日,安徽省规模以上工业企业复工超过1.7万家,复工率达98.1%,达到往年同期水平。复工人数181.9万人,占上年同期员工数的七成,并在稳步提升中。这也只是体现了目前规模以上企业复工情况,没有反映出疫情影响水平,也没有报道有关第一、三产业受到的影响,尤其是占安徽经济半壁江山的第三产业受到的较大影响。

(一)新冠肺炎疫情对安徽经济的总体影响

在综合中国科学技术大学大数据科学实验室监测数据和政府有关分析数据基础上,就新冠肺炎疫情对安徽省经济运行影响情况进行分析。总的来看,此次新冠肺炎疫情对安徽省第一季度经济运行冲击较大。

从消费层次看,线下传统消费大幅下滑。对春节期间的消费影响最大,整个春节期间的消费预估减少一半。有关调研和综合摸排资料显示(截至2月10日),瑶海万达广场、宝业东城广场、华润万象城、蜀山五彩城等4个城市综合体合计销售同比下降64.9%。餐饮业方面,各类聚餐、宴请取消。旅游业方面,61家A级景区全部关闭,360家旅行社已取消或正协商取消游客约10万人次,但随着"十一"假期的到来,将会逐步回暖。酒店业方面,46家星级酒店仅6家维持基本经营,客房入住率基本在10%左右。影视业方面,春节档合肥全市票房0.86万元,远低于上年同期的5 871.5万元。交通业方面,新桥机场累计减少客货运航班3 840架次、旅客吞吐量51.8万人次、货邮吞吐量2 360吨。合肥铁路直属站停运列车108.5对,节后15天

发送旅客 36.50 万人，下降 79.5%，到达旅客 36.97 万人，下降 76.6%。疫情虽对人们基本生活消费影响不大，但是原本大量的节日消费受到疫情影响没有形成现实消费。中国人春节习惯性消费包括春节集中消费、拜亲访友消费和文化旅游娱乐消费等受到很大影响。

从投资层面看，企业投资和政府投资都不属于短期的，其受疫情的影响主要在建设工期方面。关键是疫情会在一定程度上影响投资信心，企业会主动降低投资。合肥市统计局《每月快报》显示，1—2 月，全市固定资产投资同比下降 33% 左右，较上年同期回落 35.6 个百分点，其中民间投资下降 25.8%。全市计划总投资 50 亿元以上项目投资保持较快增长，前 2 个月增幅达 23.2%；投资总量占全市的 13.9%，同比提高 6 个百分点。部分企业尤其是小微企业面临的投资压力更大，甚至会出现资金流断裂的难题。

从外贸层面看，境外展会参会基本受阻。据国家海关总署统计，今年前 2 个月，我国货物贸易进出口总值 4.12 万亿元人民币，比去年同期（下同）下降 9.6%。其中，出口 2.04 万亿元，下降 15.9%；进口 2.08 万亿元，下降 2.4%；贸易逆差 425.9 亿元，去年同期为顺差 2 934.8 亿元。据了解，安徽有 32 家企业反馈其计划参加的 36 个境外展会因疫情影响无法参会，时间集中在 1 月底至 3 月底。贸易订单受到延期开工及交通管控影响。部分已签订单无法及时安排生产及发货，出入境管制影响企业开拓国际市场。已有 100 多个国家或地区就疫情防控对我国采取入境管制措施，将影响安徽省进出口企业后续的国际市场开拓。但在疫情得到有效控制的情况下，其对外贸的影响主要在短期。

从财政层面看，第一季度财政收入不容乐观，每月财政收入基本上是上月经济发展表现，很多城市 1 月份财政收入就呈下降趋势，表明 2019 年 12 月份经济就有下行压力，春节期间有望扭转局面，但是疫情影响一直持续，经济没有完全恢复正常秩序，估计 2、3 月份财政收入下降幅度会十分明显。合肥市统计局《每月快报》数据，1—2 月，全市财政收入 271.1 亿元，同比下降 11.3%；其中地方财政收入 138.39 亿元，同比下降 8.8%。完成税收收入 243.85 亿元，同比下降 12.4%。其中，增值税同比下降 9.3%，企业所得税同比下降 12.6%，个人所得税同比增长 12.3%。同时，受 2019 年减税降费政策翘尾因素及国家新出台减税降费措施影响，将会进一步拉低财政收入。对财政的影响，估计短期内无法消除，中央和地方进一步加大对中小微企业的减税降费措施，财政收入难以增加，支出会进一步扩大，对于一些经济欠发达的区域来说，财政压力巨大。

（二）新冠肺炎疫情对安徽一些行业的影响

新冠肺炎疫情影响对不同产业影响程度不一样。总体上看，对第一产业影响不大，对第二产业有短期冲击，对第三产业影响较为严重。除抗疫需要的物资行业在短期内刺激产能扩张、增长较大外，其他产业都受到不同程度的负面影响。

新冠肺炎疫情对安徽第一产业的影响主要体现在养殖业,对种植业则影响不大。疫情时期尚没有进入春耕阶段,对农业的影响有限。但是,对农产品销售、农民工外出务工和CPI影响较大。新冠肺炎疫情发生后,其一,很多秋冬农产品销售尤其是物流遭受障碍,且难以借助网络营销完全弥补;其二,绝大多数农民工复工较晚,农村家庭或农民非农业收入受到一定程度影响;其三,农产品物流受阻和上一年累积的物价上涨因素会导致CPI进一步攀升;其四,应季花卉、水果、虾蟹、活畜、活禽等销售遭受较大损失。家禽业是安徽省农业生产中的一个支柱产业。"由于活禽交易市场关闭,家禽屠宰企业开工不足,导致全省6 800多万只家禽以每千克2~4元的低价出售,1.2亿羽苗禽销售受阻。"安徽省农业农村厅厅长卢仕仁表示,安徽省家禽行业损失较重。除此之外,以农业为主题的旅游观光和餐饮服务行业也会受到重大影响,但伴随着公众对食品安全重视程度的提升,有可能加快第一产业集约化生产进程。

新冠肺炎疫情对第二产业尤其是工业有短期冲击性影响。多数企业2月底才基本复工,再加上产业链上下游配套企业复工时间前后不一致和部分工人不能够返回车间,即使复工也难以达到既定产能。3月7日和8日笔者通过微信群对20余家工业企业高管层的访谈显示,平均预估2月份至少损失往年同期收益的一半。企业防疫成本的增加,也会影响第一季度的收益。同时也要格外关注风险会通过产业链传递的问题,避免引发大规模危机。如果在订单不受影响的情况下,通过赶工,能够弥补部分损失,这样一来疫情对第二产业的影响或可以在后期得到弥补。

疫情对第三产业的影响最为严重。旅游、餐饮、住宿、娱乐等传统服务业受其影响最大,且在后续季度中难以弥补。餐饮业第一季度损失三分之二时间基本成定局,众多餐饮企业原定年夜饭取消,仅有少数外卖业务,如安徽快餐品牌老乡鸡董事长束丛轩保守估计在疫情期间的损失有5亿元。旅游业(狭义)虽然诸多景区开放,但第一季度也要损失三分之二。宾馆住宿业稍好一点,但直至3月上旬的入住率也不足10%。娱乐业全面歇业至3月中旬仍没有获得复工通知或许可。线下商贸服务业除了规模以上企业获得复工批准,绝大多数小微商贸企业仍未获得开业许可。交通运输业稍微超前,但是因为人员流动性限制和人们自我防范意识,相关数据显示比往年同期减少40%左右。物流行业已经慢慢恢复。我们按照2019年第一季度的核算数据,第三产业增加值达到3 281.4亿元,增长7.1%,如果安徽第三产业会出现增长-20%左右,与去年同比会有650多亿元的损失,占全年GDP的1.5%(全年按照6.5%的增速,上一年7.5%增速)。第四次全国经济普查后调整的GDP中第三产业数据要大于调整前数据,损失也会大于这个数值,其中很多无法依靠后期弥补。安徽省上半年数据如表26-2所示,整体经济逐渐好转,特别是第二季度以来积极变化显著增多。

表 26-2 安徽省上半年主要经济指标

指标名称	上半年(亿元)	同比增长(%)
一、生产总值	17 551.1	0.7%
其中:第一产业增加值	1 152.3	1.2%
第二产业增加值	7 126.2	0.8%
第三产业增加值	9 272.6	0.4%
二、财政收入	2 992.3	-7.4%
三、规模以上工业增加值	—	2%
四、社会消费品零售额	8 456.5	-3.5%
限额以上网上商品零售额	309.3	38.7%
五、固定资产投资	—	1%
其中:第一产业	—	4.6%
第二产业	—	-11.2%
第三产业	—	7.5%
六、居民消费价格	—	3.8%
工业生产者出厂价格	—	-1.1%
工业生产者购进价格	—	-2.2%

资料来源:安徽省统计局。

另外,也有受到疫情刺激获得增长的行业,如医疗器材或防护用品、在线娱乐、在线教育、生鲜电商、线上办公、互联网医疗、智能软件行业、大数据产业等均在疫情期间呈现增长态势,安徽省内这些行业也可能获得增长。

总之,疫情对安徽第一季度经济影响是明显的,特别是全国经济普查调整新增4 000亿元多属于服务业和中小型企业,受到疫情打击较大。当然,国家和安徽省各项政策的出台,尤其是"新基建"项目的启动,应该对消除疫情影响有很大的缓解作用。

三、安徽省应对新冠肺炎疫情影响的政策及对策建议

如同全国大多数省区市一样,安徽经济受到疫情影响已经成为现实,最终受到多大影响仍然需要等到第一季度统计数据公布,才有答案。安徽应对疫情对经济影响的对策始于2月14日,构建了"全链条"政策204条,出台了"全要素"工作保障措施,体现了"两手抓、两手硬"的工作思路和行动步骤。

(一) 已经出台的政策及评述

安徽省内最早出台的政策措施是2月4日铜陵市政府发布的《关于应对肺炎疫

情帮助中小微企业共渡难关的若干政策意见》。在之后的一个月内,安徽省各市陆续出台各项应对政策措施,积极推进复工复产,构建了"全链条"政策保障。

安徽省出台了促进经济持续健康发展的《关于加大政策调节力度促进经济持续健康发展的意见》,发布支持实体经济政策清单,明确财税支持61条、降成本25条、稳岗创业42条、金融支持22条、优化政务服务和营商环境54条共204条政策措施。在以上政策引导下,为推进重点项目复工开工,安徽实行清单管理。全面梳理各类重点项目,及时排出新开工项目"3个月滚动计划"、"一项一策"制订在建项目复工、新项目开工推进计划。2月份,安徽全省贯彻"六稳"重大项目集中开工251个,总投资1 253.8亿元。安徽在线平台共办理网上投资项目审批(核准、备案事项)914个,投资额达1 514.5亿元。从现实来看,规模以上企业复工率高,全面恢复生产尚需产业链上下游企业联动,中小企业特别是第三产业企业复工尚需时日。

安徽在应对疫情恢复经济正常发展上做出了快速反应,与长三角区域的其他三个省市基本上保持一致。但是要想将这些政策准确地落地,还是比较困难的。

就目前来看,在保证疫情防控的前提下,全面复工复产和恢复正常生活秩序是最好的"政策",也是各行各业恢复元气的根本之路。

(二)新冠肺炎疫情后安徽经济发展对策

当前国内疫情形势基本得到控制,国外疫情形势却尚不乐观。中国经济的全球化水平高,全球价值链下,国内外经济是联动的,产业链是跨国界的,市场"链动效应"明显。虽然中国经济韧性很强,但还需要多方面、多领域共同努力。就安徽而言,提出以下七点对策。

第一,继续稳定疫情防护物资生产,满足国内外市场需要。目前疫情尚未得到完全控制,特别是全球疫情形势仍十分严峻,对疫情防控物资的需求短期内十分强劲。在已经摸清安徽疫情防护物资生产企业情况的基础上,继续给予资金支持,稳定生产甚至可以适度扩大生产规模,组织引导企业在满足国内需求的情况下,积极开拓国际市场。

第二,继续加大复工复产工作力度,全面排查和落实政策。特别是服务业要进一步研究细化复工复产的行业、企业和复工进度。现在的主要工作任务是全面摸排受损企业情况,快速筛选政策可支持的企业,将204项政策落实到位,政府、行业协会和企业都要拿出相应的止损措施,尽力做到"一行一策"、"一企一策"。特别要强调的是企业自救是根本,政策只能够是辅助,要弘扬企业家精神,克服各种困难,在保证生存的基础上,再谋求发展。

第三,系统谋划"新基建"投资项目,逐步推进项目投资建设。初步预判,疫情后将会全面铺开"新基建"项目审批和开工建设。因此,建议尽快做好安徽省的"新基建"项目的前期谋划。安徽省公共卫生服务基础设施还十分薄弱,亟待投资强化,必须做到系统谋划,顶层设计清晰,筹建国家区域医疗中心、大健康产业基地、生物新兴产业基地和卫生防疫相关项目。深度谋划数字智能产业,全省性数据中心、"城市大脑"建设等牵动全省的数字工程项目要优先安排,大力推进5G、大数据、云计算、区块链、人工智能产业发展。继续深入谋划和厘清"四个一"创新主平台的内在逻辑和实际运行关系,将"新基建"与创新项目落地结合起来,统筹规划,有效实施。高度重视国家生物安全相关的项目谋划和应急物资保障项目的前期规划,切实在新一轮"新基建"投资中抓住机遇,促进安徽经济新发展。

第四,确保如期完成脱贫攻坚任务,全面建成小康社会。建议进一步摸排、解决贫困户受到疫情影响程度,抓紧解决贫困户所遇到的困难并及时拿出有效解决措施。全面脱贫的根本在于构建长效机制,要高度重视返贫现象防治,做好预案。全面建成小康社会,要顺应新需求变化,调整产业结构,改变经济规划方向和方式,"十四五"期间要把重点放在小康社会满足老百姓新的消费需求升级上,才能够获得新的增长。

第五,继续坚持制造业强省战略,大力发展新兴制造业。抓好经济运行监测,以更大力度服务实体经济发展。安徽"芯屏器合"[①]产业发展思路已经实施多年,需要进一步细化和深化内在产业发展规律研究,针对性地谋划项目和有目标的招商方案,做强做大新兴制造业。在这次疫情中体现出医疗和生物产业发展的重要性,要高度重视,在现有产业基础上进一步深化产业链研究并做好整个产业集群化发展基地布局,面向全面铺开的公共卫生事业"新基建"需求,超前做好谋划和布局。大力培育发展电子商务、电子政务、远程办公、虚拟会务/商务、线上教学、网络娱乐、互联网医疗等新业态,推动相关产业更快发展,为高质量发展积蓄新动能。

第六,强化"双招双引"和"双创",培育经济持续发展后劲。安徽在实施长三角一体化战略中,与苏浙沪之间明显地存在经济差距,究其根本原因在于经济活动主体企业数量和质量上的差距。企业的数量有两个来源:一个是本地社会大众创业;另一个是经由招商引资来本地创业或再创业。企业发展质量主要是依靠创新发展。从这次全国经济普查来看,近五年新增加的4 000亿元,主要是招商引资和创新创业带来的增加量,这就需要进一步强化"双招双引"和"双创"。这次疫情对近年来的创业企业影响较大,必须想尽一切办法加以扶持和帮助,最为重要的是要保护社会大众的创新创业热情,要大力弘扬企业家精神,尤其是创业精神。

第七,进一步深化改革和推进制度创新,全面优化投资环境。改革开放是发展的动力,体制创新,尤其是机制创新,需要安徽人拥有足够的勇气和智慧。必须营造重视创业、重视创业者、理解创业者、鼓励创业者、为创业者排忧解难的良好创业环境。要把创业环境的营造作为政府工作的重中之重,尽最大的努力消除创业者创业道路上的各种行政性障碍和各种"管卡压"的潜规则。没有体制机制上的改革,就不可能有良好的创新创业环境。安徽深化改革成为营造创新创业环境的前提条件,关

---

① "芯"指芯片产业;"屏"指平板显示产业;"器"指装备制造及工业机器人产业;"合"指人工智能和制造业融合。

键是敢于用改革突破"条条框框",尤其要突破思想意识上的各种束缚。投资者、企业家、创业者和人才"用脚投票",选择适合自己的土壤,安徽应该提供这样的土壤和环境。

四、结语

这次突如其来的重大疫情,既是对公共卫生防控体系的一次大考,也是对国家治理能力和各省(区、市)执政官员治理能力的一次大考,还是社会各种心态的复杂性展示;既对经济产生了冲击性影响,也对人们的心理产生深刻影响。总的看来,疫情对经济的冲击还是明显的,再加上国际经济形势不容乐观,中国经济的韧性是否能够消化这一冲击影响,要看后续政策的针对性和有效性,还要看企业家的作为和全社会的共同努力,更要看国内消费潜力的挖掘。安徽的情况与全国情况大致相同,已经出台的政策正在发挥作用,后面还要进一步优化政策、有效落实,才能够弥补这次疫情造成的损失。虽然我们相信中国经济发展的大势不会改变,安徽经济发展的良好势头也不会改变,但是,疫情全球大流行所导致的全球经济衰退风险还是需要我们及时拿出预防措施,不可因为中国疫情得到良好控制而误判国际经济形势对中国经济产生的影响。全球经济发展态势的不确定性,使今年中国经济形势面临更加复杂的局面,现在还十分难以预判未来走势。

(刘志迎,中国科学技术大学管理学院教授)

参考文献

[1]《2020年2月份颍州区财政收支情况通报》,澎湃新闻,2020年3月4日:http://ah.ifeng.com/a/20200304/10585768_0.shtml。

[2]《350家经营主体调查:疫情中的农业生产有哪些"拦路虎"?》,"决策杂志"公众号,2020年2月28日:https://mp.weixin.qq.com/s/SKGNBg4vn6sNfRhO6FsRcw。

[3] 安徽统计局:《安徽省第四次全国经济普查主要数据公报》,安徽统计局网站,2020年4月25日:http://tjj.ah.gov.cn/ssah/qwfbjd/tjgb/sjtjgb/113726051.html。

[4]《各地推动复工复产》,《人民日报》,2020年3月2日。

[5]《减负160亿!安徽出台新政策助企"轻装快跑"》,"安徽发展研究"公众号,2020年3月9日:https://mp.weixin.qq.com/s/5E7s8ftqi6HjdN90s5zf_w。

[6]《"两手"都要硬,"两战"都要赢》,《人民日报》,2020年3月6日。

[7] 刘志迎:《长三角一体化面临的"剪刀差"难题及破解对策》,《区域经济评论》,2019年第7期。

[8] 刘志迎、张勇:《安徽13个五年规划(计划)期发展与"十四五"发展对策》,《理论建设》,2019年第12期。

[9]《前2个月我国外贸进出口4.12万亿元》,中华人民共和国海关总署网站,2020年3月7日:http://www.customs.gov.cn/customs/xwfb34/302425/2879130/index.html。

[10]《中共中央政治局常务委员会召开会议 研究当前新冠肺炎疫情防控和稳定经济社会运行重点工作》,《人民日报》,2020年3月5日。

第 27 章 新冠肺炎疫情对湖北经济的影响与应对

新冠肺炎疫情发生以来,为了早日战胜疫情,实现经济社会发展目标,除了开展紧张的防控工作,还需要认清当前、未来疫情对湖北地区已经或可能带来的经济影响,结合湖北自身经济发展现状,制订更有针对性的系列政策。本章首先概括新冠肺炎疫情在湖北的发展过程,其后从短期、长期分析新冠肺炎疫情对湖北和武汉的经济影响,随后梳理分析当前中央及湖北应对疫情的支持性政策,并为湖北经济发展提出相关政策建议。

一、新冠肺炎疫情在湖北的发展过程

国家卫健委数据显示,截至 2020 年 8 月 30 日 24 时,湖北省累计报告新冠肺炎确诊病例 68 139 例,全省累计治愈出院 63 627 例,全省累计病亡 4 512 例,其中武汉市累计确诊病例 50 340 例,累计治愈出院病例 46 471 例,累计死亡病例 3 869 例。

(一)新冠肺炎疫情在湖北发展的时间线

1 月 23 日,武汉市新冠肺炎疫情防控指挥部发布第 1 号通告,自 2020 年 1 月 23 日 10 时起,武汉开始"封城"。2 月 11 日,在第 12 号通告中要求:即日起在全市范围内所有住宅小区实行封闭管理。2 月 20 日,湖北省新冠肺炎疫情防控指挥部发布通知,省内各类企业延迟到不早于 3 月 10 日 24 时前复工。在不断升级的管控措施之下,武汉的新冠肺炎疫情得到了有效控制,同时,受"封城"、停工的影响,武汉市人流、物流不再顺畅通行,整座城市被按下了"暂停键"。

(二)新冠肺炎疫情在湖北地区的蔓延

截至 2020 年 3 月 7 日 24 时,湖北省累计报告新冠肺炎病例如图 27-1 所示。
截至 2020 年 3 月 7 日 24 时,武汉市病例如图 27-2 所示。
截至 2020 年 3 月 7 日 24 时,除武汉市外,湖北省其余各市累计确诊病例 17 795 例,累计治愈出院病例 15 241 例,累计死亡病例 616 例,如图 27-3 所示。

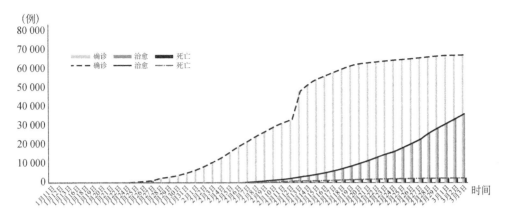

图 27-1 新冠肺炎疫情在湖北省的蔓延：累计确诊、治愈、死亡病例

资料来源：根据公开资料整理。

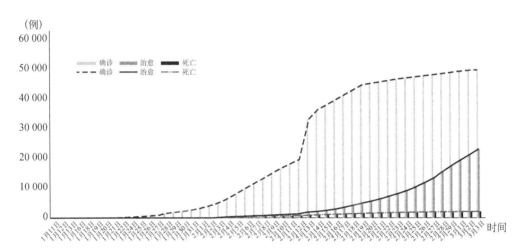

图 27-2 新冠肺炎疫情在武汉市的蔓延：累计确诊、治愈、死亡病例

资料来源：根据公开资料整理。

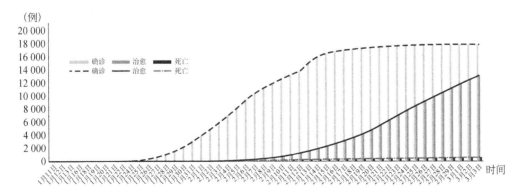

图 27-3 新冠肺炎疫情在除武汉外湖北各地的蔓延：累计确诊、治愈、死亡病例

资料来源：根据公开资料整理。

二、新冠肺炎疫情对湖北经济发展的影响

随着新冠肺炎疫情的暴发,湖北省对人员外流实施严格管控。经济发展几乎进入停滞状态,疫情对湖北经济的影响也逐步显现。

(一) 武汉和湖北经济的现实基础

2019年,湖北省的主要经济指标增速处于全国第一方阵,产业结构不断优化,新旧动能加快转换,运行质效持续提升,高质量发展扎实推进。全省工业经济高开稳走,高技术产业贡献突出,高技术制造业增加值增长11.3%[①]。

1. 武汉经济的现实基础

武汉经济运行总体平稳,保持中高速增长,2018年全市实现生产总值14 847.29亿元,同比增长8.0%。经济结构持续优化,三次产业比重为2.4:43.0:54.6,贡献率分别为1.1%、32.3%和66.6%。武汉市聚焦产业升级,发展先进制造业、高新技术产业以及现代服务业,打造新兴产业集群。目前武汉正发挥丰富的科教资源优势,利用坚实的传统产业家底,培育蓬勃的新兴产业萌芽,推动"一芯两带三区"战略在汉落实。目前,武汉已集聚芯片企业100多家,正在打造以存储芯片、光电子芯片、红外芯片、物联网芯片为特色的国家级"芯"产业高地。

2. 湖北除武汉外其他各地经济的现实基础

鄂东地区发展重心集中在第二产业,但各城市间的产业分工也存在着明显差异。如图27-4和表27-1所示,黄石市的主要行业包括有色金属冶炼及压延加工业、黑色金属冶炼及压延加工业,以及非金属矿制品业[②]。黄冈市主要发展非金属矿

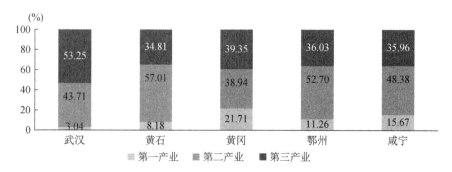

图 27-4 2017 年鄂东地区各地各产业占 GDP 比重

资料来源:根据湖北省统计局数据整理。

---

① 湖北省统计局、国家统计局湖北调查总队:《湖北统计年鉴2019》,中国统计出版社,2019年。
② 黄石市统计局、国家统计局黄石调查队:《黄石统计年鉴2018》,中国统计出版社,2018年。

制品业、农副产品加工业、化学原料和化学制品制造业等①。鄂州市经济发展以黑色金属冶炼及压延加工业为主②。咸宁市工业总产值最高的三个行业分别为非金属矿制品业、纺织业、化学原料和化学制品制造业③。

表27-1 2017年鄂东地区各地主要行业及其占地市工业总产值比重

城市	行业	占工业总产值比重(%)
黄石	有色金属冶炼及压延加工业	25.58
黄石	黑色金属冶炼及压延加工业	15.73
黄石	非金属矿制品业	14.38
黄冈	非金属矿制品业	21.57
黄冈	农副产品加工业	10.97
黄冈	化学原料和化学制品制造业	9.66
鄂州	黑色金属冶炼及压延加工业	32.91
鄂州	电力、热力生产和供应业	13.98
鄂州	黑色金属矿采选业	9.84
咸宁	非金属矿制品业	13.92
咸宁	纺织业	9.27
咸宁	化学原料和化学制品制造业	7.62

资料来源：根据湖北省统计局数据整理。

鄂东地区因其特有的资源禀赋，临近武汉的区位特征，沿长江、铁路和高速公路的交通条件，在承接武汉逐步转移的有色金属产业以及钢铁产业上具有明显的优势。

鄂西地区具有生态、历史文化、工程建设奇观、地域民俗、区位等五大资源优势。然而，鄂西地区旅游发展水平不高，丰富的生态文化旅游资源优势发挥有限。据图27-5和图27-6所示，鄂西地区的旅游资源虽占全省60%以上，但接待游客总人数和旅游总收入占全省比重偏低。

鄂西地区经济发展相对滞后，区域间发展不均衡。虽然部分鄂西地区城市GDP增长明显，但是从绝对值上来看，襄阳和宜昌两个省域副中心城市和其他地区发展差距明显。地区第三产业占GDP比重偏高，第二产业比重较湖北省其他地区偏低。从更具体的工业行业层面来讲，各地发展的工业行业侧重各有不同，以农副产品加工业为代表的轻工业是鄂西地区主要发展的行业。如表27-2所示，以化学原料和化学制品制造业为代表的化工行业在鄂西地区的工业总产值中占比较大。

---

① 黄冈市统计局、国家统计局黄冈调查队、黄冈市财政局：《黄冈统计年鉴2018》，中国统计出版社，2018年。
② 鄂州市统计局、国家统计局鄂州调查队：《鄂州统计年鉴2018》，中国统计出版社，2018年。
③ 咸宁市统计局、国家统计局咸宁调查队：《咸宁统计年鉴2018》，中国统计出版社，2018年。

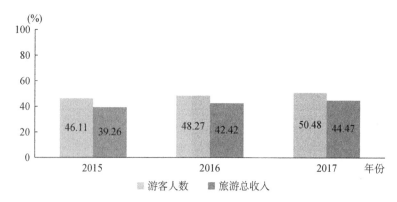

图 27-5 2015—2017 年鄂西地区游客人数及旅游总收入占全省比重

资料来源：根据湖北省统计局数据整理。

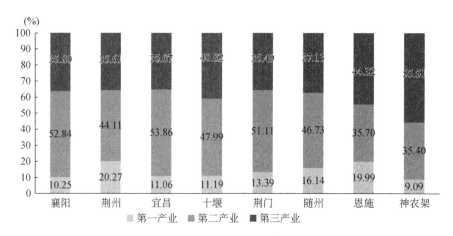

图 27-6 2017 年鄂西地区各地各产业占 GDP 比重

资料来源：根据湖北省统计局数据整理。

表 27-2 2017 年鄂西地区各地主要行业及其占该地工业总产值比重

城市	行业	占工业总产值比重（%）
襄阳	汽车制造业	27.78
襄阳	农副食品加工业	11.16
襄阳	纺织业	8.46
荆州	农副产品加工业	25.09
荆州	化学原料和化学制品制造业	8.70
宜昌	化学原料和化学制品制造业	21.89
宜昌	电力、热力生产和供应业	11.96
宜昌	非金属矿物制品业	11.43

(续表)

城市	行业	占工业总产值比重(%)
十堰	汽车制造业	69.39
	农副食品加工业	3.90
	饮料制造业	3.10
荆门	农副食品加工业	25.93
	化学原料和化学制品制造业	14.13
	石油加工、炼焦和核燃料加工业	8.52
随州	农副食品加工业	18.81
	汽车制造业	16.18
	非金属矿物制品业	12.77
恩施	农副食品加工业	21.00
	酒、饮料和精制茶制造业	17.20
	电力、热力生产和供应业	15.96

资料来源:根据湖北省统计局数据整理。

江汉平原因其优越的地理地貌和气候条件,自古以来就是我国重要的粮食产地。同时,江汉平原主要涵盖的荆门市、荆州市、仙桃市、天门市和潜江市2009—2018年十年间GDP总体增长幅度,除荆州外均高于全省总体增速水平203.7%[1]。

虽然总体经济数据尚不落后,但江汉平原地区经济发展的结构性矛盾已日益凸显。从农业现代化水平来看,传统农业向现代化农业升级的进程并不顺利。同时,还面临着农业人口缩减、产粮空间分化、自然条件优势正逐渐减弱等挑战。

另外从产业角度来看,用"区位熵"[2]的指标来衡量,如表27-3所示,江汉平原主要涵盖的荆门、荆州、天门、仙桃、潜江五市,其专业化程度最高的优势产业各不相同,分布较为分散。

表27-3 2017年江汉平原地区重点城市"区位熵"

	荆门	荆州	天门	仙桃	潜江
煤炭开采和洗选业	4.10	0.00	0.00	0.00	0.00
石油和天然气开采业	0.00	0.00	0.00	0.00	32.56

[1] 湖北省统计局、国家统计局湖北调查总队:《湖北统计年鉴2019》,中国统计出版社,2019年版。
[2] "区位熵"指数常用于衡量某一区域要素的空间分布情况,可以较好地反映区域内主导专业化部门的专业化程度。

(续表)

	荆门	荆州	天门	仙桃	潜江
非金属矿采选业	2.34	0.19	0.00	0.00	0.00
开采辅助活动	0.00	0.00	0.00	0.00	30.68
农副食品加工业	2.18	2.37	0.60	0.82	2.19
食品制造业	0.56	1.24	0.17	2.22	0.45
纺织业	0.69	1.35	0.94	5.73	1.04
纺织服装、服饰业	1.55	1.15	1.80	1.21	4.14
皮革、毛皮、羽毛及其制品和制鞋业	3.50	0.40	0.00	0.22	0.03
家具制造业	0.93	0.98	2.45	0.32	2.45
化学原料和化学制品制造业	2.52	1.47	0.72	0.97	1.17
医药制造业	0.57	0.96	2.09	1.06	0.70
有色金属冶炼和压延加工业	0.38	0.39	0.00	0.04	3.00
废弃资源综合利用业	3.58	0.94	1.23	0.92	0.19
金属制品、机械和设备修理业	0.00	0.32	4.28	0.00	0.00
燃气生产和供应业	0.43	2.56	0.53	0.00	0.05

注：仅显示该地区存在优势的相关产业，数值大于2即表示产业专业化程度较高。
资料来源：根据湖北省统计局数据整理。

（二）新冠肺炎疫情对武汉的经济影响

从短期来看，疫情的影响主要集中在消费、房地产等领域，但是从长期来看，我们必须重视新冠肺炎疫情对武汉支柱产业的冲击。

1. 疫情对武汉市经济的短期影响

武汉市第三产业中的消费行业受疫情短期影响较大。防控疫情需要避免人口大规模流动和聚集，因此大幅拉低了消费需求。新冠肺炎疫情直接影响餐饮、旅游、娱乐、交运等行业。疫情期间，电影行业近乎颗粒无收；餐饮行业损失惨重，但线上消费则在疫情期间业务激增；居民出行人次减少约七成，各主要景点关闭，旅游行业受影响也比较大。但是从2003年非典的影响来看，当期的消费会受到一定程度的影响，疫情结束之后消费会反弹性回调。

武汉的房地产业受疫情短期影响显著。武汉的房地产市场春节期间和2月的销售出现大幅下滑。很大可能会影响房企的拿地和投资决策，进而对武汉的房地产投资造成负面冲击。

2. 疫情对武汉市经济的长期影响

新冠肺炎疫情对武汉"芯"产业的长期影响主要体现在三个方面：第一，阻碍全球人员交流和"芯"产品出口;第二,减少"芯"产业的持续投资;第三,吸引全球高端芯片人才的难度增大。受疫情影响,中国与全球的流动受限,进出口受阻,这对"芯"产业造成了严峻的影响。资金和人才是发展"芯"产业的两大重要因素。疫情对产业的长期影响恰好体现在这两个方面。"芯片"和"药片"作为高科技产业的两个重要代表,疫情过后,武汉势必会有更多财政预算配置到医疗卫生领域,这可能对目前包括长江存储在内的几个大项目的后续支持产生较大影响。"芯"产业作为国际化的产业,人才一直是产业发展的核心要素,产业发展非常需要国际化的人才。长远来看,此次疫情在一定程度上将会增大武汉市在全球吸引高端人才的难度。

此外,疫情尤其对作为汽车工业重要基地的武汉影响更大。但随着疫情的减退,汽车产销会很快恢复正常。疫情对武汉市医药产业的长期影响较大。第一,创新药物和医疗器械研发加强。通过此次疫情,研发各种应对病毒的检测、抑制和治疗的相关药品和试剂势必更受重视。因此,预期会有更多的医药企业加强创新药物和医疗器械的研发与制造。第二,互联网医疗快速发展。受疫情推动,互联网医院、在线诊疗、各类网上药店前所未有地受到关注,解决了特殊时期很多非急诊慢病、常见病患者的就医、配药的问题。第三,医疗产品未来更加弹性化、社会化的协同生产也有利于保障医疗产品在关键时刻的需求。

3. 小结

短期来看,新冠肺炎疫情对武汉经济的负面影响不可避免。在控制疫情的同时,只有迅速打通武汉市人流、物流,确保当地企业正常复工,尽量保证产业链供需两端的平衡,才能最大程度地减少损失。长期来看,新冠肺炎疫情不影响武汉经济长期向好的趋势。甚至提出了新的方向。一方面,进一步推动包括健康、安全与环境管理、少人化智能制造和柔性生产、数字化技术、工业互联网远程服务、大数据分析以及人工智能技术应用等新业务的开展;另一方面,有必要从韧性城市的角度提升城市空间应对能力、数字治理能力和完善应急管理体系。

(三)新冠肺炎疫情对湖北其他各地的经济影响

自2020年1月23日,武汉正式宣布"封城"以来,湖北其他各地由于当地疫情的快速发展,也相继采取了"封城"举措。

疫情对湖北各地的当期影响已经显现。传统服务业几乎全部停摆,但同时,部分商超等企业利用线上配送等业务维持基本运行。制造业企业大部分陷入困境。部分行业如石油化工等维持运行,但由于用工困难、成本上升等不利因素也受到冲击。当然,也存在部分如医药医疗和医疗器材等行业,会得到短暂的刺激性发展。

1. 疫情对湖北各地的短期影响

随着疫情逐步缓解,绝大部分企业陆续正常复工,人员流动逐渐放开。但是由于政府对人员流动可能还存在一定的管控,以及部分人员对于病毒仍抱有忌惮的心理,会在一定程度上传导至更多的制造业以及服务业。可将此称为"疫情对湖北各地的短期影响"。

疫情中,鄂西地区面临的机遇与挑战并存。一方面,疫情短期内可能会对鄂西地区带来较大冲击,因为鄂西地区第三产业特别是旅游业占比偏高。此次疫情在短期会对旅游业产生十分不利的影响:从需求侧角度来看,短期公众担忧心理未消失,旅游意愿难以恢复;从供给侧角度来看,旅行社亏损,部分小规模旅行社甚至可能会出现倒闭的情况。这可能导致第三产业占比较高的鄂西地区会受到很大冲击。同时,由于疫情冲击,汽车产业可能会面临重大布局调整,汽车销售模式也可能会加速重塑,加上停工停产的影响,可能严重打击襄阳轻型商用车和乘用车产业。此外,疫情在短期对鄂西地区的化工行业同样会带来一定程度的冲击,比如短期存在的人力、运输成本上升,以及库存积压等问题;但是总体来看影响有限。另一方面,疫情短期内可能会有利于鄂西绿色发展示范区的建设。疫情短期内带来的旅游真空给鄂西地区建设配套基础设施、深度挖掘鄂西旅游和文化资源的独特性提供了良好机会。疫情使得生物医药行业继续受到资本青睐,有利于鄂西地区进一步发展生物医药产业。

疫情对鄂东地区影响有限,但制约了鄂东产业转型。鄂东地区目前由于经济可持续发展要求以及资源消耗枯竭的实际状况,正在大力推动传统产业转型升级,着力发展先进制造、绿色食品、清洁能源、航空物流等产业。新冠肺炎疫情导致的短期需求萎缩,会对鄂东地区发展先进制造、绿色食品等产业带来不利影响。同时,目前鄂东主要城市的发展重心仍然集中在第二产业,特别是金属冶炼以及化学原料和化学制品制造业等,这些行业在短期内鄂东地区受到新冠肺炎疫情的冲击比较有限。另外,全国范围内的基础设施建设可能会继续进入高潮,这将有利于咸宁航空产业以及咸宁临空经济区的建设。

"需求萎缩"制约江汉平原地区制造业和特色产业发展。江汉平原地区五市优势产业各不相同,分布较为分散,新冠肺炎疫情对各市的短期影响也存在一定差异。具体来看,疫情带来的需求萎缩,会对荆门的农副食品加工业和皮革、毛皮、羽毛制品以及制鞋业带来不利影响;但对与能源密切相关的制造业影响较小。同时,荆门部分地区比如钟祥、京山等地的旅游业也会受到较大冲击。荆州、天门两市主要还是受到需求萎缩传导到制造业的影响,农副食品加工业和酒、饮料和精制茶制造业受到冲击较大。作为"中国无纺布之乡",仙桃市在此次疫情防控中,为保证口罩及防护服的供应做出了突出贡献,这有利于仙桃市与疫情相关的医用设备生产行业在短期内实现刺激性发展。潜江市的石油加工、炼焦和燃料加工业等相关行业由于设备停机成本高,在疫情期间仍保持开工状态,但由此带来的成本升高以及短期内的库存积压和清理难度对企业生存带来不利影响。

总的来说,疫情短期对湖北各地经济的影响,主要来源于公众对疫情还保有的暂时担忧情绪导致的需求缩减。从另一个角度来看,由于疫情所导致的停滞有助于湖北部分地区抢抓时机,促进经济转型发展。

2. 疫情对湖北各地的长期影响

伴着疫情的逐步消退,政府的各项管控措施开始取消,人们对新冠病毒的认识趋于理性。绝大部分需求都将恢复正常,随着湖北继续推动"一芯两带三区"的战略布局,疫情的结束可能会带来经济的快速转型,获得新的发展。这可称为"疫情对湖北各地的长期影响"。

鄂西地区应抓住机遇。由于公众需求以及旅游意愿的恢复,有利于鄂西地区吸引更多的游客,促进当地旅游业的繁荣。同时,当地应抓住发展机遇,加快推进鄂西地区天然气管网建设,合理布局绿色能源发电站。此外,襄阳、十堰的汽车产业,如果能够在中央和地方政府的政策引导下合理利用自身优势,也可能获得好的发展。如果地方政府能够有效克服疫情带来的短期不利影响,那么从长期看来,鄂西地区可以抓住机遇加快打造全省绿色发展增长极。

承接武汉转移产业,疫情倒逼鄂东转型。随着疫情影响的消退,鄂东地区传统的行业逐步恢复,当期可以放开手脚推动传统产业转型,发展先进制造、绿色食品、清洁能源、航空物流等产业。在疫情过后,5G 产业可能成为经济发展的新增长点,随着武汉先进制造业、高新技术产业以及"芯"产业的发展,也给鄂东地区带来了承接武汉逐步转移的产业的机会。如果鄂东地区能把握转型的良好时机,那么也很有可能成为全省转型发展的增长极。

促进互联网平台发展,开拓江汉平原地区振兴新路。随着大部分需求的恢复,江汉平原地区的经济发展可能将趋于稳定。江汉平原地区各地优势产业都会随着疫情的结束而逐步恢复正常。同时,疫情可能促进产业互联网平台的发展,可能会有利于比如潜江市的小龙虾外销、天门市茶产业的发展等,从而开拓江汉平原地区振兴发展的新路。此外,随着疫情的结束,荆门市的通用航空产业可能随着国家支持战略性新兴产业的发展,出现有利发展机遇。随着经济发展新业态的出现,江汉平原地区可以抓住发展机遇,打造全省振兴发展增长极。

总的来说,疫情在长期对湖北各地经济的负面影响较小,并且会对湖北各地带来重要的发展机遇。如果能够建立健全一套湖北全省范围内的协调保障机制,那么全省一定能够克服新冠肺炎疫情对湖北经济带来的短期影响,从而实现全省区域发展更平衡、产业布局更优化、特色优势更彰显、城乡融合更充分。

三、湖北和武汉对疫情的应对及政策分析

疫情发生以来,中央、地方高度重视,并出台了各项政策,力争将疫情对经济造成的不良影响控制到最低程度,实现惠民利民,为更好、更快战胜疫情、恢复经济发展提供全方面保障,湖北和武汉也积极对接中央各方面政策。

(一) 已有政策梳理

以下依次从中央对湖北地区的专门支持性政策、湖北地方支持性政策、武汉地方支持性政策三个层面来梳理疫情暴发以来政府出台的相关政策。

1. 中央政策梳理

中央有关部门发布了一系列全国性的普惠政策,积极应对疫情纾解个人、企业困难。其中,考虑到湖北地区受疫情影响较大,包含多项针对湖北的专门措施,主要从减税降费、金融支持和稳岗就业三个方面来概括。

(1) 减税降费方面。2020 年 1 月 30 日,根据全国范围内根据疫情防控需要,将 2020 年 2 月的法定申报纳税期限延长至 2 月 24 日,而湖北等疫情严重地区可以视情况再适当延长。2 月 20 日,人力资源社会保障部、财政部、税务总局发布的《关于阶段性减免企业社会保险费的通知》(人社部发〔2020〕11 号)通知。2 月 25 日,李克强总理主持召开的国务院常务会议指出,自 3 月 1 日至 5 月底,免征湖北省境内小规模纳税人增值税①。

(2) 金融支持方面。1 月 31 日,《关于进一步强化金融支持防控新型冠状病毒感染肺炎疫情的通知》(银发〔2020〕29 号)规定:免收湖北省上市公司、挂牌公司的 2020 年度上市年费和挂牌年费。免除湖北省期货公司 2020 年度会费和席位费。鼓励金融机构对其贷款本金给予临时性延期偿还安排②。

(3) 稳岗就业方面。2 月 5 日,《关于做好疫情防控期间有关就业工作的通知》(人社部明电〔2020〕2 号)规定疫情防控期间,对于该地区受疫情影响失业的参保人员可通过失业保险基金,按照不高于当地失业保险金标准发放失业补助金;湖北等重点地区可结合实际情况将所有受疫情影响企业的稳岗返还政策裁员率标准放宽。对于湖北地区高校毕业生,则会拓宽毕业生就业和升学渠道。

2. 湖北政策梳理

作为此次疫情形势最严峻的地区,湖北按照中央下达的有关通知依次发布了多项政策。

2020 年 1 月 21 日,湖北省人民政府以控制疫情扩散为首要目标,如做出严格实行属地管理制度、严格实施隔离措施、加强社会管控、加强医疗机构管理、维护社会稳定等规定。

2 月份前后,湖北省出台了多项惠民、惠企政策。2020 年 1 月 31 日,将湖北省按月申报纳税人 2020 年 2 月份的法定申报纳税期限延长至 2020 年 3 月 6 日。2 月 3 日,湖北省人民政府从全面落实相关税收政策、支持农副产品和医护物资供给补

---

① 资料来源:中国政府网,2020 年 2 月 25 日:http://www.gov.cn/guowuyuan/cwhy/20200225c07/index.htm。
② 资料来源:中国政府网,2020 年 2 月 25 日:http://www.gov.cn/guowuyuan/cwhy/20200225c07/index.htm。

助、实施农贸市场经营户摊位租金全额补贴、推广无接触餐饮配送经营模式四个方面提出17条具体财税支持举措。2月8日,湖北省人民政府出台系列政策措施,包括减轻企业负担、强化金融支持、加大财税支持、加大稳岗支持四大方面,具体如表27-4所示。

表27-4 湖北关于支持中小微企业应对新冠肺炎疫情的有关政策措施(截至2020年2月)

四大方面	具体政策内容
减轻企业负担	1. 降低中小微企业用水、用电、用气等生产要素成本
	2. 鼓励中小微企业发展载体减免租金
	3. 已与国有企业签订合同的中小微企业因受疫情影响可延长合同履行期限
	4. 降低检验检测费用
	5. 清理拖欠民营企业中小企业账款工作
强化金融支持	1. 鼓励金融机构加大信贷支持力度
	2. 鼓励金融机构适当下调贷款利率,降低中小微企业融资成本
	3. 分情况对相关企业免收或降低担保费、担保费率
	4. 提高贷款不良率容忍度
	5. 分情况给予相关企业贷款财政贴息支持
	6. 允许企业通过申请展期、发新还旧政策等方法拓宽直接融资渠道
加大财税支持	1. 加大疫情防控重点,保障企业技改支持
	2. 依法减征或免征城镇土地使用税、房产税等相关税费
	3. 纳税人可延期缴纳税款但不超3个月
加大稳岗支持	1. 企业应实施灵活用工政策,保留劳动关系
	2. 困难中小微企业可缓缴养老保险、失业保险和工伤保险费
	3. 分情况对企业返还失业保险费
	4. 增加在春节期间(截至2020年2月13日)开工生产、配送疫情防控急需物资企业的就业补贴

资料来源:《省人民政府办公厅关于印发应对新型冠状病毒肺炎疫情支持中小微企业共渡难关有关政策措施的通知》(鄂政办发〔2020〕5号)。

2月中旬后,疫情得到初步遏制,2月18日,湖北省人民政府办公厅发布《省人民政府办公厅关于做好2020年春季农业生产的指导意见》(鄂政办发〔2020〕7号)。

3. 武汉政策梳理

武汉市人民政府于2020年2月21日发布的《市人民政府办公厅关于印发应对新冠肺炎疫情支持中小企业经营发展有关政策措施的通知》(武政办〔2020〕11号),

提出了支持中小企业经济发展的"二十一条"。

"二十一条"由减轻企业负担、强化金融支持、保障企业用工、加大政策执行力度、优化提升服务五大方面组成。相较于湖北省政府支持中小微企业的政策，武汉市政府就支持中小微企业发展提出了更为全面的指导措施。

（二）政策分析与建议

对以上政策进行梳理可以发现，目前中央、地方政府出台的政策均主要立足于解决当期困难，政策普及面广且执行迅速。湖北省尤其是武汉市的工作主要围绕抗击疫情展开，政策研究及制定也以防控疫情、保障民生、缓解企业流动性困难为主。目前湖北疫情已得到较好的控制，但同时，对于很多企业而言由于当前的政策大都是事后政策且落实存在困难，企业现金流缺乏的现实困境无法得到有效解决，个人就业和企业生存状态愈发堪忧[1]，亟须制定更为具体细致的相应政策进一步加大对企业的外部支持，以此次疫情为机遇推动湖北实现新一轮改革发展。在此，提出以下政策建议。

1. 科学有序复工复产

首先，要根据企业特征分批复工、错峰返岗，简化复工手续，一般行业备案即可复工，特定行业向行业主管部门备案确认后准许复工，旅游、剧场、线下教育培训类行业暂不复工；其次，要充分保障企业防疫物资充足，为返鄂工作人员提供交通、生活等便利；最后，企业要承担起落实各项防控措施的主体责任，做好体温监测等严格管控。

2. 进一步支持中小微企业

了解民营企业特别是中小民营企业的需求，在减税降费的基础上，发放租金补贴，加大信贷支持力度，增加针对湖北地区民营企业的贷款额度，扩大中央对湖北和武汉的财政转移支付。

3. 吸引人才留鄂

势必要采取多项政策留住人才、吸引人才。具体来说，除了通过增加基层岗位、扩招研究生等方式拓宽就业、升学渠道，还可以出台落实创业项目补贴政策、放松户籍落户限制、发放租房买房补贴、提高保障性住房质量、延长商业用房使用年限、实施激励性奖励政策等举措。

4. 全面恢复市场活力

短期来看，应定向支持餐饮、旅游、零售等受疫情影响较大的行业；长期来看，应

---

[1] 根据2020年3月1日发表在澎湃新闻上的《疫情冲击下湖北省企业的经营状况分析与政策建议》一文，武汉大学中国新民营经济研究中心联合武汉市工商联，在湖北省境内（以武汉市为主）开展了为期3天的"疫情中的企业经营状况"问卷调查，共搜集573份企业有效问卷（以武汉市内企业为主，其中国有企业13家，民营企业558家，外资企业2家），并进行企业家访谈以了解湖北企业当前生存状态。问卷和访谈结果显示，绝大部分民营企业生存困难，部分甚至出现撤资倾向。

充分利用湖北地区的旅游资源,加强基础设施建设,培育、宣传武汉、湖北特有文化,加大旅游业对服务业的带动力度;保持芯片等优势产业良好发展态势的同时,逐步开放金融、教育、医疗等重要领域的市场;调整民营企业和国有企业比重,转变政府职能,大力推动民营企业发展。

四、总结

基于第二产业较为雄厚的基础、第三产业的迅速发展,再加上2018年以来的"一芯两带三区"战略布局,近年来武汉市、湖北省整体经济得到了飞速发展。

此次疫情对湖北省尤其是武汉市造成了较大经济冲击。疫情对湖北各地的当期影响主要体现在:传统服务业几乎全部停摆,仅部分企业业务维持基本运行;制造业企业大部分陷入困境;部分行业会得到短暂的刺激性发展。短期来看,疫情对湖北各地经济的影响,主要对服务业、部分制造业以及特色农业产生一定冲击,对金属冶炼以及化学原料和化学制品制造业影响较小;长期来看,疫情对湖北各地经济的负面影响不会持续太久,反而可能会给湖北各地带来重要的发展机遇。

目前为止,中央和地方政府出台了多项支持性政策以战胜疫情,主要使用加大财税支持、加大金融支持等措施,不同地区政策因疫情程度差异而有所不同,湖北省尤其是武汉市的政策主要围绕抗击疫情展开实施。短期来看,湖北应进一步加大对民营企业尤其是中小微企业的支持力度,逐步展开复工复产复市;长期来看,湖北应留住人才、吸引人才,抓住机遇推进多方面改革,恢复市场活力。

(余振,武汉大学经济与管理学院教授;江艺馨、胡文耀,武汉大学经济与管理学院硕士研究生)

第 28 章 新冠肺炎疫情对上海经济的影响和对策

新冠肺炎疫情发生以来,作为拥有人口超 3 000 万的超大型国际性都市和交通枢纽的上海,显然也无法独善其身。以 2020 年 1 月 23 日上午武汉开始"封城"为标志,疫情的发展到了一个新的阶段。由于上海在最早时间内对疫情的出现和扩大就有所警惕,且在自身职权范围内采取了相应的应对措施,因此把因病毒传播所带来的感染病例控制在了较低水平。截至 1 月 23 日晚,上海累计确诊病例为 20 例,并于 1 月 24 日启动重大突发公共卫生事件一级响应机制,从而正式拉开了上海市抗击新冠肺炎疫情的序幕。

从 1 月下旬开始,上海市多管齐下,在防范和控制病毒传播上投入了巨大的资源。除了采取道口查控、社区防控、公共交通和公共场所防疫等各项措施外,上海市还通过电视、电台和网络进行高密度的科普宣传,提高市民的防范意识。早在 1 月 22 日,上海市就公布了 110 家设置了发热门诊的医疗机构,覆盖全市 16 个区的三级、二级医院和社区卫生服务中心,可以 24 小时不间断接诊。对疑似病例可以做到及时隔离和迅速诊断,一旦确诊就转运至定点医院进行及时救治①。除此之外,为了减少由于人员大规模流动和密集接触导致的传染风险,上海和其他城市一样,果断对外地来沪人员(尤其是来自湖北和浙江部分地区的外来人员)进入上海予以了一定程度的限制;同时,也采取了推迟节后企业复工的措施,于 1 月 28 日通知企业不早于 2 月 9 日 24 点前复工,实际上是把企业复工时间推迟到了 2 月 10 日,并进一步通过错峰上下班、有序复工等措施,保持复工期间的防疫力度。

由于上海市应对措施及时有力,在控制病毒感染人数和传染范围上,取得了明显的效果。上海累计确诊病例在 1 月 30 日达到最高峰,并在此后开始逐渐下降。实际上,从 2 月 10 日开始复工起,上海新增病例人数持续减少,有效地避免了"返程复工"可能带来的疫情高峰。患者出院率也从 2 月初的 75% 上升到 3 月上旬的近 90%。截至 3 月 8 日上午,上海累计确诊 342 例,累计治愈 313 例,死亡 3 例。目前上海市的防疫重点已经转为防范出现病毒的输入型感染,尤其是境外输入感染②。

迄今为止上海在控制疫情方面的努力是卓有成效的。同时也要注意到,新冠肺

---

① 在此期间,从患者出现症状到确诊入院的平均时间为 5.5 天,之后这一周期进一步缩短。
② 实际上,从 3 月 3 日起,上海市就实现了连续 2 周无本地新增确诊病例。此后,上海市有限的新增确诊病例基本上均为外地输入或境外输入。

炎疫情给上海市造成的冲击和损失也十分明显,例如,为防范和控制疫情扩大所投入和消耗的大量资源。

本章接下来将分析,为了防范疫情而采取的非经济性预防和控制措施,本身会产生很高的成本,即这些措施主要会通过阻碍人员和资本等要素的及时投入,降低配置效率,搅乱供应链等渠道,从而抑制居民的消费能力和消费意愿,甚至会降低企业尤其是跨国企业的中长期投资意愿,对上海市产生直接和间接的经济影响。

本章的分析同时表明,由于上海市的政策整体应对有效及时,如果疫情能在较短时间内得到完善的控制和处理,那么疫情对上海经济的冲击就仅仅是短期性的,可以被其后的经济恢复性增长所吸收和消化。但如果包括跨国企业在内的企业中长期投资意愿因为疫情而出现下降,那么这一效应在短期内就很难逆转。因此,抗疫期间及其后的政策措施,除了要尽量减小疫情在短期内所带来的直接冲击外,也不能忽略疫情所带来的中长期后果。

一、影响分析

(一) 短期内疫情对经济的直接冲击

新冠肺炎疫情是一次全面的系统性冲击,但它所带来的医疗和其他社会经济成本上升(如因人员患病而导致无法正常工作)只是一方面,它主要通过为防范疫情扩大和传播而采取的防控措施触发的政策反应,影响到供给和需求。这很容易把经济拉入恶性循环的陷阱,凸显了信息和网络时代经济的脆弱性。

第一,由于担忧人群密集接触导致并加速病毒传播,政府要求居民尽量减少外出甚至自行居家隔离,而居民也因为担心被感染而尽量减少外出。这就直接减少了就餐、文娱、旅游、会议等出行性消费和其他大量的一般性消费。这对餐饮、娱乐、交通运输、旅游、酒店住宿、家政服务等行业造成了直接的打击。

第二,上海市在升级疫情防范级别后,和全国其他地区一样采取了比较严格的居民外出和外地人员入沪管制措施。这就使得劳动力和原材料等生产必需的要素投入受到了很大的影响。这种影响到了2月10日上海开始复工之后,表现得更为明显。大量外地的员工无法返回上海,原材料也无法到位,企业即使有复工的意愿,也会因为劳动力和原材料的缺乏而出现生产能力无法完全利用的现象。除此之外,由于限制性政策的普遍存在,很多合同和订单无法履行,极大地干扰了企业的正常运营,尤其是对企业维持资金链构成了极大的压力。这也意味着,即使企业在要素投入上能够满足正常复工的条件,也并不能保证企业恢复正常经营。这是因为防范疫情的政策措施会继续发挥作用,可能会阻碍企业正常开展业务。

第三,以往的一些危机(如2011年东日本大地震、2016年H7N9禽流感疫情等),在国际范围内缺乏同步性且局限在某一国或某一地区。但本次新冠肺炎疫情已经演变成一个全球性的问题,使得世界主要经济大国均不同程度地出现了病毒感染疫情。截至3月5日,全球疫情最严重的10个国家也几乎是经济总量最大的10个经济体(包括七国集团、中国、韩国)。仅这些国家就占了全球60%以上的GDP、65%以上的制造产能以及41%以上的出口。因此,随着病毒的全球传播,引发各国均出现不同程度的恐慌并采取防范性措施(如对来自疫情国的货物进口进行限制),全球经济也会随之动荡。这意味着以往通过外需来弥补内需下降的可能性大大降低了。

同时需要注意的是,疫情对经济的冲击并不是均质的,这和各地的经济结构性特点以及当地政府的应对水平有很大关系。

1. 相比疫情对制造业的影响,疫情对上海服务业的冲击会更大,这和上海的经济发展阶段以及产业结构的特点有关

2019年上海GDP增长6%,达到3.82万亿元,按其常住人口(2 300万)计,人均GDP达到16.6万元(按当年平均汇率换算合2.4万美元),大大超过了世界银行高收入国家的人均标准(1.2万美元)。

上海市的产业结构已经完全由第二产业和第三产业所主导,其规模分别占GDP总量的27%和72.7%。尤其是第三产业,更是成长为上海经济当之无愧的主导产业,其不仅在GDP中占据了绝对优势,而且其增速(8.2%)也把第一产业和第二产业远远抛在后面。

上海市发展中的第三产业具有两个显著特征:一是,从要素投入的角度来看,第三产业是典型的劳动密集型产业(如餐饮、旅游、商贸、文娱等)及其相关服务性产业,为大量的非熟练劳动力提供了就业机会,是他们获得收入的首要方式。二是,像上海这样的经济较为发达地区的第三产业,也是大量熟练劳动力和高端人力资本汇集之处,是中高端人力资本密集型产业的重镇。例如,上海2019年的第三产业中,发展最快的就是金融、房地产等典型的人力资本密集型的高端服务业(图28-1)。

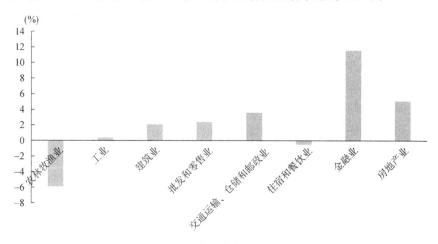

图28-1 2019年上海各行业GDP增速

资料来源:上海统计局网站,http://tjj.sh.gov.cn。

需要指出的是,随着收入的提高和技术的发展,尤其是信息技术的发展,包括第三产业在内的各行业各部门之间的技术联系愈加密切,彼此互相关联和渗透,成为庞大的产业链里的一个有机组成部分,具有一损俱损、一荣俱荣的关系。

这种产业结构的组成及其特点,在经济持续增长期间,可以通过规模经济和产业联系,形成经济增长—收入增加—需求上升—拉动投资—经济增长的正反馈。但在新冠肺炎疫情这种全面系统性的冲击下,反而会使得疫情带来的经济压力变大。首先,整个服务业都首当其冲,经受了需求下降、订单减少、缺少员工的困难。其次,一个行业的困难,会很快通过上下游的产业和技术联系影响到下游需求。例如,疫情期间消费者减少或取消外出以及外卖餐饮消费,这同时也会打击外卖平台(如美团)和相关行业(如大众点评、出租车、购物中心)。换言之,需求减少的传导速度和范围都加大了。因此,上海产业结构的特点使得疫情对上海市经济的冲击会更直接,且影响程度相对其他地区(如更依赖制造业的江苏)会更高。

2. 中小企业和普通民众受疫情影响的程度相对更大

面对疫情,大企业虽然也受到影响,但它们资源相对较多,可以有各种手段来减轻震荡。但中小企业和普通民众由于受自身经济条件的限制,对类似疫情这样的系统性风险的防范能力和回旋余地都更小。

由于企业尤其是中小企业(特别是劳动密集型的服务业企业)是提供就业和收入的主力军,因而企业经营因为疫情而出现困难,也会加大广大民众的就业和收入压力。这会进一步挤压社会消费能力和需求,并降低企业的盈利预期。显然,如果疫情无法在短时间内好转,会导致形成企业经营困难—减少投资和雇佣—社会需求下降—企业经营更困难这样一个恶性循环。

3. 需要指出的是,尽管上海的第三产业尤其是服务业的劳动密集型特征使其面临着疫情的直接冲击,但也要注意到上海的产业特点和经济优势使其经济对疫情冲击也具有一定的抵抗力

这是由于上海的社会经济发展水平较高,即使是第三产业,也是中高端人力资本密集和高校等科研机构集中的地方。因此,也有部分中高端的服务业在疫情中利用自己的产业和技术优势抓住机会,减少了损失。这主要是因为疫情期间,人们的消费和工作方式以及习惯也发生了改变,如居家远程办公、线上教育/通信/消费/文娱、外卖等需求以及对避险性资产的需求,都会因为疫情的到来和扩大而上升。那些人力资本密集且有技术储备和管理能力的企业,就能够抓住这些机会。

(二)上海市政府应对疫情冲击所采取的经济对策作用显著

上海市及时的政策反应和高效的应对措施也对缓解疫情对经济的冲击起到了极大的作用。上海市的政策举措十分迅速,且具有很强的针对性和精准度,即把政策重点放到了受疫情影响较大的中小微企业尤其是服务业上面,通过这些措施来促

就业、保民生。早在2月7日,上海市政府就出台了《上海市全力防控疫情支持服务企业平稳健康发展的若干政策措施》(又称"沪28条"),涉及6方面28条措施,包括加大对防疫重点企业财税支持力度、减免企业房屋租金、对相关企业和个人给予税收优惠、免除定期定额个体工商户税收负担、对满足条件的企业返还上年度实际缴纳的失业保险、适当下调职工医保费率等。

"沪28条"覆盖面很广,其中三个方面的内容具有很强的针对性。

(1) 出台了系列社保、医保减负措施。一是实施失业保险稳岗返还政策。今年将继续对不裁员、少减员、符合条件的用人单位返还单位及其职工上年度实际缴纳失业保险费总额的50%。二是调整职工社会保险缴费年度。从2020年起将上海市职工社会保险缴费年度的起止日期调整为当年7月1日至次年6月30日,2020年社保缴费基数调整将推迟三个月。三是可延长社会保险缴费期。因受疫情影响,对上海市社会保险参保单位、灵活就业人员和城乡居民未能按时办理参保登记、缴纳社会保险费等业务的,允许其在疫情结束后补办。

(2) 通过财税手段,减轻企业税费负担。一是除了加大对防疫重点企业财税支持力度外,允许纳税人和企业在符合相关规定的情况下,延期缴纳税款(最长期限不超过3个月)。二是对相关企业和个人给予税收优惠,疫情防控期间,房产或土地被政府应急征用的企业,缴纳房产税、城镇土地使用税确有困难的,可申请减免相应的房产税、城镇土地使用税。按照国家政策规定,对受疫情影响较大的困难行业企业2020年度发生的亏损,最长结转年限由5年延长至8年。按照定期定额纳税的个体工商户则依法免于缴纳定额税款。三是减免企业房屋租金,中小企业承租本市国有企业的经营性房产(包括各类开发区和产业园区、创业基地及科技企业孵化器等)从事生产经营活动的,先免收2月、3月两个月租金。同时鼓励大型商务楼宇、商场、园区等各类市场运营主体为实体经营的承租户减免租金。主动为租户减免房产或土地租金的企业,缴纳房产税、城镇土地使用税确有困难的,可申请减免相应的房产税、城镇土地使用税。

(3) 通过金融手段对企业加大纾困力度。一是疫情防控期间相关贷款利率参照同期贷款市场报价利率(LPR)至少减25个基点。二是加大对旅游、住宿餐饮、批发零售、交通运输、物流仓储、文化娱乐、会展等受疫情影响较大行业信贷支持,通过变更还款安排、延长还款期限、无还本续贷等方式,对到期还款困难企业予以支持,不抽贷、不断贷、不压贷。如因疫情影响导致贷款逾期,可合理调整有关贷款分类评级标准。三是新增政策性融资担保贷款比上年度增加30亿元以上。对防疫物资重点保障企业和受疫情影响较大的中小微企业,政策性融资担保基金继续加大融资担保支持力度。对新申请中小微企业贷款的融资担保费率降至0.5%/年,再担保费率减半收取,对创业担保贷款继续免收担保费。

在颁布"沪28条"之后,上海市政府还在社保、财政、金融等方面出台了一系列的相关政策以推动落实"沪28条"。

上海市各部门在加强对疫情的直接监控和防范力度的同时,并没有放缓制度改进的步伐,也没有放松正常管理工作的进度和力度,为进一步提高上海的营商环境做了很大的努力。以外资资产管理试点为例,上海的制度创新包括:拓宽试点企业范围;支持试点企业扩大投资领域;支持一个主体开展多项业务(不用再开展一项业务注册一个主体);从原来的定期分批评议,简化为申请人通过网上提交申报材料,"即申报、即受理、即评议",等等。除此之外,上海市于2月19日出台了营商环境改革3.0版方案,提出了32项改革任务,其中大多数都能落实到具体的数字细节要求。例如,全面推进开办企业"一表申请、一窗发放",开办企业实现2个环节2～3天完成;针对1万平方米以下的社会投资产业类项目,实施线上线下"一站式中心"改革,涵盖工程规划、施工许可、监督检查、竣工验收、不动产登记、供排水接入等全过程事项,实现5个环节24天完成全过程审批服务。

在上海市各部门专业而高效的努力下,再加上上海作为全国领先的经济和金融中心所具有的天然优良的地理位置和经济实力、开阔的国际视野、高素质的人才汇集、成熟的社区文化和包容心态,投资者对上海营商环境的信心以及对上海经济稳定恢复和增长的预期在很大程度上得到了稳固。例如,管理资产规模1.9万亿美元的美国纽约梅隆(BNY Mellon),有200多年历史的英国施罗德(Schroder),全球最大的人力资源管理咨询和金融咨询机构美国美世(Mercer)投资,欧洲著名的独立私人合伙制投资机构英国柏基(Baillie Gifford)投资等外资企业,在疫情期间仍然选择落户上海。而上海的住房销售量和价格指数也在疫情期间保持了稳定并有小幅上升,其中新房成交均价从1月份的5.2万元/平方米上升到2月份的6万元/平方米。

(三) 中长期内疫情对经济的影响分析

新冠肺炎疫情对上海经济在中长期内的影响存在一定的不确定性,这取决于以下三个因素。

1. 不确定性首先来自包括上海在内各地区的疫情究竟在什么时候能够被完全控制住,从而使得社会经济恢复到正常状态

如前文所述,上海疫情控制和防范工作卓有成效,社会经济秩序也在稳定恢复过程中。上海的百度打车出行指数,从2月初的10%,上升到3月8日的24%(一线城市中,北京为14%,广州为25%,深圳为34%),显示出稳步的上升状态。截至3月8日,上海市规模以上工业企业复工率97%,超市卖场复工率98.8%,电商行业、大宗商品、农产品批发市场复工率100%,菜市场复工率98%,餐饮服务复工率62.6%。

虽然上海已经控制住了疫情且整体情况处于持续好转中,但由于现代经济和社会早已经是一个有机整体,无论是物流供应链还是人员流动都是跨地区的,从而使得上海的原材料和劳动力供应不仅取决于上海的疫情走向,也取决于其他地区的疫情态势。因此,即使上海有能力控制住本地区的疫情,但其他地区如果不能同步恢复的话，那么分工体系就不能正常运转，且外来传染的威胁仍在，上海仍然无法完全恢复正常生产生活秩序。

2. 不确定性也来自疫情的全球传播范围、程度以及所造成的全球经济波动

如前所述，疫情的全球传播已经对中国经济造成了一定的负面影响。其他国家的疫情何时能得到控制，目前仍然无法判断。疫情在少数国家（如美国、意大利等）甚至有继续扩大和蔓延之势。由于疫情所引起的焦虑和恐慌，导致到2月19日，美股和其他主要经济体的股市就迎来了连续7个交易日的下跌。甚至在3月9—10日出现美国股市同一交易日连续两次触发熔断，标普指数开盘即下跌7%，市场一度暂停交易15分钟。虽然美股其后有所回调并回升至新高，但这无疑反映了市场对近期全球经济前景的预期仍然存在一定的不确定性。由于中国经济已经通过人员、商品贸易和资金往来等渠道而深度嵌入国际经济体系中，因此全球经济前景的不确定性无疑也会对中国经济造成很大影响。而上海一直是跨国公司和外资直接投资在中国最重要的基地之一①，其所承受的国际经济波动的压力和其他地区相比也将更大。

3. 最大的不确定性还是因为疫情冲击可能会在一定程度上不利于增强外资对中国中长期经济前景的信心而选择撤出中国，或至少减少在中国的投资

疫情导致的短期冲击如果不影响外资对中国经济中长期的战略判断的话，就无需担忧其中长期效应。上海的外资企业，基本上都分布在高端的服务业，尤其是零售、金融、医疗、研发教育等服务性产业以及部分先进制造业（如特斯拉），它们的决策更着重中国长远经济前景，较少受短期因素波动的影响。但从2018年开始，中美贸易关系出现紧张，外资已经有一定的观望甚至退出的迹象。例如，为了减少对中国供应链的依赖，一些跨国企业开始调整在华业务，把部分采购和生产转移到中国境外。虽然中美第一阶段的贸易协定暂时缓解了外资的忧虑，但这种趋势并未得到根本改变。根据总部设在上海的中国美国商会于3月10日发布的《2020中国商务环境调查报告》，2019年在华美国企业盈利水平下降，中国经济增长下滑以及中美关系持续不明朗，也导致越来越多的企业对其所在行业市场的增长预期和在华投资计划持悲观态度。

一方面，疫情的出现可能加强那些本来就准备撤出中国市场包括上海的跨国公司的决心；另一方面，国内各地在疫情期间的"封城"、封路、封厂的做法使得包括上海在内的各地区间的物流供应和人员流动被阻断，也凸显了在全球范围内重新配置产业链以减少资源过度集中风险的重要性。

这也很可能导致部分国内企业尤其是大企业会因为疫情的冲击而加快产业向国外转移的速度。这种通过全球范围内的产业链重新配置来减少风险的做法，会在

---

① 截至2019年，上海已经累计引进跨国公司地区总部705家，外资研发中心452家，跨国公司地区总部和研发中心的数量约占全国的一半。

中长期内对包括上海在内的国内经济形成一定的压力,但相对于外资变化而言,会是比较缓慢的一个过程。

二、应对分析:提高短期应急措施的针对性和有效性,并与中长期制度建设结合起来

(一)根据经济和产业结构的特点,提高抗疫政策措施的针对性和有效性

根据上文的分析,新冠肺炎疫情及其控制不仅是个科学问题,也是个典型的经济问题,即政府的应对措施须考虑其经济上的必要性和合理性问题,用尽可能低的经济代价达到有效控制和消除疫情的目的。因此,上海应该针对自己的经济和产业结构的特点,通过在现有政策措施("沪28条"及其后续措施)的基础上,精准定位帮助扶持目标对象,达到防疫的目的,同时把疫情所带来的直接经济冲击减小到最低程度。具体说来,应该注意以下三点。

(1)目前的抗疫措施方向是正确的,内容也符合实际需要,对降低包括中小微企业在内的企业融资成本和税费负担会起到很大作用。但目前大部分能得到实惠的企业主要是生产型企业,尤其是制造业企业,而那些服务性企业仍然受到各种限制。且这些服务性行业中大多数是中小微企业,在疫情期间其正常经营受到的冲击最大。因此,扶持和减负政策的设计需要更多考虑如何使这些服务性行业获得足够的政策支持。

(2)要重点考虑如何恢复物流和供应链的正常运转,并提供保障和支持。现代经济是个复杂的网络体系和组织系统,各个企业和产业通过投入产出的不同环节和链条彼此相互影响。政府要从全局出发考虑制定政策,但在政策实施过程中却要尽可能考虑不同行业和企业的技术和管理特征而尽可能对症下药。但政府的信息获取能力和判断能力毕竟是有限的,因此在具体的政策制定和贯彻过程中,更应该注意发挥自己在组织和协调资源方面所具有的比较优势,而把涉及专业技术方面的细节交给市场和社会组织。

(3)目前的政策侧重对象是企业而不是居民,对后者的影响主要是通过社区层面的管理来实现的,如居民小区封闭管理、紧缺医疗物资(如一次性口罩)通过社区服务机构进行定点发放等。由于居民的工作机会和收入在疫情中受到很大影响,而他们的消费能力和意愿又会对企业(尤其是服务性行业企业)复工复产的有效性具有很大的影响,因此从需求管理的角度出发,政策也需要进一步考虑如何对居民直接予以帮助和扶持。例如,加大对居民个人所得税收的专项扣除力度、对居民个人对外出租房屋但主动降低租金的行为予以一定的财政补贴或税收优惠,甚至考虑向居民发放一定数额消费券以定向促进消费,等等。

(二) 根据国内外经济趋势,把防疫抗疫措施和中长期的制度建设进行有机结合

上海市委书记、市"十四五"规划工作领导小组组长李强在3月5日主持上海市"十四五"规划工作领导小组会议时指出,"十四五"规划"要深入分析阶段性特征,深入研究重大问题和主要矛盾……要结合完善重大疫情防控体制机制,健全超大城市公共卫生体系,切实提高城市治理现代化水平"①。把现阶段的防疫抗疫措施和中长期的制度建设进行有机结合,可以为推动"十四五"规划的成型提供有益的探索。根据上文的分析,应该注意以下三点。

(1) 需要进一步加强上海和长三角周边省份(尤其是产业链集中和关联度较高的江苏和浙江)进行进一步的合作,通过加强和制度化区域间合作的方式扩大防疫抗疫政策覆盖半径和范围,在保证有效控制疫情的前提下,为企业复工复产、贸易往来和人员流动创造便利,从而尽量把疫情对物流和供应链的冲击减少到最低程度。这也是进一步落实中共中央、国务院《长江三角洲区域一体化发展规划纲要》,推动上海和周边地区的经济一体化进程的机会。

(2) 和其他地方相比,上海在以公共医疗卫生为代表的公共服务业方面的建设是成绩突出的,但和发达国家和地区相比,仍然有一定的差距。因此,上海若要在"十四五"规划期间实现全面建成"五个中心"和具有世界影响力的社会主义现代化国际大都市目标,就需要借助此次防疫抗疫的时机,进一步转换以往更偏重经济建设的发展思路,把发展和建设的重心逐步转向包括医疗、卫生、文教和其他公共服务型事业在内的城市公共服务体系。这也能更好地体现经济建设以人为本的和谐社会的本质。

(3) 作为面向世界的国际大都市,上海在此次防疫抗疫期间高效的应对和专业的治理水平给外资企业留下了深刻的印象,有利于加强跨国公司对上海的营商环境尤其是市场和法治环境的信心。例如,世界第二大的资产管理公司先锋集团(Vangard Group)8月下旬宣布,公司未来在亚洲的重点是中国内地,将把公司地区总部从香港地区移往上海。上海市要进一步通过改善营商环境来吸引外资,可以考虑实现特惠政策(如对特斯拉这样的个别企业的优惠待遇)和普惠政策(针对所有企业的无差别待遇)的结合,并逐步向后者倾斜。这不仅可以大大降低吸引外资的成本,也可以降低国际上越来越多的对特惠性的产业政策的合理性的质疑。这方面,上海可以在包括自贸区建设在内的以往实践基础上,进一步通过借鉴国际通用惯例和经验予以推进。同样,这些制度建设可以和长三角周边地区的一体化工作联系起来,以扩大其作用范围半径,最大程度实现制度建设的外溢效应。

(章奇,复旦大学经济学院副教授)

---

① 《李强主持上海市"十四五"规划工作领导小组会议》,《解放日报》,2020年3月6日:http://cpc.people.com.cn/n1/2020/0306/c64094-31620613.html。

参考文献

[1] 李辉文、金泉、李玮:《疫情冲击下的中小微民营企业:困境、对策与希望》,澎湃新闻,2020年2月19日。

[2] 西北大学经济管理学院城乡一体化研究团队:《新冠肺炎疫情对我国城乡居民消费的影响——基于对全国3 319人的调查》,"香樟经济学术圈"公众号,2020年3月5日。

[3] Baldwin, R., and di Mauro, B. W., *Economics in the Time of COVID-19*, The CER Press, 2020.

图书在版编目(CIP)数据

经济战"疫":新冠肺炎疫情对经济的影响与对策/陈诗一主编. —上海:复旦大学出版社,
2021.1
ISBN 978-7-309-14950-0

Ⅰ.①经… Ⅱ.①陈… Ⅲ.①日冕形病毒-病毒病-肺炎-影响-中国经济-经济发展
②日冕形病毒-病毒病-肺炎-影响-中国经济-经济政策 Ⅳ.①F12

中国版本图书馆 CIP 数据核字(2020)第 074098 号

经济战"疫":新冠肺炎疫情对经济的影响与对策
JINGJI ZHAN "YI":XINGUANFEIYAN YIQING DUI JINGJI DE YINGXIANG YU DUICE
陈诗一 主编
责任编辑/戚雅斯 谢同君 姜作达 方毅超

复旦大学出版社有限公司出版发行
上海市国权路 579 号 邮编:200433
网址:fupnet@fudanpress.com http://www.fudanpress.com
门市零售:86-21-65102580 团体订购:86-21-65104505
外埠邮购:86-21-65642846 出版部电话:86-21-65642845
当纳利(上海)信息技术有限公司

开本 787×1092 1/16 印张 22 字数 456 千
2021 年 1 月第 1 版第 2 次印刷

ISBN 978-7-309-14950-0/F·2688
定价:86.00 元

如有印装质量问题,请向复旦大学出版社有限公司出版部调换。
版权所有 侵权必究